그림과 표로 풀어본
조직론

최창현 저

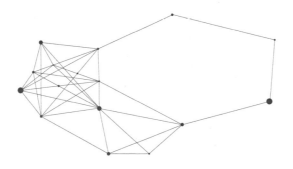

ORGANIZATION THEORY WITH PICTURES AND TABLES

박영사

조직이론이란 조직을 설명하고 분석하기 위한 일련의 명제들의 모임이다. 오늘날에는 모든 학문이 그러하듯이 조직학도 매우 학제적인 특성을 갖는다. 따라서 조직이론의 주제나 방법론 등은 매우 다양하다. 대부분의 사회과학은 조직이론의 다양성에 기여하고 있으며, 심리학은 동기부여, 의사소통, 리더십 등의 조직행태이론에 기여하였다.

사회학은 조직구조 및 조직통제문제에 기여하고, 경제학은 시장 및 위계이론이나 거래비용경제학이론 그리고 조직의 의사결정에 기여하고 마지막으로 정치학은 조직내 권력과 조직정치 등에 기여하고 있다.

자연과학의 경우 생물학 분야의 생태학 등은 조직개체군생태학이론에 적용되고 있다. 그러나 대다수의 조직론 책은 조직심리학이론에 편중되어 있는 실정이다. 인성과 개인적 차이에 대한 수십 년간의 연구결과는 개인간의 차이가 행동에 미치는 영향을 보여 준다.

그러나 이 관점은 동일한 상황하에서 두 개인이 서로 달리 행동하는지를 이해할 때는 적합할지는 모르나, 동일한 상황에서도 상이한 사람들이 똑같이 행동하는 경우에는 부적절하다. 또 하나의 문제점은 비록 개인적인 특성상의 문제가 있다고 확신하는 경우에도 문제가 되는 개인적 특성을 변화시키기는 어렵다는 것이다.

심리학자조차 인성을 변화시키는 것은 오랜 시일이 소요되는 어려운 작업이라고 본다. 이에 조직사회학적인 연구의 필요성이 대두된다. 따라서 이 책은 미시적인 조직심리학 이외에도 거시적인 사회학적 · 경제학적 · 생태학적 이론 · 문화인류학 등을 포괄적으로 다루었다.

이 중 특히 조직과 환경간의 관계에 대한 구조적 상황이론, 자원종속이론, 개체군생태학이론 및 제도적 이론에 등에 대한 비교, 분석을 통해 체계적으로 정리하였다. 다양한 분야를 학제적으로 접근하여 조직이론을 소개하고 있다.

　　이렇듯 다양한 학문 분야의 결집체인 조직이론은 당연히 학생들이 이해하기 어렵다는 생각에서 학생뿐만 아니라 모든 독자가 쉽게 이해할 수 있도록 이 책은 특히 250개가 넘는 그림과 표로 조직이론의 흐름을 풀어 보았다. 책을 다 읽어 본 다음 다시 그림과 표만 훑어보아도 조직이론의 흐름을 파악하는데 별 어려움이 없을 거라는 바람을 가져본다.

　　1장은 조직이론의 기초 개념을 설명하였고 2장에서는 과학적 관리법, 관료제이론, 행정관리학파 그리고 사회의 맥도날드화 현상 등 폐쇄-합리적 고전조직이론, 인간관계론, McGregor의 XY이론, 매슬로우(Maslow)의 욕구계층이론 등 동기부여의 내용이론, 기대이론, 형평성이론, 목표설정이론, 직무특성이론 등 동기부여의 과정이론, 그리고 리더십 이론 등의 폐쇄-사회적 신고전조직이론, 체제이론과 구조적 상황이론, 조직문화 등 개방-합리적 조직환경이론을 다루고 있다.

　　3장에서는 조직구조, 정보기술과 조직구조의 관계, 구조적 상황이론, 개체군생태학이론, 자원종속이론, 조직경제학이론, 정보사회에 있어서의 조직설계인 혼돈이론적 관점, 그리고 조직환경론의 비교 및 종합 등 조직환경이론, 마지막으로 조직효과성, 의사결정 등을 다룬다. 그 외 조직내의 권력관계나 갈등관계 그리고 조직정치 등의 정치학적 주제는 정치체제로서의 조직 은유 부분에서 다루고 있고, 학습이론과 강화이론은 두뇌로서의 조직 은유에서 다루고 있어 기존 조직론 교과서에 나오는 거의 모든 주제를 다루도록 노력하였다.

　　부록에는 이제까지 다룬 조직이론의 모든 내용을 종합한 생각해 볼 연습문제 사례를 포함하고 있다. 또한 객관식 문제와 조직론 용어해설 등을 포함하였다. 이 책의 출판을 흔쾌히 허락해 준 박영사의 안종만 님과 정연환 대리에게 감사드린다.

2019. 1
금강대 연구실에서 최 창 현

CHAPTER

1

조직이론의 기초개념들

조직이론의 기초개념들

1 조직의 필요성과 정의

구글의 사무실은 조직구성원을 배려해 주는 인도주의적 사무실인가 아니면 조직구성원의 생산성을 더 올리기 위한 고차원적인 지배/착취 수단에 불과한 사무실인가?

출처: https://notebookspec.com

1) 조직의 필요성

아리스토텔레스가 말한 것처럼 인간은 사회적 동물이다. 사회성의 기본 전제는 사회 구성원들의 분업과 분업의 원리에 입각해 만들어진 조직이다.

"인간을 위해 좋은 것은 현대조직을 통해서만 달성될 수 있다."

조직은 현대사회에 있어서 중추적인 역할을 하며 사회

완벽한 분업구조

농장개미(버섯농사)

시녀개미
(가사노동)

잎꾼개미
(자원공급)

병정개미(보안업무)

진화적으로 **전문화**가 완벽한 사회

출처: 최재천(2014). 개미제국의 발견, 사이언스북스 내용과 특강
내용

적, 정치적, 경제적 그리고 많은 경우에 있어서 개인적 목적을 달성하기 위한 중요한 수단이다.

사부문의 조직은 우리에게 생활을 좀 더 향유할 수 있도록 다양한 소비재 및 서비스를 생산하고 처리하고 판매한다. 공공부문에 있어 조직은 우리를 범죄와 안전하지 못한 소비제품 및 건강을 해치는 공기나 물 등으로부터 보호해 주고, 외부의 침략으로부터 국방을 담당해 주고, 도로와 공항을 건설하고 유지해 주며 우리의 자식들을 교육시켜 주고, 사회의 전반적인 삶의 질을 향상시켜 주는 등 다양한 서비스를 제공해 준다. 의미 있는 직무, 소득보장, 성취, 인정감 및 성장 등과 같은 개인적 목표 또한 조직을 통해서 달성된다.

그러나 현대사회의 조직은 어두운 측면 또한 지니고 있다. 왜냐하면 인간에게 나쁜 것은 대부분 현대조직을 통해 만들어지기 때문이다. 불법적이고 위험한 마약, 도처에 만연된 인권탄압, 그리고 유독성화학쓰레기 등도 조직적 산물이기 때문이다. 개인에게는 소속된 조직의 목적에 개개인 자신의 목적을 기꺼이 종속시키고 순응하고 복종해야만 하는 부담이 있다.

칼 마르크스 시대로부터 현재에 이르기까지 많은 저술가들이 현대조직을 특징지우는 비인격화와 전문화가 노동자의 스트레스, 궁극적으로는 소외감이라는 엄청난 대가를 치르게 되었다고 주장해 왔다. 정치체제의 경우 공공정책을 수행하기 위해 대규모의 관료제조직에 의존해야 할 필요성은 모든 수준의 정보의 대응성, 대표성 그리고 책임성에 대한 문제를 제기해 왔다.

정치가, 대중매체 그리고 이익집단은 종종 이러한 조직들이 공공부문에 있어서의 낭비와 비능률의 중요한 원인이 되어 왔다고 주장한다. 현대사회에 대한 조직의 총체적인 기여도를 어떻게 평가하든지간에 조직에 대한 이해와 조직이 운영되는 방식에 대한 이해는 개인과 사회의 생존, 성공 그리고 행복을 결정하는 가장 중요한 요인 중의 하나일 것이다.

조직의 역할은 행정학과 공공정책에 있어 똑같이 중요하다. 행정이란 조직과 조직내의 인간에 대한 관리를 주된 임무로 하며 거의 모든 공공정책이 조직에 의해 수행된다. 현대행정학에 있어서 점점 심화되는 재정적 자원의 희소성으로 인하여 공공서비스의 전달체계의 질을 유지하고 향상시키기 위해 공공조직에 대한 이해와 공공조직의 개선이 필요하다(Heffron, 1989).

2) 이론적 관점에서 본 조직 필요성: 의사소통 연결망

흔히 전체는 부분의 합보다 크다고 하는데 이는 부분이 상호연관되어 구조, 즉 의사소통 연결망을 형성하면 기능적으로 구조화되기 전보다 관계수 및 관계도가 증가하기 때문이다. 이러한 설명은 사회과학에서 말하는 구조기능주의와 유사하다.

"손잡지 않고 살아남은 생명은 없다?"

조직구성원간의 관계수는 조직구성원수가 산술급수로 늘어날 때 기하급수적으로 증가한다. 이는 사회적 관계수를 구하는 공식에 대입해 그래프를 그려보면 쉽게 이해할 수 있다.

출처: 생태원 개미전시관내 학술발표장 벽

사회적 관계수를 구하는 공식

- 대칭(symmetry)관계인 의사소통 연결망의 조직내 관계수(Rs)는

$$Rs = {}_nC_2 = n(n-1) / 2$$

- 비대칭(asymmetry)관계인 구성망의 조직내 관계수(Ras)는

$$Ras = {}_nC_2 = n(n-1)$$

$$_nC_2 = 조직구성원 수, R = 조직구성원간의 관계수$$

- 만일 조직구성원수가 2명이면 $_nC_2 = n(n-1) / 2$이므로 Rs = 2(2-1)= 2
- 만일 조직구성원수가 3명이면 $_nC_2 = n(n-1) / 2$이므로 Rs = 3(3-1)= 6
- 만일 조직구성원수가 4명이면 $_nC_2 = n(n-1) / 2$이므로 Rs = 4(4-1)= 12

의사전달 연결망(Communication Network)의 형태에서처럼 만일 조직구성원수가 5명이면 $_nC_2 = n(n-1) / 2$이므로 Rs = 5(5-1)= 20이다.

만일 조직구성원수가 10명이면 $_nC_2 = n(n-1) / 2$이므로 Rs = 10(10-1)= 90으로 급격히 늘어난다. 이를 그래프로 나타내면 [그림 1-1]과 같다.

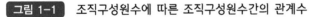

그림 1-1 조직구성원수에 따른 조직구성원수간의 관계수

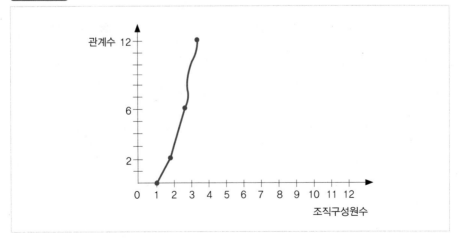

그러나 이 조직구성원간의 관계수는 잠재적 관계수 PR(no. of potential relationships)이지 현실적 관계수 RR(no. of real relationships)는 아니다. 조직관리 여부에 따라 잠재적 관계수는 더욱 더 커질 수 있다. 이러한 이유로 조직이론이 중요한 것이다.

의사전달 연결망의 형태에는 연쇄형, 바퀴형, 원형, 개방(다채널)형 등이 있다. 바퀴형 혹은 윤형(wheel)은 집단 내에 중심적 인물 또는 리더가 존재하여 구성원간의 정보전달이 중심에 있는 한 사람에게 집중되고 있는 형태를 말한다. 예를 들어, 전형적인 관료제적 조직구조의 한 형태이다. 공장의 작업원들이 한 사람의 감독자에게 모든 것을 보고하는 형태이다. 이러한 의사전달망은 가장 신속하고 가장 능률적인 모형이다.

연쇄형(chain) 네트워크는 집단내 구성원은 자신의 직속상사나 직속부하와 의사를 전달하고, 그 위나 아래와는 의사가 전달되지 않는 형태이다. 즉 수직적인 계층만을 통해 이루어지는 의사전달의 형태로 비능률적인 모형이다. 원형(circle)은 집단구성원간에 서열이나 지위가 불분명하여 거의 동등한 입장에서 의사전달이 이루어지는 경우에 형성되는 의사전달망 형태를 말한다. 다통로(개방)형(All-channel) 네트워크는 모든 구성원이 다른 모든 구성원과 의사전달을 하는 형태이다. 이는 중심적인 리더가 따로 존재하지 않는 리더없는 조직 형태이다.

그림 1-2 의사전달 연결망(Communication Network)의 형태

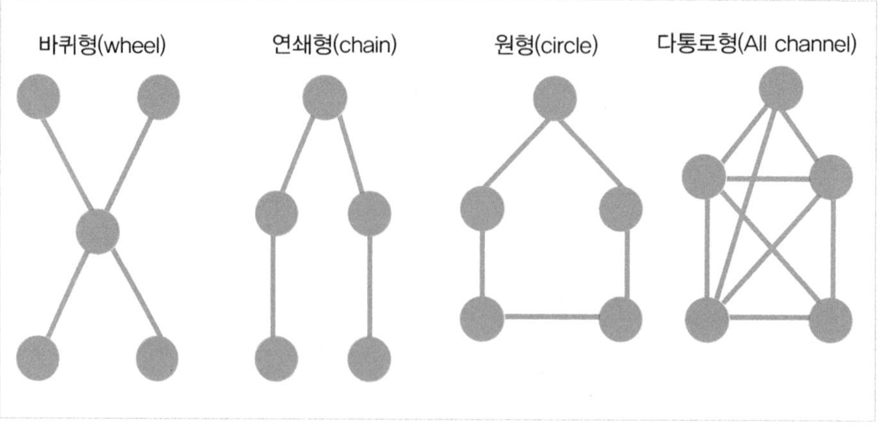

바퀴형(wheel)   연쇄형(chain)   원형(circle)   다통로형(All channel)

표 1-1　의사전달 연결망의 특징

평가기준	의사전달망의 유형			
	바퀴형	체인형	원형	다통로형
신속성	빠름	중간	느림	빠름
정확성	높음	높음	낮음	중간
리더의 출현 확률	높음	중간	없음	없음
구성원의 만족감	낮음	중간	높음	높음
집권화	가장 높음	중간	낮음	가장 낮음
모호한 상황에의 대응	가장 느림	느림	빠름	빠름
의사전달의 왜곡	중간	가장 높음	높음	가장 낮음

　　의사전달망의 형태가 다르면 의사전달에 있어 신속성, 정확성, 리더의 출현 확률, 집단 구성원의 만족감, 집권화, 모호한 상황의 극복정도, 그리고 의사전달의 왜곡 정도 등이 달라진다. 전형적인 관료제적 조직구조의 한 형태인 바퀴형의 경우 의사전달은 신속하고 정확하나, 집권도는 가장 높고 모호한 상황에의 대응도 가장 느리다.

　　조직의 공식적 구조만을 나타내 주는 조직도표는 조직내부의 구성망을 제대로 반영해 주지 못하므로 복잡한 조직실체의 일부인 껍데기만을 보여주고 있을 뿐이다. 조직의 구조와 구성망간에는 뗄 수 없는 불가분의 관계가 있음에도 불구하고 이제까지의 조직연구는 주로 조직의 공식구조에 초점을 두고 있다.

　　고전적 조직이론인 행정관리학파의 조직이론원칙을 보자. 부하직원은 오직 한 명의 상사로부터 명령을 받아야 한다는 명령단일의 원칙(the unity of command principle)과 상의하달식 의사소통(top-down or downward communication)에 대한 강조는 조직구성망의 유형과 방향을 통제하기 위한 의도이다. 바퀴형 의사소통망과 같이 집권화된 연결망이 능률지향적 고전이론과 부합된다.

　　인간관계론에서 중시하기 시작한 비공식집단과 하의상달식 의사소통 등은 조직 연결망 내의 비공식연결이나 상호성에 주목하기 시작했음을 의미한다. 그러나 고전 및 신고전 이론가들은 조직을 연결망으로서 파악하지는 못했다.

　　관료제를 예견한 Weber는 "관료제는 개인적, 감정적, 비합리적 요소를 배제

그림 1-3   어느 한 가상조직의 조직도

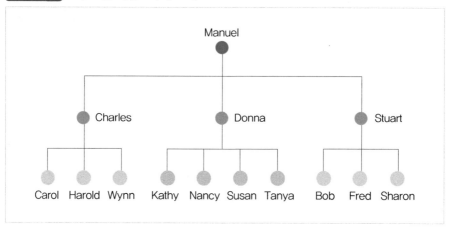

하고 비인간화될수록, 더 완벽해진다"라고 주장하였는데, 이는 연결망의 특질 중 관계의 강도를 제거함을 의미한다. 그러나 문화적 영향을 강조하는 학자들의 경우, 연결망의 밀도, 밀집도, 상호성(정계와 재계의 주고받기식 결탁, 즉 정경유착관계), 그리고 강도(혈연, 지연, 학연 등의 개인적 유대관계) 등의 특질이 중요시될 것이다.

공식적 의사전달이란 조직의 공식적 통로와 수단에 의하여 이루어지는 의사전달이다. 일반적으로 조직은 목표의 효과적인 달성을 위하여 의사전달의 통로와 방법, 절차, 내용 등을 설계하며 이를 공식적으로 규범화한다. 이러한 공식적 규범이 없으면 조직 내의 의사전달 체계는 혼란을 겪게 되며 질서가 파괴된다. 따라서 조직 내의 공식적 의사전달 체계는 필수적이다. 조직 내의 공식적 의사전달은 방향을 기준으로 하향적 의사전달, 상향적 의사전달, 수평적 의사전달, 대각선적 의사전달로 분류된다.

비공식적 의사전달이란 비공식 집단과 더불어 자생적으로 형성되는 의사전달로 비공식적 통로를 통해서 비공식적으로 행해지는 의사전달을 말한다. 즉 조직이 공식적으로 만들어 놓은 통로만을 이용하는 것이 아니라 여러 가지 비공식적인 통로를 이용하여 공식적 의사전달을 수정 및 보완하는 것이다.

[그림 1-4]에서 Nancy는 비록 공식적인 지위는 낮지만 비공식적인 조직내의 영향력은 크다.

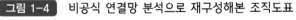

그림 1-4　비공식 연결망 분석으로 재구성해본 조직도표

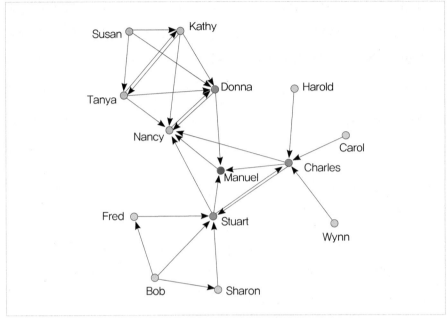

* 비공식조직의 그림은 연결망 소프트웨어로 분석 가능. 위 그림은 UCINET이란 소프트웨어로 분석한 후 출력한 그림

　　비공식적 의사전달체제는 그것을 이용하는 사람의 목적에 따라 조직의 입장에서 순기능을 하기도 하고 역기능을 하기도 한다. 즉 비공식적 의사전달체제는 이용하는 사람의 목적과 조직의 목적이 부합될 때에 조직목표달성에 필요한 관련 정보를 지속적으로 파급시켜 공식적 의사전달의 통로를 보완해 주는 순기능의 역할을 하지만, 개인의 목적이 조직의 목표달성에 장애를 주는 역기능을 초래할 수도 있다.

　　지나친 전문화(specialization)는 주로 수평적인 의사전달을 저해하고, 과도한 계층제화는 수직적 의사소통을 저해한다. 학연·지연·입사 동기 등의 유대를 기반으로한 자생적 의사전달인 비공식적 의사전달(informal communication)은 흔히 소문 혹은 풍문(grapevine)이라고도 부른다. 소문 혹은 풍문은 이를 통해 흐르는 정보의 내용이 루머(rumour)의 형태인 데다가 의사전달 과정에서 왜곡의 소지가 많아 관리자들에게는 경원시되어 왔다.

그러나 소문 혹은 풍문은 조직에서 필연적이고 자연적인 현상임을 인정해야 할 것이다. 자생적 의사전달은 제도적 의사전달에 비해 매우 전달 속도가 빠르다. 이에 반해 자생적 의사전달의 단점으로서는, ① 풍문을 유포시킬 가능성을 내포하고 있다는 점과, ② 책임성이 없다는 것이다.

 다져가기

공시 2017년 9급 지방직

01 다음 설명에 해당하는 의사전달 네트워크(communication network)의 유형으로 가장 적합한 것은?

> 이 유형은 조직 내 각 구성원이 다른 모든 구성원들과 직접적인 의사전달을 하는 형태로서, 구성원들 모두가 서로 정보를 교환하기 때문에 문제해결에 시간이 많이 걸리나 상황판단의 정확성이 높은 장점을 가지고 있다. 그리고 이 유형에는 중심적 위치(구심성 : centrality)를 차지하는 단일의 리더는 없다.

① 원(circle)형   ② 연쇄(chain)형
③ 바퀴(wheel)형   ④ 개방(all channel)형

④

공시 2017년 9급 지방직

02 조직의 의사전달(communication)에 관한 설명으로 옳지 <u>않은</u> 것은?

① 조직구조상 지나친 계층화는 수직적 의사전달을 저해한다.
② 지나친 전문화와 할거주의는 수평적 의사전달을 저해한다.
③ 비공식적 의사전달은 공식적 의사전달에 비해 조정과 통제가 곤란하다.
④ 공식적 의사전달은 비공식적 의사전달에 비해 신속하지만 책임 소재는 불명확하다.

④ 비공식적 의사전달은 공식적 의사전달에 비해로 해야 한다.

3) 일반적인 조직정의

조직은 "일정한 목표를 합리적으로 달성하기 위해 형성된 분업과 통합의 활동체제를 갖춘 사회적 단위의 협동체제"라고 정의된다. 조직의 개념적 특성은 목표지향성, 분업과 통합의 합리적 활동체계, 사회적 단위, 구조와 과정을 포함, 일정한 경계가 있어 환경과 상호작용한다.

조직에 대한 앞의 정의를 유추한다면, 행정조직은 일정한 행정목표를 달성하기 위해 분업과 통합의 활동체계를 갖춘 사회적 단위로 정의할 수 있다. 행정조직의 범주에는 국가행정조직, 지방자치단체 및 공공단체의 행정조직, 정부투자기관, 국회, 법원, 선거관리위원회, 헌법재판소 등을 포괄한다(이종수 외, 1993).

여기에 언급된 내용을 통해 독자를 인도해 줄 선호된 조직정의를 제공하는 것은 다양한 이론(일반적인 이론화를 포함해서)이 조직에 대한 우리의 이해에 가져다 줄 수 있는 다양성과 참신함을 유발하려는 목적에 방해가 될 수도 있다.

예컨대, 〈표 1-2〉는 표는 조직문헌을 잘 대조해 주는 7개의 조직이론에 대

표 1-2 조직에 관한 7가지 정의

Weber	특정한 목적을 가지고 그 목적을 달성하기 위하여 구성원간에 상호 작용하는 인간들의 협동집단
Barnard	공동의 목표를 달성하기 위해 노력을 바칠 의욕을 지닌 2인 이상의 인간들이 상호 의사 전달하는 집합체
Selznick	계속적으로 환경에 적응하면서 공동의 목표를 달성하기 위해 공식적, 비공식적 관계를 유지하는 사회적 구조
Etzioni	특정한 목표의 추구를 위하여 의도적으로 구성되고 다시 재구성되는 사회적 단위
Katz와 Kahn	공동의 목표를 가지고 내부관리를 위한 규제장치와 외부 환경관리를 위한 적응구조를 발달시키는 인간들의 집단
Cohen, March와 Olsen	문제를 찾아내 선택하는 것, 의사결정상황에서 공표되는 그러한 문제에 관한 쟁점과 구성원들의 감정, 해결가능한 쟁점에 관해 제시되는 해결책, 그러한 업무를 수행하고자 하는 의사결정자 등 이러한 4가지 요소가 무원칙하고 무작위적으로 연결되어 있는 집합체
Weick	조직화(organizing)란 현저하게 상호 연관된 행위를 통해서 모호성을 감소시키는데 있어 그 타당성이 합의된 문법

그림 1-5   조직을 보는 다양한 렌즈(관점)

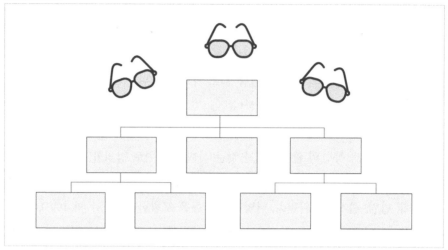

출처: Morgan, Gareth(1993). Images of Organization, 2nd, Edition, Sage Publications

한 정의가 실려 있다. 물론 이러한 조직정의는 연관된 이론이나 조직 자체에 관해 흥미 있고 의미 있는 어떤 것을 나타내 주지는 못한다.

그럼에도 불구하고 이런 다양한 개념은 조직이 무엇이고 어떻게 생산적으로 여겨질 수 있는지에 대한 의견의 다양성을 제시해 준다. 각 정의는 특정측면만을 강조한다. 따라서 Katz와 Kahn은 유형이나 에너지의 흐름을 강조하는 반면 Weber는 사회적 지배의 개념을 강조한다.

그러나 어떤 정의도 다른 정의의 타당성을 부정하지는 않는다. 즉 이 7개의 정의를 상충적인 요소 없이 하나의 정의로 통합할 수 있다. 각 정의는 상호부가적이다. 각각은 인간의 조직과 조직화에 관해서 조금 더 많은 것과 다른 것을 제시해 준다. 빙산의 일각처럼 모든 조직정의는 그 표면 이면에 숨어 있는 것을 발견하는 단서를 감추고 있는 동시에 제시해 준다.

조직개념간의 단순한 차이는 조직을 좀 더 깊게 이해하고자 할 때 종종 심각한 의견의 불일치를 유발하기도 한다. 좀 더 자세히 조사해 보면 각 정의는 질서 있게 이해할 수 있는 명백하고도 일관성 있는 관점을 나타내 준다. 조직은 여러 가지 다른 방식으로 볼 수 있고 이해할 수 있다.

종합하면 조직은 일정한 조직 경계내에서 공통의 목적을 합리적으로 달성하기 위한 2인 이상의 협동체제라고 할 수 있다.

그러나 첫째, 과연 공통의 목적이라고만 할 수 있을까? 실제 조직에는 조직 전체의 목적을 달성하기 위한 수단에 불과한 각 부처의 목적이 부처이기주의로 인해 부처의 목적이 그 자체 수단이 아닌 목적으로 대치되는 목표전도현상이 일어나기도 한다.

둘째, 조직이 항상 합리적으로 목적을 달성하는가? 합리성 개념은 크게 사전적 합리성과 사후적 합리성으로 구분해 볼 수 있다. 일반적으로 합리성이란 일을 하기 전에 미리 계획해서 합리적으로 일을 추진하는 것, 즉 사전적 합리성을 의미하지만, 행정기관은 어느 정도 미리 정책결정을 해놓고 이를 사후적으로 합리화하는 경우도 있다.

마지막으로 협동체제라고 할 수 있을까? 거의 모든 조직내에는 구성원간의 갈등이 존재한다. 갈등주의 이론적 관점에서 보면 사회조직은 갈등이 존재하지만 체제내의 안정화 장치를 통해 궁극적으로 해소되거나 제도화될 수 있다고 보는 기능주의에서 주장하는 것처럼 갈등은 본질적으로 불안정한 체제에 항시 존재하며 사실 협동체제라기 보다는 사진처럼 부하·동료를 왕따로 따돌리거나, 부하를 험담하거나 임원을 비꼬기도 하는 갈등체제로 볼 수도 있다는 것이다. 따라서 조직은 갈등적, 상충적 목적을 합리적 때로는 비합리적으로 달성키 위한 2인 이상의 갈등체제 혹은 다음에 살펴볼 은유로서의 조직 중 정치체제로서의 조직이라고 볼 수도 있다.

출처: KBS1 방송, 시사기획 창

지금까지 살펴본 조직의 정의 이외에도 조직을 바라보는 여러 가지 참신한 은유를 알아보도록 한다.

4) 은유로서의 조직

장님 코끼리 만지기라는 말이 있다. 이 말의 의미는 장님이 코끼리를 만진다는 뜻으로, 전체를 보지 못하고 자기가 알고 있는 부분만 가지고 고집한다는 말이다. 우리도 조직이 이렇다 저렇다 제각각 정의를 내리지만 조직 실상의 어느 한 단면만을 지칭할 뿐이다.

우리가 조직에 대해 알고 있는 것도 사실 여섯 장님이 제각기 자기가 알고 있는 것만을 코끼리로 알고 있으면서도 조금도 부끄러워하지 않는 것처럼 조직의 극히 일부만을 알고 있는지도 모른다. 모건(Morgan)은 모든 이론은 은유(metophor)라고 주장하면서 조직이론이나 조직의 이미지도 은유로 표현할 수 있고, 이러한 은유는 우리에게 조직을 바라보는 새로운 관점과 사고방식을 제공해 준다고 주장한다.

이 책에서 다루고 있는 고전조직이론은 마치 조직을 '기계장치'처럼 인식하

그림 1-6   장님 코끼리 만지기

출처: 알음(2017). 너무 재치 있어서 말이 술술 나오는 저학년 속담, 키움

장님 코끼리 만지기의 유래

불교 경전인 《열반경(涅槃經)》에 보이는 다음과 같은 내용에서 비롯된 말이다. 옛날 인도의 어떤 왕이 진리에 대해 말하다가 대신을 시켜 코끼리를 한 마리 몰고 오도록 하였다. 그리고는 장님 여섯 명을 불러 손으로 코끼리를 만져 보고 각기 자기가 알고 있는 코끼리에 대해 말해 보도록 하였다. 제일 먼저 코끼리의 이빨(상아)을 만진 장님이 말하였다. "폐하, 코끼리는 무같이 생긴 동물입니다." 그러자 이번에는 코끼리의 귀를 만졌던 장님이 말하였다. "아닙니다, 폐하. 코끼리는 곡식을 까불 때 사용하는 키같이 생겼습니다." 옆에서 코끼리의 다리를 만진 장님이 나서며 큰소리로 말하였다. "둘 다 틀렸습니다. 제가 보기에 코끼리는 마치 커다란 절구 공이같이 생긴 동물이었습니다."

이렇게 하여 코끼리 등을 만진 이는 평상같이 생겼다고 우기고, 배를 만진 이는 코끼리가 장독같이 생겼다고 주장하며, 꼬리를 만진 이는 다시 코끼리가 굵은 밧줄같이 생겼다고 외치는 등 서로 다투며 시끄럽게 떠들었다. 이에 왕은 그들을 모두 물러가게 하고 신하들에게 말하였다. "보아라. 코끼리는 하나이거늘, 저 여섯 장님은 제각기 자기가 알고 있는 것만을 코끼리로 알고 있으면서도 조금도 부끄러워하지 않는구나. 진리를 아는 것도 또한 이와 같은 것이니라."

이 우화는, 진리를 알기 위하여는 바른 눈과 깊은 지혜가 필요하다는 것을 말하기 위한 것으로, 사람은 누구나 자기가 알고 있는 만큼만 이해하고 고집하려 한다는 사실을 깨우쳐 주기 위한 것이다.

출처: 네이버 지식백과

고, 따라서 조직은 마땅히 기계와 같은 정확성과 예측성을 가지고 운영되어야 한다고 보는가 하면, 인간관계론은 기계적 조직은 인간없는 조직이라 비판하면서 폐쇄체제이지만 인도주의적인 유기체적 조직을 주장한다. 조직환경이론은 조직을 생명을 지닌 하나의 '유기체'로 보고, 주어진 환경에 보다 잘 적응할 수 있는 적응능력을 가진 조직만이 더 오래 살아남을 수 있을 것이라고 예측해 준다.

혼돈 및 복잡계이론은 조직을 우리 '두뇌'와 같이 스스로 학습하고 자기−조직화해 나갈 수 있는 능력을 보유할 수 있도록 만들 수는 없을까 하고 고민하기도 하고, 조직은 고정되어 있지 않고 늘 '변화'하는 곳이어서, 조직이 추구해 나가는 변화와 혁신의 모습을 보이기도 한다.

조직문화이론은 조직을 기본적으로 하나의 문화적 현상으로서 파악해 볼 필

그림 1-7   다양한 조직의 은유

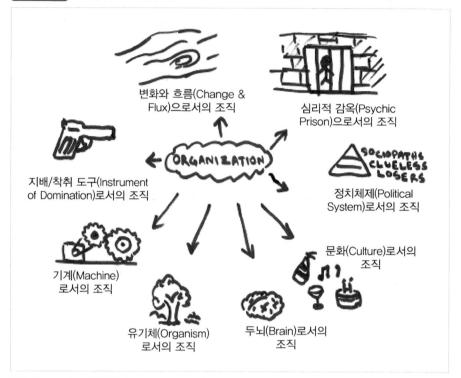

출처: Morgan, Gareth(1993). Images of Organization, 2nd, Edition, Sage Publications

요성을 제기하기도 한다. 조직은 때로는 우리 스스로를 옥죄는 심리적 감옥으로
작용하기도 한다. 경우에 따라서는 조직이 그 구성원들을 교묘히 착취하고 이용
해 먹는 추악한 지배와 착취 수단으로 우리 앞에 다가서기도 한다.

다양한 이론들이 제각각 조직이 지닌 특정한 모습과 이미지를 집중적으로
조명해 주고 있지만, 사실 조직은 이 모든 모습들을 복합적으로 가지고 있는 실체
라고 해야 더 적합할 것이다.

(1) 기계로서의 조직

기계로서의 조직 은유는 우리가 자라면서 흔히 봐왔던 경직적인 기계 관료
제(rigid machine bureacracy)로 불리워온 폐쇄적 조직을 의미한다. 대표적인 이론으

로는 프레더릭 대왕의
군대조직, 테일러(F.W.
Taylor)의 과학적 관리론,
귤릭 등의 행정관리 원
칙, 파욜(H. Fayol)의 관
리원칙, 그리고 베버(M.
Weber)의 이념형 관료제
등을 들 수 있다. 이들
대표적 이론은 2장 2 폐

**채플린의 영화 모던 타임즈에 묘사된
기계 속의 톱니바퀴와 같은 존재로서 인간**
출처: Naver 영화

쇄-합리적 고전조직이론에서 상세히 다룬다.

찰리 채플린의 영화 모던 타임즈에 묘사된 거대한 기계 속의 톱니바퀴와 같
은 존재 혹은 페로가 말한 기계 속의 톱니바퀴(a cog in a machine)도 결국 조직사회
를 은유적으로 빗대는 용어들이다.

리츠 교수의 사회의 맥도날드화(The McDonaldization of Society)라는 명저 역시
사회의 관료제화를 맥도날드라는 패스트 푸드 산업에 은유법으로 비유하고 있다.
이러한 면에서 한국사회도 이마트화(eMartization), 즉 경직적인 기계관료제로 변화
하고 있는 현상을 목격하고 있다.

정확성과 안정성 그리고 명확한 책임성이 최우선적으로 필요한 맥도날드,
버거킹, 이마트 등의 패스트 푸드 산업에는 적합하나, 비인간적이고 환경변화에
적응하기 어렵다는 단점이 있다.

(2) 진화하는 유기체로서의 조직

조직이란 인간관계론에서 주장하는 것처럼 다양한 욕구의 만족을 추구하면
서 또한 구조적 상황이론에서 주장하는 것처럼 보다 넓은 환경 속에서 존재해가
는 살아있는 유기체로 본다. 이 관점에서의 조직은 환경과의 끊임없는 교환을 수
행하는 유기체의 이미지로 조직에 대한 개방적이고 유동적인 시각을 갖게 해준다
는 장점이 있다. 대표적인 학파로는 엘턴 메이요나 매슬로우 등의 인간관계 학파
와 구조적 상황이론 등의 조직환경론 등을 들 수 있다. 이들 대표적 이론은 2장 3.

그림 1-8   기계적 조직과 유기체적 조직

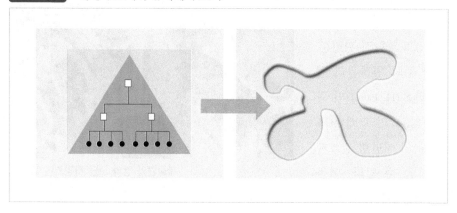

폐쇄－사회적 신고전조직이론과 2장 4. 개방 합리적 조직환경이론에서 상세히 다룬다.

　아메바 조직은 "큰 기업을 작은 조직의 집합체처럼 운영한다"는 기본 발상아래 전 조직원이 각자의 능력, 개성, 가능성을 최대한 발휘하고 개발하도록 한다. 이를 위해 조직을 고정화시키지 않으며, 자율성과 유연성을 바탕으로 조직편성의 변경, 분할, 증식이 수시로 일어난다. 어떤 조직이든 하나 이상의 기능이나 목적을 가질 수 없다는 원칙을 유지하며, 어떤 아메바가 활동 중에 새로운 기능이나 목적이 추가되면 또 다른 아메바로 분열시킨다. 단위조직의 구성원은 두 명부터 수백 명 단위까지 있으나 보통 열 명 정도로 구성되며, 독립채산단위로 운영되고 조직 운영에 대한 모든 권한이 조직 자체에 이양되어 있다.

　교세라는 업무의 특성상 관리부문과 R&D 부문은 아메바 조직으로 운영하지 않으며, 회사의 성장과 함께 아메바의 수가 증가해 각 아메바들간에 의사소통이 어려워짐에 따라 이를 극복하기 위해 로테이션 연수를 강화하고, 간담회와 방침설명회도 자주 갖는다. 또, 아메바들간에 여러 가지 문제로 의견이 대립되면 상부에서 조정을 하지 않고 자유로이 대결을 시켜 강한 쪽의 의견을 따르게 하는 자유경쟁시스템을 운영한다. 다시 말해 아메바 조직은 하드 차원에서는 분할을 하되 소프트 차원에서는 통합을 도모하는 발상이다.

(3) 두뇌로서의 조직

두뇌로서의 조직이라는 이미지는 '학습조직'을 창조할 수 있는 능력과 방법을 제공해줄 뿐만 아니라 중앙통제적 시스템에 의존하는 기존의 조직이론 사고틀에 심각한 의문을 제시하고 있으며, 새로운 통제방식의 가능성을 제공해 준다(박상언·김주엽, 2004).

조직군살빼기, 조직경량화 등의 용어를 자주 들어보았을 것이다. 정보사회에 있어서는 조직은 비대한 몸통의 군살을 빼는 정도에서 더 나아가 몸통과 팔, 다리 없이 두뇌만 남긴 네트워크형 조직으로 가고 있다.

유연적이고 탄력적이며 창의적 능력을 지닌 학습조직을 설계하는 것, 즉 조직의 지력과 통제능력을 조직 전체에 확산시켜 한 시스템으로서 조직이 자기조직화를 하며 외부환경의 변화에 능동적으로 대처 및 진화해나가도록 하는 것이 정보처리 두뇌로서의 조직이 추구하는 목표이다. 그래서 조직을 정보처리가 되며 조직학습이 이루어지도록 설계하는 것이다.

학습조직에 대한 상세한 내용은 3장에서 다시 설명한다.

조직에 대한 생각은 마치 콘크리트와 같아, 액체처럼 부정형적인 상태로 있다가도 일단 굳어지면 돌처럼 딱딱해진다. 액체금속(Fluid metal)처럼 유연하게 자기조직화(Self-organizing)하는 역동적으로 유연한 학습조직(Dynamiacally flexible organization)은 과연 존재 할 수 없는가?

자기조직화하는 가상조직은 액체처럼 부정형이다. 자기조직화하는 학습조직의 생명은 고객욕구에 따라 자신의 모습을 신속히 바꾸는 유연성에 있기 때문이다.

정보를 처리하는 두뇌로서 조직은 무엇인가? 두뇌로서의 은유는 정보처리과정과 학습, 그리고 지능의 중요성에 대해 관심을 집중시키며, 조직을 이러한 용어로 이해하고 평가해 보는 틀을 제공해 준다. 따라서 두뇌로서의 조직 은유는 이러한 특질을 강조하는 조직개발의 원칙을 암시해 주고 있다. 첫째는 두뇌를 일종의 정보처리 컴퓨터로 취급하는 것이고, 둘째는 하나의 홀로그램으로 생각하는 것이다. 이러한 이미지, 그 중에서도 홀로그램의 경우는 고도의 유연성과 혁신이 필요한 조직을 개발하기 위한 자기조직화의 중요한 원칙을 암시해 준다.

갈브레이드는 불확실성이 증대될수록 조직은 규칙과 프로그램을 통하여 행동을 통제하기 보다는 목표와 대상을 설정함으로써 산출을 통제하는 방식을 찾게 되며 아울러 통제의 수단으로서 끊임없는 피드백에 의존해 나가게 된다고 하였다. 이런 점에서 조직의 위계는 상당히 확실한 상황을 통제하기 위해서는 효과적인 수단을 제공해 주지만, 불확실한 상황에서는 흔히 정보와 의사결정의 포화상태에 곧잘 직면할 수 있다.

조직은 하나의 정보시스템이고 의사소통체계이며 또한 의사결정시스템이다. 사이몬의 제한된 합리성에 기반을 둔 정보와 해석, 의사결정을 수행하는 조직으로 최적해가 아닌 만족해를 추구하는 조직의 합리성 모델이 대두되었고 이를 지원하기 위하여 OR, MDS, MIS 등으로 발전하여 두뇌의 기능을 가진 별도의 부서를 설치했다. 이들 부서는 조직 내에서 이루어지는 모든 활동을 통제하고 조직의 나머지 영역들을 대신해서 계획 및 설계와 같은 '사고'의 기능을 대행해주는 별도의 팀과 부서조직을 개발하는데 기여하였다.

결과적으로, 이러한 발전은 많은 복잡한 조직에게 전반적인 조직 활동들을 통제하고 조정하게 될 중앙 집중적인 두뇌와 같은 기구를 가져다주었다. 그리하여 개인의 합리성은 제한되고 제도와 조직은 합리성차원으로 확대되었다.

(4) 문화로서의 조직

조직이란 문화(Culture)라 할 수도 있다. 문화의 특성이면서 문화의 정의(a부터 w까지)를 살펴보자.

- 공유된 행동(action, shared, 사회적 공헌 활동)
- 공유된 신념(belief, 과학생들이 공유하는 믿음)
- 공유된 관습(custom, 체육과 스포츠레져, 경행과 등 과학생들이 공유하는 신고식 등의 관습 등 조직내 군대문화의 관습)
- 일하는 방식(doing things)
- 공유된 기대(expectations)

- 공유된 감정(feelings)

- 구성원을 결속시키는 아교(glue that bonds)

- 공유된 습관(habit, 선후배간 군기잡기)

- 이념(ideology)

- 전문용어(jargon, BTS와 ARMY),

- 지식(knowledge)

- 언어(language, 조직에서 사용하는 의사소통 방법을 보면 조직의 문화를 알 수 있다)

- 의미(meanings)

- 규범(norms)

- 조직적으로 학습된 것(organizationally learned, MT, 신입생환영회 등)

- 철학(philosophy)

- 의식(rituals, 영화관 국기에 대한 경례 등)

조직에서 시행되는 일반적인 의례(rites)는 〈표 1-3〉과 같이 종류를 나눌 수

표 1-3 조직에서 의례의 종류와 예

통과 의례	군 입대식과 신병 훈련
명예 실추 의례	최고관리자의 해고 및 교체
통합 의례	MT, 사무실의 크리스마스 파티

출처: H. M. Trice, & J. M. Beyer(1984). Studying organizational culture through rites and ceremonials, Academy of Management Review, 9, 653–669

영화 국제시장: 부부싸움하다 국기하강식시 경례하는 장면

있다. 예를 들어 신병 훈련은 군대에서 볼 수 있는 조직 의례이고, 대학원의 학위 논문 심사는 학계의 통과 의례이다. 의식(rituals)은 행동 방식을 통해 실행되기 때문에 의례와 밀접하게 관련되어 있다.

• 상징(symbols)

대부분의 조직 환경에서 상징은 매우 중요한 의미를 지니고 있다. 조직에서 가장 잘 드러나는 상징 중 하나는 직원들이 일하는 사무실의 배치라고 할 수 있다. 사무실이 하나의 큰 개방된 공간으로 배치되어 있는 조직은 사교성과 소통의 개방성에 높은 가치를 부여한다는 것을 상징할 수 있다. 반면, 사무실 내에서 개인의 공간을 서로 멀리 떨어지게 배치한 조직은 비밀주의 수준이 높거나 사생활을 존중하는 특징을 가지고 있음을 상징할 수 있다. 샤인(Schein, 1983)에 따르면 인공물은 상징과 비슷하다. 상징은 간접적으로 표현하지만, 인공물은 문화적인 의미를 직접적으로 전달한다. 조직에서 대표적인 인공물은 그 조직의 테크놀로지가 물리적으로 표현되어 있는 것으로, 예를 들면 군대에서 제복은 그것을 입은 사람들로 하여금 환경과 직무에 관계없이 모두 군인이라는 것을 상기시키는 상징이다.

• 사고방식(thinking)
• 이해(understanding)
• 가치(values)
• 세계관(worldview)

이상 문화의 특성을 살펴보았는데, 결국 조직문화란 조직구성원들로 하여금 다양한 상황에 대한 해석과 행위를 불러일으키는 조직내에 공유된 조직구성원들이 공유하고 있는 행동방식, 신념, 관습, 일하는 방식, 기대, 감정, 조직구성원들을 결속시켜주는 아교, 습관, 이념, 전문용어, 지식, 언어, 의미, 규범, 조직적으로 학습된 것, 철학, 의식, 상징, 사고방식, 이해, 가치, 그리고 세계관 등을 의미한다.

이렇듯 문화의 정의와 특성은 너무나 다양하여 우리가 알고 있는 조직문화는 빙산의 일각에 불과하다.

이러한 측면에서 조직이란 사고하는 사고자에 의해 사고된 사고의 집합이다(Organization is a body of thought thought by thinking thinkers). 결국 이 조직 정의가 의미하는 것은 조직구성원의 사고방식을 지배하는 것이 바로 문화이고, 궁극적으로 조직은 문화라고 은유해 볼 수 있으며, 우리가 알고 있는 조직문화는 빙산의 일각에 불과하다는 것이다. 조직문

빙산의 일각으로서 조직문화

화에 대한 보다 깊은 이해는 조직의 다양한 측면을 이해하고 관리하는데 도움을 줄 수 있다. 조직문화에 대해서는 뒤에서 다시 상세히 다룬다.

(5) 정치체제로서의 조직

정치체제로서의 조직 은유는 조직 합리성(organizational rationality)이라는 일종의 신화를 타파하는데 일조해 조직내의 권력관계나 갈등관계 속에서 발생하는 정치적 합리성 내지는 사후적 합리화 과정을 이해하는데 도움을 준다.

조직내의 권력관계나 갈등관계는 개인이 자기의 이익을 극대화하기 위해서 지닌 권력을 사용하는 조직정치를 야기하기도 한다. 권력이란 개인이나 집단이 다른 개인이나 집단을 자신의 의지대로 관철시키는 힘을 말한다. 공식적 권력의 원천은 합법적, 보상적, 강압적, 정보적 직위로부터 비롯된다. 비공식적 권력의 원천은 카리스마나 전문지식으로 나온다.

표 1-4   권력의 유형과 내용

권력의 유형	내용	예
보상적 권력	조직의 보상과 자원을 통제할 수 있는 능력	임금, 승진
강제적 권력	다양한 벌을 통제할 수 있는 능력	감봉, 정직, 해고
합법적 권력	조직적 직위 때문에 타인을 통제할 수 있다고 믿어지는 능력	회사내 계급이 높은 사람
준거적 권력	부하로부터 존경을 받을 수 있는 능력	부하를 이해하는 상급자, 종교지도자
전문적 권력	가치 있는 숙련이나 능력 및 지식을 가지고 있다는 믿음을 줄 수 있는 능력	전문적 의료기술
정보적 권력	가치 있는 정보를 소유하고 있거나 분석할 수 있는 능력	사장비서

조직내의 갈등은 기대나 목표가 타인에 의해 좌절, 차단되는 상황에 발생하며, 수직적 갈등(Vertical conflict), 수평적 갈등(Horizontal conflict), 라인-스탭 갈등(Line-staff conflict), 역할 갈등(Role conflict), 기능적 갈등 그리고 경쟁적 갈등(Competitive conflict) 등의 5가지 유형으로 구분해 볼 수 있다. 또한 개인내 갈등(Interpersonal conflict), 개인간 갈등(Interpersonal conflict), 집단간 갈등(Intergroup conflict) 그리고 조직간 갈등(Interorganizational conflict) 등의 4가지 수준으로 구분할 수 있다.

이러한 갈등은 경쟁, 협동, 타협, 회피, 수용 등의 5가지 갈등 관리 방안에 의해 관리될 수 있다. 이러한 다섯 가지 방식 중 어느 것을 사용할 것인가의 결정은 상황의 본질에 달려 있다 .

그림 1-9   갈등해결의 5가지 유형

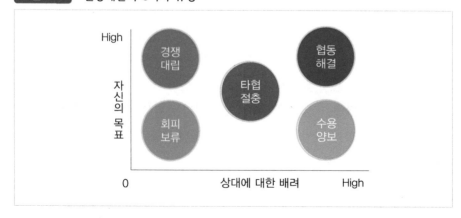

표 1-5	갈등해결의 유형과 사용 전략
유형	사용 전략의 내용
경쟁	① 신속하고 결단력이 필요한 경우 ② 인기 없는 조치를 실행할 경우
협동	① 타협이 안 될 때 – 양쪽 관심사가 너무 중요한 경우 ② 양쪽의 관여(협력)가 필요한 경우
타협	① 복잡한 문제에 대한 잠정적 해결안 ② 임기응변적 해결이 요구될 경우
회피	① 한 문제는 사소, 다른 문제는 중요한 경우 ② 사람들의 생각을 가다듬게 할 필요가 있을 경우
수용	① 논제가 타인에게 중요한 의미를 지닌 경우 ② 다음 논제에 대한 사회적 신용 획득을 위한 경우

출처: 이창원 · 최창현(2007), 새조직론

　　사람은 타인의 행동에 반응하기 전에 그 의도를 먼저 파악하기 때문에 상대방의 의도를 잘못 파악하면 갈등은 증폭된다. 갈등 처리 의도는 두 가지 차원, 즉 상대에 대한 배려(한 당사자가 다른 쪽의 관심사를 만족시켜 주려는 정도)와 자신의 목표를 관철시키려는 자기 주장성(한 당사자가 자신의 관심사를 만족시키려는 정도)이라는 두가지 차원을 이용해 다섯 가지 유형으로 나누어 볼 수 있다.

　　첫째, 경쟁(competing)으로 이는 상대방을 압도하여 자기의 주장을 관철하려는 것으로 상대방이 자기 주장을 받아들이도록 강요하는 것이다. 자신의 이익만을 추구할 때 경쟁이 발생한다.

　　둘째, 협동(collaborating)으로 이는 갈등 당사자가 서로 상대방의 필요를 충족시키려고 할 때, 상호 이익을 추구하려는 것이다.

　　셋째, 타협(compromising)으로 갈등의 당사자들이 뭔가를 양보하려고 할 때 서로 나눌 수 있는 유형으로 분명한 승자나 패자가 없다.

　　넷째, 회피(avoiding)로 갈등은 존재하지만 그 상황에서 피하거나 억누르는 것이다.

　　다섯째, 수용(accommodating)으로 자신을 희생하더라도 상대방의 이해관계를 우선시하는 것으로, 관계유지를 위해 희생이 필요할 때 사용한다.

　　페퍼(Pfeffer, 1992)에 의하면 조직, 특히 대규모의 조직은 기본적으로 정치적 체제라는 점에서 정부조직과 유사하다고 한다. 정부를 이해하려면 정부의 정치적 행동을 이해해야 하듯이, 조직을 이해하려면 조직 내 정치적 행동을 이해해야 한다는 것이다. 이렇게 조직을 정치적 체제로 바라보는 관점은 조직을 합리적 체제로 보는 접근법과는 많은 차이가 있다. 즉 조직을 정치적 체제로 바라보는 관점에 의하면, 조직의 효과성, 수익성, 생산성만이 조직구성원들의 관심사는 아니라는 것이다. 물론 대부분의 경우 겉으로는 그러한 가치만을 추구하는 것으로 포장을 하지만, 조직구성원들 특히 관리자들은 오히려 조직 내에서 자신들의 지배와 통제를 계속 유지하기 위해 권력, 자율성, 안정성 등을 추구하기 때문에 조직구조나 의사결정도 조직의 효과성, 수익성, 생산성보다는 권력, 자율성, 안정성 등을 획득 및 유지하는 방향에서 결정한다고 한다(이창원·최창현, 2007).

조직정치가 발생하는 원인으로는 자원의 희소성, 복잡하고 동태적인 환경, 파킨슨 법칙에 의거한 부서의 공무원수와 부서예산을 확대하려는 부처이기주의 혹은 부처확장주의, 불명확한 의사결정, 그리고 목표의 불확실성 등을 들 수 있다.

따라서 조직정치를 해소하는 방안으로는 환경을 단순하고 정태적으로 정의해주고, 부처할거주의(sectionalism)와 조직내의 비공식 파벌 집단을 조치하고, 명확한 의사결정을 해주고, 마지막으로 성과에 따라 차별적 보상을 하는 확실하고 구체적이고 명확한 목표를 설정해주는 것이다.

(6) 심리적 감옥으로서의 조직

막스 베버는「프로테스탄티즘의 윤리와 자본주의 정신」이라는 저서에서 "관료제는 개인 감정을 갖지 않는다. 관료의 권위가 영혼 없는 전문가와 감정 없는 쾌락주의자에게 의존하기 때문이다"라고 말했다.

또한 규칙, 규정, 지시, 명령, 통제 등을 중시하는 지배체제로서의 관료제는 대규모 조직을 능률적이고 합리적으로 운영하도록 해주지만 바로 이러한 규칙, 규정, 지시, 명령, 통제 등을 중시하는 지배체제는 조직구성원의 자율성과 창의성을 저해한다는 것이다.

이런 자율성, 창의성 그리고 영혼 없음이 관료제 본연의 장점을 질식시키고, 합리성이란 미명 하에 인간의 자유로운 정신을 구속함으로써 관료제는 껍데기만 남게 되는 위험성도 아울러 경고하면서 이를 새 철장(iron cage)라고 했다.

MAX WEBER

IN HIS IRON CAGE

새 철장안에 갇힌 막스 베버

　뉴욕 시청에서 근무한 경험이 있는 미국의 행정학자 랄프 험멜은 그의 저서 '관료제 경험'에서 관료제의 이런 위험성을 더 분명하게 지적했다. "공무원은 사람이 아니라 사례(case)"를 다루고, 다른 인간적 가치를 훼손하면서 효율에만 집중한다고 비판한다.

　기계적 관료제의 창시자인 막스 베버는 합리적, 법률적 관료제가 지배적인 사회체제가 되리라 예견하면서도, 사람을 위해 만들어진 능률적 체제로서의 관료제의 역기능으로 인해 철창없는 감옥처럼 관료제 구성원의 사고방식을 틀 지울 수도 있다고 본다. 심리적 감옥으로서의 조직은 구성원들이 스스로 만들어 놓고도 스스로 그 속에 갇혀버리고 마는 심리적 감옥으로 조직을 바라보는 시각을 의미한다.

　사회적 실재로 구성된 조직에서 사람들의 생각과 활동은, 이를 만들고 유지해가는 구성원들의 의식적, 무의식적 과정을 낳게 하는 이미지, 생각, 사고, 행위 등의 틀 속에서 제한되며, 결국 사람들은 이러한 완전하지 못한 의식, 무의식적 사상의 집합체로 만들어진 조직이라는 틀 속(동굴)에서 종속되거나, 벗어나기를 거부하고 안주하게 된다.

 플라톤의 동굴의 우화

　깜깜한 동굴속에 많은 사람들이 쇠사슬에 꽁꽁 묶인채 앞의 벽에 비치는 그림자만 주시하면서 살고 있는데 어떤 한 남자가 쇠사슬을 풀고 벽에 비치는 그림자가 어디서 오는건지 궁금해 작은 빛이 있는 쪽을 향해 가기 시작했다

　그러자 그곳에 불이 있었고, 동굴 밖에서 돌아다니는 무언가의 그림자가 자신이 그동안 봐왔던 것이라는걸 깨달았다

　마침내 동굴 입구로 나오자 마자 빛이 너무 강렬해 눈을 뜰수가 없었지만 곧 적응되어 눈을 떠

보니 동굴밖에 있던 새로운 세상에 충격받는다. 그는 다시 동굴로 돌아와 사람들에게 자신이본 세상을 알려주나 사람들은 그를 비웃는다.

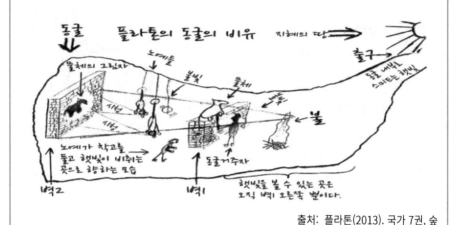

출처: 플라톤(2013). 국가 7권, 숲

(7) 변화와 흐름으로서의 조직

"모든 것은 흐름속에 있다. 똑같은 강에 발을 두 번 담글 수는 없다. 똑같은 강이 아니기 때문에"

– Heraclitus의 불투명한 자(The Obscure)

지난 수십년간 조직이론은 안정성과 적응과 같은 조직현상을 설명하기 위하여 항상성 및 평형등의 일반체제이론(general system theory)의 개념을 활용해 왔다.

그러나 이제 조직은 역동적인 변화에의 적응 및 진화 체제로 간주되고 있다. 소위 Weick이 말하는 조직(organization)이 아니라 조직화(organizing)로 혹은 복잡계이론에서 말하는 조직을 자기조기화적 복잡적응체제(self-organizing complex adaptive system: SOCAS)로 보는 것이다.

조직은 비선형 순환고리로 상호연결된 많은 구성요소로 이루어져 있으며, 평형체제의 경우와는 달리 초기조건의 민감성으로 인해 경로의존성을 보이며, 환경으로서의 다른 조직과 교호작용을 하기 때문에 공진화하는 또한 미시적 수준에서의 혼돈적 행동이 장기적으로는 거시적인 질서를 보이는 자기조기화적 복잡적응체제(self-organizing complex adaptive system: SOCAS)이다.

전통적인 조직정의와는 다른 관점인 진화론적 조직정의에 따르면 조직은 복잡적응체제의 특질인 창발성(emergence), 비선형 순환고리성(nonlinear feedback loops), 경로의존성(path dependence), 초기조건에의 민감성(나비효과)을 보이면서 변화에 적응해 나가는 공진화(coevolution) 흐름으로서의 복잡적응체제(Complex adaptive system)로 볼 수도 있다는 점에서 조직에 대한 새로운 관점을 제시해준다. 변화와 흐름으로서의 진화적 조직에 대해서는 뒤에서 상세히 다룬다.

(8) 지배/착취를 위한 도구로서의 조직

아서 밀러의 세일즈맨의 죽음이라는 연극을 예로 들면 필요할 때는 이용하고 그렇지 않을 때는 내동댕이치는 식으로 조직이 그 구성원을 어떻게 착취하고 이용하는지를 설명하며 이러한 조직이론이 어떻게 조직과 계층, 그리고 통제사이의 밀접한 관계를 강조하는지를 설명한다. 흔히 조직구조를 피라미드로 그리는데, 이집트의 피라미드를 건설할 때를 상기해 보자.

고대 이집트에서 피라미드를 건설하기 위한
노동자와 감독자의 모습

수 많은 사람들이 오늘날의 기중기 등의 중장비도 없이 몇 톤이나 되는 돌을

날라 피라미드를 건설하는데 동원되었다. 이 건설과정에서 많은 사람들이 파라호의 지배를 위해 착취 당한 사실을 생각해 보면 조직이란 지배/착취를 위한 도구로서의 조직이라는 은유가 정부 관료제 혹은 산업 현장에서의 노동자들의 처우에 대해 많은 생각을 하게 한다.

지배도구로서의 조직 이미지는 합리적 체제로서의 조직이 초래할 수 있는 병폐와 예기치 않은 결과를 설명한다. 이윤의 창출과 조직의 확장이라는 목표를 달성하기 위해서 집단이 추구하는 합리적 행동들의 결과가 노동자에 대한 착취, 환경 파괴, 자원배분의 불공평이 될 수 있다. 따라서 지배도구로서의 조직 이미지는 지배하는 사람들을 위한 것이 아니라, 지배당하는 사람들을 위한 조직이론을 개발하는 방법을 일깨워준다는 장점이 있다. [그림 1-10]처럼 오늘날 대부분의 조직 구조는 피라미드 모양과 흡사한 프라미드형 조직구조를 가지고 있다.

그림 1-10   피라미드형 조직구조

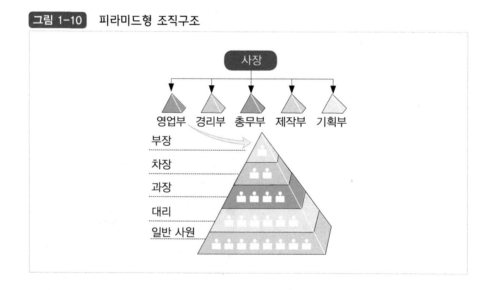

이처럼 조직은 다양한 은유적 이미지로 표현해 볼 수 있고 이를 정리해 보면 [그림 1-11]과 같다.

그림 1-11 다양한 조직의 은유

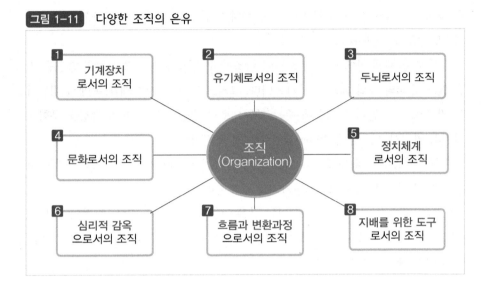

1 기계장치 로서의 조직

2 유기체로서의 조직

3 두뇌로서의 조직

조직 (Organization)

4 문화로서의 조직

5 정치체계 로서의 조직

6 심리적 감옥 으로서의 조직

7 흐름과 변환과정 으로서의 조직

8 지배를 위한 도구 로서의 조직

5) 조직의 유형

(1) 파슨스(Parsons)의 조직유형

'네 가지 기능의 패러다임'이라고 불리우는 Tacott Parsons의 새로운 이론적 틀은, 행위의 체계가 존재하려면 기본적으로 네 가지 기능적 요구사항을 만족시켜야 한다는 전제 위에서 세워졌다. 바꾸어 말해서, 사회체계가 유지되고 안정될 수 있는 조건을 AGIL이라는 네 가지 기능이라고 본 것이다. 이것은 매우 대담한 이론적 시도였다.

그 첫째는 체계와 외부환경과의 관계를 돕고 유지하는 적응(adaptation)의 기능적 조건으로, 이는 사회체계의 목적달성에 필요한 자원의 공급과 환경의 이용

표 1-6 AGIL기능에 따른 Parsons 조직유형

사회적 기능	조직유형	예
적응 A	경제적 생산조직	사기업
목표달성 G	정치적 조직	행정부
종합 I	통합기능조직	정당
체제유지 L	체제유지조직	교육기관

출처: 최창현(2010). 현대사회와 조직, 대영문화사

을 포함하고, 둘째는 체계의 목적을 달성하기 위하여 자원을 동원하고 처리하는 목적달성(goal-attainment)의 기능적 조건이다.

셋째는, 체계 안에 있는 부분들이 협조할 수 있게 통제하고 심각한 혼란을 막는 결속 유지의 통합(integration)기능이다. 그리고 넷째는, 사회체계 속에서 행위자가 필요로 하는 동기를 제공해 주는 기능으로서 행동과 그 체계의 상징적 문화적 가치와 연결시키는 잠재성(latency)의 기능적 조건이다.

구조기능주의의 대표적인 학자 중의 하나인 Talcott Parsons는 조직이 추구하는 사회적 기능에 의해 조직을 4가지로 구분한다.

Parsons 스스로 말했던 대로 이와 같은 이론적 틀 속에는 많은 허점이 있지만, 4가지 기본적인 기능이 계속 그의 모든 이론적 연구에 있어서 '일차적인 준거점'이 되어 왔다.

(2) 블라우와 스콧(Blau & Scott)의 조직유형

Blau & Scott(1962)은 주된 수혜자가 누구냐에 따라 조직유형을 호혜조직 (mutual benefit organization), 사업조직(business organization), 서비스조직(service organization), 그리고 공익조직(commonweal organization)으로 분류했다.

먼저, 호혜조직의 경우, 주된 수혜자는 조직원이고, 조직원의 만족이 핵심과제이며, 정당·노동조합·전문직업단체·종교단체·공제회 등이 이에 해당된다. 사업조직의 경우, 주된 수혜자는 소유주이고, 이윤추구가 핵심과제이며, 민간기업·은행·보험회사 등이 그것이다.

서비스조직의 경우, 주된 수혜자는 고객이고, 이들에 대한 전문적 서비스제

표 1-7   Blau & Scott의 조직유형 개념도

조직유형	주된 수혜자	핵심과제	사례
호혜조직	조직원	조직원의 만족	정당, 노동조합, 전문직업단체, 종교단체, 공제회 등
사업조직	소유주	이윤추구	민간기업, 은행, 보험회사 등
서비스조직	고객	전문적 서비스 제공	사회복지기관, 병원, 학교 등
공익조직	전체국민	국민에 의한 통제 확보	행정기관, 군대조직, 경찰조직 등

출처: http://www.kapa21.or.kr

공이 핵심과제이며, 사회복지기관·병원·학교 등이 이에 해당된다. 그리고 공익조직의 경우, 주된 수혜자는 전체국민이고, 국민에 의한 선거 등 통제를 확보하는 것이 핵심과제이며, 행정기관·군대조직·경찰조직 등이 그것이다.

지금까지 다양한 조직정의와 조직에 대한 은유 그리고 조직의 유형에 대해 알아보았다. 특히 조직에 대한 은유는 일반적인 조직정의에서 알 수 없는 조직의 다양한 실체를 적나라하게 보여주고 있다. 이제 조직이론이 어떻게 발전되어 왔는지를 알아보자.

2 조직이론의 정의와 구성요소

1) 조직이론의 정의

조직 현상을 연구 대상으로 하여 전개되는 논리적인 체계, 즉 조직의 구조를 비롯한 조직의 요소를 연구하여 조직을 보다 바람직하게 유지·발전시키는데 도움을 주고자 체계화한 이론을 조직이론이라 한다(이해하기 쉽게 쓴 행정학용어사전, 2010). 또한 조직이론이란 조직에 관한 사실들의 집합(a collection of facts)이라기보다는 조직에 대한 일종의 사고방식(a way of thinking about organizations)으로 조직을 바라보고 분석하는 방법이다(Daft, 2004: 24). 즉 우리가 연구 대상으로 하는 조직과 환경의 상호관계에 관해 체계적·논리적으로 기술·설명·처방하는 이론이다(오석홍, 2003: 5).

조직이론은 조직을 구성하는 조직구성원에 대한 이론으로 볼 수도 있고, 혹은 조직에 대한 이론이라고도 볼 수 있다. 심리학은 동기부여, 태도, 지각, 학습과 강화이론, 문화인류학은 조직문화와 관련된 분야에 이론적 근거를 제공한 바 있다. 조직이론을 조직을 구성하는 조직구성원에 대한 이론으로 볼 경우, 조직심리학, 산업심리학, 문화인류학 등의 이론들의 학제적 연구로 탄생한 행정학이나 경영학 교과과정에 개설된 조직행태론, 혹은 조직론 등과 같은 미시적 조직이론이 이에 해당된다.

정치학은 조직내 권력과 정치적 행동, 조직사회학은 조직의 구조와 설계 등과 관련된 분야에 이론적 근거를 제공한 바 있다. 조직이론을 조직에 대한 이론으로 볼 경우, 조직사회학, 사회심리학, 정치학 등의 학제간 연구로 탄생한 행정학이나 경영학 교과과정에 개설된 조직구조론, 조직환경론 등과 같은 거시적 조직이론이 이에 해당된다. 이 책은 미시적 조직이론과 거시적 조직이론을 모두 다루고자 한다.

2) 이론의 구성요소로서 명제, 개념과 변수

조직이론을 좀 더 정확히 이해하려면 이론이란 무엇인지를 이해할 필요가 있다. 이론이란 "사회현상을 설명하고 예측하기 위한 일련의 명제(proposition)"이다. 명제란 상호연관된 개념(concept)간의 관계를 의미한다. 또한 개념이란 특정의미가 부여된 용어이다.

그렇다면 명제란 또 무엇인가? 명제(Propisition)란 일련의 개념들간의 관계이며, 명제와 유사한 용어인 가설(Hypothesis)은 실증적으로 검증가능한 명제를 의미한다. 명제가 개념간의 관계라면 개념이란 무엇인가? 개념(Concept)이란 이론의 기본구성요소로서 특정의미를 부여받은 용어이다.

따라서 아무리 어려운 이론이라 할지라도 그 근본요소로서의 개념을 잘 이해하고 개념간의 연관성을 파악하면 이론을 이해할 수 있다. 이론을 실증적으로 검증하려면 개념을 조작화할 필요가 있는데, 조작화된 개념을 변수라 부른다. 즉 변수(Variable)란 조작화된 개념, 곧 수치화된 개념이다.

모든 이론은 특정상황하에서만 적용되는데, 이러한 조건을 가정이라 한다. 즉 가정(Assumption)이란 이론이 적용되는 제반조건들을 의미한다. 이론은 원형 내에서 논의된다. 원형(Paradigm)이란, 관점을 틀지워주는 보다 근본적인 모형으로서 특정과학자집단이 상호주관적으로 공유하는 신념이나 가치체계를 의미한다. 이론과 관련된 또 다른 개념으로 모형이 있는데, 모형(Model)이란 복잡한 형식의 단순화된 추상화라고 할 수 있다.

(1) 명제: 개념간의 관계

명제(Proposition)란 두 개 이상의 개념들간의 관계이다. 전형적인 명제의 형태는 다음과 같다.

① α가 크면 클수록 b도 크다.
　　예) 조직의 규모가 크면 클수록 집권도도 크다.

(집권도는 조직내 의사결정의 분산이 조직 상충부에 집중된 경우)

예) 조직의 규모가 크면 클수록 공식도도 크다.

(공식도는 조직내 행동의 표준화 정도)

② a의 증가하면 b도 증가된다.

예) 분업의 원리에 입각한 직무의 세분화가 증가하면 분파주의 (sectionalism) 혹은 부처이기주의도 증가한다.

③ a는 b와 긍정적(혹은 부정적)인 관계이다.

예) 조직내 계층수와 책임회피는 긍정적 관계이다.

④ a의 변화는 b의 변화를 초래한다.

예) 의사결정의 집권화를 높게 하면 공무원의 냉소주의를 초래한다.

여기서 a와 b는 개념이다.

가설(Hypothesis)은 실증적으로 검증가능한 명제, 즉 변수와 변수간의 관계를 의미한다. 조직의 규모가 크면 클수록 집권도도 크다라는 명제에서 조직규모를 실증적으로 검증가능하도록 정부 조직내의 공무원의 수와 예산액 등으로 수치화한 변수로 만들고 조직의 집권화 정도를 묻는 설문 문항을 통해 수치화된 집권도 변수의 점수를 구할 수 있다. 따라서 가설은 조직내의 공무원의 수가 많을수록 집권도의 점수가 크다. 정리하면,

• 명제: 조직의 규모가 크면 클수록 집권도도 크다.
• 가설: 조직내의 공무원의 수가 많을수록 집권도의 점수가 크다.

(2) 변수

변수(Variable)란 조작화된 개념, 즉 수치화되거나 문자화된 개념이다. 신장, 체중, 연령, 교육, 소득 등과 같은 개념은 그 자체가 조작화된 개념(self-operationalized concept), 즉 변수이나, 직위, 공식도 등의 개념은 변수화해야 한다. 구성체의 경우는 먼저 어떠한 하위개념을 포함시킬 것인지를 이론적으로나 실증적으로 검증한 후, 명백한 개념규정을 하여야 변수화가 가능하다.

그림 1-12 관료제의 병리현상

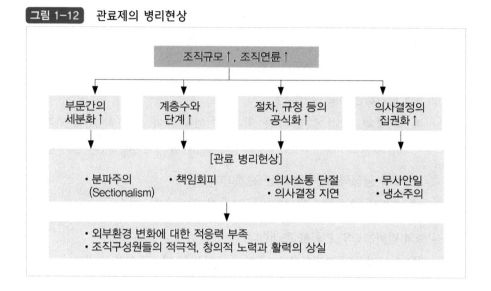

변수의 종류에 대해서 알아본다. 가장 유용한 변수의 구분은 독립변수와 종속변수로 나누는 것이다. "a의 변화는 b의 변화를 초래한다"라는 명제에서 b라는 결과의 원인이 되는 a를, 종속변수(dependent variable) b의 독립변수(independent variable)라 한다.

독립변수와 같이 종속변수에 영향을 끼치는 변수로 매개변수(intervening variable)가 있다. 예를 들면 조직몰입도를 제고하는 요인으로서 조직구조가 영향을 미치는데 우선 조직구조가 직무만족도에 영향을 주고, 이 직무만족도가 조직몰입도에 영향을 준다면 이 경우 직무만족도는 매개변수의 역할을 한 셈이다.

이제 조직이론의 한 예를 들어보자. 관료제의 병리(bureaucratic pathology) 현상이란 조직의 규모(size)가 커지고 만들어진지 오래됨(age)에 따라 생기는 조직의 여러 가지 관료제의 역기능(dysfunctions of Bureaucracy)을 의미한다. 정상내지 건전한 상태와는 다른 사회현상을 일반적으로 사회병리라고 하는데, 관료제의 병리란 정상내지 건전한 상태의 관료제와는 다른 관료제의 현상을 말한다.

과도한 분업의 원리에 입각한 직무의 세분화로 인한 분파주의(sectionalism) 혹은 부처이기주의, 관료제내에 계층수와 단계가 많아짐에 따른 상사는 부하에게 부하는 상사에게 책임을 떠넘기려는 책임회피주의, 절차, 규정 등의 공식화를 통한 공무원 행동의 표준화는 의사소통을 단절시키고 나아가 의사결정의 지연을 초래, 그리고 의사결정의 집권화는 나는 결정권이 없다는 냉소주의와 무사안일주의, 복지부동 등의 관료제의 병리 현상을 초래한다. 이러한 관료제의 병리 현상은 결국 외부환경 변화에 대한 적응력 부족을 초래하고 조직구성원들의 적극적, 창의적 노력과 개인 및 조직의 활력도도 상실된다.

　　이러한 조직의 문제를 치유하기 위한 동기부여이론, 리더십이론 등을 위시한 인간관계론으로 대표되는 신고전조직이론, 조직문화, 조직구조와 조직설계 등의 조직환경이론 등을 살펴본다.

- 이론 = 개념과 개념간의 관계인 명제들의 모임
  예) 키가 크면 클수록 몸무게도 크다.
- 조직이론 = 조직개념과 조직개념간의 관계인 명제들의 모임
  예) 조직의 규모가 크면 클수록 집권도도 크다.
  　　조직의 규모가 크면 클수록 공식도도 크다.
  　　조직환경의 불확실성 정도는 집권도와 부정적 관계이다.

생각해 볼 문제

1. 조직의 정의를 내려 보자. 그리고 기계로서의 조직과 같은 은유법을 활용한다면 조직을 무엇에 비유하겠는가?
   (힌트: 기계로서의 조직, 유기체로서의 조직, 두뇌로서의 조직, 문화로서의 조직 등)

2. 사회연결망이론에 대하여 인터넷 검색을 해보자.

3. 조직정의에 대한 새로운 해석을 토대로 여러분들의 조직에 대한 생각을 말해 보자.

2

조직이론의 발전

CHAPTER 2

조직이론의 발전

1 조직이론의 발전 과정 개관

그림 2-1   조직형태와 환경상의 요구

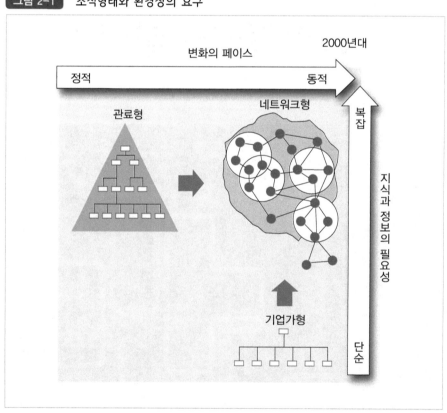

조직이론에 대한 분류는 여러 학자들에 의해 이루어져 왔지만, 그 중 기존 조직이론을 가장 체계적으로 정리한 것의 하나로 Scott(1987)의 조직이론분류를 들 수 있다. Scott는 두 가지 차원, 즉 ① 조직 환경 개념의 포함 여부, ② 인간이나 조직을 합리적 존재로 보는지 또는 자연적 존재로 보는지를 기준으로 하여 조직이론을 네 가지로 분류하였다.

첫째, 폐쇄−합리적 고전조직이론으로 ① 조직을 외부환경과 단절된 폐쇄체제로 보면서, ② 조직구성원들이 합리적으로 사고하고 행동하는 것으로 간주하는 이론이다. 시기적으로는 대체로 1900년에서 1930년 정도를 전후한 이론들이다.

둘째, 폐쇄−사회적 신고전조직이론으로 ① 조직을 아직도 외부환경과 단절된 폐쇄체제로 보지만, ② 조직구성원들이 합리적이 아닌 자연적 관점으로 보는 것으로 조직구성원의 인간적 문제에 중점을 둔다. 1930년에서 1960년 정도 사이를 지배하였던 조직이론들이다.

셋째, 개방−합리적 조직환경이론으로 ① 비로소 조직 환경의 중요성을 강조하지만, ② 조직이나 인간의 합리성 추구를 다시 강조한다. 1960년에서 1970년 정

그림 2-2 조직이론의 변천과정

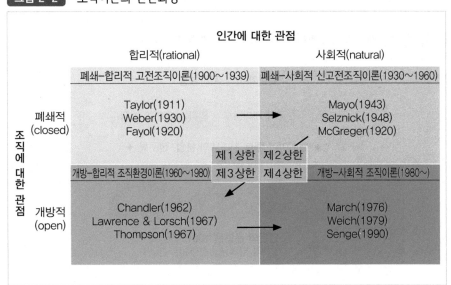

도 사이를 풍미하였던 이론들이다.

마지막으로, 개방-사회적 조직이론으로 ① 역시 조직 환경의 중요성을 강조하지만, ② 조직의 합리적인 목적수행보다는 조직의 존속이나 비합리적인 동기적 측면을 강조한다. 1970년대 이후에 각광을 받고 있는 이론들이다.

② 폐쇄-합리적 고전조직이론

고전적 조직이론은 조직의 목적이 합리적인 방법에 의해 세부적인 과업으로 분할(분업의 원리에 입각한 세분화 및 전문화)될 수 있을 뿐만 아니라 조직의 총체적인 목적달성을 위해 재결합(통합 및 조정)될 수 있다고 본다. 이러한 개념의 발상은 전체가 원자로 분할될 수 있고 또한 그 분할된 원자는 다시 전체로 재결합될 수 있다는 원자론 및 기계론(atomism and mechanism)을 근간으로 단순하고 질서정연한 세계관을 갖는 Newton의 기계론적 패러다임(Newtonian mechanical paradigm)에 입각한 것이라 볼 수 있다.

조직을 외부환경과 단절된 폐쇄체제로 보면서 또한 조직구성원들이 합리적

그림 2-3   개미의 분업원리에 입각한 컨베이어 벨트 시스템

출처: https://news.sbs.co.kr/news/endPage.do?news_id=N1003427412

대표적 학파 및 학자	주요 이론의 원리	이론의 장점 및 한계
	조직 구조의 원리	장점
Taylor의 과학적 관리론	1. 분업화 원칙 2. 표준화 원칙 3. 수직적 명령 원칙 4. Line과 Staff 분리의 원칙 5. 계층화 원칙	1. 대규모 조직 출현의 기틀 2. 최초로 관리의 체계적 원칙 제시 3. 생산성 향상과 능률을 극대화 시키는 합리적 조직 설계의 기초 제시
Fayol의 일반관리론	조직운영의 원리	한계
Weber의 관료제론	1. 개인성 배제 원칙 2. 직무 명료화 원칙 3. 규칙 준수의 원칙 4. 위계의 원칙 5. 권한과 책임의 원칙 6. 예외의 원칙 7. 권한위양의 원칙	1. 인간없는 조직 Organization without People 2. 상황변화에 따른 탄력적 조직변화 무시 3. 기계주의적 조직설계 4. 노동소외의 극대화

으로 사고하고 행동하는 것으로 간주하는 이러한 폐쇄-합리적 고전조직이론은 1900년경부터 싹트기 시작하여 1930년대에는 구체적인 모습을 형성하고 1940년 대에 이르기까지 성숙을 본 조직이론의 한 범주이다. 고전적 조직이론이라고도 불리운다.

　폐쇄-합리적 고전조직이론의 범주에 속하는 이론을 제시한 대표적 학자들로는 Taylor, Weber, Fayol 등이 있으며, 그들의 이론은 독자적으로 행해진 연구의 결과임에도 불구하고 공통된 특성을 지니고 있음으로 해서 한 범주의 학파로 간주된다. 먼저 Taylor(1947)의 과학적 관리론, Weber(1947)의 고전적 관료제론, Fayol(1949) 등 행정관리학파의 이론을 살펴본다.

1) 과학적 관리론

　Taylor는 그의 저서 '과학적 관리의 원칙'에서 조직 내의 직무를 수행하기 위한 유일 최고의 방법을 규명할 수 있고 이를 위해 시간 및 동작 연구에 주로 의존

하는 직무과정분석이 중요하다고 주장하
였다. Taylor는 합리적이고 과학적인 관리
를 통해 생산성을 올리는데 주력할 수 있
는 일명 테일러 시스템 또는 테일러리즘
(Taylor system or Taylorism)으로 불리어지는
과학적 관리론을 창안하였다.

Taylor는 개인주의적 영웅주의로부터
보통 사람들에 의한 조화적인 협동 관리체
제로의 변환을 강조하면서 과학적 관리법

출처: Morgan, Gareth(1993). Imaginization, The Art of Creative Management, Sage

(SM)은 생산과정이 가장 작은 단위로 분할되고, 다시 최대번영(Maximuim Prosperity 1)이 단일최고 방법(One best way)과 최선의 도구(best implement)에 의해 성취될 수 있도록 재결합시키는 방법에 관한 과학적인 연구라 할 수 있다.

그는 재래의 "주먹구구식 방법(old rule of thumb)"을 비판하면서 적절한 하루의 업무량, 즉 책무(duty)가 시간, 동작연구(time and motion study)에 의해 세분화, 표준화되어야 한다는 관리의 과학화개념을 도입했다.

과학적 관리법의 4가지 원칙은 다음과 같다.

① 과학적 방법의 개발
② 근로자의 과학적 선발과 훈련
③ 관리자에 의해 개발된 과학적 방법에 입각한 직무달성을 위한 충심으로 우러나온 근로자와의 협동
④ 노사간 직무와 책임의 균등분배

이러한 4가지 원칙을 적용함으로써 2가지 과학적 관리의 근본목적이 달성되리라고 보았는데, 이는 고용자에 대한 최대의 번영과 근로자에 대한 최대의 번영이다. 2가지 과학적 관리의 근본목적간의 이해관계가 반드시 적대적인 것은 아니라는 확신에 입각한 것이었다(Taylor, 1911: 256).

그의 인간관은 대개 Theory-X인간으로 취급되어 왔으나, 최대번영에 대한

개념규정은 근로자가 반드시 물리적 욕구의 충족만으로 만족하지 않는 Theory-Y의 인간상을 보여주고 있다. 즉 노사간에 협동체제가 잘 이루어졌을 때, 노사간의 평화공존이 가능하리라 내다보았다.

그의 과학적 능률성(efficiency)개념은 주어진 투입으로 산출을 극대화하는 기계적 효율성이나, 종국적으로는 근로자나 고용주보다 더 큰 원리를 가진 제3자, 즉 소비자의 이익에 기여할 것이라 보았다는 점에서 보다 거시적인 사회적 능률성을 묵시적으로 암시하고 있다.

과학적 관리론은 ① 과학적 분석에 의하여 유일 최고의 작업방법을 발견할 수 있다는 점, ② 과학적 방법에 따른 생산성 향상은 근로자와 경영자를 다 같이 이롭게 해주며 나아가 공익을 보호할 수 있다는 점, ③ 조직 내의 인간은 경제적 유인에 의하여 동기가 유발되는 타산적·합리적 존재라는 점, ④ 조직의 목표는 명확하게 알려져 있고 과업은 반복적이다 라는 점 등을 기본전제로 삼았다.

Taylor에 의하면, 과학적 관리하에서의 관리자들은 생산활동을 계획·조직·통제하는 역할을 수행함에 있어서 자의적 권력지배나 명령이 아닌 경험적 연구에 의해 발전된 법칙과 규칙을 기초로 관리를 하여야 한다고 하였다.

테일러(Frederick Taylor)
출처: 위키백과사전

Taylor가 규정한 과학적 관리하에서의 관리의 기본원리는 다음과 같다. 첫째, 근로자의 개별적인 과업은 과학적 분석에 의하여 설계되어야 하고 과업수행에 관한 유일 최고의 방법이 규정되어야 한다는 것이다.

둘째, 이렇게 과학적으로 설계된 과업을 원활하게 수행하기 위해서는 근로자들을 과학적인 방법으로 선발하고 훈련시켜야 한다는 것이다.

셋째, 과학적으로 설계된 과업과 과학적으로 선발·훈련된 근로자를 적절히 결합시켜야 한다.

넷째, 관리자와 근로자가 책임을 적절하게 분담하고 과업의 과학적 수행을 위해 서로 협동해야 한다는 것이다. 결국 노사가 우호적으로 협력할 때 조직의 생

산성은 극대화되며 원칙적으로 노사간의
이해는 일치할 수 있다는 것이 Taylor의 생
각으로, 노사 양측이 공동 협력하여 산출시
킨 이익을 공평하게 분배하는 것을 주장하
였다.

자동차조립공장도 저렇게 움직이도록
해야지.
HENRY FORD(헨리 포드)

출처: Morgan, Gareth(1993). Imaginization,
The Art of Creative Management, Sage

과학적 관리법이 산업체에 적용되어
포드 자동차 모델 T를 16초에 한 대를 생산
하는 대량생산 시스템으로 현장에 접목되
었다. 헨리 포드는 시카고의 한 도살장에서
궤도장치에 거꾸로 매달린 소의 몸통을 노
동자들이 쭉 늘어서서 부위별로 고기를 발
라내는 모습을 보고 컨베이어벨트에 대한 영감을 얻었다고 한다.

사진은 포드 자동차의 조립라인(컨베이어벨트) 시스템을 묘사해 주고 있다.
종래의 생산방식은 수가공 시스템이었지만 과학적 관리법이 도입되면서 조립라
인(컨베이어벨트) 시스템에 의해 대량 생산의 시대로 들어가게 된다.

포드 자동차의 조립라인(컨베이어벨트) 시스템
출처: https://blog.naver.com/stm_blog/221320189834

과학적 관리법은 사실 오늘날에도 변형된 모습으로 사회 도처에 존재한다. 여러분들이 요즘 잘 아는 크리스피 크림 도넛도 옛날의 컨베이어벨트 시스템의 현대판 컨베이어벨트 시스템으로 대량 생산된다.

크리스피 크림 도넛: 현대판 컨베이어벨트 시스템
출처: http://forums.canadiancontent.net/business

페라리 자동차도 옛날의 컨베이어벨트 시스템의 현대판 컨베이어벨트 시스템으로 대량 생산되거나 소량 주문 생산되기도 한다.

페라리 공장 조립라인(Ferrari factory- assembly line)
출처: https://search.naver.com

2) 관료제론

원래 관료제(Bureaucracy)란 책상과 사무실을 뜻하는 'bureau'와 지배를 뜻하는 'cracy'의 합성어로서 직역하자면 사무실의 지배, 즉 관리의 통치를 의미한다. 결국 관료제란 모든 행위의 연속이 조직체의 목표에 기능적으로 연관되도록 명백히 규정된 활동 유형을 지닌, 공식적 · 합리적으로 조직된 사회 구조이다. 좀 더 구체적으로 말하면, 성문화된 규칙과 절차에 의해 명확하게 규정되고, 기능과 권위의 분화에 토대를 둔 역할과 지위의 위계로 이루어진 사회 구조인 것이다.

관료제는 원래 군대조직을 모델로 만들어

우리가 하는 일은 모두 통제할 규칙을 만들어 놔야 한다.
BUREAU CRAT(관료)

출처: Morgan, Gareth(1993). Imagination, The Art of Creative Management, Sage

---

그림 2-4 관료제의 계층제적 피라미드형 구조: 로마군단 4800명 군인

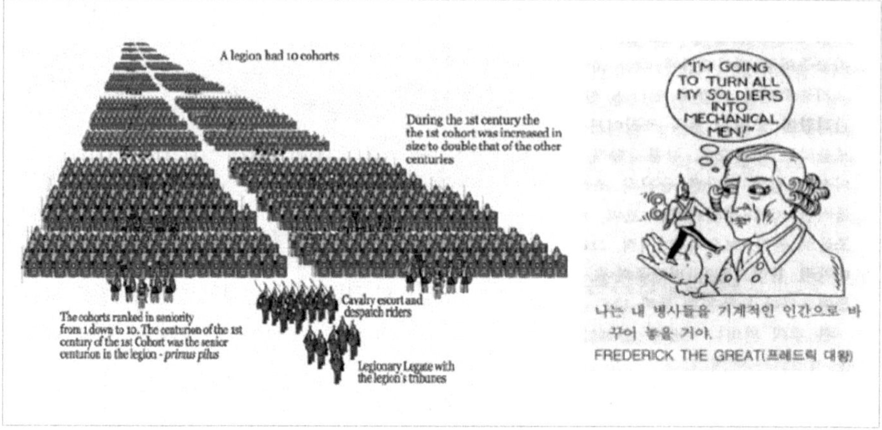

출처: Morgan(1993). Imaginization, The Art of Creative Management, Sage

졌다. 현대의 사회조직은 점차 대규모의 복잡한 조직으로 발전하고 있기 때문에 대부분 관료제화되어 가는 경향이 있는데, 관공서, 기업체, 은행, 대학 등도 관료제의 전형적인 조직이라 할 수 있다.

(1) 막스 베버 권한의 형태와 관료제의 특징

막스 베버(Max Weber)는 권한(authority)의 형태에 따라 조직을 크게 전통적 권한형태(traditional authority), 합리적·법적 권한형태(rational-legal authority), 카리스마적 권한형태(charismatic authority)로 분류하였다.

카리스마적 지배(Charismatic domination)는 지도자가 그의 개인적인 특질로 인해 지배하게 될 때 발생한다. 이때, 지배의 정당성은 피지배자가 자신들의 지도자에게 이를테면, 예언자, 영웅, 혹은 선동가로서 부여하게 되는 신념에 근거하게 된다. 이러한 지배양식하에서의 관리기구는 매우 비조직적·비구조적이며, 불안정적이고, 대개 소수의 추종자들이나 중개인들의 활동을 통해 운영된다.

전통적인 지배(Traditional domination)는 지배할 수 있는 권력이 전통이나 과거에 대한 존중에 의해 보장될 때 일어나게 된다. 따라서 지배에의 정당성은 관습이나 전통적인 관례의 당연함에 대한 느낌에 의해 부여하게 되는 것이다. 그러므로

사람들은 흔히 군주체제나 그밖의 가족승계체제에서와 같이, 세습된 지위에 의해 권력을 보유하게 된다. 이 지배양식하에서의 관리기구는 일반적으로 가부장적(patriarchal) 혹은 중세적(feudal)인 두 가지 형태를 띤다.

전자의 경우에 관리나 행정가는 대개 하인, 친족, 혹은 가까운 사람들로 구성되는 개인적인 수하인들이며, 그들은 지배자에 의존하고 그에 의해 보수를 받는다. 후자의 경우에는 관리들이 어느 정도 독립성을 유지할 수가 있다. 지배자에 대해 그들의 충성을 맹세한 대가로 그들은 대개 특정한 영역 내에서는 자율성을 인정받으며, 그 보수와 생계를 위해서도 지배자에 대해 직접적으로 의존하지는 않는 것이다.

합법적-법적 지배(Rational-legal domination)양식하에서 권력은 법률이나 규칙, 규제, 그리고 절차 등에 의해서 정당화되어진다. 따라서 지배자는 지배자의 선출방식을 규명해 놓은 법적인 절차들을 준수함에 의해서만 정당한 권력을 획득할 수가 있을 뿐만 아니라, 바로 그 규칙에 의해 권력이 공식적으로 제한될 수도 있는 것이다.

이 지배양식의 전형적인 관리기구는 관료제이며, 이 구조 속에서 공식권한은 조직위계의 상층부에 집중하게 된다. 중세적인 관리기구와는 대조적으로, 관료제하에서는 관리수단(the means of administration)이 관료들에게 속해 있지 않다. 즉 그들의 지위는 세습되거나 매매되어질 수 없는 것이다. 일반적으로 공적 및 사적 수입과 재산, 생활에는 엄격한 구분이 존재한다.

전통적 권한이란 전통적인 것을 신성한 것으로 인식하고 전통이 규정하는 범위 안에서 지배자는 권한을 행사하며 피지배자는 이러한 권한에 복종하는 관계를 가지는 권한을 말한다. 이러한 권한에 포함되는 대표적인 예로는 장로제, 전제적 가부장제, 봉건제에 있어서의 장로의 권한·부권·영주의 권한 등을 들 수 있다.

이러한 전통적 권한유형을 행사하는 조직에서는 특수주의적이고 산만한 조직구조를 가지고 있다. 왜냐하면, 조직의 구성이 주로 지배자의 가신, 총신 및 친척 등으로 이루어지기 때문이다.

합리적·법적 권한이란 조직의 규범적 규칙이 합리적·합법적으로 제정되어서 이렇게 제정된 규칙에 복종하는 것이 정당한 것으로 간주되는 권한을 말한다.

즉 합법성에 근거한 신념을 가지고 규칙의 제정이나
실행이 모두 합리적·합법적으로 이루어져야 하며 복
종은 어느 개인에 대한 것이 아니라 누구에게 얼마
만큼 복종해야 하는가를 규정해 놓은 규칙에 의해서
만 정당화될 수 있다는 것이다. 이러한 권한유형에
해당되는 대표적인 예로는 합리적인 관료제(rational
bureaucracy)가 있다.

막스 베버(Max Weber)
출처: 위키피디아

카리스마적 권한은 지배자에 대한 개인적인 헌
신과 충성을 바탕으로 한 것으로서 카리스마를 가진
지배자와 헌신적인 복종자 사이에 아주 개인적이고
밀접한 관계가 존재하는 권한을 말한다. 이러한 권한의 유형에 포함되는 예로는
고대의 신권정치나 히틀러, 무솔리니 등을 예로 들 수 있다.

Weber에게 있어 법률적 합리적 권한(legal-rational authority)에 입각한 관료제
는 "다른 여타의 조직형태보다 기술적으로 우월하기" 때문에 다른 조직형태를 지
배할 수 있는 가장 능률적인 조직형태이다.

Weber가 말한 바와 같이 관료제는 산업사회에 있어 지배적인 조직형태가 된
다. 이와 같은 조직유형론을 통해 Weber는 합리적·법적 권한을 기초로 한 합리적
인 관료제를 조직의 구조로 규정할 경우 가장 효율적이고 합리적인 조직을 이룰
수 있다고 주장한다. 물론 그의 이러한 주장은 우리가 다음에서 알 수 있듯이 많
은 학자들의 비판을 받게 된다.

관료제는 합리적 원칙에 따라 조직된다. 관료들은 하나의 위계질서 속에 서
열화되며, 그들의 행동은 비인격적인 규칙에 의해 특징지어진다. 현직자는 권한의
범위와 의무의 영역이 엄격히 배분되어 있다. 관료의 임명은 귀속적인 기준보다
는 전문화된 자질에 따라 행해진다.

많은 사람들의 행위에 대한 이 같은 관료제적 조정은 현대의 조직형태를 구
성하는 주된 구조적 특징이다. 고전적 조직이론은 한결 같이 사진과 같은 조직도
표를 중시하고, 기능적 조직을 강조한다. 유사 기능을 한데 묶어 놓는 것이 바로
기능조직이다. 그러나 일부 기능은 여러 기능조직에 중첩되어 있다.

예를 들어 식수관리기능은 보건복지부에, 수자원관리기능은 건설교통부에, 환경감시관리기능은 행안부·법무부에, 수질오염관리기능은 환경부에 속해 있어, 관할권 다툼이 있다. 따라서 부처간 이기주의가 나타나기도 한다. 최근 대두되고 있는 리엔지니어링(reengineering)의 측면에서 보면, 이러한 조직도표는 조직의 죽음을 의미한다.

그러므로 Weber는 분업의 원리에 입각한 전문화와 전문화, 세분화된 업무를 조직 전체의 관점에서 조정, 통합관리하는 조직의 비대화 현상이 현대조직의 고질병이라고 지적하면서 업무흐름의 영기준적 재구조화(restructuring)를 강조한다.

기능적 조직의 조직도표

출처: Mceachern(1984). Organizational Illusions, Shale Books

행정환경이 세계화, 국제화, 정보화, 지방화시대로 급변하고 있는데 과연 경직된 관료제가 이에 순발력있게 대응하고 변화해 나갈 만한 국제경쟁력을 갖는 조직체로 탈바꿈해 나갈 수 있는가? 정권만 바뀌면 나오는 정부 조직개편은 단순한 부처이름의 변경이나 부처의 통폐합이 조직혁신이라고 생각하는 듯하다.

(2) 관료제의 병폐: 종합 병원에서 보낸 하루

관료주위적 발상이라는 말은 한 번쯤 들어보았을 것이다. 이 말은 관료제가 갖는 맹점을 비꼬아서 하는 말로, 조직 운영이 형식주의에 빠져서 비능률적이라는 것을 뜻한다. 하지만 사회학에서 사용하는 관료주의라는 용어는 그 뜻이 전혀 다를 뿐더러, 관료제는 '지금까지 인간이 만들어 낸 가장 뛰어난 사회조직'이라고 평가까지 받는다. 도대체 관료제란 어떠한 것이며, 무엇이 그렇게 뛰어나고, 무엇이 그리 문제인지 알아보자.

몸이 아파서 종합 병원에 가면 제일 먼저 진료 카드를 작성해야 한다. 환자의 이름과 주소뿐만 아니라 이 병원에 처음 왔는지, 진료 과목과 진료 받고픈 의사까지도 기입해야 하는데, 병원에 자주 오지 않는 사람이라면 견본을 보면서 어렵게 작성해야 할 것이다.

다음으로는 진료 창구에 가서 접수를 해야 하는데 어느 창구에 줄을 서야 하는지, 번호표는 어디에서 뽑아야 하는지 어리둥절할 때가 많다. 한참 기다려 간신히 순서가 돌아오지만, 어떤 때는 진료 카드를 잘못 썼거나 항목이 빠졌다는 이유로 불친절한 창구 직원에게 퇴짜를 맞기도 한다.

그럭저럭 접수가 되면 창구 직원은 종이를 한 장 내 주면서 해당 진료과로 가라고 한다. 미로처럼 복잡한 병원 건물 안에서 병원 안내도를 보고 겨우 해당 진료 병동을 찾아가 보면, 진료실 창구에 다시 접수를 해야 하고 또 한참을 기다려야 한다. 이쯤 되면 환자는 이미 탈진 상태에 빠진다. 간신히 진료를 받지만, 어쩌다 검사라도 하게 되면 검사실을 찾아가 접수하고 기다리는 절차를 다시 밟아야 한다.

진료를 마쳤다고 끝나는 것은 아니다. 다시 수납 창구에 가서 수납을 하고, 약 처방 발급기로 가서 환자 번호 등을 기계에 입력시켜야 하며, 그렇게 발급된 처방전을 가지고 병원 밖의 대형 약국들로 찾아가 다시 처방전을 접수하고 약 값을 수납한 후, 한참을 기다려 겨우 약을 받아 나올 수 있다.

이렇게 복잡한 단계를 거치다 보면 누구나 짜증이 나게 마련이다. 몸이 아파서 병원에 온 사람이면 빨리빨리 진료를 해 주는 것이 당연한데, 거의 반나절이나 환자를 기다리게 만드니 건강한 사람이라도 도리어 병을 얻어 나올 지경이다.

그러나 병원 측에서도 할 말은 있다. 아마 의사나 간호사는 "내게 그런 핑계 대지 마. 입장 바꿔 생각을 해 봐!"라고 노래할 지 모른다. 하루에도 수천 명씩 몰려드는 환자들을 돌봐야 하는 의사나 간호사 입장에서는 일정한 절차를 밟아서 순서대로 진료하는 것이 무체계적으로 하는 것보다 훨씬 효율적일 것이다. 이렇듯 대규모 조직이 효율적으로 기능하기 위해서는 행정적 절차가 관행화되고, 객관화되며, 표준화되어 있어야 한다. 이러한 필요성에 부합하는 운영 방식을 가진 조직 형태를 일반적으로 관료제라고 한다.

(3) 관료제의 순기능과 역기능

관료제의 순기능이란 하나의 체제로서 관료제가 이루고자 의도하거나 인지하는 기능으로서, 그 체제의 적응과 조정을 촉진하고 도와주는 기능이다. 반면에 관료제의 역기능(dysfunction)이란 관료제가 하나의 체제로서 본래 의도하거나 인지하지 않는 기능으로서 그 체제의 적응과 조정을 저해하거나 해치는 기능을 말한다.

베버는 법과 규칙, 계층제, 문서주의, 비인간화, 전문화, 연공서열 및 업적이 지배하는 조직이 관료제이며, 그러한 관료제야말로 최고의 기능적 합리성과 능률성을 고양할 수 있다고 봤다. 이와 같은 맥락에서 이해하는 기능이 관료제의 순기능이다. 그러나 관료제는 위와 같은 여러 가지 특징에서 비롯되는 비의도적이며 비인지적인 기능 혹은 그 체제의 적응과 조정을 감소시키거나 해치는 역기능을 나타내기도 한다.

가. 순기능 현상

법률적 합리적 권한(legal-rational authority)에 입각한 관료제를 규정짓는 순기능(특징)은 크게 다음과 같은 여섯 가지로 요약할 수 있다.

① 분업의 원리에 입각한 전문화

관료제의 특성은 과업의 분업(division of labor)과 전문화(specialization)이다. 조직의 복잡한 업무를 효율적으로 처리하기 위해서는 역할을 체계적으로 분화하고 각 분야에서 전문적인 능력을 지닌 구성원들이 분담된 일만을 처리한다. 노동은 채플린의 영화 모던 타임즈에 나오는 조립라인 장면에 묘사된 것처럼 세분화된 단계로 나뉘어진다. 채플린이 스패너로 부품을 조이면 그 옆 사람이 망치

영화 모던 타임즈의 조립라인 장면
출처: http://star.ohmynews.com

질을 하는 연속적 조립 과정이다. 전문화를 강조함으로써 자격과 능력을 가진 전
문행정가를 충원해 행정 능률을 높인다.

② 계층제적 지시, 명령 및 통제 체제

계층제적 지시, 명령 및 통제 체제이다(hierarchical direction, command and control
system). 조직 내의 모든 지위는 권한과 책임의 정도에 따라 피라미드 형태로 서열
화되어 있다. 주요 결정 사항은 상층부에서 중간층을 거쳐 하위층까지 수직적으
로 하달된다.

그림 2-5 피라미드형 계층제

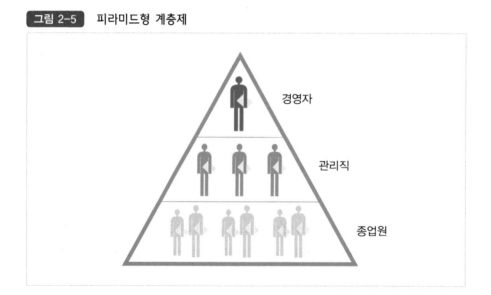

③ 규칙·규정주의

규칙(rules)과 규정 그리고 표준 운영절차(standard operating procedure: SOP)에 따
른 과업 수행이다. 관료 조직은 모든 활동이 일관된 규칙과 절차에 의해서 지배된
다. 규칙과 절차는 업무를 표준화시켜서 인원의 변동에 관계없이 조직 운영의 안
정성과 연속성을 보장해 준다. 또한 법과 규칙을 강조함으로써 조직구조의 공식
성을 제고하고, 조직활동과 절차의 정확성을 촉진해준다.

④ 문서주의

모든 것이 기록되고 파일함에 보관되는 문서주의이다. 문서주의를 강조함으로써 직무 수행의 공식성과 객관성을 확립하고 결과를 보존한다. 관료제적 번문욕례, 즉 문서주의 (red tape) 현상이다. 관료제적 번문욕례(red tape)란 공문서를

파일함으로 상징적으로 표현될 수 있는 문서주의

빨간 테이프로 묶어 두었다 해서 붙여진 이름이다.

⑤ 비인간화

비인간화(비정의화, 비정의성, 비인간성)를 강조함으로써 인간의 감정을 배제하고 객관적인 법규에 근거한 행정을 촉진하고 공평무사한 업무 수행을 가능하게 한다. 관료제 체계에서는 그 구성원인 인간보다 법이나 형식이 더 중요시 된다. 따라서 관료제가 인간을 구속

영화 모던 타임즈의 식사기계 장면

하게 되고 결국 비인간화 혹은 인간소외가 발생한다. 심리적 감옥으로서의 조직 은유에서 설명한 바와 같이 막스 베버는 관료제의 비인간화 현상을 철장(Iron cage)에 비유하기도 하였다.

영화 모던 타임즈에 묘사된 노동자의 식사신간을 줄이고 식사하는데 드는 에너지를 최소화해 노동시간과 에너지를 극대화하기 위해 도입하려는 식사기계(lunch machine) 장면은 비인간화 혹은 인간소외 현상을 잘 보여주고 있다.

⑥ 연공서열제

경력에 따른 보상이다. 관료제는 구성원의 업무 수행의 경험과 훈련을 중시하고 신분을 보장해준다. 조직 서열 구조에서 어느 지위에의 임명 또는 승진은 연공서열과 업적에 바탕을 둔다. 뿐만 아니라 높은 지위에는 그에 걸맞은 보상, 즉보다 높은 봉급과 권한이 부여된다.

⑦ 공개경쟁

마지막으로 지위 획득의 기회 균등이다. 관료제의 모든 직책은 지연, 혈연, 학연과 같은 인맥적인 정실주의적 요소가 아니라 전문적인 자격과 능력을 기준으로 한 공개경쟁 등의 실적주의(merit system)를 통해서 충원된다. 따라서 지위 획득의 기회가 공평하게 주어진다. 구성원에 대한 편견이 없고, 모든 구성원은 불편부당하게 취급된다.

이러한 관료제의 순기능적 특성으로 인해 관료제는 다음과 같은 장점을 갖는다. 우선 관료제는 거대한 조직의 과업을 효율적으로 처리할 수 있기 때문에 능률적이다. 즉 관료제를 통한 업무 처리는 정확, 신속하다. 관료조직은 위계적이고 규칙과 명령에 의존함으로써 안정적이다. 책임과 권한이 분배되어 있으므로 성원간의 갈등도 줄어든다. 원리 원칙에 따르는 보편주의 성격을 띠기 때문에 정실, 연고, 족벌주의(nepotism)와 같은 것을 배척할 수 있어서 공평하다.

관료제의 장점은 분업이 능률성을 확보해주고, 정실주의(patronage system)를 감소시켜준다. 업무가 표준화되어 있어서 구성원이 바뀌어도 일정한 훈련을 받은 자격 있는 성원을 대신 교체하여 지속적인 업무 수행을 할 수 있다. 그러나 관료제의 역기능 혹은 병리현상(pathology) 또한 심각하다.

나. 역기능 현상

① 분업의 원리에 입각한 전문화: 할거주의와 부처이기주의

지나치게 전문화를 강조함으로써 전문화로 인해 한 가지 일에는 능하나 다른 일에는 무능한 현상인 훈련된 무능(trained incapacity), 자신의 소속기관만을 중요시하여 타기관과의 협조와 조정을 어렵게 만드는 할거주의(sectionalism), 조직 구성원의 도구화, 반복적인 일에 대한 흥미 상실 현상이 발생한다. 사진은 자신의 소속부처만을 중요시하여 타부처와의 협조와 조정을 어렵게 만드는 할거주의(sectionalism)와 부처이기주의 혹은 더 나아가 부처팽창주의(departmental expansionism)를 나타내주고 있다.

출처: 경향신문, 1995년 2월 23일자

 문광부, 과기정통부, 산통자부의 부처목적과 기능이 중복

■ C-P-N-D 생태계를 둘러싼 부처 간의 이기주의

사진에서 보여 지듯이 싸이의 성공은 뮤직 비디오 강남스타일 등의 콘텐츠(Contents)가 유튜브 등의 플랫폼(Platform)을 통해 유통되어 시너지 효과를 극대화한 사례이다. 이해하기 쉬운 예를 들어보자. 만일 당신이 엄청 빠른 속도의 인터넷, 즉 네트워크(Network)를 가지고 있고, 1,000만원 상당의 한정판 iPAD, 즉 디바이스(Device)를 가지고 있다고

하자. 하지만 이렇게 훌륭한 기기를 갖고 있더라도 좋은 콘텐츠가 없다면 별 효용이 없을 것이다. 즉 C-P-N-D ICT 생태계에서 무엇보다도 콘텐츠(C)가 중요하고 이 콘텐츠를 만들어 내는 것 중에서 가장 핵심적인 것이 바로 창조력이다.

다음 문광부 조직도처럼 콘텐츠 관련 부서가 이미 있으나, 과거의 미래창조과학부에도 유사한 디지털컨텐츠과가 만들어졌다. 또 하나의 문제는 문광부의 미디어정책과가 있는데도 불구하고, 미래창조과학부에 유사한 뉴미디어정책과가 있다는 것이다.

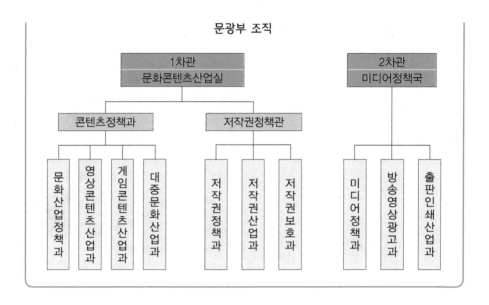

② 계층제적 지시, 명령 및 통제 체제: 하의상달식 의사소통의 지연과 과두제의 철칙

계층제적 지시, 명령 및 통제 구조를 중시함으로써 조직 내의 하의상달식 및 수평적 의사소통의 왜곡과 지연, 의사결정의 교착, 상급자의 권위에 의존, 상·하 직원간의 권력 격차, 책임의 회피와 전가, 권력의 집중과 과두제의 철칙(iron law of

과두제의 철칙

과두제의 철칙이란 개념은 독일의 정치사회학자 미헬스(Robert Michels)가 그의 저서 「현대 민주주의의 정당사회학」(1911)에서 밝힌 것이다. 그에 의하면 1차 세계대전 이전 유럽 몇 나라의 사회주의 정당과 노동조합들은 급진적 사회주의 혁명을 실현하기 위해 창설되었던 것이나, 실제 활동하는 과정에서 이들 정치 단체의 지도자들은 사회변혁을 추구하기 보다는 자기들의 지위(地位) 유지를 위하여 권력 기반의 구축에만 급급하여 사회주의 혁명이라는 원래 목표는 간판격[수단]으로 내세우고 목표 달성의 수단인 지위 유지에 최대의 노력을 기울였다는 것이다. 이러한 목표대치의 현상을 지적하여 미헬스는 과두제의 철칙이라 하였다.

  – [네이버 지식백과] 과두제의 철칙 [寡頭制~鐵則, iron law of oligarchy](이해하기 쉽게 쓴 행정학용어사전, 2010. 3. 25., 새정보미디어)

oligarchy) 현상이 나타난다. 관료 조직체는 몇 사람의 손에 모든 권한이 집중되어 있기 때문에, 중앙 집중적 획일화로 권위주의적 사고에 젖기 쉽다. 또한 이들 소수가 자신들의 이익을 증진시키기 위해 조직의 직책들을 이용하기 쉽다.

또한 사진에서 묘사된 것처럼 근로자가 화장실에서 쉬는 와중에도 사장이 모니터를 통해 일하러 돌아가라 (get back to work)고 소리친다. 철저한 빅부라더식의 계층제적 지시, 명령 및 통제 체제이다. 필자가 1984년 대우 수입부에 근무할때도 어디 업무상 외출하려면 사무실 문 옆에 비치된 칠판에 나간 시간, 들어온 시간 및 행선지 등을 적어놓아야 했다.

출처: http://star.ohmynews.com

몰래 휴식을 취하던 찰리를 발견하고 스크린을 통해 호통치는 사장의 모습은 현대 조직사회의 지배/착취로서의 조직 이미지를 연상시키는 장면 중의 하나이다. 일부 대학에서는 전자출결 시스템을 도입하고, 직원들이 출퇴근 카드를 찍고 이를 CCTV로 감시하기도 한다. 현대판 모던타임즈의 모습이다.

③ 규칙·규정주의: 동조과잉, 목표와 수단의 대치현상, 형식주의와 무사안일주의

규칙과 규정을 강조함으로써 조직 안에서의 상황의 요청을 무시하고 특정한 규범에 지나치게 동조하는 동조과잉(overconformity), 수단이 목표화되는 목표와 수단의 대치현상(goal displacement), 획일성과 경직성, 변화에 대한 저항, 환경 변화에 대한 소극적이고 부적절한 대응 등이 발생한다.

업무가 표준화되어 있기 때문에 자신에게 주어진 일만 할 뿐 자발성이나 창의성이 발휘되기는 힘들고, 형식주의와 무사안일주의 등이 발생한다.

④ 문서주의: 번문욕례(red tape)

문서주의로 인해 형식과 절차에 얽매이는 현상을 말하는 번문욕례(red tape) 현상이 나타난다. 번문욕례(red tape)라는 명칭은 당시 영국 관청에서 공문서 뭉치를 붉은 띠로 묶어둔 데서 유래한 것으로, 관청의 형식주의로 인한 각종 규제의 폐해를 빗댄 용어이다. 쉬운 말로 불필요한 요식 행위라고 할 수 있다.

효율성보다 절차를 중요시하여 업무 처리의 경직성과 비효율성 현상이 발생한다. 번문욕례는 간단한 일을 수행하는데 복잡한 절차를 거치게 만든다. 병원에 응급 환자가 왔을 때 병원 규정에 따라 복잡한 수속을 먼저 거쳐야 하는 등의 문제가 이에 해당한다. 관료제의 전반적인 효율성의 부산물로 나타나는 비효율성(inefficiency)의 문제이다.

⑤ 비인간화와 인간소외: 감정이 메마른 관료들의 행태와 영혼 없는 공무원

비인간화를 강조함으로써 인간적인 감정이 메마르고 냉담한 관료들의 행태가 나타난다. 찰리 채플린의 영화「모던 타임즈(Modern Times)」를 보면 채플린이 공장에서 기계적으로 나사만 죄는 장면이 나온다. 이것은 자신이 무엇을 만드는 지도 모른

출처: EBSi

채 쉴 틈 없이 밀려오는 일거리를 거의 무의식적으로 반복하며, 주어진 규칙과 절차의 객체로 남게 되는 인간소외(alienation)를 잘 보여주고 있는 장면이다.

⑥ 연공서열제: 성과연봉제 결여와 무능한 장기근무자에 대한 과보호

지나친 연공서열제는 무조건 오래 근무한 공무원이 성과와 별 무관하게 더 많은 봉급을 가져가는 현상을 초래하기도 한다. 연공서열이 중시될 경우 무능한 장기근무자도 지나치게 보호를 받고, 업적에 입각한 성과보상제를 실시하지 못하면 다른 재직자의 사기를 저하시킨다.

⑦ 공개경쟁: 대표관료제와 적극적 조치

공개경쟁은 지극히 당연한 일이지만 정부 관료제내 고위직에 여성의 비율이 과도하게 적다는 점, 한국적인 특수한 상황에서 특정 지역의 고위직 점유 등의 문제를 초래하기도 한다. 대표관료제라는 측면에서 지역적 안배, 장애인이나 여성에 대한 적극적 조치(afirmative action) 등도 필요하다.

⑧ 한국적 관료제 역기능인 갈비원칙: 성과 보상의 형평성 저해

한국뿐만 아니라 다른 국가에도 있겠지만 특히 위에서 아래로는 갈구고 아래에서 위로는 비비는 갈비원칙이 자주 발생하기도 한다. 상사에게 아부를 잘하는 사람이 다른 조직구성원보다 더 빨리 승진할 경우 형평성이론에 따르면 성과 보상의 형평성이 저해된다.

표 2-1　**관료제의 순기능과 역기능**

관료제의 특징	순기능	역기능
분업, 전문화	전문가에 의한 직무 수행, 직무수행의 능률화	훈련된 무능, 타기관과의 협조와 조정의 곤란, 할거주의, 조직구성원의 구성원의 구조화, 반복적인 일에 대한 흥미 상실
계층제	명령 복종 체계 확립, 질서의 유지와 조정, 조직내의 수직적 권한 및 책임 체계 확립	의사소통의 왜곡과 지연, 의사결정의 지연과 교착, 상급자의 권위에 의존, 책임의 회피와 전가, 권력 집중과 과두제
규칙, 규정, 법	공식성 제고, 정확성·공평성·공정성·통일성·객관성·안정성·일관성·계속성·예측성확보, 조직의 질서 유지	동조과잉(overconformity), 목표대치 현상, 획일성, 경직성, 변화에 대한 저항, 반응성 결여, 무사안일주의
문서주의	직무 수행의 공식성·객관성 확립, 결과의 보존	형식주의, 번문욕례(red-tape) 발생
비인간화 (비정의화)	인간의 주관적 감정의 배제, 객관적이고 공평무사한 직무 수행	인간적 감정이 메마른 냉담한 관료 행태
연공서열 혹은 업적 (능력)	연공(직업공무원제 발전, 조직의 안정, 장기 재직자의 사기 양양), 업적/능력(조직의 혁신, 능력자 우대)	연공주의(성과연봉제 결여, 무능한 장기 경력자의 보호), 업적주의(장기 재직자의 사기 저하)
공개경쟁 실적주의	능력, 자격 등의 실적에 의한 임용	대표관료제, 적극적 조치

다져가기

공시 2017년 9급 중앙직

01 관료제 병리현상에 대한 설명으로 옳지 <u>않은</u> 것은?

① 규칙이나 절차에 지나치게 집착하게 되면 목표와 수단의 대치 현상이 발생한다.

② 모든 업무를 문서로 처리하는 문서주의는 번문욕례(繁文縟禮)를 초래한다.

③ 자신의 소속기관만을 중요시함에 따라 타기관과의 업무 협조나 조정이 어렵게 되는 문제가 나타난다.

④ 법규와 절차 준수의 강조는 관료제 내 구성원들의 비정의성(非情誼性)을 저해한다.

④ 비정의성이란 비인간화와 유사한 용어로 법규와 절차 준수의 강조는 비정의성을 야기한다.

미국 "군 경영비법 배우자"

관료제의 모델이 군대와 종교조직이었는데 가장 탄력적인 조직으로 변모하고 있으니 아이러니컬하다.

군대조직이 꼭 관료제적 조직이어야 하는가?

■ **군대로부터 경영비법을 배운다**

현실적으로 매우 동떨어진 얘기같지만 최근 미국에서는 매우 설득력있는 지적으로 받아들여지고 있다. 이같은 현상은 미육군이 미래전을 대비하면서 경영측면에서 매우 훌륭한 조직으로 거듭나고 있기 때문이다. 이에 따라 미기업들은 군대로부터 배울 점이 많다고 생각하는 기류가 확산되고 있다.

미군의 변신은 과거 걸프전을 겪으면서 가속화하기 시작했다. 이 전쟁을 수행하면서 미군은 재래식 전쟁에 익숙한 조직보다 미래전에 대비한 효율적 조직이 훨씬 낫다는 점을 눈으로 확인했다.

적군인 이라크군의 동태를 정확히 파악하는 정보능력, 적을 이기기 위해 택해야 하는 기동성 있는 전략, 적을 섬멸하는 데 있어 탁월한 성능을 보였던 고성능무기 등이 별로 힘들이지 않고 상대방을 무력화시키는 데 결정적으로 기여했던 것이다.

이러한 요소들은 기업조직의 입장에서 볼 때 경쟁기업의 동태를 정확히 알아야 한다거나 상대기업보다 나은 경영전략을 세워야 한다거나 결국 제품의 성능이 뛰어나야 한다는 면에서 거의 일치한다고 하겠다.

미군의 경우 군살을 빼기 위해 재래식 군인수를 종전 78만명에서 500만명 다시 40만명 정도까지 줄여왔다. 이는 클린턴정부가 들어서면서 미국의 재정적자를 줄이기 위한 노력의 일환으로 진행되기도 했지만 내부적으로도 효율성을 지향한 당연한 결과라고 평가하고 있다.

이는 경기침체를 맞은 기업들이 감축경영하는 것과 하등 다를 바가 없다. 군인의 수가 많다고 해 강력한 군대가 된다기보다 각 군인의 종합적인 전투능력을 높이는 것이 군대조직의 힘을 늘리는 것이라는 미군의 판단은 경기침체기를 맞은 기업에도 그대로 들어맞는 논리인 셈이다.

최근 미군이 정보화에 주력하고 있는 것도 현대기업들에 닥친 미래와 결부할 때 필연적인 현상으로 파악할 수 있다. 미군은 앞으로의 전쟁이나 전투에 있어 철저히 정보통신 위주의 장비에 의존하게 된다고 판단, 전군조직을 철저히 정보화해 나가고 있다.

미래전쟁은 아예 "정보화시대전쟁"이라고 부존 정도, 이런 맥락에서 볼 때 미군이 이라크를 단기간에 무력화시킨 걸프전은 정보시대전쟁의 효시라고 볼 수 있다.

전쟁이나 전투가 정보통신에 의존하게 되면서 미군 종사자들은 그 어느 때보다 교육의 필요성에 직면하고 있다. 미국 500대 기업에 대해 경영자문을 해주고 있는 마거릿 휘틀리는 "현재 미국 내에서 군대만큼 교육열이 높은 조직도 찾아보기 힘들다"고 지적하고 있다.

미군역사상 가장 지적이라 불리는 고든 설리번 장군은 현재 미군은 현대조직이 갖출 수 있는 가장 적응도가 높은 조직으로 탄생하기 위해 노력하고 있다고 지적하고 장군들도 그 어느 조직의 리더 못지않게 폭넓은 지식을 갖추는 것이 필요하다고 말한다. 그는 심지어 "미군의 경우 앞으로 어떤 행동과 전략을 취할 것인지에 대해 적군이 전혀 예측불가능할 정도로 군대 조직을 탄력적으로 만들어가고 있다"고 말한다.

– 「중앙일보」, 1994. 10. 12일자

3) 행정관리학파

행정관리학파에 속하는 학자들로는 Fayol, Mooney, Reilly, Gulick, Urwick 등이 대표적이다. 이들은 조직의 관리기능을 중시하면서 관리층이 맡아야 할 조직 및 관리 작용의 원리, 원칙들을 개척하는데 주력하였으며, 주로 조직의 상층부를 중심으로 하향적 방식에 의한 조직의 합리화를 추구하였다.

이들 학자 중 행정관리론의 개척자로 불려지는 Gulick과 Urwick의 행정관리

그림 2-6   산업관리론과 행정관리론의 과정 비교

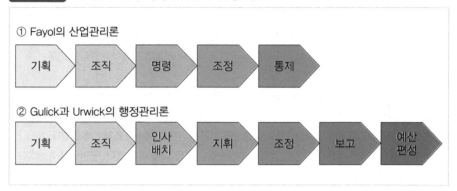

① Fayol의 산업관리론

| 기획 | 조직 | 명령 | 조정 | 통제 |

② Gulick과 Urwick의 행정관리론

| 기획 | 조직 | 인사배치 | 지휘 | 조정 | 보고 | 예산편성 |

론은 어떠한 시대에나 지역에서도 적용될 수 있는 보편 타당한 과학적 원리가 존재하며 7가지의 행정 과정을 통해 모든 조직은 가장 능률적이고 합리적으로 운영될 수 있다고 주장하며 능률성과 합리성을 강조하였다.

Gulick과 Urwick은 Fayol의 기획·조직·명령·조정·통제 등 관리의 5요소를 확장, 발전시켜 포스드코르브(POSDCoRB)라는 약어로 표현되는 행정 과정을 제시하였다. 이는 기획(Planning), 조직(Organizing), 인사(Staffing), 지휘(Directing), 조정(Coordinating), 보고(Reporting), 예산편성(Budgeting)으로 이루어져있다.

Fayol은 최고관리자의 관점에서 관리의 문제를 연구하여 관리적 활동론과 관리의 일반원칙론을 제시하였다. 그는 계획·조직·명령·조정·통제 등을 관리의 5요소로 보고 이러한 관리적 활동론을 실천하기 위해 일반적인 원칙의 제정이 필요하다고 주장하였다.

이러한 관리의 일반원칙론은 분업과 조정의 두 차원을 중심으로 ① 분업과 전문화의 원칙, ② 권한-책임 상응의 원칙, ③ 규율의 원칙, ④ 명령통일의 원칙, ⑤ 지휘의 일원화원칙, ⑥ 전체이익에 대한 개인이익 종속의 원칙, ⑦ 보고의 원칙, ⑧ 권한의 집권화 원칙, ⑨ 계층제의 원칙, ⑩ 질서의 원칙, ⑪ 공평의 원칙, ⑫ 신분안정의 원칙, ⑬ 솔선력 배양의 원칙, ⑭ 단결의 원칙 등 14가지로 구성되어 있다. 요약해서 Fayol은 집권화되고 기능적으로 전문화된 조직구조, 면밀한 감독과 통제를 강조하였다.

이렇게 볼 때 Taylor의 과학적 관리론이 주로 기술적이고 생산관리적인 측면에 있어서의 관리원칙만을 제시하는 미시적인 접근방법이었다면, 페용(Fayol)이나 귤릭(Gulick) 등의 행정관리학파는 조직의 전반적인 관리를 다루는 거시적인 접근방법이었다고 할 수 있다.

행태론자인 Simon은 고전적 조직이론의 조직관리원칙이 마치 격언처럼 상호모순된다는 점을 지적하면서, 처방적인 관리원칙의 제시보다는 의사결정에 대한 기술적 분석에 초점을 두어야 한다고 주장한다. 속담에 열 번 찍어 안 넘어 가는 나무 없다와 못 올라갈 나무 쳐다 보지도 말라는 상충적인 내용이 있는데 어쩌라는 것이냐 하는 문제가 대두된다. 예를 들면, 통솔범위의 원칙은 수평적 관계의 복잡도를 감소시켜 주기는 하나, 수직적 권한계층제를 증가시켜 결국 더 큰 조정 문제를 야기한다는 것이다. 즉 통솔범위가 작을수록 관리자 입장에서는 관리해야 할 부하의 수가 적으니 좋지만 통솔범위가 작을수록 계층제의 수가 증가해 키 큰 조직(tall organization)이 된다.

계층제의 원칙

계층제(hierarchy)의 원칙은 조직구성원간의 권한과 책임을 배분하고, 상하계층을 설정하여 명령, 지휘, 복종의 관계를 명시화하려는 것으로서, 미래지향적인 계층제를 제고하기 위해서는 조직환경에 대한 적응성과 신축성을 고려하여야 한다. 일반적으로 계층수준이 높을수록 큰 틀 차원의 정책결정, 장기계획, 대외관계 등의 업무를 수행하는 반면, 계층수준이 낮을수록 상대적으로 구체적인 업무를 담당하게 된다. 계층수란 보고단계의 수라고 할 수 있다.

이러한 계층제는 장점과 아울러 단점이 존재하는데, 먼저 장점에는 명령과 의사전달의 통로가 되며, 권한위임에 따른 직무와 책임을 명확히 할 수 있고, 업무배분을 할 수 있는 수단이 되며, 조직내부의 분쟁시 조정과 해결의 기제가 되는 것 등이 그것이다. 반면, 계층제의 과도한 수직적 관계는 조직의 경직성을 초래하고, 유연성 있는 인간관계의 형성을 저해할 수 있으며, 높은 수준의 계층 수는 의사전달의 왜곡을 초래하고, 변화하는 제 환경에 조직이 신축성 있게 대응하는데 한계가 있으며, 조직구성원의 창의성을 저해할 수 있고, 구성원들은 단지 기계적인 전달도구로 전락할 수 있는 단점 등이 있는 것이다.

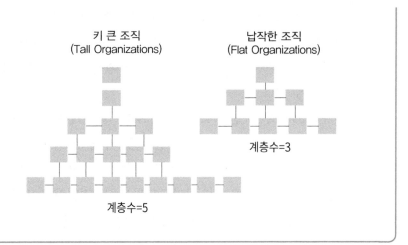

통솔범위의 원칙

통솔범위(span of control)의 원칙은 한 사람의 상관이 부하직원을 관리하는데 있어서 지휘의 한계가 있다는 점에서, 적정수의 부하나 하부조직을 가져야 한다는 것으로서, 현재 적정성에 대한 객관적인 기준은 부재한 상황이다. 다만, 통솔범위에 영향을 미치는 요인으로서는 감독해야 할 직무의 성질, 감독자의 능력, 근무시간의 한계, 조직의 규모, 지리적으로 분산되어 있는 조직의 장소여건, 구성원의 능력, 그리고 감독자의 사회적 심리 등이 있다. 보통 2명에서 10여명이 넘을 수도 있다.

그림처럼 21명의 조직에서 한사람의 상사가 4명의 부하를 가지고 있다면 통솔범위는 4이고, 관리 계층의 수는 2이다. 통솔범위가 클수록 납작한 조직(flat organization)이 되고, 작을수록 키 큰 조직(tall organization)이 된다.

통솔범위가 클수록 납작한 조직

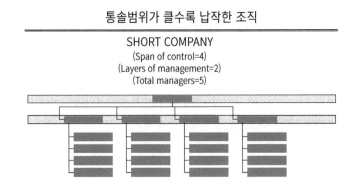

31명의 조직에서 한사람의 상사가 2명의 부하를 가지고 있다면 통솔범위는 2이고, 관리 계층의 수는 4이다.

통솔범위가 작을수록 키 큰 조직

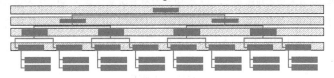

TALL COMPANY
(Span of control=2)
(Layers of management=4)
(Total managers=15)

 ## 분업과 전문화의 원칙

분업·전문화(division of work or specialization)의 원칙은 조직의 구성원에게 동일한 업무를 분담시키면서 동시에 전문화를 지향하는 것이다. 현대사회는 조직의 규모가 확대되고 업무 처리의 전문성이 증가되고 있다는 점에서, 본 원칙은 반드시 필요하다고 할 수 있는 것이다.

본 원칙은 신속한 업무처리로 조직의 효율성을 제고할 수 있고, 분업은 숙달을 전제로 하고 있으며 노동자들의 작업 전환 시 소요되는 시간을 없앨 수 있다는 장점이 있는 반면, 반복된 동일업무로 인해 업무처리에 있어 흥미가 상실될 수 있고, 지나친 분업화는 심리적 스트레스나 기계적인 작업을 반복하게 되어 소외된 활동을 하게 된다는 것이다. 또한 지나친 분업으로 인해 조직 내 단위간의 조정을 어렵게 할 수 있는 단점이 있는 것이다.

명령통일의 원칙

　명령통일(unity of command) 혹은 명령단일의 원칙은 조직에 있어서 한사람의 직속상관으로부터 명령을 받고 보고해야 한다는 것으로서, 국에는 국장, 과에는 과장 등 오직 한사람이 존재하여야 한다는 것이다.

　본 원칙 역시 장점과 단점이 존재하는데, 이것이 준수되어야 조직적인 활동과 의사전달의 혼란을 방지하고 책임소재를 분명히 할 수 있는 장점 등이 있는 반면, 업무의 상호연관성이 높아져 수평적인 업무협력 등의 광역행정이 필요한 시점에서 이 원칙만을 추구하게 되면 비능률적이고 낮은 수준의 전문성이 구축될 수 있는 단점 등이 있는 것이다.

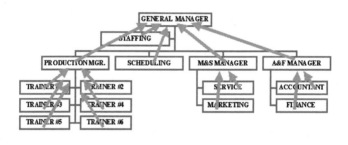

　행태론자인 Simon은 고전적 관리원칙이 마치 격언처럼 상호모순된다는 점을 지적하면서, 처방적인 관리원칙의 제시보다는 의사결정에 대한 기술적 분석에 초점을 두어야 한다고 주장한다. 예를 들면, 통솔범위의 원칙은 수평적 관계의 복잡도를 감소시켜 주기는 하나, 수직적 권한계층제를 증가시켜 결국 더 큰 조정문제를 야기한다는 것이다.

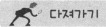
다져가기

공시 2017년 9급 지방직 행정학개론

01 조직의 원리에 대한 설명으로 옳지 않은 것은?

① 계층제의 원리는 조직 내의 권한과 책임 및 의무의 정도가 상하의 계층에 따라 달라지도록 조직을 설계하는 것이다.

② 통솔범위란 한 사람의 상관 또는 감독자가 효과적으로 통솔할 수 있는 부하 또는 조직단위의 수를 말하며, 감독자의 능력, 업무의 난이도, 돌발 상황의 발생 가능성 등 다양한 요소를 고려하여 정해진다.

③ 분업의 원리에 따라 조직 전체의 업무를 종류와 성질별로 나누어 조직구성원이 가급적 한 가지의 주된 업무만을 전담하게 하면, 부서간 의사소통과 조정의 필요성이 없어진다.

④ 부성화의 원리는 한 조직 내에서 유사한 업무를 묶어 여러 개의 하위기구를 만들 때 활용되는 것으로 기능부서화, 사업부서화, 지역부서화, 혼합부서화 등의 방식이 있다.

> ③ 조정(coordination)의 원칙은 공통의 목표를 달성하기 위해 조직구성원의 행동통일을 유도하는 것으로, 분업의 정도가 높을수록 조정이 필요하다.

4) 사회의 McDonald화(McDonaldization)

일찍이 Weber는 합리적, 법률적 지배체제인 관료제는 합리성이라는 미명하에 도피처도 탈출구도 없는 지배적인 사회관리체제의 철창으로 변절될 수 있으리라는 우려를 표명한 바 있다. 관료제는 그 객관적 불가피성(objective inevitability)으로 인해 앞으로의 사회에 있어 가장 합리적인 지배체제가 되리라고 Weber에 의해 예견된 바 있으나, 최근 McDonald화라는 현상이 합리화의 궁극적인 형태를 대변하여 관료제를 대체하고 있는 듯하다.

McDonald화는 즉석음식산업(fast food business)의 관리원리를 상징하는 용어로서, Burger Kingization, 이마타이제이션(eMartization), Pizza Hutization, Seven

Elevenizion 등의 용어로 대치될 수도 있을 것이 다. McDonald화는 대학 캠퍼스, 고속도로 휴게 소 등을 위시하여 병원, 은행(예: drive in bank) 등 의 타산업으로도 파급, 확산되고 있다.

사회의 McDonald화의 장점은 다음과 같다.

① 전 세계 어느 나라를 가도 동일한 규칙과 절차에 따라 햄버거 만들기가 능률적이고,

② 어느 지역을 가더라도 거의 유사한 맛과 양을 유지하기 때문에 예측성이 높고,

③ 효과적 통제가 가능하다는 점이다.

사회의 McDonald화에 대한 비판으로는 다음을 들 수 있다.

① 번문욕례(red tape), 형식주의(formalism) 등의 관료제적 병리현상으로 인해 관료제적 능률성은 비능률성을 초래할 수도 있다.

② 소품종대량생산시대에는 표준화, 분업에 의한 예측성 높은 동질, 동종의 물품을 공급할 수 있으나, 다품종소량생산시대에는 높은 예측성보다는 창의성을 바탕으로 한 다양한 품질, 다양한 종류의 물품이나 서비스의 제 공이 필요하다.

③ 합리적인 체제는 인간 이성의 야누스적인 한 단면인 감정을 거부하므로 비합리적일 수도 있다. 비인간화경향은 고도로 합리화된 관료체제가 극 히 비합리적일 수도 있는 여러 가지 측면의 하나에 불과하다. 합리적인 체 제가 더 많은 비합리성을 야기시키지는 않는지 물어보아야 한다. 루소의 자연으로 돌아가라라는 경고를 상기해야만 할 필요가 있다.

호텔체인: 관료제화에 대한 대안

B&B(Bed and Breakfast)는 원래 체인화된 호텔이나 여관의 사무적인 환대보다는 가정집의 따뜻함을 느끼게 한다는 점에서 많은 환영을 받았다. 그러나 B&B가 호황을 누리자 따뜻한 환대를 하던 주인장 대신 고용된 관리자가 들어서면서 관료제화를 보이게 된다. 따라서 B&B 협회가 표준을 정해 감독하게 되어 결국 B&B 산업도 합리화의 길을 걷게 된다.

이러한 사실은 우리에게 중요한 문제를 생각하게 한다. 그렇다면 대체 어떻게 해야 합리화의 길에서 빠져나올 수 있는가?

5) 폐쇄–합리적 고전조직이론의 특성 및 문제점

"일상업무가 단조롭고 기계적일수록, 사람들은 더욱 일에 지루함과 영
혼의 메마름을 느낀다. 그들은 의미있는 조직목표를 향해 동료와 협조
하여 창의적으로 일에 몰두하기가 어려우며, 그 대신 업무에서 오는 따
분함을 달래기 위해 현실과 유리된 유희, 공상, 환상에 빠져든다."

– Ernst Wigforss, 1923

폐쇄–합리적 고전조직이론의 공통적 특성과 그 문제점을 살펴보면 다음과 같다. 첫째, 조직을 외부환경과 아무 상관이 없는 폐쇄체제로 규정하여 조직의 환경적 영향 등을 간과한 채 한정적이고 공식적 요인의 연구에만 집착하였다. 둘째, 조직에 참여하는 인간은 합리적·경제적인 존재로서 자신에게 이익이 가장 큰 행동을 타산적으로 선택하는 존재이므로 동

통제와 명령 체제: 기계로서의 조직 은유
출처: Naver 영화

기유발을 위해 경제적인 유인을 사용해야 한다고 보았다. 셋째, 능률의 제고만을 유일한 가치기준으로 삼았기 때문에 조직의 생산활동에 관련된 공식적 구조에만 초점을 맞추었다. 사진은 폐쇄–합리적 고전조직이론의 일부를 묘사해주고 있다.

　　이와 같이 조직을 조직목표 달성의 도구로 간주하는 폐쇄-합리적 고전조직이론은 환경에 대한 조직의 개방적 측면을 무시한다는 점과 조직과 조직구성원을 기계적 존재로 부각시킨다는 점을 주요한 이유로 비판을 받고 있다.

　　통제와 명령 체제인 기계로서의 조직으로 요약될 수 있는 폐쇄-합리적 고전조직이론의 문제점을 극복하기 위해 호손실험을 위시한 인간관계론이론 등의 폐쇄-사회적 신고전조직이론이 대두되기 시작한다. 사진은 폐쇄-사회적 신고전조직이론의 일부를 묘사해주고 있다. 다음에는 폐쇄-사회적 신고전조직이론에 대해 살펴본다.

기계로서의 조직과 대비되는 구글의 근무환경

한국 아모레퍼시픽 용산 신사옥
출처: 현대건설 사보신문 344호

생각해 볼 문제

1. 기계적 조직의 예에 관한 문제: 축구경기를 관찰하고 축구팀의 조직화 원칙을 이해해 보도록 하자.

1) Taylor의 과학적 관리론 및 관료제이론 등 고전적 조직이론의 조직원칙이 축구팀의 조직에 어떻게 나타나 있는가?

2) 히딩크는 Taylor의 과학적 관리의 4대 원칙을 한국 축구 국가대표팀에 어떻게 적용하였다고 생각하는가?

3) 기계적 조직 은유 관점과 다른 여러 가지 은유 관점에서 축구팀을 분석해 보자(유기체, 문화, 두뇌, 지배/착취 도구 등).

2. 'Charlie Chaplin의 Modern Times', 영화의 처음 약 15분을 관람하고 다음을 생각해 보자.

1) Charlie Chaplin이 일하는 조직의 조직화 원칙은 무엇인가?

2) 영화 "Modern Times"를 관료제 비판적 관점에서 설명해 보자(다음 신문기사 참조).

Modern Times

감독: Charlie Chaplin, 주연: Charlie Chaplin

찰스는 나사공장의 직공이다. 하루 종일 나사를 죄는 것이 그의 일이다. 간단한 일이지만 일 년내내 나사만 죄다 보니 자신이 나사를 죄는지 나사가 자신을 죄는지 모를 지경이 되었다. 기계 앞을 떠나 집에 돌아오는 길이다. 앞서가는 아가씨의 뒷단추가 나사로 보인 찰스는 달려가서 그 환각의 나사를 죄었고, 그 덕분에 미친 사람으로 오인되어 정신병원에 감금된다. 찰리 채플린이 각본을 쓰고 감독을 하고 음악을 맡았으며 주연까지 한 50년 전의 무성영화 '모던 타임즈'는 노동의 인간소외를 고발하여 각광받은 명작이다. 사람이 사람으로서 소외받고 기계의 부속품으로 전락한 노동의 비인간화는 노동자들에게 임금 다음으로 중요한 문제로 대두되고 있는 것이다. 기업의 이익과 직결되는 제품의 품질을 향상시키는 TQC는 잘 알려져 있다. 하지만 노동자의 이익과 직결되는 노동의 인간화, QWL이란 말은 생소하다. 지금 노도처럼 일고 있는 노사분규에서 QWL이 부재했다는 증거라 할 수가 있다. 노동의 인간화는 전 세계적인 추세다. 그 QWL의 첫 도시는 컨베이어에 실려오는 부속을 기계적으로 조립하는 단순반복의 타율적 작업에서 어느 단위공정을 도맡아 하는 자율적 직업으로의 전환이었다.

이 QWL에 성공한 기업으로 스웨덴의 최대 자동차메이커인 볼보사를 든다. 볼보사는 단순반복생산체제 아래에서 노동자의 이동률이 40%나 되었고, 결근율이 19%에 이르는 별볼일 없는 회사였다.

그런데 그 작업체제를 철폐하고 벌집처럼 육각형의 돌방을 만들어 8~10명 단위로 20~25개 작업과정을 맡게 하여 반제품을 만들도록 시켰다. 이 육각형방마다 화장실, 휴게실, 냉장고를 두어 휴식과 사생활을 자율화했고 시간을 자유롭게 쓰게 하며 서로 인간적 유대와 합심과 성취욕구와 제품에 대한 긍지를 유발하였다. 이 새 시설을 위해 10%의 투자가 늘었지만 노동이동은 40%에서 14%로, 결근율은 19%에서 5%로 격감하고 있다. 그만큼 노동의 인간화가 진행된 셈이다.

QWL의 또 다른 시도는 한 사람이 하는 일의 한계, 곧 작업의 영역을 기계적으로 딱 잘라 서로 불가침하도록 한 종전의 방식에서 인간적으로 유동성있게 재량을 주는 방식으로의 개선이었다. 영국의 ICI가 이 QWL을 성공시키고 있는데 창의력이 왕성해지고 자신이 하는 일에 긍지를 갖게 되어 파업일수를 75%나 격감시키고 있다. 미국의 제너럴 푸드가 성공시킨 QWL은 관리자나 노동자, 숙련공이나 미숙련공 사이의 모든 차별, 이를테면 시설차별, 복장차별, 휴식차별, 복지공간차별을 일소함으로써 괴리감을 증발시킨 것이다. 미국에도 근년에 급식하는 회사가 늘고 있는데 이 식당의 시설, 메뉴차별도 일소했던 것이다.

QWL의 노동쟁의를 기적적으로 감소시킨 회사로 자동세탁기메이커인 미국의 메이택회사가 곧잘 거론된다. 이 회사는 노동자의 노동시간관리보다 여가시간관리에 보다 관심과 예산을 쏟았다. 공장 내에 종교적 감동을 체감시키기 위한 참선이나 초월명상의 도장, 예술적 감동을 체감시키기 위한 각종시설, 신체적 감동을 체감시키기 위한 각종 스포츠시설을 갖추어 휴식시간을 관리하였다. 또한 직장 밖의 여가시간까지 연장관리하여 무슨 취미건 그에 몰두할 수 있도록 여가수당을 지급하고 그 취미농도를 승급이나 승진에까지 반영토록 한 것이다. 우리의 경영자들은 노사문제가 임금문제만이 아닌 노동의 인간화에서도 곪고 있다는 것을 자체에 각성했으면 한다.

- 조선일보, 1987년 8월 20일자, CD-ROM으로 보는 이규태 코너에서

3. 고전적 행정관리원칙에 관한 설문과 고전적 조직이론의 특징

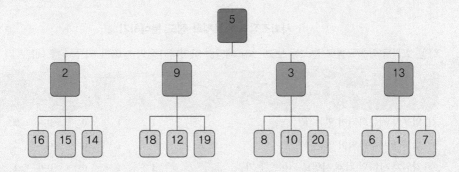

1) 8, 10, 20에게 명령하는 사람은 누구인가?

2) 19가 15에게 공식적인 업무에 대해 논의하고자 할 경우, 19는 누구의 허락을 받아야 하나?

3) 가장 높은 권한을 갖는 사람은?

4) 12가 업무관계로 5와 논의해야 할 경우 누구의 허락을 얻어야 하나?

5) 5가 계획을 수립하려면 누구와 상의해야 하나?

6) 16에게 명령을 내리는 사람은 누구인가?

7) 2나 1 중 누가 더 많은 권한과 책임을 갖는가?

8) 8과 10이 업무진행에 대해 논쟁할 경우 누가 조정하는가?

9) 5, 2, 10 중 누가 가장 많은 월급을 받는가?

10) 14와 19 혹은 1과 7 중 어느 쪽이 유사한 직무를 수행하는가?

11) 누가 가장 크고 안락한 사무실을 사용하는가?

12) 가장 오래 근무한 사람은 누구인가?

13) 귀하의 성별은? ① 남자( ) ② 여자( )

14) 귀하의 연령은 만으로 몇 세인가? 만( )세

4. 관료제와 사회의 맥도날드화에서 맥도날드가 가지고 있는 조직의 특성을 찾아
   보자.

5. 정부조직, 이마트, 맥도날드 등과 같은 관료제 조직과 대학, 떡볶이집, 구멍가
   게 등과 같은 덜 관료제적인 조직을 비교 설명해 보자.

사회조직의 관료제화 정도 분석하기

다음 조직들을 항목별로 분석해 보고, Y에 해당할 때마다 1점씩 부여한 뒤 점수를 내봅시다.

항목별 분석 문제(Y/N)	이마트	맥도날드	떡볶이집	구멍가게	대학
① 업무가 전문화되어 있는가?	1	1	0	0	1
② 업무가 세분화되어 있는가?	1	1	0	0	1
③ 직위가 상하의 위계 서열로 되어 있는가?	1	1	0	0	1
④ 업무의 성격과 권한이 공식적인 문서로 쓰여 있는가?	1	1	0	0	1
⑤ 의사소통과정이 수직적인가?	1	1	0	0	1
⑥ 업무가 기술적 능력을 필요로 하는가?	1	1	1	1	1
⑦ 업무의 양이 많은가?	1	1	1	1	1
⑧ 자격과 능력에 따른 인사를 하고 있는가?	1	1	1	0	1
⑨ 조직의 목적이 효율성을 추구하는가?	1	1	0	0	1
⑩ 인간관계가 비개성적인 특성을 가지고 있는가?	1	1	0	0	1
⑪ 업무가 형식화, 표준화, 규격화되어 있는가?	1	1	0	0	1
⑫ 업무가 예측 가능한 것인가?	1	1	0	0	1
⑬ 제공하는 서비스와 재화가 수량화(숫자화) 가능한가?	1	1	0	0	1
⑭ 조직이 구성원들을 통제하고 있는가?	1	1	0	0	1
총점	14	14	3	2	14

1) 조직의 관료제화 정도가 높을수록 점수가 (높다).

2) 점수가 높은 조직들의 장점과 단점은 무엇일까?

   (14)점 이상: 이마트, 맥도날드, 학교

   장점: ① 효율성 ② 신속성 ③ 업무 분담 철저 ④ 의사소통 원활 ⑤ 위계서열
   명확

   단점: ① 경직화 ② 비인격성(개성무시, 인간을 기계화)

3) 점수가 낮은 조직들의 장점과 단점은 무엇일까?

   (3)점 이하: 떡볶이집, 구멍가게

   장점: 자유로운 업무(유연성)

   단점: 여러 업무 분담의 어려움

[참고자료]

관료제지향성 설문

동의	반대	설문문항
O		1. 내 직업에 안정성이 가치가 있다고 생각한다.
	O	2. 나는 예측 가능한 조직을 좋아한다.
	O	3. 내가 가장 좋아하는 직업은 미래가 불확실한 것이다.
	O	4. 군대는 근무할 수 있는 좋은 장소이다.
	O	5. 규칙, 정책, 그리고 절차는 나를 좌절시키는 경향이 있다.
O		6. 나는 전 세계적으로 85,000명이 고용된 회사에서 일하고 싶다.
O		7. 자영업은 기꺼이 감수해야 할 위험보다 더 많은 위험을 포함한다.
	O	8. 직무 수행에 앞서서 정확한 직무 기술서를 보고싶다.
O		9. 나는 자동차 부품 분야의 직원보다 자유롭게 페인트하는 사람을 선호한다.
O		10. 연장자 원칙은 임금인상과 승진을 결정하는데 성과만큼이나 중요하다.
O		11. 크고 성공적인 회사의 분야에서 일하는 것은 나에게 자긍심을 느끼게 해 준다.
	O	12. 선택한다면 나는 큰 회사에서 연간 80,000달러를 받는 특별한 임원보다도 회사에서 부사장으로서 70,000달러를 받는 것이 더 좋다.
O		13. 번호를 매긴 고용 뺏지를 다는 것은 모욕이라고 생각한다.
O		14. 회사에서 주차공간이 직무수준에 기초하여 할당되어야 한다.

O		15. 나는 일반적으로 많은 직책을 얻은 것보다 전문적으로 일하는 것이 좋다.
O		16. 직무를 받아들이기 전에 선택할 수 있다면 회사가 고용자 편익에 이로운 프로그램을 가지고 있는지 확인하고 싶다.
O		17. 회사는 만일 규범이나 규정이 명확하게 성립되어 있지 않다면 성공할 수 없을 것이다.
O		18. 규칙적인 근로시간과 휴가는 직업에서의 스릴을 발견하는 것보다 나에게 더 중요하다.
O		19. 나는 계급에 따라 사람들을 존경해야 한다.
	O	20. 규칙은 깨지라고 있는 것이다.

총점? (14점)

- 관료제적 지향성의 척도가 현재 자기 검사이고 연구 도구이지만 15점 이상의 매우 높은 점수는 관료제에서 일하는 것을 즐기는 사람을 나타내 준다.
- 5점 이하의 매우 낮은 점수는 관료제 특히 대규모 관료제에서 근무할 경우 좌절을 느끼는 사람을 뜻한다.

6. 관료제의 순기능과 역기능을 비교해 보자.

7. 카프카(Kafka)의 소설 『성』을 읽고, 관료제에 대한 생각을 기술해 보자.

8. 다음 조직의 통솔범위의 수와 계층 수는?

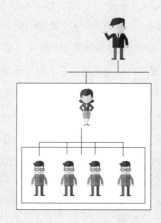

9. 다음 필자의 조직생활 경험담을 읽고 여러분들의 경험을 이야기해 보자.

필자가 처음 대우 수입부에 입사했을 때이니까 1984년 7월 5일로 기억된다.

• **입사 첫날**: 과장님이 무역영어 책을 주고 3~4일 후부터 업무처리에 지장이 없도록 읽어 보라고 했다. 무역영어 공부하느라 시간가는 줄 모르는 사이 4일이 지났다.

• **입사 4일째**: 다른 회사로 업무 인수인계도 없이 이직한 전임자의 수입관계 서류철을 과장님으로부터 받고 업무처리를 시작한다. 대부분의 조직이 분업의 원리에 입각하여 전문화, 세분화된 업무만을 처리하는 기능적 조직이었으나 수입부는 직무특성상 담당관제를 취하고 있어 담당관 이외에는 다른 직원이 취급하는 수입품목에 대해 모르므로 업무에 대해 물어볼 수도 없어 막막하기만 하다.

• **5일째**: 그 당시 출퇴근 시간은(최소한 법적으로는?) 9시부터 5시까지였으나, 8시 30분에 아침 조회를 하고 7시에 퇴근하게 되어 있었다. 그러나 퇴근버스가 8시에 출발하니 실질적인 퇴근시간은 8시인 셈이다. 갓 입사한 신입사원이라 일찍 출근한답시고 8시 20분경에 출근해 보니 이미 부장님을 위시한 고참들이 와 있다. 8시 20분부터 12시 10분까지 정신없이 일하고 점심식사하러 회사 구내식당에 가려고 고개를 들어보니 아직도 일에 몰두하고 있는 고참들이 많다. 12시 30분이나 되어서야 식사하러 가는 사람들도 많다. 식사도중 같이 입사한 ROTC 동기들을 만나 마파람에 게눈 감추듯 식사를 마치고 12시 50분경에 사무실에 돌아와 보니 다른 사람들은 웬 점심을 그리도 빨리 먹는지 공식적인(?) 점심시간인데도 일을 하고 있다. 다시 일을 시작해 허기가 느껴져 시계를 보니 아직 5시밖에 안 되었다. 10여 일 전에 제대한 군생활을 생각하며 까짓 국방부 시계도 거꾸로 매달아 놔도 돌아가는데 곧 8시 퇴근시간이 오겠지 생각하며 다시 일에 몰두한다. 그런데 이게 웬일인가? 8시가 다 되어가도 부장님이 퇴근할 기미가 보이지 않는다. 드디어 8시 50분경 부장님이 퇴근하고 그 뒤를 이어 9시 10분경 과장님이 퇴근한 후 10시가 다 되어서야 고참들이 퇴근한다. 나의 퇴근시간은 10시.

• **입사 두달째쯤**: 이젠 어느 정도 업무도 파악되어 간다. 열심히 일하면 한 두어시 정도면 과학적 관리법을 주장한 Taylor가 말한 소위 하루의 적정 업무량(afair day's work)을 다 완수할 수 있다. 그러나 입사 후 얻은 첫 번째 경험은 열심히 일해 하루일과를 너무 빨리 끝내버리면 퇴근할 때까지 남은 시간이 너무 지루하고 곤혹스럽다는 것이다. 그 당시 사무실은 한 100명 정도가 일하는 아주 넓은 방이었는데, 사무실문을 열고 들어가면 맨 뒤에 부장, 그 앞에 과장, 그리고 사원 순으로 배열되어 있었다. 신입사원은 맨 앞에 앉아 모든 사람들의 시선을 뒤통수에 받을 수밖에 없었다(제1편 생각해 볼 문제 10번 권위주의 책상배치 참조). 일을 빨리 끝내도 뒤통수가 따가와 마음놓고 자리를 비우고 타부서에 근무하는 동기들과 담소하거나, 자리에서 신문도 볼 수 없다. 그래서 체득한 비법은 소위 테일러가 그의 명저 『과학적 관리의 원칙』에서 주장한 체계적 파업(systematic strike)을 하는 것이다. 즉 하루 업무의 80% 정도만 빨리 해 놓고 20%는 아껴 두었다가 퇴근시간 전까지도 열심히 일하는 것처럼 보이면 그날의 뒤통수는 따갑지 않다는 것이다. 합리적으로 업무를 처리하도록 고안된 관료제라는 미명하에 제도화된 무책임 같은 비합리적인 일들이 벌어지고 있는 것이다. 바로 이러한 이유가 필자가 조직관리에 대해 연구한 동기이다.

3 폐쇄-사회적 신고전조직이론

폐쇄-사회적 신고전조직이론은 선행학파인 폐쇄-합리적 고전조직이론의 문제점 및 한계점을 극복하면서 폐쇄-합리적 고전조직이론과는 다른 대안을 제시하려는 노력에서 이루어진 이론이다. 신고전적 조직이론이라고도 불리운다. 고전적 조직이론이 인간을 무시한 기계적 구조를 설명한데 반하여 조직내의 인간문제에 초점을 둔다.

그림 2-7   피라미드형과 역피라미드형

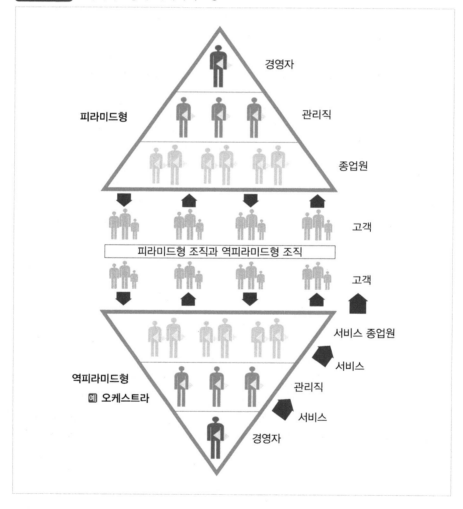

기계속의 부품과 같은 존재에서 인간적인 존재로

불과 몇 년 전만 해도 사진 좌측처럼 의자도 없이 하루 종일 서서 근무했었으나 얼마 전부터 앉는 의자도 제공해 고객이 없을 때는 앉아 있게 된 장면이 나타내주고 있는 것은 과연 조직이 조직속의 인간을 기계속의 부품(a cog in a machine)과 같은 존재에서 보다 인간적인 존재로 간주하는 인도주의적인(humanistic) 인간관계론으로 볼 수 있는가?

출처: 경기도○○ 백화점 슈퍼마켓을 필자가 동의를 얻어 촬영한 사진

대표적 학파 및 학자	주요 이론의 원리	이론의 장점 및 한계
	조직내의 인간관	장점
Mayo의 호손 실험과 인간관계학파	1. 인간은 경제인이 아니라 감정을 지닌 사회인 2. 작업장은 하나의 사회의 장 3. 인간은 적절한 동기가 부여되면 조직목표를 달성하는데 자기지시와 자기통제를 하며 창조적 능력을 발휘할 수 있음	1. 조직내 인간 문제를 집중탐구 2. 휴머니즘에 입각하여 조직 문제와 인간 문제를 효과적으로 연결할 수 있는 관리원칙 제시 3. 비공식적 조직의 중요성 부각
	조직원리	한계
McGregor의 X, Y론(1960) Maslow 욕구계층제이론 Vroom의 기대이론	1. 경제적, 물리적 조건보다 인간의 감정이 생산성 증진과 목표 달성에 더 큰 영향을 미침 2. 사회적 집합체로서의 인간은 정, 의리, 조직에 대한 집합적 태도가 더 큰 영향을 미침 3. 비공식 정보집단의 중요성 인식 4. 조직목표와 개인목표를 효과적으로 조화롭게 연결할 수 있도록 동기부여의 중요성 부각	1. 조직없는 인간 (People without Organization) 2. 공식적 조직의 중요성 무시 3. 지나친 '휴머니즘'에 과학적 분석력 약화 4. 환경변화에 대한 탄력적 관점이 미흡

폐쇄–사회적 신고전조직이론의 범주에 속하는 대표적 이론으로는 인간관계론, McGregor의 XY이론 등을 들 수 있다. 특히 인간관계론은 조직연구에 미친 커다란 영향력으로 인해 폐쇄–사회적 신고전조직이론과 동일시되어 사용되기도 한다. 먼저 인간관계론, 환경유관론, McGregor(1960)의 XY이론 등을 살펴본 후 폐쇄–사회적 신고전조직이론의 공통된 특성 및 문제점을 알아보면 다음과 같다.

1) 인간관계론

인간관계론자들의 주장을 요약하면 첫째, 조직은 기술적·경제적 체제일 뿐 아니라 인간들로 구성된 사회적 체제이다. 이러한 사회적 체제는 기계적 인간들의 집합체가 아니라 생각하고 서로 어울리고자 하는 인간들의 집합체이다. 따라서 조직의 생산성을 향상시키는 데는 ① 공식조직뿐 아니라 조직구성원들의 태도결정에 중요한 역할을 하는 비공식집단이 매우 중요하고, ② 권위주의적 리더십보다는 민주적 리더십이 더욱 효과적이며, ③ 조직구성원의 조직에 대한 만족감을 증진시키는 것이 중요하다.

비공식집단은 개인의 태도나 직무수행에 관한 규범을 가지고 있으며, 관리층의 요구나 보상 또는 규범에 대하여 집단구성원 모두가 동일한 태도나 행동으로 대응하도록 유도하기도 한다. 둘째, 인간은 사회적 욕구를 지녔으므로 인간의 행동은 경제적 유인에 의하여 영향을 받을 뿐 아니라 사회적·심리적 유인에 의해서도 영향을 받는다. 즉 생산수준의 결정에는 육체적 능력보다 사회적 규범과 비경제적 보수 및 제재가 큰 영향을 미친다.

마지막으로, 개인은 조직구성원들이 많을 경우 개인으로 행동하는 것이 아니라 집단의 일원으로 행동하는데, 이러한 집단의 규범설정 및 시행에 있어 리더십의 역할이 중요하다. 따라서 관리자는 기술적 능력뿐만 아니라 사회적 기술을 갖추어야 하며 조직구성원에게 관심을 가지고 배려해 주는 인간중심적이고 민주적인 리더십을 발휘해야 한다. 그리고 관리자는 조직구성원들이 조직 내에서 자신의 의견을 자유롭게 표현할 수 있도록 의사전달의 통로를 발전시켜야 하며 의사결정에 적극적인 참여를 유도해야 한다. 왜냐하면, 참여를 통하여 조직구성원의 사회적·심리적 욕구가 충족될 수 있기 때문이다.

1920년대 말에 엘턴 메이오(Mayo)는 미국 일리노이 주 시서로에 있는 웨스턴 일렉트릭사의 호손 공장에서 선별된 몇 개 집단의 노동자를 대상으로 생산성을 최대로 높이기 위해서는 공장조명(illumination)과 휴식(rest)기간이 어느 정도 되어야 하는지를 알아내려는 사회경제적 실험을 한다. 작업과 작업성과에 영향을 미치는 요소들을 밝히기 위해 1년 동안 여성근로자 집단의 근무시간, 임금, 휴식기간, 조직, 감독 및 상담 정도에 있어서의 변화를 측정했다.

실험결과로부터 그는 조명, 휴식, 임금이나 근무시간보다 사회심리적 요인이 작업성과에 더 큰 영향을 미친다는 결론에 도달했다. 메이오는 노동자들의 주변 환경 변화는 별로 중요하지 않다는 사실을 발견했고, 실험을 위해 선택되었다는 사실만이 노동자들의 생산성을 향상시켰다는 결론을 얻었고, 이를 호손 효과(Hawthorne Effect)라 한다.

나중에 이러한 결론이 논박되기는 했지만 이 연구는 인간관계론에 대한 체계적인 연구의 시발점이 되었다. 노동자들이 고전적 조직론에서 강조하던 경제적인 동기뿐만 아니라 심리적 동기에 대해서도 반응한다는 사실이 밝혀진 것이다.

조직행태의 이해에 있어 사회적 요인의 중요성을 보여주고 있다(Bonazzi, Giuseppe, 1994). 테일러의 과학적 관리법에 입각한 조직은 생산을 증가시키기 위해 생산과정의 합리적인 설계와 적절한 유인체제의 확립에 의존한다. 그러나 호손연구자들은 생산성의 증가가 이러한 단순한 요인에만 의존하는 것만은 아니라는 것을 보여주고 있다. 동기부여와 생산성에 대한 사회심리적 요인에 관한 이들의 연구는 소위 인간관계학파로 이어진다.

또한 bank wiring room 실험에서 관찰자가 수개월간 교환원 뒤에서 직접 관찰한 결과 연결망분석기법으로 분석해 본 다음 [그림 2-8]처럼 공식조직과는 무관한 비공식조직(작업장의 앞쪽과 뒤쪽에 근무하는 두 집단)이 창발적으로 나타나고, 이는 생산성에 영향을 미친다. 그림과 같은 비공식적 조직도표는 합리적인 조직설계에서 강조해온 공식적 조직도표에서는 간파할 수 없는 조직구성원간의 응집성 및 유대 등의 역학관계를 알 수 있게 해준다.

그림 2-8   Hawthorne 연구에서 나타난 14인 Bank Wiring 팀 비공식 집단의 연결망

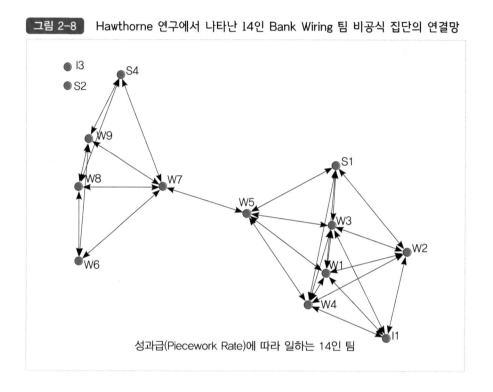

즉 공식조직과 비공식조직이란 개념이 생겼다. 공식조직은 경제적 목적 달성도를 평가하는 '비용의 논리'와 협동적 노력을 평가하는 '능률의 논리'에 의해 조직화된 것이다. 한편 비공식조직은 직장의 대내외적인 인간상호관계 속에 존재하는 가치의 표현인 '감정의 논리'에 따라 조직화된 자생적 집단이다. 이 비공식조직의 발견으로 직장인을 '경제인'뿐만 아니라 '정서인'으로 보는 인간관의 수정이 이루어졌으며, 공식조직의 원활한 운영을 위한 새로운 관리기법인 인간관계 관리기법이 생겨나게 되었다.

비공식적 조직은 공식적 조직과는 대비되는 여러 특징을 보인다. 조직 구조적인 측면에 있어 공식조직은 구조가 미리 처방적으로 정해져 있으나, 비공식조직은 구조가 창발적 속성(emergent property)을 갖는다.

논리적 근거라는 측면에 있어서는 공식조직은 합리적인 논리적 근거에 입각해 있으나, 비공식조직은 감정적 근거에 입각해 있다. 안정성 측면에 있어서는 공식조직은 정적이나, 비공식조직은 동적이며, 영향력의 기반이라는 측면에서 보면

공식조직은 영향력의 기반이 지위에서 비롯되나, 비공식조직은 인격으로부터 비롯된다. 의사소통의 경우 공식조직의 의사소통은 공식경로에 주로 의존하나, 비공식조직은 소문 등의 비공식 채널에 의존한다. 상호작용의 기준에 있어서 공식조직은 문서화된 기능적 지위에서 비롯되며 비공식조직은 자발적이고 개인적인 상호작용의 기준에서 비롯된다. 운영원리에 관해 공식조직은 능률성의 원리에 의한 운영관리를 하며 비공식조직은 감정의 원리가 비롯된다. 마지막으로 권한에 있어서 공식조직은 개인적이며 눈에 보이는 가시적인 권한에서 비롯되지만, 비공식조직은 공식조직과는 달리 비개인적이며 눈에 보이지 않는 비가시적 권한에서 비롯된다. 〈표 2-2〉에서는 지금까지의 공식조직과 비공식조직의 비교를 표로 구성해 나타낸 것이다.

표 2-2   공식조직과 비공식조직의 비교

	공식조직 (Formal Organization)	비공식조직 (Informal & Social Organization)
구조(Structure)	처방적(Prescribed)	창발적(Emergent)
논리적 근거(Rationale)	합리적(Rational)	감정적(Emotional)
안정적(Stability)	정적(Stable)	역동적(Dynamic)
영향력 기반(Influence Base)	지위(Position)	인격(Personality)
의사소통(Communication)	공식경로(Formal Channels)	소문(Grapevine)
상호작용의 기준 (Basis for Interaction)	문서화된 기능적 지위 (Prescribed by Functional Duties & Position)	자발적 개인적 (Spontaneous & Personal Characteristics)
운영원리(Princeple)	능률성의 원리(Efficiency)	감정의 원리(Emotion)
권한(Authority)	개인적 권한 (Personal Authority) 가시적 권한 (Visible Authority)	비개인적 권한 (Non-Personal Authority) 비가시적 권한 (Invisible Authority)

출처: 최창현(2006), 한국사회와 행정연구, 제17권, 제1호

Stacey(1996)는 비공식조직의 필요성이 발생하는 두 가지 이유는 관료제적 통제가 실패하기 때문이라고 주장한다. 첫째, 관료제의 인간소외 및 탈동기부여적 특징, 둘째, 환경의 애매모호성과 불확실성을 관료제적 구조가 제대로 대처하지

못한다는 것이다.

비공식조직의 기능은 공식조직과의 관계, 즉 공식조직의 과업수행 혹은 목표달성에의 기여에 관한 역할과 비공식조직의 구성원간의 상호작용, 즉 구성원간의 인간관계를 통한 개인적, 집단적 욕구충족에 대한 여러 가지 작용을 포함하고 있으며, 거기에는 순기능적 측면과 역기능적 측면이 있다.

Blau와 Scott(1962)은 비공식조직이 환경에 의해 제기된 문제를 해결하기 위해 발생한다는 것이다. 비공식조직은 이상과 같은 순기능을 가지고 있는 반면에 다음과 같은 역기능도 가지고 있다(Tichy, 1981 ; Krackhardt and Hanson, 1993 ; Stacy, 1993 ; Burns and Stalker 1994).

즉 비공식조직은 조직에 파벌을 조성하여, 조직의 책임을 무효화할 가능성이 있고 구성원들이 개인적 접촉을 통하여 개인적 이익을 도모하고 한사람이 가지고 있는 불안감을 조직전체에까지 확대시켜 조직 자체를 와해시킬 우려도 있다. 또한 비공식조직을 통한 의사소통의 왜곡과 차단, 정실주의에 치우친 의사결정이나 인사관리 등이 우려되며 비공식조직간에 적대감정이 야기될 때도 있어 이로 인하여 공식조직의 기능이 마비될 수도 있다(Krackhardt, 1993).

고전적 조직론의 공식조직만을 중시하여 비인간화경향에 대한 우려가 중대됨에 따라 비공식조직과 조직내의 인간에 역점을 둔 조직적 인도주의(organizational humanism)가 대두되기 시작한다. 비록 일련의 인도주의운동이 인간적인 요소를 고양하려 했으나, 그 자체가 목적이 되지 못하고, 조직목표를 달성키 위한 인도주의적인 수단으로 머물고 만다.

2) McGregor의 XY이론

McGregor는 관리에 대한 두 개의 대비되는 신념인 이론 X와 이론 Y로 잘 알려져 있다. 이론 X의 세 가지 근본 가정이 다음에 요약된다.

① 관리자는 경제적인 목적을 위해 금전, 물질, 장비, 인력 등과 같은 생산 기업의 요소를 조직화할 책임이 있다.

② 인력과 관련하여 이는 조직의 목표에 부합시키기 위해 인적 자원의 노력

을 감독하고 동기부여하고 행동을 통제하고 행태를 수정하는 과정이다.

③ 관리자에 의한 이러한 적극적인 간섭이 결여된 경우 사람들은 조직욕구에 수동적이거나 혹은 반항적일 수도 있다. 따라서 그들은 설득되고 보상받고 처벌받고 통제되어야만 하며 그들의 활동은 지시되어야 한다.

이것이 관리자의 직무이다. 관리란 다른 사람들을 통해 일을 처리하는 것이다.

McGregor에게 있어 이론 X는 관리의 전통적인 이론이며 묵시적으로 근로자에 대한 다음과 같은 가정을 전제하고 있다.

① 보통 사람은 본질적으로 게으르다. 가능한 한 적게 일한다.

② 야망이 없고 책임지기를 싫어하고 이끌려 다니기를 선호한다.

③ 내재적으로 자기 중심적이고 조직 요구에 무관심하다.

④ 본질적으로 변화를 거부한다.

⑤ 어리숙하고 영리하지 못해 선동가에게 잘 속는 사람이다.

표 2-3   **X이론과 Y이론의 비교**

X이론	구분	Y이론
사람들은 일을 하기 싫어하기 때문에 억지로 시켜야 함	직무 태도	사람들은 자신이 세운 목표에 스스로 매진하는 것을 좋아함
사람들은 은근히 위에서 명령이 하달되기를 바람	명령 하달	외부의 명령보다는 스스로의 판단으로 행동하는 것이 훨씬 효과적이라고 봄
사람들에게 유일한 동기부여의 수단은 돈임	동기 부여	기본적인 욕구만 충족된다면, 사람들은 내부적인 동기부여를 통해 자신의 능력을 최대한 발휘하려고 함
대부분의 사람들이 발휘하는 창의력이란 일을 하는 중이 아니라, 일을 하지 않기 위해 잔꾀를 부릴 때 발휘됨	창의력	모든 이들은 기본적으로 창의적이고 지적이지만 직장에서의 무시·간과 때문에 활용되지 못하고 있음
성악설	성론	성선설

이론 X의 중요한 요소는 관리가 주로 지시 및 통제로 구성된다는 전통적인 확신이다. 관리자가 조직목표를 달성하기 위해 강압적인 위협을 하는 "강성(hard)"관리일 수도 있고 관리자가 조화를 위해 "연성(soft)"관리를 할 수도 있다. McGregor의 저서는 이론 X를 "강성(hard)"관리로 이론 Y를 "연성(soft)"관리로 종종 오해하기도 한다. 그러나 McGregor에게 있어 "강성(hard)"과 "연성(soft)" 관리는 이론 X의 단순한 두 가지 측면에 지나지 않으며 양자는 모두 만족할 만한 것이 못된다. "강성(hard)"이건 "연성(soft)"이건간에 관리가 지시 및 통제로 구성된다는 이론 X의 가정은 소위 Maslow의 고차원적 심리욕구와 불가피하게 상충된다.

이론 X관리에 의해 야기된 이러한 동기적 손상을 회복하기 위해 McGregor는 그가 더 선호하는 대안인 이론 Y를 기술하는 네 가지 가정을 도입한다.

① 관리자는 경제적인 목적을 위해 금전, 물질, 장비, 인력 등과 같은 생산 기업의 요소를 조직화할 책임이 있다.
② 사람은 본질적으로 조직욕구에 소극적이거나 반항적이라고 볼 수 없다. 그렇게 된 것은 조직내적 경험의 결과이다.
③ 동기 개발의 잠재성 책임을 떠맡을 수 있는 능력 그리고 조직목적을 향한 행동 등이 모두 사람들 속에 내재되어 있다. 관리자의 책임은 이러한 인간의 특징을 인식하고 개발할 수 있도록 해 주는 것이다.
④ 관리의 본질적인 책무는 사람들이 조직목표를 향해 자신의 노력을 쏟음으로써 그들의 목표를 달성할 수 있도록 조직조건과 운영방식을 배열·준비하는 것이다.

비록 이론 X와 Y의 첫번째 가정이 동일하지만 나머지 가정들은 관리의 근본적인 철학과 근본적인 동기적 가정에 있어 명백히 상충된다. 지시 및 통제를 통한 관리대신 이론 Y는 관리기능을 근로자가 조직목표달성을 위해 자신의 행동을 통제하는 조건을 창조하는 것으로 묘사한다. 그러한 자기지시가 궁극적으로는 조직목표와 일치하는 행동을 야기하리라는 가정은 이론 X보다 훨씬 더 낙관적인 또한 아주 상이한 개인적 동기에 대한 일련의 가정을 필요로 한다.

McGregor는 이론 Y가정의 정신에 부합되는 몇 개의 관리실태를 인용한다. 위임 및 분권화 관리적 의사결정에 있어 근로자참여의 증대, 근로자의 창조적 잠재성을 향상시키기 위한 직무확대 그리고 개인 자신이 설정한 목표달성에 초점을 맞춘 평가측정 등이 그것이다. 그러나 이러한 조직효과성을 증진시키기 위한 관리기법을 제공하는 것이 McGregor의 주된 생각은 아니다.

그 대신 그의 목적은 관리와 근로자에 대한 새로운 사고 방식을 관리자에게 제시하는 것이다. 이론 Y는 중립적인 과학적 방법에 의해 궁극적으로 그 타당성을 검증할 수 없는 관리에 대한 규범적 철학이다.

X이론에 입각한 관리전략은 강제·통제·명령·처벌 등을 기초로 하고, Y이론은 자율에 의한 통제를 중시한다는 것을 제시하면서 McGregor는 X이론적 관리전략을 비판하였다. 즉 관리란 폐쇄−합리적 고전조직이론에서 제시하는 것처럼 조직구성원에 대한 지시와 통제가 주무기가 되어서는 안 되고 조직구성원의 잠재력이 능동적으로 발휘되게 하면서 개인과 조직이 원하는 바를 서로 통합시킬 수 있는 Y이론적 인간관이 바탕이 되어야 한다고 주장하였다.

출처: https://www.youtube.com/watch?v=pjgdvp2f_cs&feature=youtu.be

3) 매슬로우(Maslow)의 욕구계층이론

Maslow 동기이론 중 가장 잘 알려지고 영향을 끼친 것은 우세성에 의거해 순서화된 인간욕구의 계층제에 대한 개념이다. "우세성(potency)"은 특정욕구만족의 긴급성을 의미한다. 기본적인 생각은 "하위" 혹은 더 원시적인 욕구가 동기부여의 원천으로서 개인에게 더 높은 욕구가 되기 전 먼저 충족되어야만 한다는 것이다. 이 때문에 충족된 욕구는 더 이상 동기부여를 할 수 없다.

그는 임상적인 관찰을 토대로 하여 ① 인간의 동기는 다섯 가지 욕구의 계층에 따라 순차적으로 유발되고, ② 동기로 작용하는 욕구는 충족되지 않은 욕구이며, 충족된 욕구는 그 욕구가 나타날 때까지 동기로서의 힘을 상실하며, ③ 대개의 경우 인간은 그러한 다섯 가지의 욕구들을 부분적으로밖에 충족시키지 못하기

그림 2-9 매슬로우의 5가지 계층제적 욕구(Maslow's Hierarchy of Needs)

때문에 인간은 항구적으로 무엇인가를 원하는 동물(perpetually wanting animal)이라고 하는 욕구계층이론을 주장하였다(Maslow, 1943: 370-396; 1954: 92).

[그림 2-10]에서 보는 것과 같이, 다섯 계층의 욕구에는 생리적 욕구(physiological needs), 안전에 대한 욕구(safety needs), 소속/사회적 욕구(belongingness and social needs), 존경에 대한 욕구(esteem needs), 자아실현의 욕구(self-actualization needs) 등이 있다.

그림 2-10 매슬로우 욕구의 일반적 예와 조직에서의 예

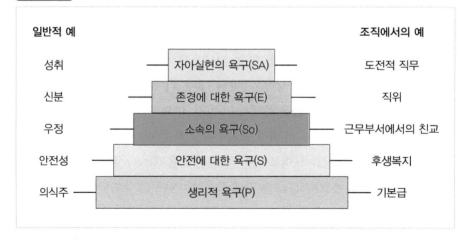

① 생리학적 욕구(physiological need)는 주로 의식주: 봉급
② 안전(safety) 욕구는 물리적 위험으로부터의 자유: 공무원 신분보장, 연금제도
③ 소속(belongingness)/사회적(social) 욕구는 가족, 친구와 친밀하고 우호적인 관계를 가지려는 욕망
④ 존경(esteem)/자긍심(self-esteem) 욕구는 자기능력, 성취 및 전반적인 개인적 가치에 대한 존경과 타인의 인정: 상사의 칭찬, 승진
⑤ 자아실현(self-actualization) 욕구는 "자기가 될 수 있는 모든 것이 되려는" 자신의 내재적 잠재성 또는 창조적 능력을 구현하려는 욕구: 자신뿐 아니라 회사를 창조적으로 만들어 보려는 욕구

생리적 욕구는 인간이 지니는 가장 기초적인 욕구로서 음식·의복·주거·성·수면 등에 관련된 욕구이다. 욕구계층의 출발점이 되는 최하위의 욕구인 생리적 욕구는 다른 욕구에 비해 강도가 가장 높은 욕구이다.

조직은 조직구성원들의 안전의 욕구를 충족시켜 주기 위해 건강보험·생명보험·재해보험·퇴직연금과 같은 후생복지제도를 실시하기도 한다. 그러나 조직에 있어서 안전의 욕구는 다른 욕구에 비해 상대적으로 부정적인 의미를 갖기도 한다. 왜냐하면 조직 내에서 조직구성원들이 안전의 욕구를 추구하는 것은 그들의 생산성향상에 영향을 미치지 못하는 경우도 많고 그들의 행동을 작동시키기보다는 도리어 행동을 억제하거나 제한하는 경우가 많기 때문이다.

예를 들어 어느 구청의 공무원이 강한 안전의 욕구를 지니고 있을 때 그는 업무를 창의적이고 자발적으로 수행하기보다는 이미 정해져 있는 업무량만을 수행하는 경향이 높을 것이므로 생산적이라고 하기 힘든 것이다. 즉 상사의 기분을 상하게 하면 직장을 잃을 수도 있다는 것을 의식하고 그러한 가능성을 회피하고자 하는 안전의 욕구가 강하면 강할수록 구청 내의 문제점을 지적하면서 그에 대한 개혁방안을 제안하기보다는 무사안일적인 태도를 지니게 될 가능성이 높은 것이다.

존경에 대한 욕구는 자신에 대해 긍지를 가지려 하고 자신이 높게 평가받고 다른 인간들로부터 존경받기를 원하는 욕구이다. 이것은 인간 스스로 자신이 강하고 유능하며 성취적이라는 느낌을 가지려는 것, 즉 주로 명예·신망·위신·지

위·인정·권력 등에 대한 욕구로 나타난다. 이와 같은 존경에 대한 욕구가 충족
될 경우에 인간은 자신감을 갖게 되고 자신이 이 세상에 꼭 필요한 존재이며 유용
하고 유능한 사람이라는 느낌을 갖게 된다.

따라서 조직은 조직구성원들의 긍지와 존경의 욕구를 존중시켜 이것이 동기
를 유발하는 요인이 되도록 ① 직명(job title)을 조정하고, ② 능력별로 보수를 인
상하며(merit pay increase), ③ 동료, 상사, 부하로부터 인정을 받을 수 있는 것을 제
도적으로 보장하고, ④ 직무자체에서 성취감을 느끼면서 또한 직무에 대한 책임
의식을 느낄 수 있는 여건을 마련해야 한다(조석준, 1990: 244).

생리적 욕구, 안전에 대한 욕구, 소속의 욕구, 존경에 대한 욕구 등이 모두 충
족되어도 인간은 자신이 자기 자신에게 적합한 일을 하고 있다고 느끼지 않으면
불만과 불안을 가지게 된다. 이러한 불만과 불안을 해소시키기 위해서는 자아실
현의 욕구가 충족되어야 한다. 이러한 자아실현의 욕구는 욕구계층구조의 최상층
에 존재하고 있는 것으로서 자기완성에 대한 갈망을 의미하며 자신의 잠재적 역
량을 최대한으로 실현하려는 욕구를 말한다. 즉 개인 자신이 개발할 수 있는 능력
을 충분히 개발하고 발휘할 수 있는 능력을 최대한 발휘하고 싶어 하는 욕망을 의
미한다.

매슬로우가 발견한 '자아실현'에 성공한 사람들의 5가지 심리적 특징

1. 현실 중심적이다(reality-centered). 거짓, 가짜, 사기, 허위, 부정직 등을 진실로부터 구별
   하는 능력이 있다.
2. 문제 해결 능력이 강하다(problem-centered). 어려움으로부터 도망가려 하지 않는다. 오
   히려 어려움과 역경을 문제 해결을 위한 기회로 삼는다.
3. 수단과 목적을 구분한다(discrimination between ends and means). 목적으로 수단을
   정당화하지 않으며, 수단이 목적 자체가 될 수도 있다고 생각한다. 즉 과정이 결과보다 더
   중요할 수 있다는 자세를 갖는다.
4. 환경과 문화에 영향을 받지 않는다(autonomy: independent of culture and
   environment). 주위 환경에 의해 쉽게 바뀌지 않는다. 자신의 경험과 판단에 더 의존한다.
5. 창의적이다(creativeness). 창의적이고 독창적이며 발명가적 기질이 있다.

4) 동기부여 내용이론의 통합

욕구계층이론에서는 하위 차원의 욕구가 충족되어야만 상위차원의 욕구로 상승한다고 본다. 이에 반해 Alderfer는 존재욕구(existence need), 연관욕구(relatedness need), 성장욕구(growth need) 등의 3가지 욕구로 구분하고 있는데, 하위차원의 욕구가 충족되어 상위차원의 욕구로 상승할 뿐만 아니라 상위차원의 욕구가 충족되지 못하면 좌절 과정을 거쳐 저차원의 욕구를 더 많이 충족시켜 이러한 좌절을 해소하려 한다는 점에서 차이가 있다. 동기부여 내용이론들의 공통점은 어떠한 요소가 동기부여시키는가에 대한 이론이라는 점에서 동기부여 내용이론이라고 한다.

ERG이론은 매슬로우의 하나의 하위욕구가 충족되면 상위욕구를 충족시키려는 쪽으로 욕구가 진행된다는 욕구계층이론과는 달리 인간의 욕구는 상위욕구에서 하위욕구로 퇴행할 수도 있다고 말한다.

Herzberg는 직무요인을 위생요인(bygone factor)과 동기요인(motivator)으로 구분

그림 2-11 매슬로우 욕구계층제이론과 앨더퍼의 ERG 욕구이론

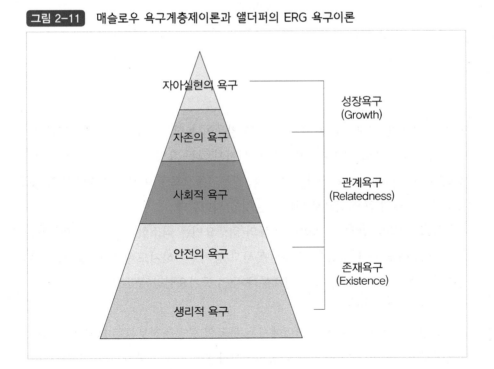

그림 2-12   앨더퍼의 ERG 이론

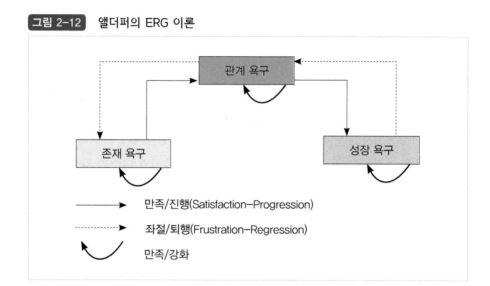

그림 2-13   허즈버그의 견해

한다. 동기요인(=만족요인)은 충족될 경우 의욕이나 직무만족으로 이어지지만 딱히 충족되지 않아도 그다지 불만으로 이어지지 않는 요인이다. 위생요인(=불만요인)은 일단 충족되더라도 적극적인 의욕, 직무만족으로 이어지지 않지만 만약 충족되지 않는다면 큰 불만으로 나타나는 것을 의미한다.

봉급, 직업의 안정성, 대인관계 등의 위생요인은 최소한의 근무여건만 제공할 뿐 근무태도 등에 영향을 주지는 못하고 동기부여하지도 못한다. 승진, 직무 성취에 대한 인정, 직무 성취감, 사회봉사 등의 동기요인만 공무원의 동기를 부여하는 요인이라는 것이다.

취업상황이 좋거나 일반 기업에서는 한국의 공공조직보다는 더 설득력있는 이론이지만, 극심한 취업난에 공시 공화국이라 불리우는 한국의 경우 위생요인만으로도 만족하는 근로자가 많은 안타까운 실정이다.

　　Perry 등의 공공봉사동기론(public service motivation theory)의 경우도 보수 등의 위생요인보다는 사회에 대한 봉사 등의 동기요인이 공무원으로 하여금 동기를 유발하게 하는 요인이라는 것이다. 맥클러랜드는 동기유발에 관여하는 욕구에 크게 세 가지가 있다는 제안을 한다.

① 성취욕구(achievement need; nAch): 탁월해지고자 하는 욕망, 평균을 초과한 결과를 내고 싶어하는 것, 성공의 욕구
② 권력욕구(power need; nPow): 타인의 행동에 영향을 미쳐 변화를 일으키고 싶어하는 욕구
③ 제휴욕구(affiliation need; nAff): 개인적 친밀함과 우정에 대한 욕구

표 2-4 욕구이론의 비교

허즈버그의 욕구충족요인이원론	매슬로우의 욕구계층이론	앨더퍼의 ERG이론	맥클러랜드의 성취욕구론
(동기요인) 직무에 대한 성취감 직무 그 자체, 사회봉사 책임 부여 성장 기회	자아실현의 욕구	성장욕구	성취욕구
직무 성취에 대한 인정	자긍심 존경의 욕구 타인으로부터 존경받고 싶은 욕구	대인관계 유지욕구	권력욕구
(위생요인) 근무 감독 대인관계	소속의 욕구	대인관계 유지욕구	친교욕구
직업의 안정성 조직의 방침	대인관계적 안전 안전의 욕구 신체적 안전	생존욕구	친교욕구
봉급 근무조건	생리적 욕구	생존욕구	

사람에 따라 nAch, nPow, nAff이 각각 다르며 이들은 각기 다른 양상으로 동
기부여가 된다. nAch가 높은 사람은 타인에 비해 월등한 성과를 냄으로써 자신의
존재의미를 확인하고자 한다. 이들은 지나치게 가능성이 낮은 업무나 아주 쉽 게
달성할 수 있는 목표에는 거의 관심을 갖지 않는다. 실행가능한 범위내에서 어려
운 도전할 만한 목표를 제시해 주어야 한다는 목표설정이론에 부합된다.

nPow가 높은 사람은 타인에 대해 영향력을 행사하며 통제할 수 있는 일에 자
극받는다. 책임을 맡는 것을 즐기며, 권력 쟁탈전이 심한 상황에 기꺼이 참여한
다. 실제적인 업무 성과보다는 높은 지위에 올라서 타인에 영향을 미치는 것에 관
심을 갖는다.

nAff이 높은 사람은 다른 사람에게 인정받고 이들과 좋은 관계를 맺는 것에
우선순위를 둔다. 경쟁적인 상황보다는 협동적인 분위기를 좋아한다.

McClelland가 제시한 친교욕구는 Alderfer의 대인관계유지 욕구 일부분, Maslow
의 소속의 욕구, Herzberg의 위생요인 중 대인관계 등과 유사하다. 또한 권력욕구는
Alderfer의 대인관계유지욕구 일부분과 성장욕구 일부분에 해당된다. 마지막으로
성취욕구는 Alderfer의 성장욕구 및 Maslow의 자아실현의 욕구와 상응한다.

지금까지 살펴본 욕구이론들은 개념적으로 많은 유사성이 있지만, 공통적인
문제점이 있다. 즉 일반적으로 욕구이론은 동기를 유발하는 요인의 내용은 설명
하지만 동기유발의 과정에 관해서는 제대로 설명하지 못하는 것이 사실이다. 예
를 들어 어떤 두 직원이 모두 대인관계유지욕구가 결핍되어 있다 하더라도, 그러
한 욕구를 충족시키고자 하는 방법이나 과정은 다를 수 있다.

🏃 **다져가기**

공시 2017년 9급 중앙직

01 허즈버그(Herzberg)의 요구충족요인이원론에 대한 설명으로 옳지 <u>않은</u> 것은?

① 욕구의 계층화를 시도한 점에서 매슬로우(Maslow)의 욕구단계이론과 유사하다.

② 불만을 주는 요인과 만족을 주는 요인은 서로 다르다고 주장한다.

③ 무엇이 동기를 유발하는가에 초점을 두는 내용이론으로 분류된다.

④ 작업조건에 대한 불만을 해소한다고 하더라도 근무태도에 장기적인 영향을 미치지는 않는다고 본다.

📝 ① 욕구의 계층화를 시도한 것이 아니라 욕구를 불만요인과 만족요인 2가지로 구분했다.

공시 2017년 9급 지방직

02 다음 내용을 설명할 수 있는 이론으로 가장 적합한 것은?

> A교육청의 교육감은 직원들의 근무 의욕이 낮아지고 있는 문제를 인식하였다. 이를 해결하기 위해 그는 상관의 감독 방식, 작업 조건 등의 업무 환경요인을 개선하였다. 그러나 직원들에 대한 다양한 조사 결과 직무수행과 관련된 성취감, 책임감, 자기 존중감이 낮아 근무의욕이 여전히 개선되지 않은 것으로 나타났다.

① 사이먼(H. Simon)의 만족모형

② 브룸(V. Vroom)의 기대이론

③ 애덤스(J. Adams)의 형평이론

④ 허즈버그(F. Herzberg)의 욕구충족요인이론

📝 ④

5) 동기부여의 과정이론

과정이론은 동기의 내용적인 측면을 강조한 동기부여 내용이론보다는 동기

의 과정에 초점을 두는 이론으로 기대이론, 형평이론 그리고 목표설정이론 등이
있다. 대표적인 기대이론으로는 Vroom의 기대이론을 들 수 있다. Vroom은 동기란
각 대안의 기대효용가치에 대한 개인의 주관적 평가에 따라 결정된다고 본다. 즉
행동이 초래할 성과에 대한 믿음과 기대감 그리고 성과에 따른 보상의 유의성에
달려있다는 것이다.

(1) 브룸(Vroom)의 기대이론

Vroom에 의하면 동기란 각 대안의 기대효용가치에 대한 개인의 주관적 평가
에 따라 결정된다고 본다. 즉 기대이론은 유인가(valence), 수단성(instrumentality), 기
대감(expectancy)의 세 가지 요소로 구성되며 흔히 VIE 모형으로 불리워진다.

기대감(E)은 직무를 완수하기까지 소요되는 개인의 노력과 직무 완수 이후의
업적(performance) 사이의 관계에 대한 인식으로, 개인의 노력 여하에 따라 구체적
인 실적과 목표를 달성할 수 있을 것인가에 대한 개인의 주관적 믿음을 의미한다.
따라서 기대감은 개인의 능력이나 성격 등에 많은 영향을 받게 되며, 이를 수치로
표현하면 목표달성에 대한 믿음이 전혀 없는 0의 상태에서 100% 확신하는 1까지
표시할 수 있다

수단성(I)은 개인의 노력여하에 따른 업적(performance)에 대한 개인의 주관적
인 인식과 실적 또는 목표달성 이후에 개인에게 주어질 보상 사이의 관계에 대한
인식으로, 성공적인 직무완수 이후 개인에게 주어질 보상에 대한 가능성을 의미

그림 2-14 Vroom의 기대이론모형의 요소

출처: 이영조 외(2004). 행정학원론, p. 216

한다.

보상에는 개인적 판단에 의한 내재적 보상과 공식적으로 제도화된 외재적 보상으로 구성된다. 이를 수치로 표시하면 업적(performance)이 항상 적절한 수준의 보상을 가져오게 되는 1에서부터 업적(performance)과 보상의 상관관계가 없는 0, 그리고 업적(performance)이 오히려 부정적인 보상으로 나타나는 −1까지 표시할 수 있다.

유인가(V)는 직무완수 이후 개인에게 돌아올 보상이 얼마나 만족스러운 수준인가에 대한 주관적인 인식을 나타낸다. 유인가는 직무수행에서 받을 수 있는 보상에 대하여 그 개인이 느끼는 적절성 인식수준이며, 개인이 희망하는 보상정도와 실제 보상 결과에 대한 인식수준이기 때문에 유인가는 주로 보상이 직무를 대하는 개인의 욕구를 얼마나 충족시켜 주는가에 의해 결정된다.

유인가는 개인이 특정의 결과를 바라는 긍정적인 유인가와 특정의 결과를 바라지 않는 부정적인 유인가 그리고 특정결과와 전혀 무관한 0의 무인가가 있다.

이처럼 기대이론은 기대감, 수단성, 유인가에 의해 노력의 강도가 결정된다는 것이다. 직무를 대하는 독립된 개인으로 하여금 일정한 노력을 유도하는 동기부여는 개인이 노력해서 직무를 성공적으로 달성할 수 있을 것인가에 대한 기대감과 목적달성에 의해 적절한 보상이 실현될 수 있을 것인지에 대한 수단성, 그리고 보상이 개인에게 얼마나 매력적인 것인가에 대한 유인가에 의해서 결정된다. 이러한 관계를 식으로 표현하면 다음과 같다.

동기부여 = [E→P] Σ [P→R]V= E + Σ (I × V)

여기서 E = Expectancy, P = Performance, R = Reward, I = Instrumentality, V = Valence

여기서 관리를 통해 조작하고 통제할 수 있는 것은 기대감(E)과 수단성(I)이다. 만일 어느 근로자가 더 많이 노력하면 더 많이 물건을 팔 수 있다는 확신을 70% 가지고 있고, 판매량 증가가 임금인상을 수반하리라는 확신을 70% 가지고 있다면, 그는 높은 E → P, P → R 기대치를 갖고 있다고 할 수 있다.

그리고 그가 임금인상에 대해 90%의 가치를 부여한다면, 그의 동기수준은 Motivation=[E→P] $\sum$ [P→R]V=.8×(.8×.9) =.58로 높다고 할 수 있다.

(2) 포터와 롤러(Porter & Lawler)의 기대이론

Porter & Lawler의 기대이론에 따르면, 개인이 주어진 직무를 완수하기 위한 노력은 직무완수 이후에 '개인에게 주어질 보상에 대해 개인이 부여하는 가치수준'과 '노력에 대한 보상이 이루어질 확률에 대한 주관적 인식'에 의해 영향을 받게 된다.

따라서 Porter & Lawler(1968)의 기대이론모형에서는 직무에 투입하는 개인의 노력(effort), 노력을 투입한 이후의 직무의 달성정도를 의미하는 업적(performance), 노력이 투입된 직무의 업적에 대한 보상(rewards), 그리고 보상수준에 대한 개인의 주관적 만족(satisfaction)수준 등과 같은 개념이 사용된다.

직무에 대한 개인의 노력이 바람직한 수준의 보상을 가져올 것이라는 확률이 높고 또한 그 보상이 매우 가치가 있다고 느낄 때 노력의 수준은 증가한다. Porter & Lawler의 기대이론이 주장하는 가장 핵심적인 부분은 업적(performance)과 보상의 연계에 관한 것이며, 보상은 업적에 의해 좌우된다는 것이다.

Porter & Lawler의 이론에서는 보상체계를 외부보상과 내부보상으로 구분하

그림 2-15 Porter와 Lawler의 업적(성과)-만족이론

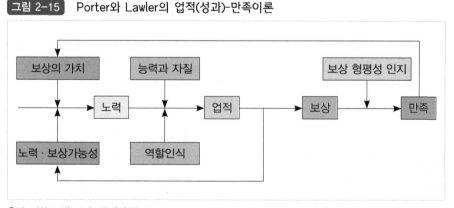

출처: 이영조 외(2004). 행정학원론, p. 218

는데 내부보상은 주로 개인의 내부감정과 밀접한 관련을 지니는 주어진 성과에 대한 부산물로서 자신의 능력발휘와 관련된 장인정신이나 전문직업주의정신을 통하여 개인의 내적 보상이 이루어질 수 있다. 외부 보상은 개인을 둘러싸고 있는 환경으로부터 얻어지는 것으로 성과 자체로부터 직접 나오지는 않으며 성공적 직무수행에 대한 금전적 보상이나 승진, 또는 사회적 인정감 등을 예로 들 수 있다.

조직에서 과정이론의 적용 지침

1. 각 직원이 우선적으로 어떤 외적 보상과 내적 보상을 원하는지 파악한다.
2. 조직의 목표를 달성하기 위해서는 어떤 업적이 어떤 수준으로 요구되는가를 파악한다.
3. 요구되는 수준의 업적이 달성 가능한지 확인한다.
4. 직원들이 원하는 보상을 요구되는 업적에 연결시킨다.
5. 어떤 상황이 상호갈등 관계의 기대감들을 발생시키는지 분석한다.
6. 전체적 보상 체계가를 모든 직원에게 공정하게 시행한다.

(3) 형평성이론

Adams의 형평이론에 의하면 근로자의 동기는 보상의 형평성정도에 따라 결정된다. 즉 Output/Input a=Output/Input b를 그림으로 자세히 살펴보면, [그림 2-16]과 같이 공정성은 한 개인이 일에 들인 노력인 투입(input)과 그 개인이 그 일에 대해 받은 보상인 산출(output)간의 균형을 말하는 것으로, 종업원이 일에 들이는 투입에는 교육, 특수기술, 노력, 그리고 시간들이 포함되고, 산출에는 급여, 복지혜택, 성취, 인정, 그리고 기타의 다른 보상이 포함된다.

그림 2-16   애덤스의 공정성이론

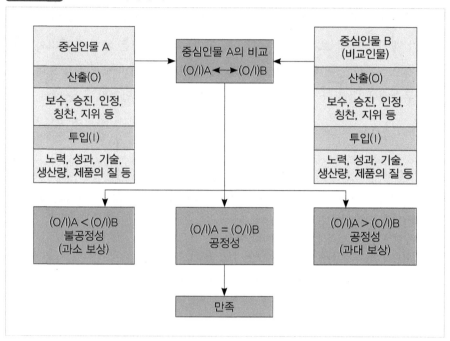

(4) 목표설정이론

목표설정이론은 로크(Locke)에 의해 시작된 동기이론으로, 인간이 합리적으로 행동한다는 기본적인 가정에 기초하여, 개인이 의식적으로 얻으려고 설정한 목표가 동기와 행동에 영향을 미친다는 이론이다.

그림 2-17   목표설정이론의 기본 모형

출처: 이창원 · 최창현(2012). 새조직론

헬리겔과 슬로컴(Hellriegel & Slocum, 1978)은 조직 및 개인이 달성해야 할 목표가 적합하게 설정되어야 하고, 개인의 수행 목표는 다음과 같은 기준을 충족해야 한다고 주장한다.

- 수행 목표는 분명하고 세밀하며 최선을 다하라는 식의 모호한 목표는 제시하지 않는다.
- 수행 목표는 필요조건을 정확하게 기술해야 한다.
- 수행 목표는 조직의 정책과 절차에 일치해야 한다.
- 수행 목표는 경쟁성을 지녀야 한다.
- 수행 목표는 성취가능한 범위내에서 동기부여하도록 난이도가 높은 어렵고 도전감을 유발할 수 있어야 한다(심리학용어사전, 2014. 4. 한국심리학회).

(5) 직무특성이론

해크만과 올드햄(Hackman & Oldham, 1976)의 직무특성이론은 직무의 특성이 직무수행자의 성장욕구 수준(growth need strength)에 부합될 때 직무가 그 직무수행자에게 더 큰 의미와 책임감을 주고 이로 인해 동기유발의 측면에서 긍정적인 성과를 얻게 된다는 것을 제시한다. 이 이론은 직무수행자의 성장욕구 수준이라는 개인차를 고려하고 좀 더 구체적으로 직무 특성, 심리 상태 변수, 성과 변수 등의 관계를 제시했다는 측면에서 허즈버그의 욕구충족요인이원론보다 진일보한 것으로 볼 수 있다.

이 이론은 다섯 가지 직무 특성과 세 가지 심리 상태 변수들, 그리고 네 가지 성과 변수들로 구성되어 있다. 먼저 다섯 가지 직무 특성을 살펴보자.

첫째는 기술적 다양성(Skill variety)으로 직무를 수행하는 데 요구되는 기술의 종류가 얼마나 여러 가지인가를 의미한다. 둘째는 직무 정체성(Task identity)으로 직무의 내용이 하나의 제품이나 서비스를 처음부터 끝까지 완성시킬 수 있도록 구성되어 있는가, 아니면 제품의 어느 특정 부분만을 만드는 것인가를 의미한다. 셋째는 직무 중요성(Task significance)으로 개인이 수행하는 직무가 조직 내 또는

조직 밖의 다른 사람들의 삶과 일에 얼마나 큰 영향을 미치는가를 의미한다. 넷째
는 자율성(Autonomy)으로 개인이 자신의 직무에 대해 개인적으로 느끼는 책임감
의 정도를 의미한다. 다섯째는 환류(Feedback)로 직무 자체가 주는 직무 수행 성과
에 대한 정보의 유무를 의미한다.

직무특성을 실제 측정하는 설문문항의 핵심문항만을 뽑아 놓은 설문지는
[그림 2-18]과 같다.

그림 2-18   직무(특성)기술설문(Job Diagnostic Survey)

1) 당신의 직무는 얼마나 다양한가?

동일한 일을 반복해야 한다   그저 그렇다   아주 다양하다

| 1 | 2 | 3 | 4 | 5 | 6 | 7 |

2) 어느 한 가지 일을 처음부터 끝까지 혼자 하는가 아니면 부분만을 담당하는가?

부분만 담당   전체 다 담당

| 1 | 2 | 3 | 4 | 5 | 6 | 7 |

3) 당신의 직무는 다른 사람에게 얼마나 중요한가?

중요하지 않다   아주 중요하다

| 1 | 2 | 3 | 4 | 5 | 6 | 7 |

4) 직무 수행상의 자율성은 어느 정도나 보장되어 있는가?

별로 없다   아주 많다

| 1 | 2 | 3 | 4 | 5 | 6 | 7 |

5) 직무를 잘 수행하고 있는지에 대한 정보를 얻을 수 있는가?

있다   없다

| 1 | 2 | 3 | 4 | 5 | 6 | 7 |

해크만과 올드햄은 이러한 다섯 가지 직무 특성이 서로 어떻게 작용하면서
동기부여를 하는지에 관해 다음 공식을 통해 제시했다.

$$잠재적\ 동기지수 = \frac{(기술\ 다양성 + 직무\ 정체성 + 직무\ 중요성)}{3} \times 자율성 \times 환류$$

 그림 2-19 직무특성이론의 체계

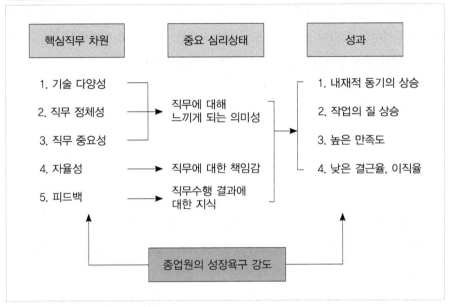

출처: Moorhead & Griffin(2004: 173)

즉 어떤 직무가 갖는 잠재적 동기지수(motivating potential score: MPS)에는 다섯 가지 직무 특성이 모두 영향을 미친다. 직무특성이론을 동기부여 측면에서 보면, 개인은 그들이 소중하게 생각하는 직무에 대해 일을 잘 해냈다고 알아차렸을 때 내부적인 보상을 얻게 된다고 주장한다. 더 나아가 이 공식에 의하면, 극단적으로 자율성과 환류 중 어느 한 가지만 없어도 잠재적으로 동기가 전혀 부여되지 않는다.

직무 특성에 의해 영향을 받는 개인의 세 가지 심리 상태 변수를 살펴보면 다음과 같다. 먼저 직무에 대해서 느끼는 의미성(feeling of meaningfullness)이란 개인이 자신의 직무에 대해 '해볼 만하다' 또는 '가치가 있다'라고 느끼고 있는 정도를 의미한다. 직무특성이론에 의하면, 기술 다양성(skill variety), 직무 정체성(task identity), 직무 중요성(task significance)과 같은 직무 특성이 이러한 심리 상태에 영향을 준다고 한다.

또한 직무에 대한 책임감(feeling of responsibility)이란 개인이 자신이 수행하는 일의 결과에 대해 개인적으로 느끼는 책임감과 부담감의 정도를 의미한다. 직무

특성 중 자율성(autonomy)이 이러한 심리 상태에 영향을 준다고 한다.

끝으로 직무 수행 결과에 대한 지식(knowledge of results)이란 개인이 직무 수행 과정에서 직무를 얼마나 효과적으로 수행하고 있는지를 알고 이해하는 정도를 의미한다. 직무 특성 중 환류(feedback)가 영향을 준다고 한다.

6) 리더십

(1) 리더십의 정의

리더십(leadership)이 큰 차이를 만들 수 있다는 증거는 학교, 기업, 공공기관, 지역사회, 그리고 국제 무대 등 우리 주변에 널려있다. 태어나서 부모에 의해 양육되기 때문에 인간의 심리에는 리더십이 각인되어 있다. 자라면서 사회화과정을 통해 동료나 다른 사람들이 부모의 리더십을 대체한다. 리더나 추종자(follower)로서 어떻게 생각하고 행동하느냐는 부모와 유전적 요인에 의해 영향을 받는다. 그래서 리더십이 보편적 현상이라는 것은 놀라운 사실이 아니다. 부성애는 이미 준비된 리더십의 한 유형이다.

수렵시대에는 리더는 자연재해나 위협 등으로부터 추종자들을 보호해 주기 위해서는 강하고 독립적이어야만 했다. 모든 사회는 리더의 지배와 추종자의 복종을 그럴듯하게 설명하기 위해 신화를 만들었다. 제도화된 지배자가 없는 사회에서도 항상 집단의 의사결정을 주도하고 중심적인 역할을 하는 리더는 존재했다. 신화는 문명사회의 발전에 중요하다. 영웅적인 리더는 중요한 것을 가져왔다. 프로메테우스는 불을, 모세는 십계를 가져왔다.

1947년까지 약 124개의 리더십에 관한 저서와 논문이 발표되었다. 1990년부터 1999년 사이에 Leadership Quarterly라는 저널에만 188개의 리더십에 관한 논문이 발표되었다. 나폴레옹은 토끼에 의해 영도되는 사자 부대보다는 사자에 의해 영도되는 토끼 부대를 갖겠다는 말로 리더십의 중요성을 말한 바 있다.

1920년대까지의 직무만족에 대한 연구를 조사한 결과 상사에 대한 우호적인 태도가 부하의 직무만족과 성과에 긍정적인 영향을 미친다는 결과가 나왔다. 조직에 대한 몰입보다 상사에 대한 몰입이 더 부하의 성과에 영향을 미친다는 연구 결과도 있다. 즉 리더십이 부하의 성과에 영향을 미친다는 것이다.

리더십(leadership)은 어떤 목표와 비전을 성취하기 위해 특정 집단에 영향을 미치는 능력이다(Robbins and Judge, 2011: 410; Yukl, 2002). 여기서 영향을 미친다고 함은 다른 사람의 지각, 신념, 태도, 동기, 또는 행태에 영향을 미친다는 것을 의미한다. 조직론적 관점에서 보면, 개인이나 집단의 행태에 지대한 영향을 미치기 때문에 대단히 중요하다. 다만, 리더십에서 말하는 목표라는 것은 리더가 생각하는 바람직한 상태이기 때문에 조직목표와 일치할 수도 있으나 상충할 수도 있다. 리더십은 물리적 힘이나 강압과는 다르다. 부하직원의 행태를 이끌기 위해서 물리적 힘이나 공식적 권위에만 의존하는 관리자는 리더십이 있다고 말할 수 없다.

(2) 리더십 이론의 발전

리더십 이론은 상대적으로 신생 분야이긴 하지만 70년 이상의 세월을 거치는 동안 적지 않은 리더십 이론이 등장했다. 전통적 리더십 이론은 특정 상황에서 리더가 국가 구성원을 어떻게 관리해야 국가의 목적을 가장 효과적으로 달성할 수 있을지 관심을 기울였다. 특히 연구자들은 리더의 특별한 자질을 강조하는 특성이론과 리더의 행태를 분석한 행태이론, 그리고 리더가 출현하는 특별한 상황에 주목하는 상황이론을 연구해왔다. 1980년대 들어 경영 환경의 변화와 더불어 리더십 이론도 큰 변화를 거쳤다. 이상에서 살펴본 리더십 이론들은 상대적으로 안정적이고 예측 가능한 환경의 산물이었다. 이제 변화에 대응하고 이를 주도하며 국가를 이끌어갈 수 있는 리더십이 요구되었다. 이러한 배경에서 등장한 새로운 리더십 이론이 바로 번스(Burns, 1978)의 변혁적(transformational) 리더십이다. 변혁적 리더십은 이전의 리더십 이론을 거래적(transaction) 리더십이라 통칭한다. 변혁적 리더십 이론은 전통적 리더십 이론에서 충분히 연구되지 못했던 내용들을 다룸으로써 기존의 이론을 보완했다.

Burns(1978)에 따르면 변혁적 리더는 구성원에게 장기적 비전을 제시하고, 그 목표를 공동의 노력으로 달성하기 위해 매진할 것을 호소한다고 하였다. 이를 위해 구성원들의 자신감을 고취시키고, 조직에 대한 몰입을 강조하며 지적 자극을 통해 구성원의 잠재적 능력을 이끌어 내는 것이 우리가 주목해야할 리더의 자질이라고 주장하였다. 한편, Conger와 Kanungo(1987)는 카리스마 리더십을 강조하였는데 훌륭한 리더라 함은 비범함을 바탕으로 이성적일 때는 이성적(이성적 카리스마)이고, 감성적일 때는 감성적인(감성적 카리스마) 사람으로 양자가 조화를 이루는 지도자라고 정의한 바 있다. 다시 말해, 일반 구성원과는 다른 탁월한 능력을 가진 리더를 구성원이 인식하고 이를 추종한 데서 카리스마적 리더십이 발휘된다는 것이다.

마지막으로 Quinn & McGrath(1984)는 조직문화와 리더십을 연결지어 모형을 제시하였다. 리더십 유형은 관리적 리더십에 관한 행동, 특성, 영향력, 패턴의 3가지 연구를 통합한 경쟁가치프레임을 사용하여 4가지로 구분했다. 즉 리더가 집단의 내·외부의 어디에 주목하는가, 유연성 혹은 통제력을 가지는가에 따라 합리적 성취가형, 이상적 원동력형, 실재적 팀구축형, 경험적 전문가형으로 분류하였다.

전통적인 리더십 이론은 다양한 변화를 겪어왔다. 하지만 과거의 뉴튼적 패러다임을 근간으로 만들어진 리더십 이론들은 급변하는 글로벌 경제 속에서 그

표 2-5   리더십 이론의 발전과정

접근방법	기간	내용	대표적인 학자
특성이론	1940년 후반 이전	리더십 능력은 타고난다.	Stogdill, Yukl
행태이론	1940년 후반~1960년 후반	리더십의 유형은 리더의 행동에 따라 달라진다.	Ohio 주립대학, Michigan 대학, Blake와 Mouton
상황이론	1960년 후반~1980년 전반	리더십 유형은 상황에 따라 달라진다.	Fiedler, Evans와 House, Hersey와 Blanchard, Kerr와 Jamier, House
카리스마 리더십, 변혁적, 서번트 리더십	1980년 초반 이후	리더는 비전으로 강한 정서적 반응을 이끌어내야 한다.	Bass, Sashikin, Burns, Conger와 Kanungo
징기스칸 복잡계 리더십	2000년대 이후	디지털 노마드 복잡적응체제의 창발적 리더	김종래 복잡계이론가

출처: 김창걸(2003: 405) 재구성

한계를 드러내게 된다. 급격한 변화와 동시다발적인 다양한 상황발생은 한 개인이 기업의 방향을 그려내는 데 필요한 통찰력을 가지는 것을 가로막으며, 이처럼 뒤섞인 문제들에 대한 해답을 갖는다는 것이 불가능하다. 본질적으로 리더가 책임지는 국가는 이러한 복잡한 특성을 가진다. 따라서 통제가 불가능한 부분이 생기게 되는 것이다. 리더는 자신의 개입에 따른 장기적 결과를 선택, 계획, 의도할 수 없다. 스스로 통제한다고 믿고 있지만 실제로 통제력을 행사할 수 없는 이러한 통제의 패러독스는 리더에게 고뇌와 기능 장애를 초래하는 한계를 가져온다.

전통적 리더십이 이러한 한계를 가져온 이유는 뉴튼적 패러다임의 선형적인 단순한 예측과 이에 대한 대처라는 단순논리에 입각하기 때문이다. 그렇다면 이러한 한계를 극복하기 위해서 새로운 패러다임을 근간으로 한 리더십의 필요성이 제기된다. 급변하는 세계, 복잡함과 다양성이 상호작용을 이루며 어디로 튈지 모르는 혼돈의 세상을 연구하는 학문, 그것은 바로 복잡성 패러다임인 것이다.

예전부터 국가, 기업의 경영에서 리더십은 중요한 요소 중 하나였고, 리더십에 대한 이론은 계속해서 발전해 왔다. 하지만 뉴튼적 패러다임을 근간으로 한 과거의 리더십 이론들은 현재의 급변하는 복잡·다양한 글로벌시대에서 그 한계를 드러냈다. 현재는 복잡성 패러다임의 시대다. 이를 인식하고 이에 대한 이론적 토대를 마련해 이를 근간으로 한 새로운 리더십 이론이 연구되어야 한다.

(3) 특성이론

특성이론은 지도자가 특정 자질을 갖고 있기 때문에 지도자가 될 수 있다는 것이다. 즉 집중력, 결단력, 솔선수범 정신, 능력 등의 조직구성원들로부터 존경과 신뢰를 받을 수 있는 특별한 자질을 갖고 있기 때문에 지도자가 된다는 것이다.

초창기 리더십 연구에서 가장 많이 연구되었던 접근방식은 리더가 가지고 있는 속성(신체적 특성, 성격 특성, 능력 등)을 강조한 특성 접근이다. 예컨대, 박정희 대통령, 인도의 간디, 영국의 대처 수상, 프랑스 나폴레옹 황제, 남아공 만델라 대통령 등 위대한 영웅의 개인적 자질이나 특성은 일반적인 사람들과 구별된다고 생각하고 연구하였다. 그러나 1930~40년대의 수많은 특성연구는 연구자들의 넘치는 의욕에도 불구하고 리더십 성공을 보장해 줄 만한 어떤 특성도 찾지 못했다. 이유는 특성이 집단성과나 리더 승진과 같은 지연된 결과에 어떻게 영향을 미치는 지를 설명할 수 있는 인과사슬 내의 매개변수에 주의를 기울이지 못했기 때문이다(Yukl, 2006).

　　스톡딜(Ralph M. Stogdill)은 초기의 리더십 연구를 통해, 1904~48년까지 실시된 124편의 특성연구를 검토한 후 다음과 같은 결론을 내렸다(Stogdill, 1948: 35-71).

> "몇 가지 특성을 가지고 있다고 해서 그 사람이 리더가 되지는 못한다.
> 리더의 개인적 특성의 패턴이 부하들의 특성과 활동 및 목표와 적절하
> 게 연계되어야만 하는 것이다."

　　그 후 1974년, 그는 1949~70년까지 이루어진 163편의 특성연구를 통합하여 더 강력한 결과를 얻었다는 점, 그리고 리더와 비(非)리더를 구분 짓게 해 주는 특성에 관해서는 연구자들마다 다른 결과를 얻었다는 점, 그리고 리더 특성의 효과는 상황에 따라 다르게 나온다는 것을 보여 준다는 점을 지적했다(Stogdill, 1974).

　　그러나 리더십의 특성이론의 성과가 전혀 없었던 것은 아니다. 리더의 특성을 통해 리더십 유효성을 예견한 관리자의 동기나 관리 기술에 관한 연구들은 신뢰할 만한 것들이었다. 이를테면 맥클리랜드(McClelland, 1966)의 성취동기이론이나 마이너(Miner, 1965)의 관리역할동기부여이론, 캐츠(D. Katz)나 칸(R. L. Kahn)이 제안한 관리자의 세 가지 기술유형론 등이 그것이다. 대규모 계층조직에서 일하는 관리자들 중 유효한 관리를 하는 사람들은 권력과 성취에 대한 강한 욕구를 갖

표 2-6　리더의 특성

연구영역	세부사항
신체적 특성	리더의 연령, 신장, 체중, 외모, 관상, 건강상태 등
지능	판단력과 결단력, 지식수준, 표현능력 등
성격	독립성, 자신감, 지배욕구, 공격성 등
사회적 특성	협조심, 사교능력, 사회적 참여 등
과업관련 특성	과업에 대한 성취욕구 및 책임감 등

고 있는 반면, 친교 욕구는 비교적 약한 경향이 있다. 효과적인 리더들은 자부심이 크고 정력적이며, 정신적으로 성숙도가 높고 스트레스를 참아 내는 능력도 뛰어날 뿐만 아니라 권력층에 우호적인 태도를 갖는다. 또한 그들은 자기 반성적, 철학적 또는 이상주의적이기보다는 현실적이고 결과 지향적이다.

(4) 행태론적 접근법

주로 1950년대와 1960년대에 리더와 부하간의 관계를 중심으로 리더의 행동을 통하여 리더십 효과성을 설명하고자 하는 행태론적 접근법(behavioral approach)을 중심으로 살펴본다. ·

가. 오하이오주립대학교의 리더십 연구

1940년대 후반과 1950년대 초반에 수행된 오하이오주립대학교 리더십 연구자들은 리더십 행동의 범주를 확인하고, 범주 내에서의 리더의 반복된 행동을 측정하기 위한 설문지를 개발하였다. 예비 설문지를 통해 군인과 민간인 표본을 대상으로 리더의 행동 유형과 이에 따른 조직 성과 및 조직구성원들의 만족감간의 관계를 분석하였다.

연구팀은 리더의 행동을 배려(consideration)와 구조 주도(initiating structure)의 두 가지로 분류했는데, 배려는 리더의 사람에 대한 관심과 대인관계에 관한 것으로, 지원적·우호적이고 개방적인 자세로 부하를 생각해 주고 대변해 주는 리더의 행동과 부하의 이해관계를 대변하는 행동 등을 포함한다. 반면에 구조 주도는 리더의 과업성취에 대한 관심과 관련된 것으로, 부하에게 지시하는 행동·역할을 규정해 주는 행동·문제 해결·직무 성과가 저조한 부하를 질책하고 성과를 높일 수 있도록 독려해 주는 행동 등이 포함된다. 이러한 배려와 구조 주도로 이루어지는 리더십 행동 유형을 요약하면 [그림 2-20]과 같다(Kreitner & Kinicki, 1989: 454).

오하이오주립대학교의 리더십 연구 이후 리더의 배려와 구조 주도가 다양한 리더십 효과성의 기준과 어떠한 관련이 있는가를 조사하는 연구가 많이 수행되었다. 그러나 연구 결과는 대부분의 리더십 효과성 결과에 대해 미약하거나 일관되지 못하였다(Bass, 1990: Fisher & Edwards, 1988).

그림 2-20 구조 주도-배려의 리더십 행동 유형

구조 주도
(initiating structure)

	낮음	높음
높음 배려 (consideration)	① 낮은 구조 주도 높은 배려 (부하에게 업무구조를 적게 강조 하는 반면 부하의 욕구 만족에는 높은 관심을 두는 리더의 행동)	② 높은 구조 주도 높은 배려(이상적 리더) (부하에게 업무구조를 높게 강조 하고 부하의 욕구 만족에도 높은 관심을 두는 리더의 행동)
낮음	③ 낮은 구조 주도 낮은 배려 (부하의 업무구조를 적게 강조 하고 또한 부하의 욕구 만족에도 관심을 적게 두는 리더의 행동)	④ 높은 구조 주도 낮은 배려 (부하에게 업무구조를 높게 강조 하지만 부하의 욕구 만족에는 관심을 적게 두는 리더의 행동)

출처: 이창원 · 최창현(1997). 새조직론, 대영문화사

나. 미시간대학교의 리더십 연구

미시간대학교의 리더십 연구의 초점은 리더행동, 집단과정, 집단 성과간의 관계를 파악하는데 있으며, 효과적인 리더와 비효과적인 리더를 구분하기 위해 집단의 생산성을 객관적으로 측정할 수 있는 변수를 사용하였다. 즉 집단의 성과를 높이는 리더의 행동 연구가 관심 대상이었다(강정애 외, 2009: 78) 오하이오주립대학교의 연구가 시작된 시점과 거의 비슷하며, 리커트(R. Likert)에 의해 효과적 관리자들과 비효과적 관리자들의 관리행동의 차이점이 정리되었는데, 주요연구 결과를 요약하면 다음과 같다(Likert, 1961, 1967).

첫째, 리더의 행동은 과업지향(job-centered or production-centered) 행동과 관계지향(employee-centered) 행동으로 분류할 수 있다. 과업지향 행동은 직무 중심으로 주로 생산과업에 관심을 가지면서 생산의 방법, 절차 등을 중시하고 리더에게 주어진 공식적 권한에 의존해 부하들을 철저히 관리하는 행동 유형을 말한다. 또한 관계지향 행동이란 부하 중심적 행동으로 부하와의 관계를 중시하고 부하의 욕구 충족과 만족 등에 관심을 갖는 행동 유형이다.

둘째, 리더가 관계지향 행동을 사용하는 것이 과업지향 행동을 사용하는 것

보다 생산성을 높이는 데 효과적이다. 또한 부하들의 만족감을 높이는 데에도 관계지향 행동이 과업지향 행동보다 효과적이라는 것이다. 그러나 리커트의 이러한 연구 결과는 상황에 따라서 적합한 리더의 행동은 다르다는 사실을 무시하고 있다는 점에서 의문스러운 결론이라고 하겠다.

셋째, 리더의 수평적·수직적·대각적인 연결 관계를 연결핀(linking pin) 관계라고 하는데, 리더의 이러한 연결핀으로서의 역할이 효과적으로 될 때 부하와의 관계가 원활해지고 리더십 효과성도 제고될 수 있다. 즉 리더십은 주로 부하와의 상호 관계를 중심으로 이루어지는 것이 사실이지만, 리더가 리더의 상위 계층 및 동료들과 얼마나 좋은 관계를 맺고 있느냐에 따라서 리더가 관리하는 집단의 이익을 대변하고 집단에 필요한 자원과 이익을 얻을 수 있는 정도가 영향을 받는다는 것이다.

다. 관리그리드 모형

행태론적 접근법(behavioral approach)에는 ① 오하이오주립대의 리더십 연구(배려와 구조주도), ② 미시간대의 연구(부하와 직무 중심성), ③ 관리그리드(Managerial Grid) 모형 등을 들 수 있는데, 여기서는 관리그리드 모형을 위주로 설명한다.

관리그리드 모형은 Blake와 Mouton(1964)에 의해 리더십의 유형을 분류하는 개념적 틀로 개발되었는데, [그림 2–21]에서 보듯이 두 가지의 차원(dimensions)으로 구성되어 있다.

첫 번째 차원은 생산에 대한 관심(concern for production)이다. 생산에 대한 리더의 관심은 9점 척도로 측정되는데, 9는 높은 관심을 1은 낮은 관심을 나타낸다. 생산에 대해 높은 관심을 보이는 리더는 과업 중심적이고, 결과를 얻고 임무를 완수하는 데에 초점을 맞춘다.

두 번째 차원은 인간에 대한 관심(concern for people)으로서 역시 9점 척도로 측정되는데, 9는 높은 관심을 1은 낮은 관심을 나타낸다. 인간에 대해 높은 관심을 보이는 리더는 갈등을 피하고 부하들과 우호적인 관계를 가지려고 노력한다.

관리그리드 모형은 [그림 2–21]에서 제시하는 바와 같이 이러한 두 가지 차원을 이용하여 리더의 행동을 다섯 가지로 분류하였다(Blake & Mouton, 1964).

그림 2-21 관리그리드의 리더행동유형

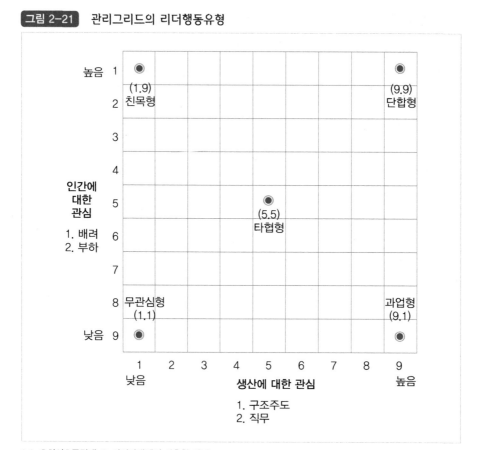

* 1. 오하이오주립대, 2. 미시간대에서 사용한 개념

첫째, 무관심형(impoverished management)이다. 이것은 생산 및 인간에 대한 관심이 모두 낮은 유형이다. 즉 리더가 생산 및 인간에 대해 관심을 기울이는 것은 최소의 수준이며 주로 조직 내 자신의 직분을 유지하기 위한 최소의 노력만을 하는 유형이다.

둘째, 친목형(country club management)이다. 이것은 인간에 대한 관심은 높고 생산에 대한 관심은 낮은 유형이다. 즉 리더는 주로 구성원의 욕구와 만족에 관심을 갖고 인간적인 분위기를 조성하는 데만 주력하는 인기형적 리더유형이다.

셋째, 과업형(authority-obedience management)이다. 이것은 생산에 대한 관심은 높고 인간에 대한 관심은 낮은 유형이다. 즉 인간적인 요소는 최소화하고 과업에 대한 능력을 중시하는 유형이다.

넷째, 타협형(organization man management)이다. 이것은 인간과 생산에 절반씩의 관심을 두는 유형이다. 즉 생산에 있어서의 능률과 인간적 요소를 절충하여 적당한 수준의 성과를 지향하는 유형이다.

마지막으로, 단합형(team management)이다. 이것은 생산 및 인간에 대한 관심이 모두 높은 유형이다. 즉 조직의 목표달성을 위하여 조직과 조직구성원들의 상호의존관계와 공동체 의식을 강조함으로써 구성원들간에 신뢰와 존경의 관계가 형성되고 조직목표달성을 위해 헌신하도록 유도하는 유형이다.

관리그리드 모형을 제시한 Blake와 Mouton은 이러한 다섯 가지 리더행동의 유형 중 단합형이 가장 이상적임을 주장하였다(이창원·최창현, 1999).

방탄소년단의 소속사 빅히트엔터테인먼트의 방시혁 대표는 콘셉트를 기반으로 앨범을 만들어내는 것은 옳지 않다고 생각해 먼저 멤버들 개개인의 성장, 고민, 행복에 대해 얘기를 많이 나눈다고 한다. 방 대표는 하기 싫은 일은 억지로 시키지 않는다고 한다. 방탄소년단이 블랙뮤직의 정체성을 끌고 가는 것은 "멤버들이 가장 하고 싶어 하는 음악"이기 때문이다.

출처: 최창현(2018). 문화력으로서 한류이야기, 박영사

방탄소년단의 소속사 빅히트엔터테인먼트의 아이돌 관리 시스템에 중요한 점을 시사하고 있는 것 같다. 현재의 엄격하고 억압적이고 경직적인 기계적 기획사 시스템은 변화하여야 한다. 앞으로 소속 멤버들을 좀 더 배려하고 자발적인 창의성을 발휘하도록 해주는 온화하고 유연한 유기체적 기획사 시스템으로 환골탈태할 필요가 있다(최창현, 2018).

[그림 2-22]와 같이 Y축에 배려지향과 X축에 성과지향 시스템으로 아이돌 관리 시스템을 ① 높은 배려, 낮은 성과의 시스템, ② 낮은 배려, 높은 성과의 시

그림 2-22 아이돌 그룹 멤버에 대한 배려지향과 그룹의 성과지향 시스템

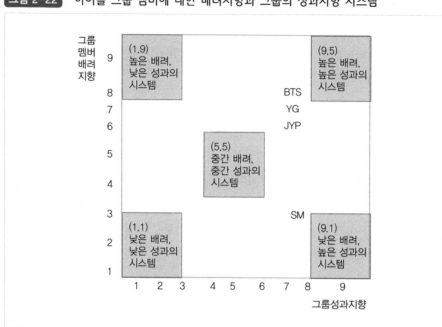

출처: 최창현(2018). 문화력으로서 한류이야기, 박영사

스템, ③ 높은 배려, 높은 성과의 시스템, ④ 낮은 배려, 낮은 성과의 시스템, 그리고 ⑤ 중간 배려, 중간 성과의 시스템 등 다섯 가지 아이돌 관리 시스템으로 구분할 수 있다. 가장 이상적인 시스템은 ③ 높은 배려, 높은 성과의 시스템이나 이는 너무 이상적으로 실현 가능성이 낮다고 할 수 있다. 앞으로는 아이돌 그룹 멤버를 배려하면서, 아이돌 그룹의 성과도 중요시하는 ⑤ 중간 배려, 중간 성과의 시스템으로 가는 것이 바람직할 것이다.

(5) 상황론적 접근법

리더십의 행태론적 접근법이 효과적인 리더의 행동은 상황에 따라 다르다는 사실을 간과하고 있다는 비판에 직면함으로써 많은 연구가 리더십 과정에 영향을 미치는 상황 변수에 관심을 집중하기 시작했다. 예컨대, 강한 카리스마형 리더십을 지닌 리더라고 할지라도, 조직이 위험에 처해 있는 상황이라면 부하직원들로

부터 인정을 받을 수 있다는 것이다. 즉 상황에 따른 효과적인 리더의 특성, 기능, 행동 등을 파악하는 것이 연구의 초점이 된 것이다. 주요 상황론적 접근법을 살펴보면 다음과 같다.

가. 피들러의 상황적합적 리더십이론

이 이론은 리더의 성격과 상황의 복합성이라는 두 가지 요인을 모두 고려하기 위해 피들러(Fiedler, 1967)가 개발했다. 피들러(F. Fiedler)의 상황적합적 리더십이론(contingency theory of leadership)에 의하면, 리더의 효과성은 상황에 의해 결정되며, 결과적으로 어느 리더가 어느 한 상황이나 조직에서는 효과적이지만 다른 상황에서는 그렇지 못할 수 있다고 한다. 또한 이 이론은 이와 같은 불일치가 발생하는 이유를 설명하고 어떤 리더가 어떤 상황에서 효과적인지를 규명하고자 하였다.

피들러는 리더의 스타일을 LPC(the least preferred coworker) 점수를 사용하여 분류했는데, LPC 점수란 리더들이 자기가 가장 싫어하는 동료를 어떻게 평가하는가에 대한 점수로서, 그 점수에 따라서 리더를 과업 지향적 리더(task-oriented leader)와 관계 지향적 리더(relation-oriented leader)로 분류했다(Rainey, 1997: 262).

피들러의 상황적합적 리더십이론에서는 리더의 LPC 점수 이외에 리더십 효과성에 중요한 영향을 미치는 상황 변수를 세 가지로 파악했다.

첫째, 리더와 부하의 관계(leader-member relations)이다. 이것은 리더가 부하로부터 지지(support)와 충성(loyalty)을 받는 정도로 부하와의 관계가 어느 정도로 우호적(friendly)이며 협동적(cooperative)인가 하는 것이다. 예를 들어 부하가 리더를 좋아하고 지지, 신뢰하고 있다면 리더의 권한 행사는 더욱 용이할 것이다.

둘째, 직위권력(position power)이다. 직위권력이란 직위에 부여된 공식적이고 합법적인 권력을 말한다. 이러한 직위권력이 클수록 리더는 부하의 과업 성과(performance)를 평가하고 그것에 따라 보상(rewards)이나 처벌(punishments)을 할 권한이 많은 것이다. 즉 직위권력이 클수록 리더십 행사는 쉬워지고 직위권력이 없는 리더는 다른 방법의 영향력을 행사해야 한다.

셋째, 과업구조(task structure)이다. 과업의 구조화 정도는 ① 과업을 달성하는

데 필요한 표준화된 절차가 어느 정도로 준비되어 있는가, ② 완제품이나 완수된 용역에 관해 얼마나 분명하고 상세하게 규정하고 있는가, ③ 과업이 제대로 달성되었는지에 관한 객관화된 기준이 어느 정도로 준비되어 있는가 등으로 판단한다. 이러한 과업구조가 모호하다면 리더나 부하 모두 업무를 수행하는 적절한 방법을 파악하지 못하므로 리더십 행사에 어려움을 줄 것이다.

피들러는 상술한 세 가지 상황변수(즉 리더와 부하의 관계, 직위권력, 과업구조)가 어떠한 방법으로 결합하느냐에 따라 리더의 상황적 유리성(situational favorableness)이 결정되고, 이러한 상황적 유리성에 따라 효과적인 리더십 스타일이 〈표 2-7〉에서 보는 바와 같이 다르게 나타난다고 하였다.

표 2-7　　피들러의 상황적합적 리더십이론

리더와 부하의 관계	좋음				나쁨			
과업구조	구조화		비구조화		구조화		비구조화	
직위권력	많음	적음	많음	적음	많음	적음	많음	적음
상황적 유리성	매우 유리함				적당히 유리함		매우 불리함	
효과적 리더십 스타일	과업 지향적 리더				관계 지향적 리더		과업 지향적 리더	

피들러의 상황적합적 리더십이론은 연구의 결과가 일관성을 갖지 못함에 따라 많은 논쟁의 대상이 되어 왔다. 또한 이 이론이 사용한 측정 도구인 LPC 점수가 타당성이 결여되어 있고, 리더의 행동은 변화시킬 수 없다는 피들러의 가정은 비현실적이다(Moorhead & Griffin, 2004: 351). 예를 들어 이창원(1991, 1994, 1995)에 의하면, 연구들은 행동교육을 통해 리더의 관리행동도 변화가 가능하다는 것을 제시하고 있다. 피들러의 상황적합적 리더십이론은 리더십 효과성을 결정하는 데 상황요인의 중요성을 명백하게 고려했다는 점에서 그 이전의 어떤 리더십이론보다 발전된 이론으로 평가받고 있다.

나. 경로-목표이론

경로-목표이론(經路-目標理論, path-goal theory of leadership)은 1970년대에 에 반스(M. Evans)와 하우스(R. House)에 의해 개발된 이론으로 리더의 특성보다는 상황과 리더의 행동에 초점을 맞추었다(Evans, 1970; House, 1971; House & Mitchell, 1974). 따라서 경로-목표이론은 리더십의 상황적응 가능성을 인정한다.

경로-목표이론은 이미 살펴본 동기의 기대이론에 그 뿌리를 두고 있다. 경로-목표이론에 의하면, 부하는 리더의 행동이 그들의 기대감에 영향을 미치는 정도에 따라 동기가 유발된다. 즉 리더는 부하가 바라는 보상(즉 목표)을 받게 해 줄 수 있는 행동(즉 경로)이 무엇인가 명확하게 해 줌으로써 부하의 성과를 높일 수 있다는 것이다. 경로-목표이론은 또한 상황에 따라 효과적인 리더의 행동이 달라진다는 것을 제시한다.

경로-목표이론은 [그림 2-23]에서 제시하는 것과 같이 리더의 행동을 네 가지(지시적 리더십, 지원적 리더십, 참여적 리더십, 성취 지향적 리더십)로 분류하고, 상황 변수로는 부하의 특성(예: 부하의 능력 및 성격, 부하의 욕구 및 동기 등)과 근무환경의 특성(예: 과업의 구조화 정도, 작업집단의 특성, 조직 내의 규칙 및 절차 등)을 고려하면서 효과적인 리더의 행동에 관해 다음과 같이 주장한다.

그림 2-23 경로-목표이론

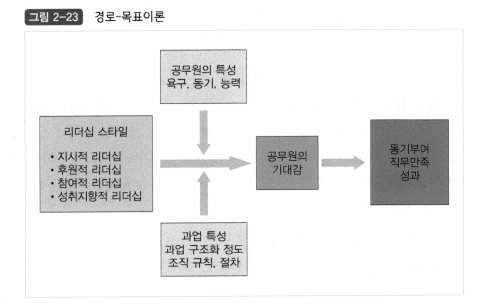

표 2-8   리더십 스타일

리더십 유형	설명
지시적 리더십	하급자의 통제, 조직화 감독 등과 관련되는 리더의 행위로 규정을 마련하고 준수토록하고 부과된 작업일정을 수립하든가 직무를 명확히 해주는 등의 리더십 행위를 포함
후원적 리더십	리더는 부하의 복지와 안녕에 대하여 절실한 관심을 보이고, 우호적 분위기 조성과 작업집단의 만족을 위해 노력
참여적 리더십	리더가 의사결정을 할 때, 종업원들과 상의하고 그들의 아이디어를 진지하게 고려해 주는 리더십 행위
성취지향적 리더십	리더는 부하들에게 도적적인 목표를 설정해 주고, 그들이 그러한 목표를 달성할 것이라는 자신감을 심어줌으로써 종업원들이 최고의 성과를 달성할 수 있도록 하는 리더십 행위

첫째, 지시적 리더십(directive leadership)은 부하들의 역할모호성이 높은 상황에서 필요한 리더십 유형이다. 즉 부하들에게 그들이 무엇을 해야 하는지를 알려주고, 업무에 대해 구체적으로 지도한다.

둘째, 지원적 리더십(supportive leadership)은 부하의 욕구를 배려하고, 우호적인 작업풍토를 조성한다. 또한 지원적 리더십은 부하가 과업을 어렵게 느끼거나 자신감이 결여되어 있을 때 또는 실패에 대한 공포가 높은 경우에 부하의 불안감을 감소시킴으로써 부하가 결국 노력의 수준을 높일 수 있게 한다.

셋째, 성취 지향적 리더십(achievement-oriented leadership)은 부하에게 도전적인 목표를 설정해 주고 또한 부하에게 높은 성과를 달성할 수 있다는 리더의 확신을 나타내 보여 줌으로써 부하가 목표 달성을 추구하는 데 자신감을 갖게 해 준다.

넷째, 참여적 리더십(participative leadership)은 부하들이 구조화되지 않은 과업을 수행할 때 필요한 리더십 유형이다. 즉 부하가 과업목표, 계획, 절차, 방법 등에 관한 의사결정에 참여함으로써 과업과 그들에 대한 역할기대를 학습하게 되고, 이러한 학습을 통해 부하의 역할명료성이 높아지며, 또한 노력이 성과를 가져올 것이라는 기대도 높아진다.

다. 허시와 블랜차드의 리더십상황이론

허시(P. Hersey)와 블랜차드(K. Blanchard)의 이론은 리더의 행동을 과업행동(task

behavior)과 관계성 행동(relationship behavior)의 두 가지로 구분하고 부하의 성숙도 (maturity)를 상황 변수로 채택했다(Hersey & Blanchard, 1982, 1984).[1] 즉 리더의 행동은 부하의 성숙도에 따라 달라져야 한다는 것이다. 여기서 성숙도라고 하는 것은 두 가지 요소, 직무상의 성숙도(job maturity)와 심리적 성숙도(psychological maturity)로 이루어지는데, 직무상의 성숙도는 부하의 과업 관련 기술과 기술적 지식의 정도를 의미하고, 심리적 성숙도란 부하의 자신감과 자존심의 정도를 나타낸다.

　　[그림 2-24]에 제시되어 있는 허시와 블랜차드의 주장을 요약하면 다음과 같다(Moorhead & Griffin, 2004: 359).

그림 2-24　허시와 블랜차드의 리더십상황이론이 제시하는 처방

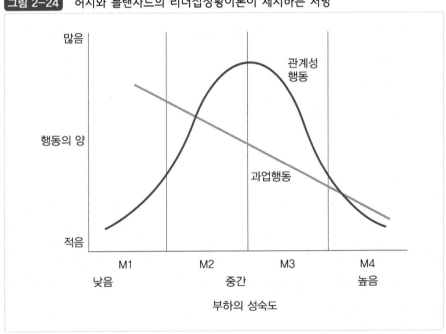

　　첫째, 부하의 성숙도가 낮은 상황일 경우에는 부하의 역할, 목표, 표준, 절차 등의 설정에서 리더가 매우 지시적인, 즉 과업행동이 효과적이다.

---

1 이들은 나중에 성숙도를 준비성(readiness)이란 용어로 바꾸어 사용하고 있으나 그 기본 내용은 유사하다.

둘째, 부하의 성숙도가 중간 정도의 상황에서 리더는 부하에게 깊은 관심을 가지고 부하가 갖고 있는 문제 해결에 지원적이며 의사결정과정에 부하를 참여시키도록 노력하는 관계성 행동이 효과적이다.

셋째, 부하의 성숙도가 높은 상황에서 효과적인 리더의 행동은 부하에게 권한을 대폭 위임해 주어 부하 스스로 과업을 수행할 수 있도록 배려해 주는 것이다.

이 이론은 일반 조직관리자들의 흥미는 많이 끌었지만, 과학적 타당성은 아직 입증받지 못했다. 따라서 기계적으로 이 이론을 조직 내에 적용하는 것은 아직 어렵다고 할 수 있다.

(6) 리더십 대체물 접근법

커와 저미어(Kerr & Jermier, 1978)의 리더십 대체물 접근법(leadership substitutes approach)은 리더십의 중요성을 감소시키는 상황적 요인을 대체물(substitutes)과 중화물(neutralizers)로 나누어 설명하고 있다. 대체물이란 리더의 행동을 필요 없게 하는 부하의 특성, 과업 및 조직의 특성 같은 상황 요인이다. 즉 어떤 상황 요인이 존재하는 경우 부하는 리더의 지시 없이도 자신의 직무를 성공적으로 수행할 수 있다는 것이다. 중화물이란 리더가 취한 행동의 효과를 약화 내지 중화시키는 상황 요인이다.

리더가 취하는 행동을 필요 없게 하거나 행동의 효과를 약화 내지 중화시키는 부하의 특성으로는 부하의 능력, 경험, 훈련, 지식, 독립에 대한 욕구, 전문가 지향 성향(professional orientation), 조직이 제공하는 보상에 대한 무관심 등이 있다. 예를 들어 자신의 직무를 수행할 능력과 기술을 가지고 있으면서 독립에 대한 욕구가 강한 부하는 리더의 지시가 거의 필요 없고, 나아가 그러한 지시를 싫어할 수도 있다는 것이다.

수행하는 과업이 일상적이면서 구조화되어 있고, 결과에 대한 환류(feedback)가 빈번하게 되며, 과업 그 자체로 만족감을 느끼는 경우도 리더의 행동을 중요하지 않게 만든다. 예를 들어 과업 그 자체를 통해 부하들이 어느 정도 만족을 느낀다면, 리더의 지원적 행동이 불필요할 수도 있다는 것이다.

지금까지 수행된 연구들은 대체로 리더십 대체물과 중화물의 존재를 어느 정도 인정하고 있지만, 다른 잠재적 대체물과 중화물들을 파악하고 그것들이 리더십 효과성에 미치는 영향을 제시하기 위해서는 더 많은 연구들이 필요하다 (Howell, Bowen, Dorfman, Kerr, & Podsakoff, 1990).

 다져가기

공시 2017년 7급 지방직

01 리더십에 대한 설명으로 옳은 것은?

① 피들러(Fiedler)는 리더십 유형을 결정하는 조건으로 부하의 성숙도를 중요시한다.

② 번스(Burns)의 거래적 리더십은 영감, 개인적 배려에 치중하고 조직에서 변화를 주도하는 리더십이다.

③ 하우스(House)의 참여적 리더는 부하들과 상담하고 의사결정전에 부하들의 의견을 반영하려고 한다.

④ 블레이크와 머튼(Blake & Mouton)은 직원지향적 리더십이 가장 이상적인 리더십 유형이라고 규정한다.

③ 허시와 블랜차드는 부하의 성숙도를 중요시한다. 번스는 변혁적 리더십이다.

공시 2015년 9급 지방직

02 리더십이론에 대한 설명으로 옳지 않은 것은?

① 피들러(Fiedler)는 리더의 형태에 따라 권위주의형, 민주형, 자유방임형의 세 가지 유형으로 구분하였다.

② 행태이론은 리더의 자질보다 리더의 형태적 특성이 조직성과에 영향을 미친다고 본다.

③ 허시(Hersey)와 블랜차드(Blanchard)는 부하의 성숙도에 따라 리더의 역할이 달라져야 한다고 주장한다.

④ 하우스(House)의 경로-목표 이론에 의하면 참여적 리더십은 부하들이 구조화되지 않은 과업을 수행할 때 필요하다.

① 과업지향적 리더와 관계지향적 리더로 구분한다.

공시 2012년 7급 중앙직

03 리더십에 대한 설명으로 옳지 않은 것은?

① 피들러(F. Fiedler)에 따르면 리더십의 효과성을 제고하기 위해서는 리더의 스타일을 정확히 파악하고 상황에 맞춰 리더를 배치하는 것이 필요하다.
② 하우스(R. J. House)의 경로-목표이론에 따르면 참여적 리더십은 부하들이 구조화되지 않은 과업을 수행할 때 필요하다.
③ 허시(P. Hersey)와 블랜차드(K. Blanchard)의 생애주기이론에 따르면 효과적 리더십을 위해서는 리더가 부하의 성숙도에 따라 다른 행동 양식을 보여야 한다.
④ 리더십대체이론(leadership substitutes theory)에 따르면 구성원들이 충분한 경험과 능력을 갖추고 있는 상황에서는 지원적 리더십이 불필요하다.

　① 리더의 스타일이 아니라 부하의 스타일을 파악한다.

(7) 현대적 리더십이론

　1980년대에 들어오면서 리더십 분야의 연구자들은 추종자들의 입장에서 리더가 어떻게 보여지는지에 관심을 가지기 시작하였다. 대표적인 이론이 변혁적 리더십과 카리스마적 리더십 이론 등이 있다. 이러한 이론들은 합리적 과정보다는 감정과 가치관의 중요성을 강조했다(Yukl, 2006).

　지금까지 살펴본 거래적 리더십, 구조 주도, 배려[2] 등의 리더십을 통합하면

---

2 구조 주도·배려와 거래적 리더십은 구분이 가능하다. 구조 주도는 과업에 대한 성취 지향적 리더 행동으로 과업을 구조화하고 과업 요건을 명확히 하는 리더 행동을 의미하고, 배려는 부하들과 좋은 관계를 유지하는 것을 지향하는 리더의 행동이라고 할 수 있다. 거래적 리더십은 부하의 성과와 조직의 보상을 상호교환하는 리더십으로 성과에 대한 적절한 보상의 약속과 이행을 핵심으로 한다. 이렇게 볼 때, 구조 주도와 배려는 반드시 부하의 성과와 연계된 리더의 행동이라고 할 수 없으며(Seltzer & Bass, 1990), 거래나 교환의 의미도 갖지 않으므로 거래적 리더십과 상호 독립적이다(Bryman, Stephens, & Campo, 1996). 경험적 연구에서도 구조 주도·배려·거래적 리더십은 서로 분리되어 다루어지고 있다(예: Dorfman, Howell, Hibino, Lee, Tate, & Bautista, 1997; Ehrlich, Meindl, & Viellieu, 1990; Podsakoff, MacKenzie, & Fetter, 1993).

앞의 절에서 살펴본 '전통적 리더십(traditional leadership)'이라고 부를 수 있다. 이러한 전통적 리더십과 현대적 리더십은 쉽게 구분된다. 합리적 과정이나 교환과정의 중요성을 강조하는 전통적 리더십과는 다르게, 현대적 리더십은 감정 및 가치관이나 상징적의 행태의 중요성과 어떠한 사건을 부하의 입장에서 볼 때 의미 있게 만드는 리더의 역할을 강조한다(Yukl, 1999b). 따라서 여기에서는 변혁적 리더십을 포함해서 비교적 최근 새롭게 등장한 리더십이론들을 소개하고자 한다.

가. 카리스마적 리더십

베버(Max Weber)가 처음으로 사용한 카리스마의 개념은 원래 '신이 부여한 은총의 선물'이라는 신학적 개념이었다. 그는 카리스마적 리더란 위기시 사람들을 구원할 수 있는 해결책을 지니고 출현하는 신비스럽고, 자아도취적이며, 사람들을 끌어들이는 흡인력을 지닌 사람이라고 보았다. 베버는 조직에서 한 사람의 특출한 능력이 신 대신 동료나 하위자들에 의해 부여됨으로써, 조직이 형성되고 발전되어 나가는 것을 이해하기 위해 카리스마의 개념을 적용시켰던 것이다(Trice & Beyer, 1986: 113-164).

지금까지 제시된 카리스마적 리더십 관련 연구들 중에서 베버의 이론을 제외하고 일반이론이라고 평가되는 것으로는 하우스(R. House)의 이론과 바스(B. Bass)의 이론, 그리고 콩거(J. Conger)와 카넝고(R. Kanungo)의 이론 등이 있다(이창원·명승환·임영제, 2004: 522-523).

하우스(House, 1977)는 카리스마를 "개인적인 능력에 의해 부하들에게 특별한 영향을 미칠 수 있는 리더"로 기술하면서, 어떤 리더가 카리스마적 리더로 인정되는지 여부는 다음 여덟 가지의 요인들에 의해 결정된다고 보았다. 즉 ① 리더의 신념이 옳다는 부하들의 신뢰, ② 리더의 신념과 부하의 신념과의 유사성, ③ 리더에 대한 부하들의 무조건적인 수용, ④ 리더에 대한 부하들의 애착, ⑤ 리더에 대한 부하들의 자발적인 복종, ⑥ 조직의 사명에 대한 부하들의 감정적인 몰입, ⑦ 부하들의 높은 성과 목표, ⑧ 조직 임무의 성공에 기여할 수 있다는 부하들의 신념이 그것이다.

한편, 바스(Bass, 1985)는 카리스마적 리더의 행동 패턴에 대한 여러 설문조사

결과를 종합한 후 다음과 같은 사실을 제시했다. 즉 카리스마적 리더는 ① 모든 사람들에게 자신들이 맡은 바에 열(熱)과 성(誠)을 다하도록 만들며, ② 조직에 대한 충성심을 고취시키며, ③ 모든 사람들로부터 존경을 받고, ④ 무엇이 진정으로 중요한지를 알아내는 특출한 능력을 지니고 있을 뿐 아니라, ⑤ 사명감을 갖고 있으며 부하들에게 흥분을 불러일으킨다는 것이다.

카리스마적 리더의 특성을 다시 요약한다면 ① 뛰어난 비전, ② 개인적 위험의 감수, ③ 관습에 얽매이지 않는 전략의 구사, ④ 상황에 대한 정확한 평가, ⑤ 부하들에 대한 계몽, ⑥ 자신감의 전달, ⑦ 개인적 권력의 활용 등이다(Conger & Kanungo, 1987: 637-647).

지금까지 카리스마적 리더십에 대한 연구에서 가장 논란이 많은 부분은 카리스마가 리더의 속성에 의해 발현되는 것인지, 상황 조건에 의해 발현되는 것인지, 아니면 리더와 추종자들간의 영향력 행사 과정에서 발현되는 것인지의 여부이다. 이것은 마치 기존의 리더십 연구의 주요 조류인 특성이론, 행동이론, 상황이론에서 발생되는 논란과 비슷하다 하겠다. 최근의 연구 흐름을 살펴보면 초창기에 강조되던 카리스마적 리더의 특성과 행동보다는, 그러한 리더의 특성과 행

그림 2-25 카리스마적 리더십 모델

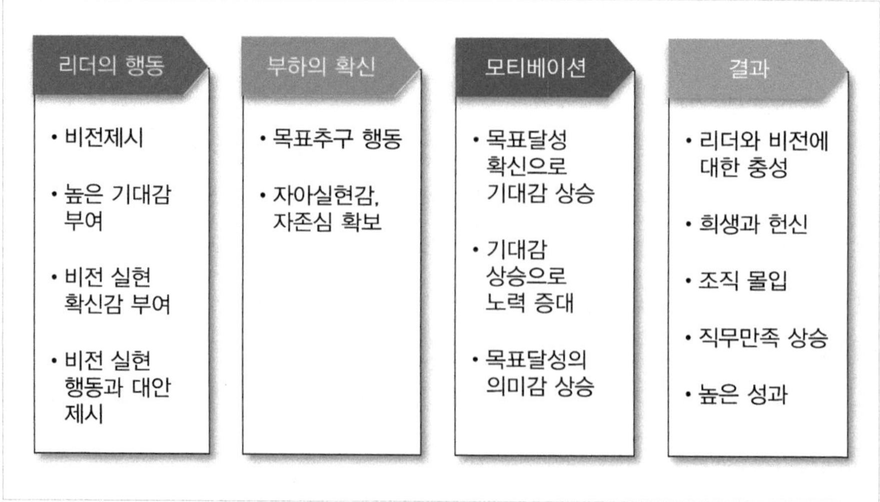

동에 대한 추종자들의 지각이 카리스마적 리더십의 핵심 변수라는 쪽으로 비중이 모아지고 있다. 그러한 지각은 리더십이 발휘되는 상황적 맥락과 추종자의 개인적·집단적 욕구에 의해 영향을 받는 것으로 판단되고 있다. 어쨌든 카리스마적 리더십 연구는 그 개념적 확장을 거듭해 왔다고 볼 수 있으며, 기존의 리더십 연구들을 종합할 수 있는 통합적 모형 구축의 가능성을 시사한다. 그 대표적인 것이 카리스마적 리더십의 자기개념이론이다.

아울러 카리스마적 리더십이론은 사회과학의 여러 연구 결과들을 통합해서 개발되었으며, 이 이론의 중요한 공헌은 카리스마적 리더십을 검증 가능한 일련의 주장으로 표현했다는 데 있다(Nadler & Tushman, 1990).

나. 변혁적 리더십

변혁적인 리더(transformational leader)는 인본주의·평등·평화·정의·자유와 같은 포괄적이고도 높은 수준의 도덕적인 가치와 이상에 호소하여 부하들의 의식을 더 높은 단계로 끌어올리려 한다. 번스에 의하면, 변혁적 리더십은 하나의 과정이기 때문에 반드시 리더와 부하와의 관계만이 아닌 동료들간이나 혹은 하위 리더들간의 영향력 과정도 포함된다. 즉 변혁적 리더십은 조직 내의 어느 위치에 있는 사람에게도 발휘될 수 있는 것이다(Burns, 1978).

바스와 아볼리오(Bass & Avolio, 1990)에 의하면, 변혁적 리더십은 다음과 같이 네 가지 요인으로 구성되어 있다.

① 카리스마적 리더십(charismatic leadership): 리더가 난관을 극복하고 현상 (status quo)에 대한 각성(disenchantment)을 확고하게 표명함으로써 부하에게 자긍심과 신념을 심어 줌
② 영감적 리더십(inspirational leadership): 리더가 부하로 하여금 도전적 목표와 임무, 미래에 대한 비전을 열정적으로 받아들이고 계속 추구하도록 격려함
③ 개별적 배려(individualized consideration): 리더가 부하에게 특별한 관심을 보이고 각 부하의 특정한 요구를 이해해 줌으로써 부하에 대해 개인적으로 존중한다는 것을 전달함

④ 지적 자극(intellectual stimulation): 리더가 부하로 하여금 형식적 관례 (conventional practice)와 사고(thinking)를 다시 생각하게 함으로써 새로운 관념을 촉발시킴

그런데, 앞에서 살펴본 배려와 변혁적 리더십의 한 가지 요인인 개별적 배려는 경험적으로, 그리고 개념적으로 분명한 차이가 있는 것으로 보인다(Seltzer & Bass, 1990). 배려는 리더가 수행하는 일련의 관계 지향적 행동으로 측정되는데, 논란의 여지는 있지만 이러한 행동의 영향으로 부하는 리더를 받아들이고 리더에 대해 만족하게 된다. 반면에 개별적 배려는 개별 부하와 그들의 발전에 대한 리더의 관심을 통해 변화를 추구하는 리더의 행태를 측정하는 것이다. 따라서 개별적 배려는 부하에게 지원과 격려를 제공하며 리더가 코치(coach)와 같은 역할을 수행하는 행동들을 포함한다(Yukl, 2002: 254).

변혁적 리더십(Transformational Leadership)의 중요요소는 다음과 같다.

① 지적자극: 리더는 오래된 가정, 전통 및 신념에 의문을 제기하고 부하들에게 일을 수행하는 새로운 관점과 방식을 자극하며 아이디어와 이유를 표현하는 것을 격려함
② 영감적 동기부여: 리더는 추종자들에게 높은 수준의 기대감을 심어주고 추종자의 노력을 집중시키기 위해 상징기법을 사용하여 중요한 목적을 단순한 방법(슬로건 등)으로 표현
③ 카리스마: 리더는 추종자에게 비전과 사명감, 그리고 자부심을 심어줌으로써 추종자로부터 존경과 신뢰를 받음
④ 개인적 고려: 리더는 부하들을 개인적으로 대하고 부하의 개인적 욕구, 능력 및 포부를 고려하고 주의깊게 경청하고 개발을 촉진하며 조언과 교육 및 지도를 해줌

표 2-9	거래적 리더십과 변혁적 리더십의 차이	
구분	거래적 리더십	변혁적 리더십
현상	현상을 유지하기 위해 노력	현상을 변화시키고자 노력
목표지향성	현상과 너무 괴리되지 않는 목표 지향	보통 현상보다 매우 높은 이상적인 목표지향
시간	단기적 전망, 기본적으로 가시적인 보상으로 동기부여	장기적 전망, 부하들에게 장기적 목표를 위해 노력하도록 동기부여
동기부여 전략	부하들에게 즉각적이고도 가시적인 보상으로 동기부여	부하들에게 자아실현과 같은 높은 수준의 개인적 목표를 동경하도록 부하를 격려함
행위표준	부하들은 규칙과 관례를 따르기를 좋아함	변환적이고도 새로운 시도에 도전하도록 부하를 격려함
문제해결	부하들을 위해 문제를 해결하거나 해답을 찾을 수 있는 곳을 알려줌	질문을 하여 부하들이 스스로 해결책을 찾도록 격려하거나 함께 일함

 다져가기

공시 2013년 7급 중앙직

01 변혁적 리더십(Transformational Leadership)의 특징이 <u>아닌</u> 것은?

① 리더는 부하의 욕구와 직무수행에 필요한 자원을 정확히 파악하여 그에 대한 보상과 지원을 제공하고 부하는 그에 상응하는 노력을 통하여 리더 가 제시한 과업목표를 달성한다.

② 부하의 변화측면에 초점을 맞추어 재량권을 부여하고 부하를 리더로 키 운다.

③ 부하의 자기 실현과 존중감 등 높은 수준의 욕구 실현에 관심을 갖는다.

④ 조직이 나아갈 비전을 제시하고 구성원들로 하여금 비전을 공유할 수 있 도록 만든다.

✍ ① 관리그리드, 미시간대 리더십 연구 등의 행태적 접근법 등의 거래적 리더십이다.

다. 서번트 리더십

서번트 리더십(servant leadership)은 인간존중을 바탕으로 구성원들이 업무수행에서 잠재력과 기량을 충분히 발휘할 수 있도록 도와주는 리더십으로서, 구성원들이 공동의 목표를 이루어 나갈 수 있도록 환경을 조성해 주고 도와주는 섬기는 리더십이다(강정애 외, 2009: 289).

서번트 리더십은 그린리프(Greenleaf, 1977)의 에세이 제목인 'The Servant as Leader'에서 출발하였다. 서번트는 아랫사람의 의미를 가지고 있는 반면 리더는 윗사람의 의미를 가지고 있다. 이와 같이 서로 상반되는 개념으로 이해되는 서번트와 리더의 역할을 한명으로 통합할 수 있는가? 그린리프는 '그렇다'라고 대답하였다. 그린리프(Greenleaf)에 의하면 추종자들에 대한 봉사는 리더의 최우선적인 책임이며 윤리적 리더십의 핵심이다. 봉사란 부하들을 육성하고, 지지하고 위임하는 것을 포함한다. 그러므로 서번트 리더십은 다른 사람을 우선적으로 섬기고 싶다는 자연스런 느낌에 기초하고 있어, 리더는 우선적으로 다른 사람에게 서번트가 되어야 한다(이상호, 2009: 258-259).

서번트 리더십은 구성원의 인지 여부와는 상관없이 부하들을 지원하는데 있어서 리더를 그룹 내에서 권력의 핵심에 두고 있지 않다(Smith et al., 2004). 스피어스(Spears, 1995)는 서번트 리더십을 모든 인간의 존엄성과 가치에 대한 믿음에서 출발하여 리더의 권위는 추종자로부터 기인한다는 민주적 원칙에 입각한 리더십이라고 표현하였다(신구범, 2009: 89).

그린리프는 섬기는 자로서 리더는 존중, 봉사, 정의, 정직, 공동체 윤리 등 다섯 가지 원칙을 강조하였다. 서번트 리더십에서 리더의 목적은 섬김을 하는 것이다. 서번트 리더십과 앞서 설명한 변혁적 리더십은 많은 공통점이 있지만 역할과 도덕적 요소 등에서 차이가 있다.

바부토와 휠러(Barbuto & Wheeler, 2006: 305)는 서번트 리더십과 변혁적 리더십의 개념적 차이를 〈표 2-10〉과 같이 비교하였다.

표 2-10	서번트 리더십과 변혁적 리더십 이론의 비교	
	서번트 리더십	변혁적 리더십
리더의 역할	구성원을 섬김	규범적 조직목표 추구를 위해 구성원을 영감적으로 고취시킴
부하의 역할	더 현명하고 자유롭고 자율적이 됨	조직의 목표를 추구하게 됨
도덕적 요소	명시됨	명시되지 않음
기대되는 결과	구성원들의 만족, 개발, 서비스에 대한 몰입, 사회적 개선	목표일치, 노력증대, 만족, 생산성, 조직이익
개인 수준	섬기려는 욕망	이끌려는 욕망
대인간 수준	리더가 부하를 섬김	리더가 부하를 고무시킴
집단 수준	리더는 구성원 욕구를 충족시키기 위해 집단을 섬김	리더는 집단목표를 추구하기 위해 집단을 결합함
조직 수준	리더는 조직이 공동체를 섬기도록 준비시킴	리더는 조직목표를 추구하기 위해 구성원을 고취시킴
사회 수준	리더는 사회의 개선을 위해 긍정적 유산을 남김	리더는 명확한 목표를 추구하도록 국가나 사회를 고취시킴

라. 기타 리더십 모형

① 징기스칸의 리더십

"성을 쌓고 사는 자는 반드시 망할 것이며 끊임없이 이동하는 자만이 살아남을 것이다."라고 요약할 수 있다. 닫힌 사회는 망하고 열린 사회만이 흥하고 그 흥을 영원히 이어갈 수 있다는 말은 글로벌 인터넷 시대를 살아

가는 우리 모두에게 많은 점을 시사해준다. 이 말은 현대를 살아가는 우리에게도 꼭 들어맞는다. 현재에 만족하고 현재를 유지하려고 내가 가진 것만 지킬려고 하다가는 언젠가는 망하고 나날이 변화하는 삶속에서 그 변화를 수용하고 보다 나은 길을 향해 끊임없이 질주해야만 도태되지 않고 살아 남을 수 있다. 즉 지속적

인 변화를 추구하고 개방적인 태도를 취해야 한다는 것이다.

현대사회에서 각종 최신의 인터넷기기 등을 이용하여 이동하면서 일하는 이들을 일컬어 디지털노마드(DigitalNomad)라고 한다. 점점 고정된 자리에서 일하는 것보다는 필요에 따라 어디서든 빠르게 인터넷을 이용하고 공간을 초월하는 시대가 되고 있는데, 예전에 파발을 이용해서 정보와 물자를 공급하고, 신속하게 움직이던 징기스칸이 이런 부분에서는 먼저 시도를 했다.

징기스칸의 리더십 성공요인은 다음과 같다(김종래, 2002).

개인적인 약탈을 금한다

징기스칸이 전리품 획득과 배분에서 새로운 조치를 내리기 전까지는 일종의 선착순 약탈방식이 지배했다. 적이 달아난 뒤 적진에 먼저 도착한 순서대로 가축이든 여자든 취했다. 개인적 약탈이었던 셈이다. 이 방식에선 맨 앞에서 싸우는 사람만 득을 볼 수밖에 없다. 뒤에 서거나 간접적으로 전투를 도운 사람, 다른 사정으로 전투에 참여하지 못한 사람에게는 돌아오는 게 없다. 징기스칸은 이런 불공평을 해소하고, 조직 전체 전투력과 소속감을 높일 목적으로 혁신적 조치를 단행한다. 전리품을 공동 몫으로 두고 누가 얼마만큼 공을 세웠느냐에 따라 나눠 갖는 공동 분배제, 즉 스톡 옵션제였다. 이 방식에선 선봉에 선 사람은 싸운 만큼 자기 몫을 차지하고, 뒤에서 싸움을 도운 사람에게도 몫이 돌아간다.

브룸이나 포토와 롤러 등의 기대이론 측면에서 전투에서 성과를 낸 만큼 보상이 반드시 돌아온다는 파격적인 성과보상제를 실시한 것이다.

속도를 숭배한다

물리학에 $E = \frac{1}{2}MV^2$이라는 운동에너지 공식이 있다. 에너지(E)를 군대전투력으로 보면 질량(M)은 병력 규모, 속도(V)는 기동성쯤이 될 것이다. 전투력은 병력 규모에 정비례하지만 속도에는 제곱비례한다. 따라서 몽골처럼 적은 병력으로 대병력을 무찌르는 지름길은 기동성을 높이는 것이다. 수적 열세에서 세계 정복에 나선 몽골 유목민들은 사람 수를 당장 늘릴 수는 없지만 속도는 늘릴 수 있다고 판단했다. 그래서 그들은 몸에도 꼭 필요한 것만 지니고 다녔다. 그들은 가축으로 키운 말을 이용해 보병과 보급선을 두지 않는 간편한 기병체제를 만들었다. 이 시스템은 놀라운 행군 속도와 신속한 명령 체계를 창출해 농경 정착문명의 군대를 제압했다.

유목군대는 군사 장비도 경량화해 속도를 늘렸다. 당시 유럽 기사단 갑옷과 전투 무기의 무게가 70kg인데 반해 유목민 군장은 7kg밖에 되지 않았다. 즉 조직 슬림화를 통한 유연한 군대 조직을 만든 것이다.

적의 군대도 아웃소싱하라

징기스칸 군대의 특징은 점령지의 종교나 문화 부문에 일체 관여하지 않은 데서도 찾을 수 있다. 그들은 하층을 그대로 둔 채, 상층부만 부수는 데 주력했다. 군대 조직도 천호제라는 이름으로 일종의 피라미드 형태를 갖췄다. 그래서 징기스칸이 손을 한 번 들면 그의 군대는 10만이 됐다가, 한 번 더 들면 20만, 30만, 40만으로 얼마든지 변신했다. 군대 숫자가 고무줄처럼 신축적일 수 있는 비결은 어떤 병사를 충원하더라도 충분히 전술기량을 펼치는 호환 조직이었기 때문이다. 정착문명 군대는 각자 보직이 나뉘어 있지만, 징기스칸의 군대는 모든 군사가 기본전술 기능을 종합적으로 수행할 수 있었다.

더욱 놀랍게도 징기스칸 군대의 호환성은 전쟁에서 이긴 뒤 포로들을 흡수·편입시키는 데까지 나아갔다. 징기스칸은 적이든 아니든 쓸모 있는 모든 사람을 확보하려 했다. 전쟁에서 승리할 때마다 기술자들을 따로 골라내고 부족한 군사들을 현지에서 충원하는 방식으로 항상 인력 풀을 운영하는 놀라운 지혜를 지니고 있었다. 경영의 측면에서 보면 이것은 철저한 '아웃소싱'이다. 아웃소싱이란 기업이 고정비를 줄이기 위해 핵심역량 외의 전산 등 주변 업무를 외부에 맡기는 경영전략을 의미한다

상하간의 위계질서를 무시하고 진정한 리더십을 세워라

실제로 징기스칸은 칸(직책)으로 불리우질 않고 테무진(이름)으로 불리웠다고 한다. 리더와 조직구성원간의 형평성을 추구한 것이다. 몽고인과 피정복인간의 차별도 금지시켜 노력에 대한 보상이 공정하도록 하였다. 이 점은 아담스의 형평성이론을 연상시킨다.

– 출처: 김종래(2002). CEO 징기스칸, 삼성경제연구소

② 복잡계이론과 리더십[3]

국가 리더십에서 복잡계 연구가 왜 필요한가?

국가운영에 있어서 일촉즉발의 동시다발적인 상황은 예측이나 통제가 어려운 방향으로 나타난다. 이러한 복잡한 상황을 타계하기 위해서는, 앞서 연구되어진 전통적 리더십은 도움이 되지 않는다. 전통적 리더십은 환경의 변화에 맞춰 구조를 바꾸는 것을 중시한다. 이는 환경에 대한 분석이 가능할 경우에만 계획적 변화가 가능하다. 분석이 틀어지거나 변화가 늦을 경우 국가는 막대한 손해를 입게 된다. 변화를 따라가선 안 되며 이를 주도할 수 있어야 한다.

복잡적응계는 어떠한가? 조직이 환경 변화의 위험에 도달하는 경우 과거와는 전혀 다른 자기 혁신적 방법인 자율적 요동을 통해서 전략 및 행동을 창발시켜 운영되어야 한다고 말한다. 창의적인 전략과 행동은 변화에 순응하고 따르기보단 이를 주도하는 속성이 강하다. 결국, 복잡적응계는 국가가 환경을 주도할 수 있는 기틀을 마련해 주면서 막대한 이익과 높은 위치에 서게끔 해준다.

오늘날까지 지배적인 사고방식은 관리자가 미래로의 위험한 여행을 떠나기 전에 올바른 계획을 세워 변화에 적응하고 차질이 생기면 이를 수정하여 문제에 맞섰다. 성공의 핵심은 새로운 지도를 창조적으로 만들어 주도하면서 문제 상황을 오히려 기회로 활용하는 데 있다.

기존의 지도, 안정적 평형상태로 가는 길(전통적 리더십)

서구의 관리자들은 장기적인 조직성공으로 가는 고도의 불확실한 상황을 헤쳐갈 때 마치 항해사들이 항로를 찾기 위해 근본적인 항해원칙을 사용하는 것과 같은 방법을 사용한다. 사실 이러한 원칙이 의문시 되는 경우는 드물다.

이러한 항해원칙 중 첫 번째는 조직이 응집력 있는 관리팀의 보조를 받는 비전 있는 최고관리자를 갖고 있어야 하는 것이다. 거친 바다에서 항해하는 배의 선장처럼 최고관리자는 조직의 장차 목적지를 결정하고 조직이 그 목적지로 가도록 인도해줄 책임이 있다고 간주된다. 또 효과적인 최고관리자는 그들의 비전, 그들

---

3 복잡계이론과 리더십 파트는 홍재환·함종석 편저(2009), 국가경쟁력과 리더십, 법문사 중 2편 3장 필자의 복잡계와 리더십을 요약 정리한 것임을 밝혀둔다.

이 고안한 장기적인 계획 그리고 그들이 만들어 놓은 규칙 및 규정, 체제를 통해 조직을 통제할 수 있다고 생각한다. 관리자들은 조직을 정해진 항로에서 이탈하지 않도록 하며, 필요할 경우에만 항로 변경을 명령한다. 이처럼 조직은 관리자들이 의도하는 방향으로만 가는 것이다.

두 번째, 항로원칙은 조직에 공통적인 문화가 있어야 하는 것이다. 관리자와 참모는 하나의 비전을 공유하고 동일한 임무 혹은 조직철학을 신봉하고 똑같은 규칙에 따라야 한다고 여긴다. 그들은 항상 뭉치고 똑같은 노래만 불러야 한다는 것이다.

이러한 2가지 원칙대로 하면 조직이 성공할 수 있다고 여겨져 왔다. 이러한 관점에서 보면 성공이란 질서, 규율, 규칙성, 예측가능성 및 적응에 의해 특징짓는 안정적 평형상태임에 틀림이 없다. 이러한 생각은 관리자에게 위안을 준다. 왜냐하면 관리자는 자신이 조직을 통제하고 있다면, 급작스러운 일을 피할 수 있으며 조직이 어디로 가고 있는지 알 수 있고 위험을 줄이고 또한 항로이탈을 방지할 수가 있기 때문이다. 조직이 안정적 평형상태로 나아가고 있다고 믿음으로써 조직구성원 모두 안도감을 가질 수 있다.

창조적 지도, 주도적 성공의 길로 가는 길(복잡계 리더십)

복잡적응계의 조직 성공의 길은 원칙의 틀을 벗어난다. 창조적인 지도와 모험을 통한 성공의 길을 추구한다는 것이 옳을 것이다.

그들에게 있어 선장은 목적지를 결정하고 조직이 그 목적지를 향해가도록 하는 결정권자가 아니다. 또 효과적인 최고관리자는 그들의 비전, 그들이 고안한 장기적인 계획 그리고 그들이 만들어 놓은 규칙 및 규정, 체제를 통해 조직을 통제하지 않는다. 선장은 그들의 모든 것을 통제하고 관리하는 관리자가 아닌 동료다. 그들은 서로 공통된 문화로써 귀속시키지 않는다. 각자 자기만의 뚜렷한 개성을 가지고 있다. 자유 또한 구속당하지 않는다. 친근함, 자유스러운 분위기는 그들의 창조적인 생각을 공유토록 하며, 상호작용을 통해 창의적 지도로 완성되어진다. 여기서 지도를 통해 그들은 미지의 세계를 탐험하며, 성공의 길로 나아간다.

앞서 말한 기존의 지도와는 정반대의 길을 걷지만 그들은 창발적인 생각의 공유를 통해서 결국, 창의적인 지도를 완성해내고 이를 주도적으로 이끌어 미지의 세계를 경험하며 성공의 길로 나아가게 된다.

분기점 이론

Leifer(1989)는 환경으로부터의 위기가 증가함에 따라 환경의 분석 가능성이 떨어질 뿐만 아니라 항상성의 유지 자체가 곤란해지는 분기점(bifurcation point)에까지 이른 경우 균형모형은 이를 체제가 직면한 위험으로 보나, 자기조직화 관점에서 보면 이러한 위기상황은 조직으로 하여금 요동을 통한 새로운 동태적 질서(new dynamic order through fluctuations)를 추구할 수 있는 기회를 제공해 준다는 것이다.

국가가 위기상황이 닥쳤을 때 이를 해결하기 위한 전략의 생성과 행동이 뒤따르게 된다. 이는 위기에 봉착한 국가가 이를 해결하기 위해 진화의 과정을 겪는 것으로 간주된다. 요동을 통해 자기조직화가 이루어지는 것이다. 국가는 항상 자율적인 요동을 통해 자기조직화를 이뤄야 하며 현실에 안주해서는 안 된다. 지속적인 변화가 이루어지지 않는다면, 도태의 길을 걷게 될 것은 자명한 일이다.

우리나라 국가 리더십의 현황 및 실태 분석

우리나라가 걷고 있는 리더십의 현재는 어떠한가? 앞서서 전통적 리더십에 대해 잠깐이나마 그 한계에 대해 짚어보았다. 또 현재 새롭게 도래하고 있는 복잡성 패러다임에 대해서 알아보았다. 지금 현재 우리의 국정 운영은 어떠한 길을 가고 있는지 의심된다. 먼저, 전통적 리더십이 가정하는 리더에 대해서 자세히 분석하고, 그 한계에 대해서 깊이 들여다보자. 뒤 이어 NK 지형도 모형에서 찾아볼 수 있는 복잡계적 특질에 대해 분석함으로써 우리나라 리더십의 현재를 들여다보자.

전통적 리더십의 리더

전통적 리더십 이론은 리더의 모습을 다음과 같이 가정하고 있다. 첫째, 리더는 목표 달성을 위한 해답을 가지고 있다. 목표 달성을 위한 효과적인 해답은 이미 엘리트로서 최고자리에 올라서 있는 리더가 가지고 있다는 것이다. 비록 그가 효과적인 해답을 미리 알지 못하더라도 달성을 위한 방향을 제시할 수 있는 능력도 구비하고 있다. 이처럼 리더는 절대자의 위치에 서 있다. 구성원들의 운명을 한 손에 쥐고 있으며, 곧 조직의 미래인 것이다. 둘째, 리더는 구성원을 자신의 뜻대로 움직이게 하는 명령·통제 권한을 가지고 있다. 구성원은 리더의 생각에 맞게 배치되고 움직여야 한다. 리더가 목표달성을 효율적으로 이끌어 가려면 구성원은 명령에 따라 움직이기만 하면 되는 손발인 것이다. 따라서 자연히 수직적인 명령체계가 공존하게 된다. 리더와 구성원이 동등한 위치에 섰을 경우, 이는 뱃사공이 많아 배가 산으로 가는 것과 같은 상황을 낳을 것이다. 리더는 자신의 아집을 놓지 않을 것이며, 원칙을 지키고 그것이 해답과 연결되어 있다는 굳은 신념을 지킨다. 셋째, 구성원은 리더에게 의문을 제기하지 않는다. 리더에게 구성원의 생각은 필요하지 않다. 구성원은 리더가 제시하는 답안 그대로를 믿고 따라가면 되는 것이다. 이때 구성원에게 생성되는 창조적인 생각이나 불만은 표출되지 않는다. 그들은 본능적으로 마찰을 피하게 되는 것이다. 여기서 마찰은 리더를 따르는 추종자들과 그의 권한에서 오는 목표달성 이외에 강압적인 힘을 말한다. 리더에게 주어진 권한에 반항한다면 곧 불이익이 따를지 모른다는 생각이 상존해있다.

위에서 알 수 있듯이 전통적 리더십 이론은 단 한사람의 리더의 신념과 지식, 능력하에 조직의 운명을 맡긴다. 구성원은 그 원칙에 대한 어떠한 반문을 가지고 있을지라도, 이에 대한 권위에 도전하지 못하며, 자신의 촉발된 더 나은 해결책을 묵인한 체 여행에 임하는 것이다. 진정한 해답은 그 구성원이 가지고 있었지만, 리더는 일련 행해왔던 원칙을 통해 더 좋은 해결책의 존재를 무시해버린 꼴이 되었다. 이러한 전통적 리더십의 한계는 이론 자체가 뉴튼적 패러다임을 밑바탕에 깔고 있는 것 말고도, 이제까지 인간사회에서 답습되어진 구조체제에서도 발현되는 특징이다. 양육강식의 원시사회부터 강한 자가 살아남는다는 힘의 논리에 의한 사회적 다위니즘은 리더를 최상위에 위치시켰으며, 이는 그 사람이 원하는 대로 행동해야 한다는 의식구조 내에서 생겨난 한계라는 것이다. 따라서 이러한 구조 속에서 생성된 전통적 이론은 과거에는 그 효력이 인정되고 필요했을지언정 현대사회에서는 필요 없어진 것이다.

복잡계와 리더십

위계와 통제를 강조하는 리더십은 17세기 뉴턴의 유물이다. 양자물리학·혼돈이론 등 현대과학의 발견은 세계가 자율과 참여로 새로운 질서를 창조한다는 위대한 가르침을 준다. 이러한 현대과학의 교훈은 혼돈의 시대를 이끄는 리더가 가져야 할 경영의 새로운 패러다임으로 이어진다.

조직을 기계가 아닌 생명체로 바라볼 필요가 있다. 인간을 조직의 부속물로 간주하는 기계론적 패러다임을 가진 리더는 조직의 변화를 주도할 수 없다.

조직은 보이지 않는 선으로 연결된 거미줄 같은 연합체이다. 그리고 정체되지 않고 끊임없이 자기 조직화 과정을 거치면서 변화해야만 생존하는 역동적인 유기체이다. 따라서 리더는 개개인의 특성과 잠재력을 존중하며 개인간의 관계를 잘 관찰하고 그것을 생산적이고 창조적인 조직 혁신으로 승화시킬 수 있어야 한다. 또한 리더는 변하기를 주저하지 말아야 하며, 스스로 변하기 위해 꾸준히 노력해야 하는 동시에 조직 내에서 변화를 주도적으로 이끌어낼 수 있어야 한다. 그리고 명령이나 통제와 결별하고 구성원의 참여를 북돋워야 한다.

우리는 리더십이 어떠한 모습으로 발휘되어야 하는지에 대한 아이디어를 현대과학에서 풍부하게 찾을 수 있다. 또한 변화와 불안정이 두려움을 주는 것이 아니라 창조적 파괴의 과정임을 인식하고 새로운 것을 생성할 수 있다는 희망의 메시지를 읽게 된다.

복잡계 리더의 역할

전통적 리더십 이론들은 상대적으로 단순하고 안정적이며 예측 가능한 환경의 산물로 뉴턴적 패러다임에 토대를 둔 리더십 이론이라 할 수 있다. 그러나 외부 환경 및 행정조직 그 자체가 복잡적응계인 상황에서 전통적 리더십 이론들은 적용에 한계가 존재한다. 복잡적응계로서 행정조직과 정책체제는 통제 및 예측 불가능성을 특성으로 하고 이에 따라 리더는 장기적 결과를 계획하고 선택하기 어렵게 된다. 만약 리더가 행정조직이나 정책체제를 전적으로 주도한다면 자기조직화나 창발성의 발현이 어렵게 될 가능성이 존재한다. 따라서 복잡적응계에 요구되는 리더십은 자기조직화와 창발성이 원활히 이루어지도록 하면서도 자신이 의도한 방향으로 복잡적응계를 리드(lead)하는 것이다.

최희갑(2006: 421-435)은 복잡적응계의 리더십으로 분산된 리더십, 초점의 제시, 인정하는 리더십, 보이지 않는 리더(암묵적 리더십)를 제시하고 있다. 분산된 리더십은 행정조직이나 정책체제의 구성원을 추종자나 부하로 간주하기 보다는 공통의 목표를 추구하는 조직 공동체의 구성원으로 보는 시각이다. 행정조직이나 정책체제에서 리더십은 미래를 창조해야 할 책임을 공유하는 다양한 개인이나 집단 및 조직 전체에 분산되어 있어야 할 것이다. 조직구성원 모두가 스스로 설정한 목표 아래 주인 의식을 가지고 움직일 때 정책결정자나 최고관리자의 역할은 슈퍼리더가 되어야 한다. 슈퍼리더는 구성원이 자기 자신을 스스로 리드하는 셀프리더(self-leader)로 만든다.

그러나 복잡적응계로서 정책 및 행정 체제를 구성하는 하위 체제들은 혼돈의 가장자리에서 서로 다른 방향 및 속도로 움직이는 경향이 있다. 따라서 정책 및 행정체제는 하위 체제가 공진화하도록 가능한 한 많은 자유를 주어야 하겠지만 공통의 믿음과 목표를 가지도록 하는 것이 중요하다. 즉 복잡적응계에서도 정책결정자나 행정관리자는 조직의 목표를 달성하기 위한 초점과 방향을 제시해야 한다. 이러한 초점과 방향이 없다면 분산된 리더들의 열정적인 노력을 이끌어낼 이니셔티브나 노력의 조화가 생겨날 수 없기 때문이다.

복잡적응계의 정책결정자나 행정관리자들이 초점과 방향을 제공해야 하지만 자기조직화 하는 복잡적응계의 변화와 혁신은 명령하거나 통제해서는 안 된다. 따라서 복잡적응계의 리더십은 명령과 통제로부터 벗어나야 하며, 이러한 상황에서 리더에게 필요한 속성은 인정(appreciation)이다. 인정은 체제의 구성원이 무엇을 해야 할지를 잘 구별해서 무엇이 행해지고 무엇이 행해지려 하는지를 평가함으로써 방향을 정하고 변경을 용인하는 것이다.

그리고 복잡적응계의 리더십은 마찰을 줄이고 체제구성원원들간 조화와 리더십을 조장해 다양성과 신속함을 창발할 수 있도록 해야 할 것이다. 체제 내의 마찰과 소요시간을 줄이기 위해서는 명시적인 것보다 암묵적인 것이 강조되어야 한다. 정책결정과 세계관의 전환에는 항상 시간이 소요된다. 암묵적 리더십은 환경보다 우리 조직 내부의 마찰과 시간의 불일치를 줄임으로써 환경을 조절하고 환경에 적응하는 데 있어서 우월성을 유지하는 것이다.

결국 복잡적응계의 리더십은 명령과 통제를 감소시키고, 강압적인 명령과 통제를 하위 조직의 주도, 리더의 의도 공유, 상호 신뢰, 암묵적 이해와 의사소통에 기초한 자발적이고 스스로 훈련된 협조로 대체하는 것이다.

위에서 언급한 복잡성 패러다임에서 리더가 갖추어야 할 기본적인 생각을 바탕으로 몇 가지 구체적인 리더의 역할에 대해 생각해 볼 필요가 있다.

첫째, 리더는 구성원의 상호작용을 돕는 교량적 역할을 해야 한다. 가령 환경의 변화에 직면했다고 해보자. 기존의 전통적인 리더십 이론에서 리더는 혼자서 해결책을 생각하고 방향을 제시했다. 자신의 생각대로 구성원을 이끌어 조직의 미래를 짊어진 것이다. 하지만 조직 내 구성원 누구나 자신의 창발적인 문제 해결책을 가지고 있다. 리더는 이러한 각각의 생각을 상호간의 커뮤니케이션으로 이끌어 감으로써 절충적이고 상위 단계의 해결책으로 촉발시키는 역할을 해줘야 하는 것이다.

둘째, 리더는 구성원들에게 자율적 요동을 주는 역할을 해야 한다. 이 말은 리더는 구성원이 창발적인 생각을 가질 수 있는 자유를 방해해선 안 되며, 그들 스스로 더욱 자기조직화의 길로 들어서게 만들어 상호작용의 정도를 높여주는 역할을 해야 한다는 것이다. 이를 통해 조직은 더욱 쉽게 단계를 높여갈 수 있게 된다.

셋째, 리더는 구성원의 창발적 생각을 꼬집어(catch)내는 역할을 해야 한다. 구성원들은 각기 자신의 무수한 생각들을 쏟아낼 것이다. 그 생각 속에는 성공의 열쇠가 숨어져 있다. 리더는 이를 판단해내는 감각적인 능력이 필요하다. 더 나아가 이를 통해 적절한 전략과 행동을 마련하는 통찰력과 비전을 길러야 한다.

넷째, 리더는 구성원이 잘못된 방향으로 나아가지 않게 조정의 역할이 필요하다. 이 부분은 전통적 리더십의 방향 제시와 혼동될 수 있다. 여기서 말하는 방향은 구성원의 전적인 행동의 변화나 생각의 변화를 제시, 이를 따르게 하는 과거의 전통적 리더십과는 차이가 있다. 상위 단계로 나아가기 위한 전략 및 행동이 다른 방향으로 흐르는 것을 조정해주는 역할을 말하는 것이다.

다섯째, 리더는 구성원의 생각을 존중해주어야 한다. 구성원이 가진 생각이 비록 지금 상황에 알맞지 않더라도 다시금 능동적인 사고를 이끌어 내고, 더욱 자기조직화의 단계를 거치게 하는 것은 구성원의 생각을 존중하는 것이다.

70년 이상의 세월을 거치는 동안 적지 않은 리더십 이론이 등장했다. 과거부터 전통적 리더십 이론은 특정 상황에서 리더가 국가 구성원을 어떻게 관리해야 국가의 목적을 가장 효과적으로 달성할 수 있을지 관심을 기울였다. 특히 연구자들은 리더의 특별한 자질을 강조하는 특성이론과 리더의 행태를 분석한 행태이론, 그리고 리더가 출현하는 특별한 상황에 주목하는 상황이론을 연구해왔다. 1980년대 들어 경영 환경의 변화와 더불어 리더십 이론도 큰 변화를 거쳤다. 변화에 대응하고 이를 주도하며 국가를 이끌어갈 수 있는 리더십이 요구되었다. 따라서 등장한 이론이 바로 번스(Burns, 1978)의 변혁적(transformational) 리더십이다. 변혁적 리더십 이론은 전통적 리더십 이론에서 충분히 연구되지 못했던 내용들을 다룸으로써 기존의 이론을 보완했다.

과거의 뉴튼적 패러다임을 근간으로 만들어진 리더십 이론들은 급변하는 글로벌 경제 속에서 그 한계를 드러내게 된다. 급격한 변화와 동시다발적인 다양한 상황발생은 한 개인이 기업의 방향을 그려내는 데 필요한 통찰력을 가지는 것을 가로막으며, 이처럼 뒤섞인 문제들에 대한 해답을 갖는다는 것이 불가능하다. 본질적으로 리더가 책임지는 국가는 이러한 복잡한 특성을 가진다. 따라서 통제가 불가능한 부분이 생기게 되는 것이다. 리더는 자신의 개입에 따른 장기적 결과를 선택, 계획, 의도할 수 없다. 스스로 통제한다고 믿고 있지만 실제로 통제력을 행사할 수 없는 이러한 통제의 패러독스는 리더에게 고뇌와 기능 장애를 초래하는 한계를 가져온다.

전통적 리더십이 이러한 한계를 가져온 이유는 뉴튼적 패러다임의 선형적인 단순한 예측과 이에 대한 대처라는 단순논리에 입각하기 때문이다. 그렇다면 이러한 한계를 극복하기 위해서 새로운 패러다임을 근간으로 한 리더십의 필요성이 제기된다. 급변하는 세계, 복잡함과 다양성이 상호작용을 이루며 어디로 튈지 모르는 혼돈의 세상을 연구하는 학문, 그것은 바로 복잡성 패러다임인 것이다.

예전부터 국가, 기업의 경영에서 리더십은 중요한 요소 중 하나였고, 리더십에 대한 이론은 계속해서 발전해 왔다. 하지만 뉴튼적 패러다임을 근간으로 한 과거의 리더십 이론들은 현재의 급변하는 복잡·다양한 글로벌시대에서 그 한계를 드러냈다. 현재는 복잡성 패러다임의 시대다. 이를 인식하고 이에 대한 이론적 토대를 마련해 이를 근간으로 한 새로운 리더십 이론이 연구되어야 한다.

7) 폐쇄-사회적 신고전조직이론의 특성 및 문제점

폐쇄-사회적 신고전조직이론의 대표적인 특성과 그 문제점을 살펴보면 다음과 같다. 첫째, 폐쇄-사회적 신고전조직이론은 조직을 폐쇄체제적 관점에서 기계화하였던 폐쇄-합리적 고전조직이론에 비해 미약하지만 개방체제적 관점에서 조직을 바라보고자 노력하였다. 즉 폐쇄-사회적 신고전조직이론 중 일부 이론이 조직과 환경의 상호작용을 중시하기 시작한 것이다.

그러나 초기의 폐쇄-사회적 신고전조직이론은 조직 내의 공식적 요인·비공식적 요인·환경적 요인을 함께 고찰할 수 있는 통합적 안목을 갖지 못하였기 때문에 본격적인 개방체제모형으로 간주될 수는 없는 것이었다. 또한 이미 전술한 바와 같이, 환경유관론 역시 여전히 조직내부의 문제에 연구 초점이 한정되어 있어서 일반적인 개방체제모형이라기보다는 전통적인 모형에 더 가깝다고 할 수 있다.

둘째, 폐쇄-사회적 신고전조직이론은 조직의 새로운 가치기준으로서 조직구성원의 사회적 욕구가 어느 정도로 충족되는가 하는 '사회적 능률'을 중요시하였다. 결과적으로 조직연구에 있어 두 가지 가치기준, 즉 폐쇄-합리적 고전조직이론의 '수단적 능률'과 폐쇄-사회적 신고전조직이론의 '사회적 능률'이 사용되게 되었고 가치기준의 다원화를 촉진하는 계기가 되었다.

셋째, 공식구조가 조직구성원의 행동에 미치는 영향이 절대적이라고 폐쇄-합리적 고전조직이론이 보았다면, 폐쇄-사회적 신고전조직이론은 공식적 구조나 과정 대신에 조직의 사회적·정서적·심리적 측면만을 중시함으로써 조직의 전체적인 모습을 설명하는데 결국 실패했다. 즉 폐쇄-합리적 고전조직이론이 공식적 구조와 능률 등을 지나치게 강조하였다면, 폐쇄-사회적 신고전조직이론은 비공식집단과 조직의 인간적 요소만을 중시하였다.

폐쇄-합리적 고전조직이론이 지배하던 시기에 폐쇄-합리적 고전조직이론과 상충되는 입장을 가진 폐쇄-사회적 신고전조직이론의 등장은 조직을 바라보는 방법이 많을 수도 있다는 것을 사람들에게 알리는 계기가 되어 결국 조직이론의 균형적인 발전을 촉진시켰다.

생각해 볼 문제

1. 공식적 조직과 비공식적 조직의 차이점과 장단점을 생각해 보자.

2. 호손연구가 인간관계론 등의 신고전조직이론에 끼친 영향을 이야기해 보자.

3. 가능한 한 객관적으로 당신의 직무를 기술해 보고 당신의 동기잠재성 점수를 구해보자.

직무(특성)기술설문(Job Diagnostic Survey)

1) 당신의 직무는 얼마나 다양한가?

동일한 일을 반복해야 한다		그저 그렇다			아주 다양하다	
1	2	3	4	5	6	7

2) 어느 한 가지 일을 처음부터 끝까지 혼자 하는가 아니면 부분만을 담당하는가?

부분만 담당					전체 다 담당	
1	2	3	4	5	6	7

3) 당신의 직무는 다른 사람에게 얼마나 중요한가?

중요하지 않다					아주 중요하다	
1	2	3	4	5	6	7

4) 직무 수행상의 자율성은 어느 정도나 보장되어 있는가?

별로 없다					아주 많다	
1	2	3	4	5	6	7

5) 직무를 잘 수행하고 있는지에 대한 정보를 얻을 수 있는가?

있다					없다	
1	2	3	4	5	6	7

- 동기잠재성점수(Motivating Potential Score: MPS)
  =(기술다양도+직무동일성 +직무중요도)/3×자율도×환류
  =직무풍요(Job Enrichment)의 척도

4. 직무풍요(Job Enrichment)와 직무확장을 비교 설명해 보자.

5. 동기부여이론 중 내용이론과 과정이론에 입각해 무엇이 나를 동기부여하게 하는지와 내가 어떠한 과정을 통해 동기부여되는지를 설명해 보자.

6. 매슬로우의 욕구계층이론, 앨더퍼의 ERG이론, 허즈버그의 욕구충족요인이원론, 맥클리랜드의 성취동기이론간의 공통점 및 차이점을 설명해 보자.

7. 본인의 경험을 바탕으로 포터와 롤러의 기대이론을 적용할 수 있는 예를 들어보자.

8. 본인의 경험을 바탕으로 공정성(형평성)이론을 적용할 수 있는 예를 들어보자.

9. 브룸의 기대이론과 포터와 롤러의 기대이론을 비교해 보자.

10. 부산시 박과장의 부하 직원들에 관한 다음 사례를 읽고, 분석해 보자.
부산시 박길동 과장에게는 차철환, 정병철, 박주영 등의 부하 직원이 있다.
이들의 특성을 간략하게 소개하면 다음과 같다.

> 차철환 씨는 일단 자발적으로는 거의 일을 하지 않고, 박과장이 지시한 것 이상의 업무는 절대로 하지 않는다. 또한 새로운 업무는 무조건 싫어하고, 이미 정해져 있는 업무만을 하려 한다. 어떻게 보면 공무원이라는 직업이 차철환 씨에게는 단순히 밥벌이만을 위한 것 같기도 하다.
>
> 정병철 씨는 반대로 새로운 업무를 좋아하고, 자신이 수행한 업무의 결과 및 성과를 반드시 박과장에게 확인한다. 업무를 수행하는 방식에도 나름대로의 고집이 있고, 박과장의 지시로 일을 하는 것보다는 스스로 일을 찾아서 한다. 자신이 수행한 업무에 대해서는 책임을 지는 것을 좋아하지만, 자신이 보기에 의미가 있는 업무만을 선호하고, 여러 가지 일을 부분적으로 하는 것보다는 한가지 일이라도 자신이 완성시키는 것을 좋아한다.
>
> 마지막으로 박주영 씨는 동료들과 잡담을 하거나 퇴근 후에 각종 친목모임에 참석해서 함께 시간을 보내는 것을 가장 좋아한다. 절대로 업무로 인해 다른 직원들과 갈등을 일으키지 않으며, 자신의 주관으로 행동하기보다는 다른 사람들이 생각하고 행동하는 방식을 그대로 따라서 하는 경우가 많다.

1) 이 장에서 배운 여러 가지 욕구이론을 이용해서 이 세 명의 부하 직원들을 지배하고 있는 가장 중요한 욕구가 각각 무엇인지 설명해 보자.

2) 박과장은 직무특성이론을 이용해서 이 세 명의 부하 직원들이 수행하고 있는 직무를 재설계하고자 한다. 박과장이 사용할 수 있는 효과적인 직무 확장이나 직무풍요 등의 직무 재설계 방법을 제시해 보자.

11. 다음을 읽고 물음에 답하시오.

> ○○시청은 최근 근무성적평정, 역량평가 등을 기준으로 전 직원을 S, A, B, C등급으로 나눠 성과급을 차등지급(기본급 기준 185~0%)하였다. 그러나 성과급이 지급된 이후, 직원들은 성과급의 전체 평균을 계산하여 S등급자가 B, C등급자에게 평균 차액만큼을 돌려주는 사례가 발생하였다.

1) 동기이론 중 기대이론(expectancy theory)의 주요 내용을 기술하고, 이 이론의 관점에서 성과급제도가 성공적으로 작동하기 위한 요건을 설명해 보자.

2) 정부 성과급제도의 한계를 민간부문과 대비되는 정부부문의 특성에 기초하여 설명해 보자.

3

개방 합리적 조직환경이론

CHAPTER 3

개방 합리적 조직환경이론

    합리적·경제적 인간관을 강조하여 주로 조직구성원의 생리적 욕구 및 위생 요인 등을 충족시켜주면 성과를 낼 수 있을 것이라 가정하는 폐쇄-합리적 고전 조직이론(closed rational classical organization theory)과 사회적 인간관을 강조하여 조직구성원의 사회적 욕구 및 동기부여요인 등을 충족시켜주면 성과를 낼 수 있을 것이라 가정하는 폐쇄-사회적 신고전조직이론(closed social neo-classical organization theory)은 모두 과학적 관리법에서 주장하는 단일 최고 관리 방법(one best way) 혹은 관료제 원칙에 의거해 조직을 운영하거나 조직구성원을 동기부여하고 좋은 리더십을 발휘하면 조직이 잘 굴러갈 것으로 가정했다.

    그러니 이들 이론은 모두 조직이 직면한 환경을 고려하지 않은 폐쇄적 이론이다. 두 명의 사장이 동일하게 조직구성원들을 동기부여시키고 똑같은 수준의 리더십을 가지고 있다고 가정해 보자. 한 사장의 사업은 망하고 또 다른 사장의 사업은 잘 된다면 폐쇄-합리적 고전조직이론과 폐쇄-사회적 신고전조직이론은 모두 이러한 현상을 설명하지 못하는 이론이 된다.

    개방 합리적 조직이론은 이러한 측면에서 조직이 직면한 환경을 고려하는 이론이다. 개방-합리적 조직환경이론은 이미 전술한 바와 같이 1960년에서 1970년 정도 사이를 풍미하였던 이론들로 ① 비로소 조직환경의 중요성을 강조하지만, ② 조직이나 인간의 합리성 추구를 다시 강조한다. 개방-합리적 조직환경이론을 제대로 이해하기 위해서 우선 체제이론과 구조적 상황이론을 간단히 살펴보고 4장에서 상세히 살펴본다.

그림 3-1 개방 합리적 시스템(Open-rational system)

대표적 학파 및 학자	주요 이론의 원리	이론의 장점 및 한계
• 환경주도 – Lawrence & Lorsh (1967) – Burns & Stalker(1961) • 기술주도 – Perrow(1967) – J. Woodward(1965) • 통합정리 – Minzberg	• If A then B 상황 A에 따라 조직 B • If C then D 조직 운영방식은 다르다 **상황변수** / **조직특성변수** / **조직성과** • 환경 • 기술 • 전략 • 조직구조 – 공식도 – 통합도 – 집권도 – 복잡도 • 관리방식 – 통제유형 – 의사소통유형 • 조직효과성 – 생산성 – 국민의 지지	**장점** • 조직을 유기체로 강조하며 상황에 따른 합리적인 조직운영 방식 제시 • 환경변화에의 적응강조 **한계점** • 환경-조직대응 논리를 지나치게 도식적이고 단순화 시킴 • 조직의 역동성과 변화에 대한 적극적 대처 무시(순응성만 강조) • 시스템 내부의 복잡한 인간문제를 무시

1 정보기술과 조직구조의 관계

1) 조직구조

폐쇄-합리적 고전조직론과 폐쇄-사회적 신고전조직론이 쇠퇴하면서 앞서 설명한 구조적 상황론 등의 개방 합리적 조직환경론이 등장하기 시작하였다. 구조적 상황론을 위시한 현대 조직환경론은 조직성과를 중시하여 조직의 설계는 조직환경, 조직기술, 조직규모 등 상황변수에 의해 좌우되며 또한 이러한 상황변수에 적합하게 조직구조가 설계되어야만 조직의 효과성이 제고된다는 점을 강조하기 때문에 조직환경, 조직기술, 조직규모 등 상황변수와 조직구조, 그리고 조직설계 등에 관해 먼저 알아둘 필요가 있다.

조직구조는 여러 상이한 개념(concept)으로 구성된 고차원적인 상위개념(Higher Level of Concept)으로 볼 수 있다. 따라서 구조는 획일적, 일차원적 정의를 내리기에는 많은 문제점이 있다. Weber(1947)가 구조의 차원으로서 계층제, 규칙, 문서철 등을 제시한 이래, 1960년대 말부터 이러한 구조요소를 검증하기 위한 실증적 조사연구가 진행된 바 있다.

(1) 공식도(Formalization)

조직구조가 어떻게 근로자의 반응에 영향을 미치는가를 연구하기 위해 원래 Oldham과 Hackman(1981)에 의해 개발된 공식도지표(formalization index: FI)가 공식도를 측정하기 위한 척도로 사용되었는데, 이 설문은 5개의 문항으로 구성되어 있으며, 조직이 어느 정도의 명문화된 규칙이나 절차법 및 정책을 가지고 있는가를 측정하는 설문이다(Oldham & Hackman, 1981).

(2) 집권도(Centralization)

Dewar, Whetten과 Boje(1980)에 의하면 집권도는 두 개의 인자(factor)로 나누어진다고 본다. 즉 의사결정참여지표(decision-making participation index: DMPI)와 직무에 대한 권한계층지표(hierarchy of authority about tasks index: HAI)라는 두 인자로 구분되며, 전자는 개인의 자원분배 및 조직정책에 관한 의사결정에 대한 참여정도를 측정하고, 후자는 개인의 지위와 관련된 직무에 관한 의사결정에 대한 참여도를 측정한다.

(3) 통합도(Integration)

Miller와 Droge(1986)에 의하면 통합도는 두 개의 인자(지표)로 조작화된다. 하나는 구조적 연락기구이고, 또 하나는 절차적 연락기구이다. 여기서 연락기구 (Liaison Devices)란 조직하위단위간의 혹은 내부의 상호조정을 원활히하기 위한 모든 메커니즘을 의미한다(Mintzberg, 1983). 즉 통합도는 구조적 통합지표(structural integration index: SII)와 절차적 통합지표(procedural integration index: PII)라는 두 개의 인자(지표)로 구성되어 있다고 볼 수 있다. 이 3가지 조직구조의 요소 이외에도 조직의 수평적, 수직적, 지리적 복잡도를 나타내는 주는 조직구조의 복잡도가 있다.

그림 3-2   조직의 분화

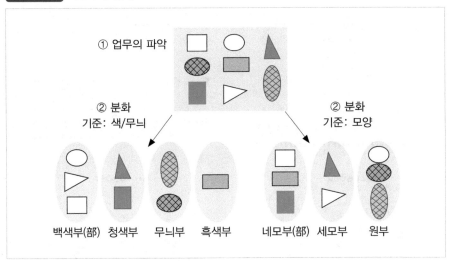

① 업무의 파악

② 분화
기준: 색/무늬

② 분화
기준: 모양

백색부(部) 청색부   무늬부   흑색부   네모부(部) 세모부   원부

* 정부조직은 모양이 조직의 기능이라면 네모기능, 세모기능, 원기능 등 기능별 조직

그림 3-3   조직구조의 형태

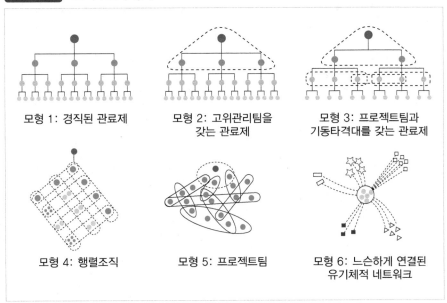

모형 1: 경직된 관료제   모형 2: 고위관리팀을   모형 3: 프로젝트팀과
                          갖는 관료제   기동타격대를 갖는 관료제

모형 4: 행렬조직   모형 5: 프로젝트팀   모형 6: 느슨하게 연결된
                                          유기체적 네트워크

출처: Morgan(1989), Creative Organization Theory SAGE

그림 3-4   다양한 실제 조직 구조

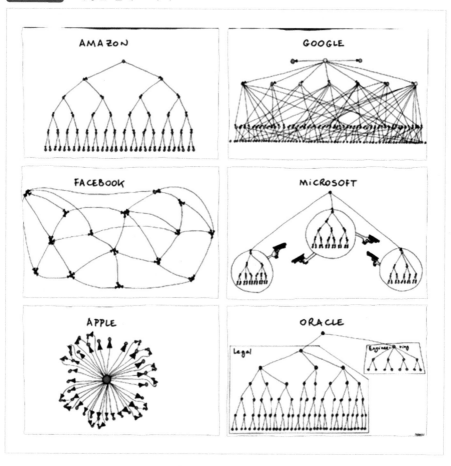

다져가기

공시 2016년 7급

01 조직구조에 대한 설명으로 옳은 것은?

① 복잡성은 '조직이 얼마나 나누어지고 흩어져 있는가'의 분화정도를 말한다.

② 고객에 대한 신속한 서비스 제공 요구는 집권화를 촉진한다.

③ 통솔범위가 넓은 조직은 일반적으로 고층구조를 갖는다.

④ 공식화의 수준이 높을수록 조직구성원들의 재량이 증가한다.

> ① 복잡성에는 지리적, 수평적, 수직적 복잡성이 있다.

공시 2015년 9급 지방직

02 조직의 구조적 특성을 나타내는 지표로서 거리가 먼 것은?

① 의사결정 권한의 분산 정도

② 수직적·수평적·지리적 분화의 정도

③ 행동을 표준화하는 문서화·규정화의 정도

④ 조직의 투입을 산출로 전환하는 데 필요한 지식 및 기술(skills)의 정도

> ① 분권도, ②는 복잡도 ③은 공식도 ④는 조직기술

공시 2014년 7급

03 조직구조 및 유형의 특성에 대한 설명으로 옳은 것은?

① 애드호크라시는 공식화 정도가 높고 분권화되어 있으며, 수직적 분화가 심한 특징을 보여주고 있다.

② 공식화는 자원배분을 포함한 의사결정 권한이 조직의 상하직위간에 어떻게 분배되어 있는가를 의미한다.

③ 복잡성은 조직이 얼마나 나누어지고 흩어져 있는가의 분화정도를 말하며, 수평적·수직적·공간적 분화 등으로 세분화할 수 있다.

④ 집권화는 업무수행 방식이나 절차가 표준화되어 있는 정도를 의미하며 직무기술서, 내부규칙, 보고체계 등의 명문화 정도로 측정할 수 있다.

> ③

2) 정보기술과 조직구조의 관계

(1) 정보기술과 조직구조의 관계에 대한 모형

정보기술과 조직구조의 관계에 대한 일반적인 논의는 정보기술의 활용이 조직구조에 직접적인 영향을 준다는 가정에 입각해 있는 듯하다. 이러한 가정에 입각한 정보기술의 조직 내에 있어서의 의사결정참여 및 직무권한에 대한 연구 결과는 크게 세 가지로 분류될 수 있다. 조직 내에 있어서의 정보기술의 도입 및 활용과 조직구조와의 관계를 살펴 보면 정보기술의 도입이 집권화를 초래한다는 주장이 있고(Er, 1987; Dawson & McLoughlin, 1986; Leavitt & Whisler, 1958), 그 반면에 분권화를 야기할 수도 있다는 상반된 주장도 있다(Er, 1987; Moskovitz & Mammon, 1985; Anshen, 1960; Burlingame, 1961). 마지막 하나는 정보기술이 조직구조에 아무런 영향도 미치지 않는다는 것이다(Robey, 1986). 구조상황이론적 관점에서 보면 정보기술의 도입이 집권화를 촉진시킬 수도 있고 또한 분권화를 촉진시킬 수도 있다는 이율배반적인 주장이 필연적인 결과라고 볼 수 있다. 왜냐하면 정보기술의 도입 그 자체가 조직구조에 영향을 준다기보다는 환경이나 직무가 불확실한 조직에서는 정보기술의 도입이 상황요인과의 적합도(Fit)를 유지하기 위한 분권화경향을 강화하는 조절기능을 하고, 환경이나 직무가 비교적 단순한 조직에서는 정보기술의 도입이 오히려 집권화경향을 강화하는 방향으로 작용할 수도 있을 것이기 때문이다.

그림 3-5   정보기술과 조직구조 관계모형: 조절변수로서 정보기술

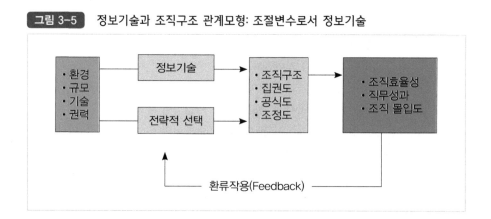

구조적 상황요인들 외에도 조직구조에 영향을 미치는 개인 심리적 요인을 들 수 있다. 예컨대, 고위정책결정자들이 하위계층의 의사결정이나 지역적 문제에 관여하려는 동기는 조직의 전반적 상황이나 정책에 대한 그들의 정보가 적절히 활용될 수 있도록 하려는 의지가 반영된 것이거나(Huber & McDaniel, 1986), 그들의 높은 성취동기(N-Ach) 때문이라고 할 수 있다(Miller & Droge, 1986).

(2) 집권화/분권화와의 관계

정보기술의 조직 내에 있어서의 의사결정참여 및 직무권한계층에 대한 파급효과는 최근 지대한 관심사로 부상하여 왔으며, 이는 조직 내에서 뿐만 아니라 조직간에도 적용될 수 있는 문제일 것이다. 조직 내에 있어서의 정보기술의 도입 및 활용과 조직구조와의 관계를 살펴보면 정확한 정보가 조직 상부층에 즉시 이용가능하기 때문에 정보기술의 도입이 집권화를 초래한다는 주장이 있고(Er, 1987 ; Dawson & McLoughlin, 1986 ; Leavitt & Whisle, 1958), 그 반면에 정보기술의 도입은 중·하위 관리자들의 조직전반적인 상황이나 정책우선순위 등에 관한 정보에의 접근을 가능케 하여 그들의 의사결정의 질을 향상시킬 수 있다는 점에서, 또한 정보기술의 도입이 조직 하위 및 중간계층의 일상적, 반복적 의사결정을 대체할 수 있기 때문에 그들의 비일상적, 비반복적 의사결정에 대한 참여도를 증진시키는 계기가 될 수도 있다는 상반된 주장도 있다(Er, 1987 ; Moskovitz & Mammon, 1985 ; Anshen, 1960 ; Burlingame, 1961), 또한 한국 행정부처를 대상으로 한 연구결과도 컴퓨터의 활용이 과연 집권화를 조장하는지 혹은 분권화를 조장하는지 명확한 실증적 연구결과를 제시해주지 못하고 있다(노화준, 1988).

앞서 지적한 바와 같이 구조상황이론적 관점에서 보면 정보기술의 도입이 집권화를 촉진시킬 수도 있고 또한 분권화를 촉진시킬 수도 있다는 이율배반적인 주장이 필연적인 결과라고 볼 수 있다. 왜냐하면 정보기술의 도입 그 자체가 조직구조에 영향을 준다기보다는 환경이나 직무가 불확실한 조직에서는 정보기술의 도입이 상황요인과의 적합도(Fit)를 유지하기 위한 분권화경향을 강화하는 조절기능을 하고, 환경이나 직무가 비교적 단순한 조직에서는 정보기술의 도입이 오히려 집권화경향을 강화하는 방향으로 작용할 수도 있을 것이기 때문이다.

구조적 상황요인들 외에도 조직구조에 영향을 미치는 요인으로 개인 심리적 요인을 들 수 있다. 예컨대, 고위정책결정자들이 하위계층의 의사결정이나 지역적 문제에 관여하려는 동기는 조직의 전반적 상황이나 정책에 대한 그들의 정보가 적절히 활용될 수 있도록 하기 위한 고위정책결정자들의 의지가 반영된 것이거나(Huber & McDaniel, 1986), 그들의 높은 성취동기(N-Ach) 때문이라고 할 수 있다(Miller & Droge, 1986).

(3) 공식화와의 관계

공식화란 행태적인 규범에 의존할 수 없는 경우 행태를 표준화(Standardization of Behavior)하는 것으로, 새로운 정보기술이 도입된 초창기에는 필요한 규범의 결여로 인해 공식화정도가 높아질 것이나 새 정보 기술에 익숙해짐에 따라 공식도에 대한 영향은 감소할 것이다(Huber, 1990).

Robey(1986; 1981)와 Mintzberg(1983)에 의하면 정보기술의 도입이 조직구조에 미치는 영향에 대한 상충적인 연구결과들에 대한 한 해결책으로서 공식화나 분권화의 조직의 통제 전략적 측면에서의 개념적 재검토가 필요하다. 분권화는 종종 공식화를 수반하며, 공식화와 분권화가 조직 하위계층에 대한 관료적 통제 수단으로 기능할 수도 있다(Child, 1972). 또한 분권화는 집권화의 한 방법으로 이해될 수 있다는 점에서(Mintzberg, 1983), 공식화를 수반한 분권화의 촉진은 하위계층의 의사결정결과를 모니터함으로써 정보기술이 관료적 통제의 수단으로 이용될 수 있다는 것이다. 이러한 관점에서는 정보기술의 도입이 분권화에 기여할 수 있다는 종래의 주장에 회의적이다.

(4) 통합도와의 관계

정보기술의 도입과 조직구조와의 관계를 다루고 있는 연구는 주로 수직적 권한계층 및 통제문제에 치중되어 있어, 수평적 분화에는 비교적 관심이 집중되지 않았다. 그러나 조직설계에 있어 가장 핵심적인 두 가지 근본요소는 분업의 원리에 입각해서 업무나 조직단위를 세분화, 전문화하고, 다시 이 세분화, 전문화된 직무 및 조직단위를 조직의 목표달성차원에서 어떻게 조정, 통합할 것이냐 하는 문제라 볼 때, 정보기술이 조직의 통합기구에 미치는 영향을 알아볼 필요성이 있다.

임시위원회나 태스크 포스(Task Force) 등과 같은 구조적 통합기구나 회의 등과 같은 절차적 통합기구는 관리자의 직무시간을 상당량 빼앗고 있는 실정인 바, 정보기술의 도입이 조정기구에 의한 관리자의 시간에 어떠한 영향을 미칠 것인가를 생각해 보는 것은 유용한 일이 될 것이다. 관리정보체제(MIS), 의사결정지원체제(DSS) 및 전문가체제(Expert System) 등과 같은 정보기술의 도입은 정보부족으로 인한 회의의 중단 등을 미연에 방지할 수 있고, 전자우편 등의 활용은 정보를 얻기 위한 이동을 감소시켜 주어 회의나 임시위원회 등의 조정기구의 역할이 일반적으로 감소할 것이다. 그러나 정보기술의 활용이 좀 더 효과적인 회의를 가능케한다고 여겨진다면 회의나 임시위원회 등을 통한 조정기능은 증가할 수도 있다(Huber, 1990).

정보기술의 도입은 조직 내의 수평적 분화를 야기시킨다는 연구결과가 지배적이다(Blau & Schoenherr, 1971 ; Pfeffer & Leblebici, 1977). 물론 이러한 정보기술과 수평적 분화와의 관계는 구조적 상황이론의 견지에서는 환경이 복잡하고 불확실할수록 고도로 분화된 조직을 효율적으로 조정하기 위한 통합도의 증대가 요구되는 것이지, 단순히 정보기술의 도입 그 자체가 직접적인 원인은 아니라고 볼 수있다. 정보기술의 도입으로 인한 파급효과는 각 부처간에 상이하며, 이는 동일조직 내에서도 각 하부구조가 직면한 상황적 요인들이 상이하기 때문이다. 이러한차이는 각 부처간의 특성을 심화시켜 전체적인 조정문제가 중요한 이슈로 대두된다(Whisler, 1970). 만일 원활한 조정기능이 이루어지지 않으면 부처간 할거주의(Interdepartmental Sectionalism)의 문제가 나타난다(Booth, 1988). 각 부처는 각각의 우선순위나 하위목표를 가지고 있기 때문에 목표의 전도현상을 야기할 우려가 크다. "이러한 할거주의를 보완하고 정책형성과정에서 조정을 기하기 위해 정보화는 데이터공유화의 취지에서 이루어져야 하며 이때에 정책과정의 데이터도 등록케 하여 데이터사전을 작성, 데이터디렉토리가 만들어져야 한다. 상호의 정보에접근할 수 있다는 것 자체가 정보를 통한 조정의 의의를 기대할 수 있기 때문이다

(방석현, 1990: 686)." 구조적 상황이론의 관점에서는 조직이 직면한 환경이나 직무의 불확실성이 크거나 조직규모가 큰 경우 분권화, 공식화 및 통합화 정도를 강화하는 조직설계가 효과적이며, 그 반면에 환경이나 직무가 단순하거나 조직규모가 작은 경우 과도한 분권화, 공식화 및 통합화는 효과적인 조직화방안이라 볼 수 없다는 것이다. 이러한 관점에서 보면 정보기술의 도입 그 자체가 조직구조에 영향을 준다기보다는 환경이나 직무가 불확실한 조직에서는 정보기술의 도입이 상황요인과의 적합도(Fit)를 유지하기 위한 분권화경향을 강화하는 조절기능을 하고, 환경이나 직무가 비교적 단순한 조직에서는 정보기술의 도입이 오히려 집권화경향을 강화하는 방향으로 작용할 수도 있을 것이다.

2 구조적 상황이론

상황이론은 조직간의 차이점을 강조하며 조직구조, 성과 및 효과성에 영향을 미치는 조직상황변수를 규명하려 한다. 연구의 관심을 상당히 받았던 상황요인은 조직이 직면하고 있는 조직환경, 조직기술, 조직규모 등의 조직상황변수들이다.

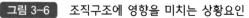 그림 3-6   조직구조에 영향을 미치는 상황요인

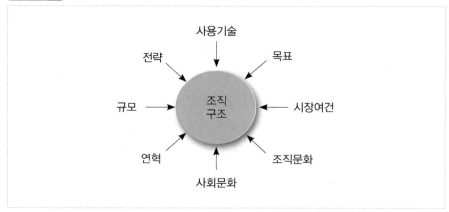

1) 일반체제이론과 구조적 상황이론

체제적 관점의 근본을 형성하는 몇몇 개념 중의 하나인 개방 및 폐쇄체제개념이 있다. 폐쇄체제는 구성요소의 기능과 그들의 상호관계가 주요연구목적인 자기봉쇄적(self-contained) 실체를 묘사해 주는 은유로, 폐쇄체제에 있어서는 체제를 기술하고 조종함에 있어 환경을 분석적으로 무시하는 방법으로 환경과의 관계가 규제되고 안정화된다. 이는 Max Weber(1947)가 이념형적인 관료제의 특징을 기술할 때 한 것과 유사하다. 기획부서의 기능에 대한 Frederick Taylor(1967)의 논의도 기업의 환경이 안정적이고 수치화할 수 있으며 부서의 구조에 별 영향을 미치지 못할 것이라는 가정에 입각해 있다.

폐쇄체제관점은 환경으로부터의 지지가 문제가 되기보다는 예측가능하다는 가정에 입각해 있다. 따라서 체제의 자원은 균형 내지는 항상성(homeostasis)의 유지를 위해 사용되고 내부적 능률성에 관심의 초점을 맞추고 있다. 현대조직이론가 중 폐쇄체제적 접근법을 옹호하는 이론가는 거의 찾아볼 수 없다. 이는 체제와 외부환경간의 관계에 대해 충분한 관심을 보이지 않는 이론적 관점에 대한 호칭에 불과하다. Barnard와 Simon은 종종 조직의 내적 역동성에만 몰두했기 때문에 폐쇄체제(혹은 균형)이론가로 불리어진다(최창현, 1992).

처음부터 개방체제는 체제이론에 있어 지배적인 이미지였다. 대부분의 문헌은 조직을 생물학적 유기체에 비유하여 내부적 능률성보다는 균형상태로부터의 이탈을 바로잡으려는 환류작용을 통한 항상성의 유지, 즉 체제생존을 강조한다. 이러한 점은 체제와 상황적 환경간의 관계에 관심을 집중시킨다.

최종상태에 도달하는 데 여러 방법이 가능하다는 원리, 즉 어떤 목적상태는 여러 경로 또는 다른 초기조건에 의해 도달될 수 있다는 등종국성(equifinality)의 원칙은 인과성의 개념이나 Taylor의 "단일최고방법(one best way)"개념과는 근본적으로 다른 것이다. 또한 체제가 당면한 복잡한 환경만큼 체제내부구조도 다양해야 한다는 필요적 다양성(requisite variety)원리를 상기해 본다면 체제이론적 관점에서 "단일최고방법"이란 존재치 않는 것이다. 그 대신 한 조직체가 상이한 하위환경에 직면할 수 있기 때문에 한 조직 내에도 다양한 조직구조화가 필요하다는 것이다(Lawrence & Lorsch, 1967).

투입, 전환, 산출은 각각 환경으로부터 체제로 유입된 에너지나 체제 내의 에너지 혹은 자원이 전환 또는 처리되고, 그리고 전환된 투입이 다시 환경으로 유출되는 것을 의미하는 연관적 용어이다([그림 3-7] 참조). 개방체제에 있어서는 환경이 조직생존에 중요한 변수로 대두되며, 환경의 변화에 제대로 적응하지 못하는 조직은 항상성, 즉 조직생존을 달성하기 어렵다는 점에서 상황이론적 조직분석의 틀을 제공해 준다고 볼 수 있다. 상황이론은 체제이론적 사고하에, 산출로서의 조직효과성을 제고하기 위해 전환과정으로서의 조직구조나 조직과정과 투입으로서의 환경간의 적합도를 유지해야 한다는 것으로 볼 수 있다는 것이다.

그림 3-7　일반체제이론과 구조적 상황이론

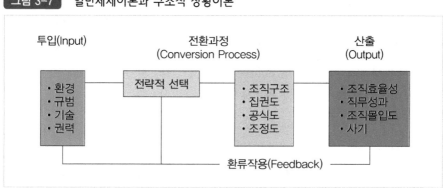

상황이론의 특징 중의 하나는 환경에 대한 결정론적인 지향성인데, 상황이론의 대안으로 대두된 전략적 선택관점은 환경에 대한 임의론적인 지향성을 강조하여 의사결정가가 전략적 선택을 통해 어느 정도는 상황적 제약조건을 완화할 수 있다는 것이다.

대부분의 현대조직환경이론은 조직과 환경간의 적합도를 유지하면 궁극적으로 조직효과성을 제고할 수 있다고 본다. 예를 들면 체제구조적 관점(system-structural view)을 대표하는 구조적 상황이론(structural contingency theory: SCT)은 조직과 기술적 환경간의 적합도를 유지하려 한다. 최종상태에 도달하는 데 여러 방법이 가능하다는 원리인 등종국성(equifinality)의 원칙은 인과성의 개념이나 Taylor의

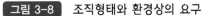

그림 3-8 조직형태와 환경상의 요구

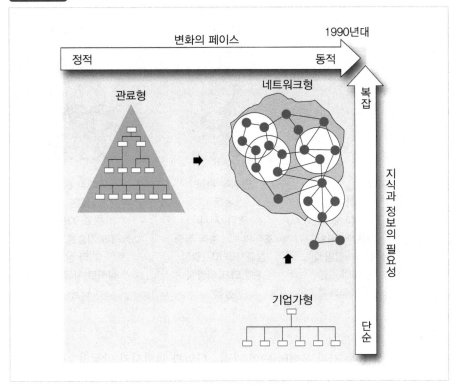

"단일최고방법"개념과는 근본적으로 다른 것이다.

또한 체제가 당면한 복잡한 환경만큼 체제내부 구조도 다양해야 한다는 필요적 다양성(requisite variety)원리를 상기해 본다면 체제이론적 관점에서 "단일최고방법"이란 존재치 않는 것이다(최창현, 1992). 그 대신 한 조직체가 상이한 하위환경에 직면할 수 있기 때문에 한 조직 내에도 다양한 조직구조화가 필요하다는 것이다(Mintzberg, 1986, 1979; Lawrence & Lorsch, 1967).

조직 상황변수들 중 하나는 조직행태에 대한 상이한 유형의 환경적 영향이다. 예컨대, James Thompson은 안정성(stability)과 동질성(homogeneity)이라는 두 개의 중요한 환경차원을 조직구조의 핵심적 상황요인으로서 구분한다.

Charles Perrow는 직무다양성과 이러한 다양성에 대처하기 위해 필요한 조직의 기술이 조직구조에 직접적인 영향을 미친다고 본다. Burns와 Stalker는 기술적 및

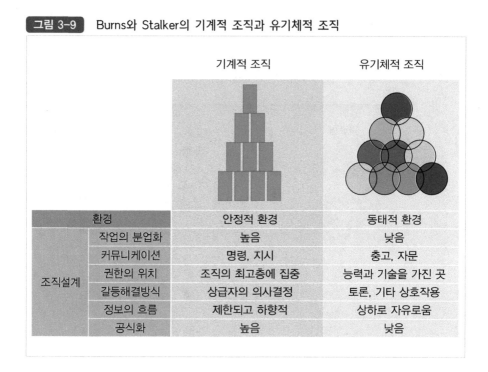

그림 3-9   Burns와 Stalker의 기계적 조직과 유기체적 조직

		기계적 조직	유기체적 조직
	환경	안정적 환경	동태적 환경
조직설계	작업의 분업화	높음	낮음
	커뮤니케이션	명령, 지시	충고, 자문
	권한의 위치	조직의 최고층에 집중	능력과 기술을 가진 곳
	갈등해결방식	상급자의 의사결정	토론, 기타 상호작용
	정보의 흐름	제한되고 하향적	상하로 자유로움
	공식화	높음	낮음

시장적 안정성을 두 가지 유형(style)의 관리스타일과 관련시켜 안정적 기술을 가진 경우 기계적, 즉 공식적 관료제적 관리스타일이 가장 효과적인 반면에 불안정한 기술을 가진 경우 좀 더 유동적이고 유기체적인 관리스타일이 필요하다고 본다.

(1) 환경의 조직구조에 대한 영향

환경개념에 대한 합의가 이루어지지 않아 획일적인 정의를 내리기 어려운 개념이다. Duncan(1979)은 환경의 복잡성(Complexity)과 역동성(Dynamism)이라는 두 차원에 입각하여 4가지 유형의 환경과 그에 적합한 조직구조를 제안하고 있다. 예컨대, 〈표 3-1〉에 나타난 바와 같이 환경이 정적이고 복잡한 경우 분권화된 조직구조가 적합하다는 것이다.

Lawrence와 Lorsch(1967)는 환경의 복잡성 및 역동성 외에 불확실성, 다양성, 적대성을 추가하였으며, 구조적 상황이론을 자원종속이론으로 발전시킨 Pfeffer와 Salancik(1978)에 의하면 환경의 한 차원으로서의 불확실성은 너무 불확실한 개

표 3-1	Duncan의 환경 분류	
	단순	복잡
안정적	기계적 관료조직 (행정기관, 대량생산업체) 1. 기계적 조직, 공식적, 집권적 2. 소수의 변경조직 3. 아주 낮은 차별화 4. 생산지향적	전문적 관료조직 (대학교, 종합병원) 1. 기계적 조직(공식화, 세분화 수준이 높음) 2. 낮은 집권화 3. 낮은 차별화(아주 적은 통합방법) 4. 약간의 계획
동태적	소규모 기업가형 조직 (소규모전문업체) 1. 강한 집권화 2. 유기적 조직(낮은 공식화) 3. 낮은 세분화 4. 통합능력과 변화대응력이 높은 조직	유기체적 조직 (정부산하연구소 컨설팅회사, NASA) 1. 유기체적 조직(비공식적, 분권적) 2. 낮은 세분화 3. 구성원의 전문적 수준이 높음 4. 아주 높은 차별화(다양한 통합방법 존재) 5. 포괄적 계획, 예측

출처: Duncan, Robert(1979). What is the Right Organization Structure?, Organizational Dynamics, Winter를 수정 보완

념인 바, 더욱 구체적인 환경차원으로서 자원의 집중도(Degree of Concentration of Resources), 자원의 희소성(Scarcity or Munificence of Resources), 조직간의 상호연관성(Interconnectedness of Organizations) 등을 환경변수의 조작화변수로 제안하고 있다.

(2) 기술이 구조에 미치는 영향

조직기술이란 조직내에서 투입물을 산출물로 변환시키는 과정을 말한다. 이를 위해 직간접적으로 사용되는 지식, 도구, 기법 그리고 활동을 포괄하는 개념이다. 기술(Technical System of Production) 또한 다의적인 개념이어서 획일적인 개념규정이 어려우나, 기술은 크게 3가지로 구분될 수 있다. 즉 활동 순서나 기법과 관련된 운영기술(Operations Technology), 원자재의 전환과 관련된 물자기술(Materials Technology), 그리고 직무의 예외성이나 분석가능성과 관련된 지식기술(Knowledge Technology) 등으로 구분된다(Scott, 1983).

Litwak(1961)은 직무의 일관성(Uniformity of Tasks)을 기술의 근본요소로 들고 있고, Perrow(1967: 195~196) 역시 이와 유사하게 직무의 정형성(Routineness of Work)을 들면서, 직무의 정형성-조직구조-조직목표간에 어떤 관계가 존재한다는 것이다.

즉 직무체계가 정형화된 경우, 의사결정과정은 더욱 더 집권화될 것이며, 그 반대로 직무불확실성이 높을 경우 의사결정과정은 더욱 더 분권화될 것이고, 이 분권화과정에서 불확실성에 가장 잘 대처할 수 있는 부서가 가장 많은 권한을 행사할 수 있는 적소에 있게 되어, 결국 그 부서의 이해관계를 반영하는 하위목적으로서의 부서목적이 가장 잘 현시화 될 것이라는 가정도 성립될 수 있다.

〈표 3-2〉에 나타난 바와 같이 Perrow의 기술분류는 2개의 직무특징으로 구성되는데, 직무다양성과 직무분석가능성정도가 바로 그것이다. 전자는 직무수행상 발생되는 예기치 못한 사건의 빈도를 의미하며, 후자는 직무담당자가 문제를 분석, 반응할 수 있는 정도를 의미한다. 그러므로 변환과정의 분석정도가 낮을 경우 담당자는 표준화된 절차에 따라 직무를 수행할 수 있다. 그 반면에 분석도가 높은 경우 규칙이나 공식화된 절차보다는 주관적 판단이나 경험에 입각한 직무처리가 바람직하다. 또한 직무다양성이 높을 경우 문제를 사전에 예측하기 어려워 정형화된 구조는 바람직하지 못하다

표 3-2   기술유형분류

		직무다양도	
		예외 小	예외 多
분석도	분석불가	정보량 小 장인기술 정보비명료성 高	정보량 多 비일상기술 정보비명료성 高
	분석가능	정보비명료성 低 정보량 小 일상기술	정보비명료성 低 정보량 多 공학기술

Perrow의 기술분류는 그 개념상 및 측정상의 명료성으로 인해 상당히 광범위한 적용가능성을 제시해 주었는 바, 이 개념적인 분석틀에 입각하여 상당한 실증적 연구결과가 나왔다. 예컨대, Daft와 MacIntosh(1981)는 정보의 양과 정보의 비명료성을 Perrow의 직무다양도와 직무분석가능성정도를 연관시켰고, Daft와 Lengel(1986)은 Perrow(1967)와 Daft & MacIntosh(1981)의 분석틀을 통합하여 4가지 기술유형에 상응한 정보처리의 4가지 조직설계모형으로 발전시키고 있다.

그림 3-10   기술과 구조변수와의 관계

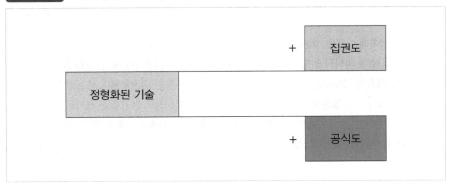

표 3-3   페로우의 기술분류와 조직구조

기술유형 구분	일상적 기술	비일상적 기술	장인기술	공학적 기술
조직의 특성	기계적	유기적	다소 유기적	다소 유기적
공식화	높음	낮음	중간	중간
집권화	높음	낮음	중간	중간
스탭의 자격	낮은 훈련, 경험	훈련과 경험	작업경험	공식적 훈련
감독범위	넓음	좁음	중간	중간
의사소통	수직적, 문서	수평적	수평적, 언어	문서, 언어
조정과 통제	규칙, 예산, 보고서	회의, 규범	훈련, 모임	보고서, 모임

(3) 조직규모가 조직구조에 미치는 영향

조직의 규모를 판단하는 합의된 기준은 없지만 대체로 정부의 재정규모, 인력규모, 인건비 비중, 영향력 등을 중심으로 비교하는 것이 일반적이다. 국내 연구도 대체로 정부규모에 대한 분석에서 인력, 예산, 조직, 법령 등을 중심으로 분석하고 있다.

인력규모의 경우는 정규직 공무원만을 포함시키느냐 혹은 비정규직까지 포함시키느냐에 따라 전혀 다른 결과치를 가져올 수 있다. 한국의 경우 60만 대군인 군인과 의경까지도 사실은 국가의 재정으로 월급이 나가는 경우이다.

공공부문 증대 현상을 설명하는 최초의, 그리고 가장 유명한 이론은 바그

파킨슨법칙

   파킨슨법칙에 따르면, 어떤 기업이 성장하면 성장할수록, 점점 능력이 없는 사람들을 고용하면서도 급료는 과다하게 지급하게 된다고 한다. 그 이유는 아주 간단하다. 고위 간부들이 강력한 경쟁자들이 나타나는 것을 두려워하기 때문이다. 위험한 경쟁자들이 생기지 않게 하는 가장 좋은 방법은 무능한 사람들을 고용하는 것이다. 또 사람들이 반기를 들 생각을 못하게 하는 가장 좋은 방법은 그들에게 지나치게 많은 급료를 주는 것이다. 그렇게 함으로써 지배계급들은 영원한 평온에 대한 확신을 갖게 되는 것이다.

– 「개미(Bernard Werber 저, 열린책들)」에서

■ 공무원 수는 업무량에 관계없이 늘어난다

   영국 행정학자 노스코트 파킨슨이 1955년 소개한 파킨슨법칙의 기본 가설은 '일은 그걸 마치도록 주어진 시간만큼 늘어난다'는 것이다. 파킨슨은 그 예로 엽서 한 장을 쓰는 데 8시간이 주어지면 업무자는 8시간 동안 할 일을 만들어 낸다고 했다. 시간 대신 자원과 인력을 대입해도 마찬가지 현상이 나타난다. 파킨슨은 이런 현상을 조직론으로 발전시켜 '공무원 수는 업무의 많고 적음과 관계 없이 계속 늘어난다'고 했다.

   실제로 파킨슨에 따르면 영국 해군의 인력구조 변화를 담은 자료에 주목했다. 이 자료에 따르면, 1914년에서 1928년까지 14년 동안 해군 장병의 숫자는 14만 6,000명에서 10만 명으로, 군함은 62척에서 20척으로 줄어들었으나, 같은 기간 동안 해군 본부에 근무하는 공무원의 숫자는 2,000명에서 3,569명으로 80퍼센트 가까이 늘어났다고 한다.

1914년부터 1928년 사이의 간부 수 변동조사 결과

연도	주력함정 수	장교와 사병의 수	공창근로자 수	공창관리와 사무원 수	해군 본부 관리의 수
1914	62	146,000	57,000	3,249	2,000
1928	20	100,000	62,439	4,558	3,569
증감률	−67.74%	−31.5%	9.54%	40.28%	78.45%

   표에서 중요한 것은 1914년에 2,000명이던 해군 본부 관리의 수가 1928년에 3,569명으로 늘어났는데, 이는 업무량의 증가와 아무런 관계가 없다는 사실에 있다. 같은 기간 병사는 1/3이, 함대는 2/3이 축소되었고, 더 이상의 인원이나 함대의 증가를 기대할 수도 없었던 상황에서 관리의 수만 78%나 증가하였다는 것이다(Parkinson, 2003).

너가 주장한 '바그너(Wagner)의 공공지출 증가 법칙(Wagner's Law of rising public expenditure)'이다. 이는 경제가 성장할수록(산업화가 진행될수록) 전체 국민 경제에서 차지하는 공공부문의 상대적 크기가 증가하는 현상을 말한다.

Pugh(1969) 등에 의하면 조직의 규모는 의사결정의 빈도나 사회적 통제 등과 같은 매개변수의 영향을 통해 조직구조의 한 지표인 활동구조(Struc-luring of Activities)에 영향을 끼치나, 권한집중도(집권도)나 계선통제에는 영향을 미친다는 것을 발견하지 못했다는 것이다. 그 반면에 Child(1973)는 규모가 집권도와 상관관계를 보이나, 활동구조와는 무관하다고 본다. Weber(1946)도 관료제적 구조가 규모가 커질수록 더 현저히 나타날 것이라고 보았다. Blau나 Shoenherr 같은 구조주의자들은 규모의 조직구조에 대한 절대적 영향을 주장하나, 이러한 견해는 Hall(1972) 등에 의해 반박되고 있다. 일반적으로 조직규모가 증대될수록 공식도, 분권도, 통합도 및 조직의 전산화가 증가할 것이다(Robey, 1986).

그림 3-11 **규모와 구조변수와 관계**

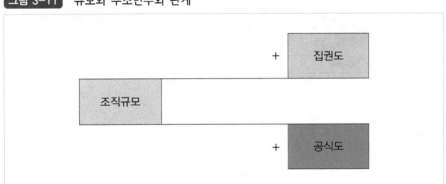

2) 민츠버그(Mintzberg)의 5가지 조직구조

Mintzberg는 수십년간 제시된 구조적 상황이론들을 집대성해 복잡한 조직을 설계하는데 있어서 매우 유용한 분석틀을 제시해 주고 있는데, 조직에는 다섯 가지 기본 부문이 있다고 주장한다.

Mintzberg는 조직을 설계하는 데 있어서 매우 유용한 분석틀을 제시해 주고

그림 3-12   민츠버그의 5가지 조직구조

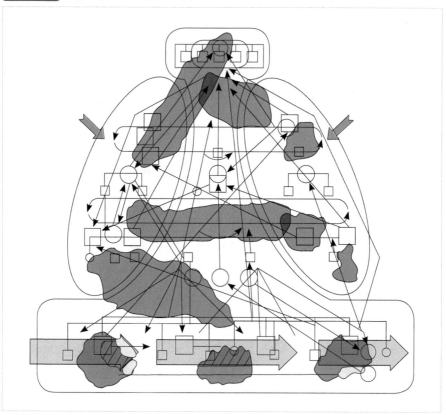

그림 3-13   조직구조의 5가지 기본 요소

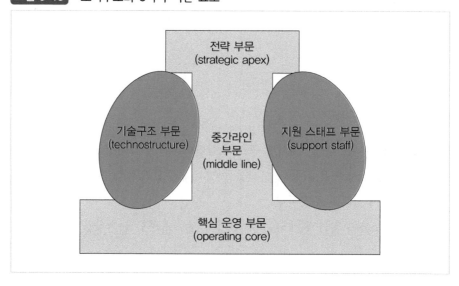

있는데, 조직구조는 조직의 역사, 조직규모, 조직기술, 조직이 직면한 환경 및 조직권력 등과 같은 여러 상황요소(Situational Elements)들에 의해 결정되며 이들 상황요소와 조직구조간의 적합도(Fit)를 높이는 것이 조직효과성을 제고하는 첩경이라는 것이다. 예컨데, 조직의 환경이 복잡하고 역동적이라 불확실하면 분권화를 강화하고, 조직이 비일상적 기술을 사용할수록 분권화하고, 조직규모가 크면 분권화를 강화하는 조직설계가 상황요소와 조직구조간의 적합도를 유지한 조직 설계라는 것이다.

표 3-4 민츠버그의 조직설계유형

분류	단순구조	기계적 관료제구조	전문적 관료제구조	사업부제구조	애드호크라시
조정수단 핵심부문	직접감독 전략층	업무표준화 기술구조	지식/기술의 표준화 핵심운영층	산출물의 표준화 중간관리층	상호조정 지원스텝
상황요인					
역사 규모 기술 환경 권력	신생조직 소규모 단순 단순, 동태적 최고관리자	오래된 조직 대규모 비교적 단순 단순, 안정 기술관료	가변적 가변적 복잡 복잡, 안정 전문가	오래된 조직 대규모 가변적 단순, 안정 중간관리층	신생조직 가변적 매우 복잡 복잡, 동태적 전문가
구조요인					
전문화 공식화 통합/조정 집권/분권 예	낮음 낮음 낮음 집권화 신생조직	높음 높음 낮음 제한된 수평적 분권화 행정부	높음(수평적) 낮음 높음 수평·수직적 분권화 학교	중간 높음 낮음 제한된 수직적 분권화 재벌기업	높음(수평적) 낮음 높음 선택적 분권화 연구소

그림 3-14 민츠버그의 조직설계유형

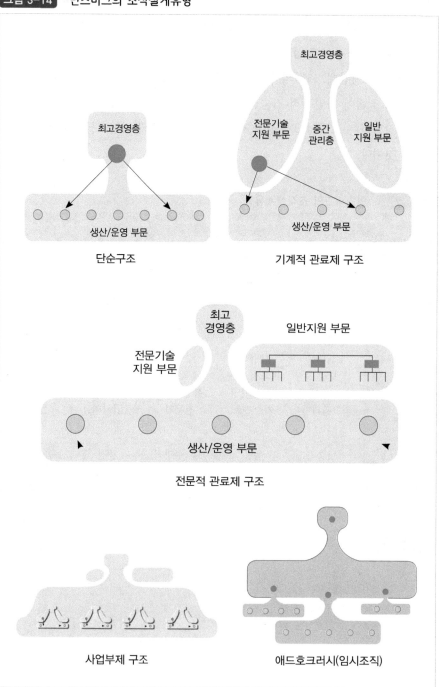

민츠버그의 5가지 조직구조 유형을 x축에 조직의 나이, y축에 조직규모로 놓고 시간의 흐름에 따른 조직의 진화과정관점에서 보면, 그라이너(Greiner)의 조직 성장단계별 조직위기 대응방법을 정리해 볼 수 있다.

그림 3-15 그라이너(Greiner)의 조직 성장 단계별 조직위기 대응방법

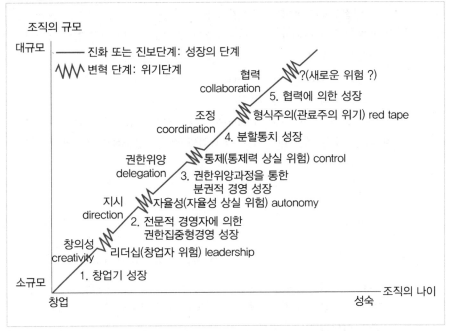

출처: Greiner, Larry E.(1972). Evolution and Revolution as Orgnizations Grow, HBR, July-August

공시 2011년 7급 중앙직

01 민츠버그(H. Mintzberg)의 조직유형론에 대한 설명으로 옳지 <u>않은</u> 것은?

① 단순구조(simple structure)는 집권화되고 유기적인 조직구조로서, 단순하고 동태적인 환경에서 주로 발견된다.

② 기계적 관료제(machine bureaucracy)는 단순하고 안정적인 환경에 적절한 조직형태로서, 주된 조정방법은 작업과정의 표준화이다.

③ 전문적 관료제(professional bureaucracy)는 수평·수직적으로 분권화된 조직형태로서 복잡하고 안정적인 환경에 적합하다.

④ 사업부제조직(divisionalized form)은 기능부서간의 중복으로 인한 자원낭비를 방지할 수 있으며, 사업부내 과업의 조정은 산출물의 표준화를 통해 이루어진다.

> ① 단순구조는 유기적이 아니라 기계적 조직구조

공시 2016년 9급 지방직

02 조직상황 요인과 조직구조 간의 관계를 설명한 것으로 옳지 <u>않은</u> 것은?

① 조직규모가 커질수록, 분권화 정도가 높은 조직구조가 적합하다.

② 조직환경이 불확실할수록, 분권화 정도는 높고 공식화 정도는 낮은 조직구조가 적합하다.

③ 조직이 방어적 전략을 추구할수록, 공식화 정도는 낮고 분권화 정도는 높은 조직구조가 적합하다.

④ 조직이 비일상적인 기술을 사용할수록, 분권화 정도는 높고 공식화 정도는 낮은 조직구조가 적합하다.

> ③ 공세적 전략으로

개방 사회적 조직이론

개방 사회적 조직이론

대표적 학파 및 학자	주요 이론의 원리
	1990년대 이후 급속한 기술변화, 고객요구 변화, 고객욕구의 다양화, 치열한 시장경쟁, 정보기술의 급진전에 따라 기존 조직패러다임으로부터 새로운 변화패러다임에 따른 조직설계원리제시
March의 조직의사결정에 대한 쓰레기통모형 카오스, 복잡계이론 Senge의 학습조직	고객대응성강조 → 프로세스조직 창의성과 자율성 → 팀 조직 문제해결강조 → 학습조직 • 새로운 변화를 체질화하고 스스로 변화할 수 있는 조직강조 → (자기조직화적) 네트워크조직 • 조직외부의 긴밀한 네트워크 관리를 통하여 공생이익강조

1 조직의 진화과정

생물의 경우만 보더라도 경쟁전략만으로 생존하지는 않는다. 대체 어떠한 구조가 생존을 유지해 나가는가 하는 의문에 대한 한 해답으로서 "자기조직화(self-organization)"라는 이론이 주목을 받게 되었다. 자기조직화란 조직이 조직 그 자체를 만들어 간다는 진화과정에 초점을 맞춘 이론이다. 외부로부터 강한 무엇인가를 조직에 적용시켜서 조직이 강화되는 것이 아니라, 조직이 자기의 특질을 파악하고, 그 특질을 활용하여 조직을 성장시킨다. 그렇기 때문에 단편적인 정보에서 더욱 고차원적인 정보를 창출해 내는 자발적인 작용이 있다. 자기조직화과정을 보면, 생명조직이란 실은 "동요"와 같은 불안정성과 불확실성을 유효하게 활용하여 질서를 수립한다는 것을 알 수 있다. 질서를 수립하는 데 평범한 무질서를 활용한다. 상당히 모순적인 면이 있지만, 그야말로 자율적인 정보생성의 방법을 이용하고 있다.

분산구조(dissipative structure)의 개념이 내포하고 있는 변화에 관한 Prigogine과 Stengers(1984)의 이론에 의하면 요동이 현존하는 체제를 평형에서 멀리 떨어진 상태로 보내면서 이 체제의 구조를 위협하게 되면 이 체제는 임계순간(critical point) 또는 분기점(bifurcation point)에 도달하게 된다. 이 점에서는 이 체제의 다음 상태를 미리 결정한다는 것이 원래부터 불가능하다는 것이다. 이때 우연히 이 상태의 체제를 건드려 새로운 경로를 밟게 한다. 그리고 일단 경로가 선택되면 다음 분기점에 도달할 때까지는 다시금 결정론이 지배하게 된다. 간단히 말하자면, 여기서 우리는 우연과 필연이 화해될 수 없는 대립적인 것들이 아니고 운명 속에서 각각 동반자로서의 역할을 하고 있다는 것을 알게 된다. 사회체제와 환경간의 관계에 관한 이론은 크게 임의주의(Child, 1972; Silverman, 1970)와 결정주의(Hannan & Freeman, 1990)로 양분되나 혼돈이론(chaos theory)의 도입으로 이 두 관점의 조화가능성이 엿보인다.

조직이 환경에 수동적으로 적응할 수 있거나 적극적으로 환경을 조작하거나, 혹은 환경과 상호작용할 수 있다는 기존 조직이론의 대전제는 질서정연함 속의 질서(order in the orderliness), 즉 분석가능한 환경을 상정하는 균형모형의 경우에만 타당한 것이지, 혼돈으로부터의 질서(order out of chaos), 즉 분석불가능성을 상정하는 비균형모형의 경우에는 변화나 갈등을 당연한 것으로 간주하는 것이 유용할 수도 있다. 환경에 대한 분석가능성을 가정하는 경우에만 계획적 변화는 가능하다. 환경이 급변하는 경우 제한적 인지능력을 극복하거나 체제의 안정성을 유지하기 위해 문제해결책을 정형화하려는 경향이 있으나 이러한 정형화는 하나의 흐름에 불과하다. 일반적으로 균형모형은 체제의 균형을 파괴할 우려가 있는 변화를 위기로 인식하나, 비균형모형에서는 자기혁신의 호기로 인식될 수 있다. 문자 그대로 위기는 위험과 기회를 동시에 함축하고 있는 것이다. Leifer(1989)는 환경으로부터의 위기가 증가함에 따라 환경의 분석가능성정도가 떨어질 뿐만 아니라 항상성의 유지 자체가 곤란해지는 분기점(bifurcation point)에까지 이른 경우 균형모형은 이를 체제가 직면한 위험으로 보나, 자기조직화관점에서 보면 이러한 위기 상황은 조직으로 하여금 요동을 통한 새로운 동태적 질서(new dynamic order through fluctuations)를 추구할 수 있는 기회를 제공해 주는 것이다(혼돈이론에 대한 상세한 논의는 최창현(1994a) 참조, 또한 혼돈이론에 입각한 자기조직화관점에 대한 상세한 논의는 최창현(1993a) 참조).

그림 4-1　자기조직화체제의 조건

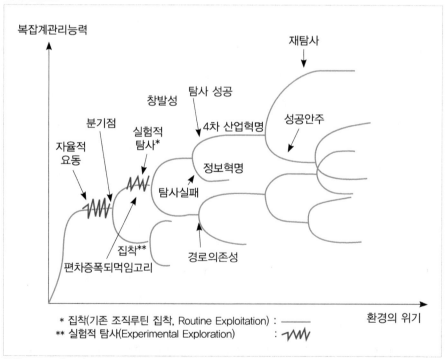

출처: Leifer, R.(1989). Understanding Organizational Transformation Using a Dissipative Structure Model, Human Relations vol. 42를 필자가 수정, 보완

　　조직의 활동에 있어서 "요동(fluctuations)"에는 어떠한 것이 있는가? "요동"의 종류는 상당히 많다고 할 수 있다. 중소기업의 경우 가장 알기 쉬운 것은 자금의 요동이지만, 여기에 그치지 않는다. 조직의 변화, 변이, 혼돈과 혼란, 긴장 등 모든 것을 "요동"으로 취급해도 좋다. 좀 더 본질적으로는, 앞에서 말한 다양성과 불안 정성, 그리고 애매성 등도 "요동"으로 간주할 수 있다.

　　요동이 조직전략에 활용되는가? 활용되는 정도가 아니다. 놀라운 일은, 이미 성공한 사업의 대부분이 그러한 조직전략에서 나왔다는 것이다. 특히 일본 대기 업의 다각화전략은 대개 "요동"을 매개로 하고 있다.[1]

　　요동을 통한 새로운 동태적 질서로 진화하는 자기혁신하는 조건은 무엇인 가? ① 우선, 외부환경의 다양성에 유연하게 대처한다. 여기서 영역(domain)의 목 표를 세운다, ② 다음으로, 환경에 대처함으로써 얻은 다양성을 조직내부의 변화 와 긴장에 활용하는 것이 필요하다. 결국 불안정과 불규칙에 적극적으로 주목한 다. 일에 대한 문제만이 아니고, 이른바 "휴식"에 대한 것을 중요시해도 좋다. 이 것은 "평형을 깨뜨리는" 시스템에 해당한다, ③ 다양성을 받아들인 조직은, 처음 에는 혼란과 혼돈이 일어난다. 그러나 조직에는 그 혼돈을 새로이 질서화하려는 자율적인 작용도 일어난다. 누군가가 그러한 리듬 메이커로 나설 수도 있고, 그러 한 방향을 모색하는 그룹을 형성하기도 한다, ④ 이렇게 하여 몇 개의 자율적인 리듬이 조직의 내부에 발생하면, 이들 리듬간에는 서로가 서로를 끌어들이는 것 과도 같은 현상이 일어나며, 동시성(synchronization)이 생긴다. 따라서, 조직은 "동 요"를 스스로 초월하는 임계점을 맞이하게 된다. 여기가 "기업진화"의 가속장치 가 발동되는 가장 중요한 시점이다, ⑤ 잠시 후 조직에 새로운 "구조"가 발생한다.

1　예를 들면, 산토리가 맥주사업이라는 위험한 모험을 시작한 것은, 위스키시장에서 매우 안정된 세력을 유지하고 있었지만, 조직에 이완이 생겼기 때문이다. 이러한 일종의 분기점에서 평화로 운 분위기를 깨기 위해 맥주사업을 시작했다. 본래 산토리는 포트와인의 매상이 절정기에 올 랐을 때 위스키로 진출하여 성공했다. 그 정보기억이 되살아난 것일지도 모른다. 아무튼 "맥주 를 팔자"는 분위기가 조성되었다. 그 결과 조직 내에 상당한 동요가 일어났다. 반대도 있었다. 그러나 그대로 위스키만 팔아서는 조직에 활력도 생기지 않고 새로운 정보도 창조할 수 없다. 이렇게 맥주사업으로 도전을 감행했지만, 처음에는 고전을 했다. 그러나 잘 생각해 보면, 위스 키의 기술이나 맥주의 기술에는 공통된 메리트가 있다. 결국 맥주사업은 산토리의 도매인에 꼭 들어맞는 사업이었다. 사업의 새로운 의미생성의 논리에서 보아도 타당한 방법이었다.

그러면 조직에는 기업의 성격에 근거한 다양한 가치관이 형성된다. 여기서 거시, 미시의 동향을 잘 연결하는 루프를 만들어야 한다. 이것은 이미 말한 조직적 전략의 발아로 이어진다. 또 여기서는 우연성과 필연성을 이어주는 루프를 발견하는 것도 과제다, ⑥ 지금까지의 단계는 어쨌든 정보창조의 프로세스에 해당하지만, 이것을 그대로 방치해 두어서는 안 된다. 더욱이 자기혁신의 에너지를 쌓아두는 데는 위에서 야기된 정보들을 편집하고, 새로운 문맥으로 바꾸어 저장해 둘 필요가 있다. 결국, 정보의 지식화가 요구된다. 이 단계에서는 조직학습의 중요성과 방법을 묻게 된다, ⑦ 이렇게 하여 처음에 목표로 설정한 영역(domain)을 결정하는 단계까지 온다. 영역을 결정하면, 그 방향성을 사내가 충분히 인식하는 계기가 된다. 대개 이러한 단계에 의해서 조직의 자기혁신성에 박차를 가하지만, 물론 이러한 일은 한 번으로 끝나지 않고, 이러한 주기가 반복된다.

다음은 자기혁신조직을 둘러싼 일곱 가지 조건을 요약, 정리한 것이다.

① 외부의 다양성을 받아들이고 있는가
② 조직 내의 "동요"에 주목하고 있는가
③ 자율적인 리듬이 발생되고 있는가
④ 멤버간에 자기초월의 계기는 있는가
⑤ 일의 우연성과 필연성은 연결되고 있는가
⑥ 새로운 정보를 편집하고 있는가
⑦ 목적지향성을 갖고 있는가(다인 번역부 역, 1990).

다음에서는 요동을 통한 새로운 동태적 질서로 진화하기 위한 자기혁신이 가능하도록 하기 위한 조직설계의 구체적인 방향에 대해서 논의한다.

2 혼돈이론에 입각한 조직설계: 자기조직화 조직

균형모형으로서의 체제이론적 접근법은 Maturana와 Varela(1980)에 의해 발전된 체제이론(system theory)에 대한 새로운 접근법인 자생이론(theory of autopoiesis)에 의해 도전받게 되었다. 그들은 모든 살아 있는 체제는 단지 자기 스스로에게만 준거하는 조직으로서 폐쇄되고 자율적인 상호작용의 체제라고 주장하였다. 그들의 견해에 의하면 살아 있는 체제들이 환경에 대해 개방적이라는 생각은 외부적인 관찰자의 입장에서 그 체제들을 인식하려는 시도의 산물인 것이다.

그들의 이론은 체제와 그 환경간에 주어진 구별, 즉 체제경계의 타당성을 비판하고, 살아 있는 체제들이 변화해 가는 논리를 이해하기 위한 새로운 관점을 제공해 주고 있다. 살아 있는 유기체로서의 체제는 자율성(autonomy), 순환성(circularity), 그리고 자기준거성(self-reference)을 갖는데 이러한 특징들은 그 체제에게 자기창조적(self-creating)이고 자기혁신적(self-innovating)인 능력을 부여해 준다. 그들은 이러한 능력을 지칭하기 의해 자생(autopoiesis)[2]이라는 용어를 만들어 내었다. 체제는 스스로의 자기생산을 촉진시키는 방식으로 그 환경과 상호작용하는 것이며, 이러한 의미에서 우리들은 체제의 환경이 결국 체제 자체의 일부분이라는 사실을 깨달을 수가 있다는 것이다(Morgan, 1986).

이러한 관점에서 자생이론은 Prigogine이나 Leifer(1989)의 "분산구조(dissipative structure)"[3]에 관한 연구와 일맥상통한다. 뿐만 아니라 이와 유사한 생각은 다른 살아 있는 체제에서도 적용되고 있음이 관찰되어져 왔다.[4] 조직에는 갈등적 가치가 항존하나(Quinn & Rohrbaugh, 1983), 이는 조직적응력의 원동력이 되기도 한다. 질서지향적인 관료제적 조직과 균형이론은 갈등을 역기능적인 것으로 파악, 이를 제거해야 하는 것으로 인식하는 경향이 있기 때문에 오히려 잠재적인 조직의 적응능력을 억압할 가능성이 있다.

---

2 Dobuzinski(1987)도 제1의 인공두뇌(cybernetics)가 통제에 초점을 두었다면, 제2의 인공두뇌는 자율성에 초점을 둔 것이라고 본다.

3 분산구조란 엔트로피 없는 비균형상태를 유지할 수 있는 자기조직화체제로 정의할 수 있으며, 자기조직화는 자율체제를 생성하고 재생성하는 자기조직과정으로 정의할 수 있다(Dobuzinski, 1987).

4 Prigogine(1980)은 한 체계의 우연적인 변화가 새로운 질서와 안정성의 양상을 산출할 수 있음을 보여주었던 화학적 반작용체계에서의 "분산적 구조(dissipative structures)"에 관한 연구와 혼돈이론(chaos theory)으로 노벨상을 수상하였다. 이러한 생각은 Jantch(1980; 1975)에 의해 다른 살아 있는 체계뿐 아니라 사회체제에서도 적용되고 있다.

관료제는 관료제적 책임성과 관련된 관료의 보신주의현상을 나타내기도 한다(Morgan, 1986). 관료제적 책임성의 원칙에 대한 지나친 강조와 규칙에 의한 업무처리는 비록 내용적 정의는 충족시키지 못할지라도 최소한 절차적 정의는 확보할 수 있다. 대민창구의 공무원이 친절해져야 한다는 점에 이의를 제기할 사람은 없을 것이다.

그러나 이는 업무량을 고려한다면 이의를 제기할 수도 있다. 예컨대, 하루에 수백 명의 민원인을 대면해야 하는 공무원에게 미소로 대하라고 한다면 아마 안면근육통에 시달릴지도 모른다. 비인격성을 근간으로 하는 관료제에서 감정적 포근함을 요구하는 것은 관료제에 대한 이해부족에서 기인한 것이라 볼 수도 있다(김영평, 1991).

그러나 이러한 또한 다른 많은 역기능들은 자기조직화에 필수적인 이중순환학습(Argyris & Schon, 1978; Weick, 1979)에 장애가 되는 요인으로 작용한다.[5]

그림 4-2   홀로그래픽 조직설계

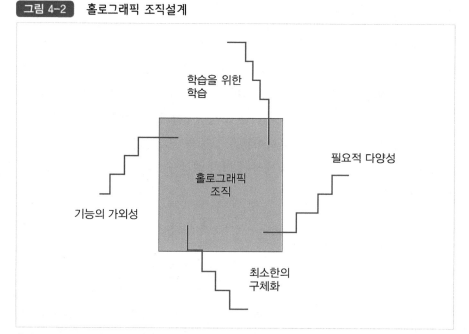

출처: Morgan. Gareth(1986), Images of Organization

---

5 관료제의 역기능에 대한 비판을 반박하고 관료제를 옹호하는 입장은 Perrow(1972)와 조선일(1989) 참조.

Perrow(1972)는 관료제의 경직성에 대한 비판에 대해서 관료제의 빈번한 변화는 운영비용을 증대시킨다는 점에서, 또한 관료제의 번문욕례(red-tape)에 대해서는 자의적 행정처리를 예방하는 기능을 한다는 점에서 관료제에 대한 비판을 반박한다.

그렇다면 이러한 자기생성적인 변화는 어떻게 발생하는 것인가? 인공지능학파(Maruyama, 1963)는 운영규범으로부터의 이탈을 규제하고 수정하도록 해주는 부정적인 순환고리(negative feedback)과정을 유지함으로써 체제는 안정된 균형을 고수할 수가 있고, 또한 새로운 여건의 변화를 수용하기 위해 이러한 규범을 수정할 수 있게 해 주는 이중적 순환학습의 능력을 개발함으로써 체제는 스스로 진화해갈 수 있음을 강조한다.

환경에 대한 조직의 수동적 적응, 구조적 타성(structural inertia)으로 인한 유지보존(retention) 메커니즘의 한 형태로서의 관료제화, 그리고 이러한 관료제화로 인한 이중순환학습을 방해하는 요인을 극복시켜 줄 수 있는 자기조직화를 가능하게 해주는 홀로그래픽디자인은 다음 네 가지 상호기능적으로 연관된 원칙들을 실행하는 데 기초한다.

어떤 시스템이든, 그것이 자기-조직화를 수행해 나갈 수 있으려면 일정한 정도의 여유성(redundancy)을 확보해야만 한다. 이때 여유성이란, 혁신과 개발이 일어날 수 있는 여지를 마련해 주는 일종의 초과능력을 의미한다. 여유성이 없는 조직은 시스템이 고정적이고 완전히 정태적일 수밖에 없다. 성공적인 일본 기업들의 지식창조 및 혁신과정에 대한 연구에서 노나카(Nonaka)와 타케우치(Takeuchi)가 일찍이 보여주었듯이, 이러한 종류의 여유성 확보는 단순히 인지적이고 지적인 영역을 넘어선, 보다 깊은 수준의 암묵적 이해(tacit understanding)를 창조해 나가는데 매우 효과적일 수 있다. 이런 점에서, 그들이 주장했던 '하이퍼텍스트 조직(hypertext organization)은 홀로그래픽 조직모형과 많은 점을 공유하고 있다고 볼 수 있는데, 이는 상이한 양식과 수준에서 많은 조사와 정보탐색을 실행해 볼 수 있도록 하는 사용자 친화적인 컴퓨터 프로그램 환경의 이미지로부터 따온 용어다.

또한, 여유성은 조직 내 사람들의 숙련보유 형태나 기능의 수행방식에도 내재될 수 있다. 시스템에 여유성을 설계하고 주입하기 위한 두 가지 방법이 있다.

첫 번째 방법은 '부분의 중복성(redundancy of parts)'을 포함한다. 이는 시스템의 각 부분이 각기 특정한 기능을 맡아 수행하도록 정확히 설계되어져 있는 반면, 한 운영부분에 문제가 발생되었을 때 그것을 대체하거나 혹은 이들 부분의 활동을 통제하기 위해 다른 특별한 부분들이 시스템 내에 부가되어져 있는 경우를 말한다. 결국, 관리자들은 각 부분의 일이 잘못 돌아갈 때 개입하도록 되어 있는 일종의 '예비부분'의 구실을 하는 셈이다. 두 번째 설계방식은 '기능의 중복성(redundancy of functions)'을 포함한다. 이 방법은 시스템내에 예비부분이 추가되는 대신 각 운영부분 자체에 예비기능이 더 추가됨으로써 각 부분은 단일한 전문활동을 수행하는 것이 아니라 여러 범위의 기능에 종사할 수 있게 되는 것을 의미한다. 홀로그래피적이고 또한 자기−조직화적인 과정은 바로 '기능의 중복성'을 필요로 한다. 자율적인 작업 집단의 도입, 품질관리 분임조와 TQM의 활용 등 최근 나타난 조직변화 추세는 이러한 원리를 반영하고 있다.

가외적 기능의 원칙(the principle of redundant functions)은 한 기능이 여러 기관에 혼합된 중첩성(overlapping)과 동일기능이 여러 기관에서 독립적으로 수행되는 중복성(duplication) 등을 포괄하는 개념이다(백완기, 1992). Landau(1969)는 가외적 기능을 갖는 조직은 신뢰성을 증진시킬 수 있다고 본다.[6] 예를 들면, 두 개의 브레이크가 설치된 자동차의 경우 고장확률이 각각 1/10이면 두 브레이크가 동시에 고장날 확률은 $1/100(1/10 \times 1/10)$이다(Bendor, 1985).

고전적 행정관리원칙에 입각한 행정기구개편은 거의 모두 행정상의 책임소재를 흐려놓을 우려가 있는 중첩성과 중복성을 제거하려는 시도였다. 사기업과는 달리 관할구역이 법적으로 제한되어 있는 행정기관의 업무가 중복되는 현상이 발생한다는 것은 언뜻 보기에 불가능한 듯하다. 그러나 점점 복잡해지는 현대사회에서는 법이 모든 사항을 구체화시키지 못한다. 따라서 행정관할구역상에 애매모호성이 발생하여 부처별 확장주의 같은 현상이 비일비재한 것이 현실이다(이창원·최창현, 2007).

---

6 Bendor(1985)는 가외적 조직(M−form)이 기능적 조직(U−form)보다 선호되는 조직임을 수학적으로 증명하고 있다. 이에 대해서는 Bendor, Jonathan B.(1985), Parallel Systems: Redundancy in Government, University of California Press, pp. 24~65 참조.

가외적 기능에 입각한 조직화는 관료제적 전문화원칙에 어긋난 것이나, 어느 한 기관이 제대로 기능하지 않는 경우 다른 가외적 기관이 이를 대치할 수도 있다는 점에서 자기조직화를 위한 창의성, 대응성(responsiveness), 신뢰성 및 융통성(flexibility)을 확보하도록 해줄 수 있다. 김영평(1991) 교수도 가외적 기능의 확보는 관료제에 경쟁원리를 도입하는 결과가 되므로 관료제의 신뢰성을 증진시킬 수 있다고 본다.

필요 다양성(Requisite variety)이란 어떤 한 통제 시스템은 곧 통제되어야 할 환경과 최소한 같은 수준의 다양성과 복잡성을 지녀야만 한다는 뜻이 된다. 이 원칙에 따르면 다양성은 시스템 내에서 그것이 직접적으로 필요한 곳에 설계되어야 한다. 조직의 다양성과 여유성은 전통적인 위계적 조직설계에서처럼 몇 단계 떨어진 영역에 설계될 것이 아니라 환경과 직접적으로 마주하고 상호작용하게 되는 영역에서 설계되고 내재되어야 한다.

왜냐하면 그러한 경우 개인이나 팀 개별사업 단위들이 보다 생생한 현장수준의 혁신을 추진하는 능력과 힘을 가질 수 있기 때문이다. 이렇게 해서 얻어진 다양성과 여러 가지 혁신 경험들이 조직 내에 공유되고 추가적인 학습을 위한 일종의 자원으로 활용되어 전체조직 역시 스스로 진화해 나갈 수 있는 능력을 확보할 수 있다.

가외기능과 필요다양성의 원칙은 자기조직화를 위한 능력을 보유한 체제를 창조한다. 그러나 이러한 능력이 실현되려면 두 가지 조직화원칙이 더 필요해지는데 그것이 바로 핵심적 사항에 대한 최소한의 구체화원칙(principle of minimum critical specification)과 학습을 위한 학습의 원칙(principle of learning to learn)이다.

'최소한도의 핵심적인 규정(minimum critical specification)'이란, 만일 시스템이 자기-조직화해 나갈 수 있는 자유를 누리기 위해서는, 적절한 혁신이 일어날 수 있게끔 허용해 주는 일정한 정도의 자율성을 가지고 있어야만 한다는 것이다. 이 원칙에 의하면 경영자들은 사업 활동에 필요이상으로 과도한 규정을 시도해서는 안 된다. 즉 그들은 거창한 설계자가 되려하지 말고, 시스템이 독자적으로 운영되어질 수 있는 '기능 조건들(enabling conditions)'들을 만들어 주는, '촉진자', '오케스트라의 지휘자', 그리고 '경계관리자'로서의 역할을 자임해야 한다. 그래서 독립된 하나의 사업 단위든, 작업 팀이든, 아니면 개인이든 간에, 독자적인 운영 단위가 '제한된 그러나 책임성 있는 자율권'이 부여된 상태에서 스스로 홀로서기를 해 나갈 수 있도록 도와주어야 하는 것이다. 즉 이 원칙은, 조직이 전통적인 의미로 설계되어지는 것이 아니라, '스스로 설계해 나가는' 시스템이 될 수 있도록 도와주게 되는 것이다(Morgan, 1986).

인간관계론 등에서 즐겨 사용하는 관리기법인 직무확장(job enlargement)이나 직무풍요(job enrichment), 혹은 권한위임의 강화 등이 최소한의 구체화원칙을 적용한 예로 볼 수 있다. 그러나 이 원칙에 입각한 조직구조화는 자칫 행정상의 자유재량권의 남용 등과 같은 부작용을 초래할 우려가 있다.

이러한 부작용을 방지하기 위해 홀로그래픽디자인의 네번째 요소로서 학습을 위한 학습원칙을 개발할 필요가 있다. 규범에 의거한 행동을 하도록 통제해주는 자기규제체제의 통제기능은 단일─순환고리학습(single loop learning)에 의해 가능하나 규범이 행동의 적절한 근거가 되는가의 여부를 판단하는 기능은 이중─순환고리학습(double loop learning)능력에 의존하는 것이다.

단순한 학습을 위한 과정과 학습을 위한 학습과정의 차이점은 '단일─순환(single-loop)'과 '이중─순환(double-loop)' 학습간의 차이로 설명되어진다.

단일─순환 학습(single-loop learning)은 사전에 주어진 운영규범에 비교한 착오를 발견하고 이를 수정해 나갈 수 있는 능력을 의미한다.

그림 4-3   단일-순환 학습

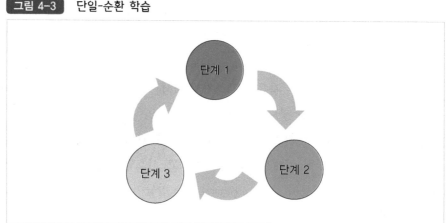

많은 조직들이 환경을 탐색하고, 목표를 세우며, 이러한 목표와 관련한 시스템의 성과를 모니터링 하는 단일-순환 학습은 그동안 능숙하게 수행되어져 왔다. 예를 들면 조직의 예산제도는 조직활동이 항상 예산편성과정을 통해 세워진 일정한 한계 내에서 이루어지도록 하기 위해 지출과 판매, 이윤 등 성과지표를 모니터링 함에 의해서 단일-순환 학습능력을 유지해 간다.

이에 비해 이중-순환 학습(double- loop learning)은 이미 설정되어 있는 운영규범 자체의 적절성에 항상 의문을 제기해 봄으로써 조직 내외 상황에 대한 "이중적 관찰"을 할 수 있는 능력을 말한다.

- 단계1=환경에 대한 감지 및 정보탐색과정
- 단계2=이렇게 해서 얻어진 정보를 기존의 운영규범에 대해 비교
- 단계3=운영규범 자체가 현재 적절한가에 대한 의문과 비판의 제기
- 단계4=착오를 제거해 나갈 수 있는 적절한 조치를 유발하는 과정

무엇이 조직의 이중-순환 학습을 어렵게 만드는가? 조직의 이중-순환 학습의 실패는 관료제적 조직에서 전형적으로 나타난다. 관료제화는 흔히 사람들의

그림 4-4   이중-순환 학습

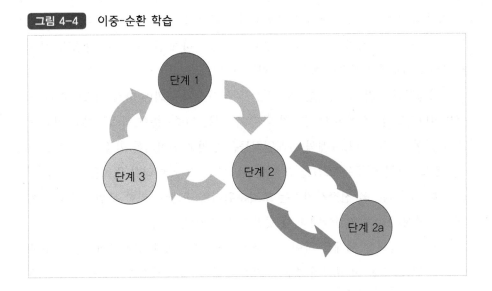

사고와 행동면에서 파편화된 양태를 조성해 가기 쉽다. 대부분의 관료조직에서처럼 조직 내에서 위계적 및 수평적 부문화가 강하게 이루어질 경우 조직 내 정보 및 지식의 자유로운 소통이 어렵다. 그래서 폭넓은 전체적 시각을 갖지 못하고 하위단위 부서의 목표를 조직전체의 목적으로 추구하게 된다.

또 다른 장애는 관료제적 책임추궁과정과 규율제도에서 비롯된다. 책임추궁과 그에 따른 엄격한 처벌이 이루어지는 여건하에서 사람들은 자신은 물론, 직장 내 친한 동료들을 보호하기 위해 '방어적인 관행들(defensive routines)'에 집착할 수 있다. 즉 조직구성원들이 자신을 불리한 위치에 처하게 할 이슈나 문제들을 모호하게 비껴가거나 아예 덮어버리는 것이다.

또한 자신이 책임져야 할 상황을 실제보다 더욱 좋게 보일 수 있도록 온갖 종류의 '인상관리(impression management)' 술책을 동원해 나갈 수도 있다. 그럼으로써 이들은 정작 조직에 매우 중요할 수 있는 문제들을 무시하거나 감추고 대신 상사가 듣기 좋아하는 사항만을 보고하는 행태를 보이게 된다.

우주비행선 챌린저호의 공중 폭발사고 역시 '중요한 문제를 덮어버리는' 이러한 일련의 과정들로 말미암아 발생되었다. 예정된 스케줄에 맞추어 비행선을 발사시키려는 무리한 욕심이 의사결정과정을 지배한 끝에 비행선의 폭발을 가져왔던 O-ring의 접착과 관련한 심각한 문제들을 제대로 충분히 재검토하지 못한 채 발사를 감행함으로써 참사를 자초하게 되었던 것이다. 이러한 방어적인 관행들은 그 자체가 조직의 문제들을 제대로 다루지 못하게 만드는 공유 규범과 '집단사고(group think)'의 패턴을 형성해 나갈 수도 있다.

지속적인 자기-조직화를 위해서는 외부환경의 변화에 따라 시스템의 운영 규범이나 규칙을 적절히 변화시켜 나갈 수 있는 이중-순환 학습능력이 필요해진다. 앞에 제시된 홀로그래픽 설계원칙들은 무엇보다 이러한 이중-순환 학습이 가능하도록 만들어주는 조건을 창출해 준다. 그렇지만, 이러한 원칙들 역시 '학습을 위한 학습'과정을 진작시켜주는 조직분위기와, 또한 그러한 분위기를 적극적으로 조성해 주는 경영철학에 의해 뒷받침되어져야만 한다.

이 학습능력은 체제로 하여금 응집된 가치와 규범에 의거하여 운영되도록 보장하면서도 또한 이 규범이 행동의 지침이 될 수 있는 적절한 기반을 제공해 주는가에 대해서 항상 의문을 제기해 볼 수 있도록 해준다. 그러므로 홀로그래픽 시스템이 통합과 응집성을 획득하고 변화하는 환경의 요구에 반응하여 스스로 진화, 발전해 나가려면 이러한 학습능력이 적극적으로 보장되어야만 하는 것이다 (Morgan, 1986). 학습하기 위한 학습원칙을 조장하는 방안으로는 제안제도나 내부 자고발(whistle-blowing)을 활성화시킬 필요가 있다. 폐쇄적인 관료체제하에서는 이중-순환 고리학습을 기대하기는 어려우므로 보다 개방적인 관료제를 확립해야 한다.

　뉴턴의 물리학의 엄격성과 결정론은 하이젠베르크의 불확정성과 새로운 혼돈의 물리학의 불연속성에 의하여 대체되어 버렸는데도 불구하고 우리들은 아직껏 제조와 서비스의 조직을 기계적인 틀로 조립하려 하고 있다. 사회체제의 혼돈적 행태를 인정한다면 조직과 환경간의 균형의 유지가 곧 효율적 조직이라 여기는 균형체제이론은 요동을 통한 새로운 동태적 질서(new dynamic order through fluctuations), 즉 분산구조로의 끊임없는 자기혁신이 어려우나, 혼돈모형에 입각한 자기조직화이론은 균형모형에 입각한 기존 조직이론의 한계성을 극복하는 대안적 패러다임을 제공해 줄 수 있을 것이다.

　홀로그래피적인 조직은 단지 하나의 이상에 불과한 것인가? 일부 혁신적인 조직들은 주요 운영부문들을 재구조화(reengineering)하기 위해 이 원칙을 확장, 적용하기 시작하였다. 미국의 경우 상당한 수의 지방정부가 위탁관리형[7]을 취하고 있으며, 행정기관에 준자율적 근무집단(semi-autonomous work group), 재구조화 (reengineering), 벤치마킹(benchmarking), 연동근무제(flexible work scheduling) 등이 시도되고 있다.[8] 일본 이즈모시(출운시)의 경우 백화점에서의 행정서비스제도나 연중무휴행정서비스 제도 등을 제공하고 있고(1993년 5월 2일자 KBS 1 TV 방송), 강원도는 1993년 6월 1일부로 휴일민원처리제를 실시하고 있으며(1993년 5월 18일자 조

---

7 지방자치단체의 혁신을 위한 위탁관리자형을 위시한 여러 방안에 대한 상세한 논의는 최창현 (1994b) 참조.

8 공공조직에 있어서의 대안적인 조직화 방안에 대해서는 Martin, Shan(1983), Managing without Managers: Alternative Work Arrangement in Public Organizations, SAGE Library of Social Research, SAGE Publications; Bendor, Jonathan B.(1985), Parallel Systems: Redundancy in Government, University of California Press을 참조.

선일보), 내무부는 민원1회방문처리제를 실시하고 있으며, 강원도 강릉시의 경우 모든 시 공무원의 집 대문에 민원처리의 집이라는 명패를 달고 접수된 민원을 아침 출근시 갖고 가 퇴근시 가져다 주는 제도를 실시, 4월 한 달간 천여 건의 실적을 올린 바 있다(1993년 5월 26일자 경향신문). 이러한 자기창조적 발상은 관료제적 타성에 젖어 있는 한 쉽게 나오기 어려운 것이다. 관료제적 조직을 고수할 필요가 있는 행정조직을 제외하고는 급변하는 환경에 직면한 행정조직(예컨대, 체신부, 통신공사, 과기처)에 우선 자기조직화개념을 적용한 관료제의 자기혁신방안을 고려해 볼 필요가 있다.

3 미래의 조직구조 형태

그림 4-5 탈관료제의 유형

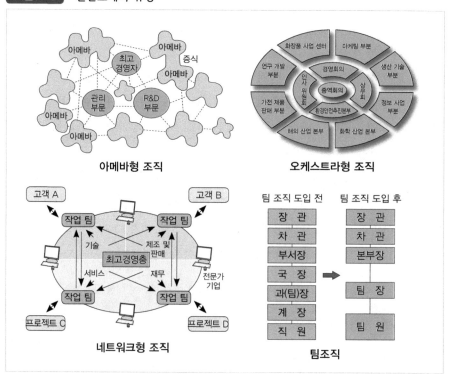

출처: Peter M. Senge (2006). The Fifth Discipline: The Art & Practice of The Learning Organization

1) 팀조직

팀제 조직이란 공동의 목적과 성취목표를 달성하기 위해 상호보완적인 기능을 갖춘 사람들이 서로 신뢰할 수 있는 방식으로 함께 일해 나가는 소수의 그룹이다. 즉 팀은 스스로 목표와 계획을 수립하고 스스로 실행 및 관리하는 책임조직이다.

전통적 조직에서는 계층제의 수가 많아 결재에 과다한 시간이 소요되었으나 팀제하에서는 담당자와 팀장 둘이서 결재하므로 시간이 절약되어 스피드한 업무 처리가 가능하다. 또한 연공서열주의 인력 운영에서 탈피해 능력과 성과 중심의 운영이 수월하다. 또한 팀제는 계급제를 지양하고 직위분류제에 입각하기 때문에 능력위주의 인재등용과 함께 전문능력 활용이 용이하다.

① 장점
1. 계층별 조직 부문간 분파주의를 극복하고 시너지 효과 창출
2. 계층간 장벽을 제거함으로써 의사결정의 속도를 빠르게 할 수 있음
3. 권한위양으로 도전적인 분위기를 만들 수 있음
4. 종업원이 보다 자율적으로 일하게 함으로써 직무만족도를 제고시킴

그림 4-6   팀조직

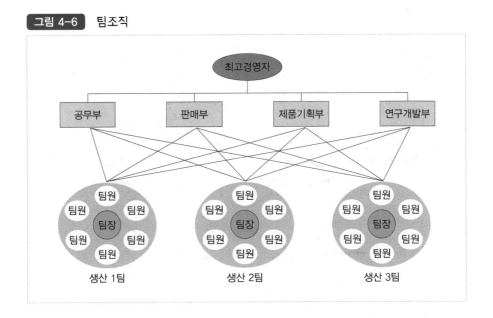

② 단점

1. 팀이 정상궤도를 이탈하는 것을 감시할 수 없음

2. 팀 단위 보상으로 일어나는 동기부여의 저하 발생

한때 팀제 열풍이 불어 과거의 행자부와 전국 지자체 등의 정부기관도 팀제를 도입했었지만 과장을 팀장으로 변경해 무늬만 팀제라 비판받더니 2018년 8월

그림 4-7   미국 팀조직의 최신 모델

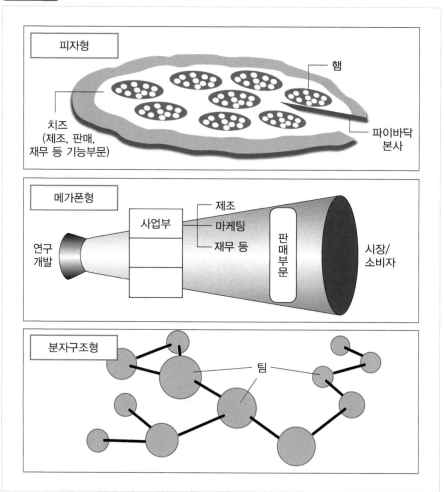

 서울시청 구조

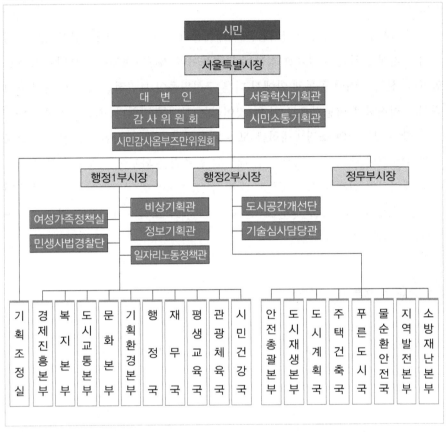

말 현재 행안부를 위시한 충남도청, 파주시청, 고양시청, 인천시청, 논산시, 공주시, 부여군 등 종래의 국실과 체제로 돌아가 이제는 팀제를 찾아보기 어렵다. 서울시는 과 단위가 없이 국실과 팀 대신 본부라 이름지어놓은 과장이 없는 팀제와 유사한 제도를 취하고 있어 최소한 결재단계는 줄어든 경우이다.

2) 네트워크 조직

네트워크 조직이란 상호의존적인 조직 사이의 신뢰를 바탕으로 서로 독립성을 유지하는 조직들이 상대방이 보유하고 있는 자원을 마치 자신의 자원인 것처럼 활용하기 위하여 수직적 수평적 공간적 신뢰 관계로 연결된 조직간 상태를 말한다.

이 네트워크 조직의 핵심개념은 거래비용과 신뢰이다. 거래비용은 경제단위 사이에 거래를 하는데 필요한 정보 수집비용이나 거래과정에서 소요되는 비용을 말한다. 신뢰는 어떤 공동체 안에서 다른 구성원들이 보편적인 규범에 의해 규칙적이고 정직하고 협동적으로 일 할 것이라는 기대를 말한다. 기회주의적 행동으로 인한 시장실패와 조직비대화를 모두 해결하기 위해 등장한 신뢰를 바탕으로 운영되는 것이 네트워크 조직이다. 네트워크 조직은 환경이 제공하는 복잡한 문제를 해결하기 위해 수직적 통합과 수평적·공간적으로 공식적인 조직경계를 뛰어 넘는 통합 메커니즘을 갖춘 조직이다. 네트워크 조직의 개념을 그림으로 보면 [그림 4-9]와 같다.

그림 4-9   네트워크 조직

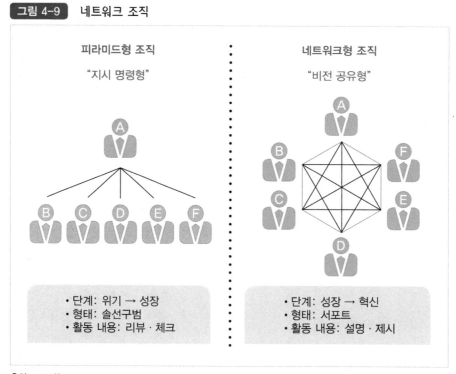

출처: http://magazine.hankyung.com/business/apps/news?popup=0&nid=01&c1=1001&nkey=20170901011
    35000511&mode=sub_view

시장, 위계조직과 네트워크 조직의 특성을 비교하면 〈표 4-1〉과 같다.

표 4-1   네트워크 조직의 특성

특성	시장	위계조직	네트워크 조직
• 규점벽 기초	• 계약	• 고용관계	• 협력적 관계
• 의사소통 수단	• 법적, 강제적	• 위계	• 교호적 규범
• 갈등해소 수단	• 재판	• 관리감독	• 평판
• 유연성	• 높음	• 낮음	• 중간
• 참여자 몰입도	• 낮음	• 중간, 높음	• 중간, 높음
• 분위기	• 상호의심	• 공식적, 관료적	• 개방적, 호혜적
• 상대방 선택	• 독립적	• 의존적	• 상호의존적

장점	단점
• 조직의 개방	• 전략적 행동의 제약
• 조직의 슬림화	• 대외적 폐쇄화의 가능성
• 조직의 수평적 통합	• 경쟁자의 육성 가능성
• 분권화를 통한 임파워먼트	• 특정집단 혹은 조직내 운영 방안에 대한 제시
• 혁신을 통한 경쟁력 배양	미흡

3) 프로세스 조직

조직환경이 생산자 주도에서 고객주도로 전환, 산업 사회에서 정보화 사회로 전환, 원가 품질 경쟁에서 시간 서비스 경쟁으로 경쟁우위원천의 변화, 대량생산 시장에서 고객 차별화 시장으로의 전환은 기능중심의 전통적인 조직형태로부터 새로운 변화를 요구한다.

기능단위의 팀제 조직이 추구하는 목표간에 서로 상충되는 경우가 많고, 부처이기주의가 팽배해 팀간 업무협조가 제대로 이루어지지 않는 경우가 많다. 팀제란 많은 초우량 기업이 도입하는 21세기 전략조직의 한 형태임은 분명하다. 한국의 정부조직이나 기업들이 진정한 팀제를 도입하기 위하여는 팀 스스로가 자기완결성을 가질 수 있게 되었을 때 다시 말해서 프로세스를 책임지는 자기조직화적 단위로 새롭게 변화할 수 있는 프로세스 중심으로 근본적으로 재설계한 프로세스 조직으로 변화할 필요가 있다.

그림 4-10 삼성전자 영상사업본부 프로세스 조직의 모습

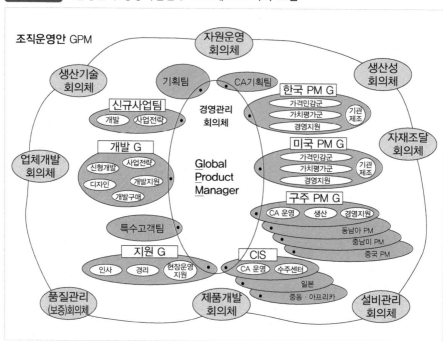

출처: http://www.kefplaza.com/labor/pm/insamanage04_view.jsp?nodeId=139&idx=997&pageNum=30

　　프로세스 조직이라는 용어는 1990년 M. Hammer가 비지니스 리엔지니어링 (business reengineering)이라는 개념을 소개한 이래, 그가 비즈니스 리엔지니어링에 의하여 새롭게 변화된 조직시스템의 모습을 프로세스 중심형 조직이라고 명명하면서부터 시작되었다.

　　전통적인 조직설계의 논리 중 가장 대표적인 것은 '기능의 유사성에 따른 조직화'라고 할 수 있다. 이는 유사한 기능을 가진 업무들을 하나의 조직 부문으로 통합함으로써 인력활용 및 자원이용의 효율성을 제고하고 부문별 전문성을 축적하기 위한 것이다. 즉 기능에 따른 조직화는 내부 효율성을 극대화하기 위한 것이다.

　　그러나 기능식 조직은 부문간의 업무조정에 많은 시간과 비용이 소모되고 업무 프로세스가 복잡해져서 변화하는 환경에 신속히 적응하지 못한다. 오늘날의 조직에서는 환경적응성, 고객대응성 등과 같은 조직의 효과성(effectiveness) 측면이 효율성(efficiency)보다도 우선시 되고 있다. 그러므로 환경에 대한 신속한 적응과

다양한 고객 요구에 탄력적으로 대응하기 위해서는 고객대응성과 내부효율성을 동시에 충족할 수 있는 새로운 조직화 원리가 요구된다.

4) 학습조직

학습조직이란 성과를 달성하도록 지속적으로 역량을 확대시키고, 새롭고 포용력 있는 사고능력을 함양하여, 집중될 열정이 자유롭게 설정되고, 학습방법을 서로 공유하면서 지속적으로 배우는 조직이다(Peter Senger, 2006).

교육훈련 자체보다 이제 더 중요한 것은 학습하는 조직문화와 시스템을 만드는 것이다. 조직학습협회(Society for Organizational Learning) 창립자인 MIT 슬론 경영대학원의 Peter M. Senge 교수는 "세계가 긴밀하게 연결되고, 비즈니스가 역동적으로 복잡해질수록 업무는 학습과 더불어 이뤄져야 한다. 미래에 진정한 경쟁우위를 갖고 앞서나갈 조직은 상하 구분 없이 모든 구성원의 학습능력을 활용하고 헌신을 끌어낼 방법을 찾아내는 조직"이라고 했다.

학습조직과 관련된 용어로 조직학습(organizational learning)이 있다. 이는 조직 내 개인적 학습이 조직 전체 차원으로 확대됨을 의미한다. 이러한 조직학습이 잘 이루어지는 조직을 학습조직(learning organization)이라 한다. 학습조직에는 5가지 핵심요소가 있는데 이를 통해 변화를 추구하는 조직으로 만들어 줄 수도 있다.

① 개인적 숙련: 개인들의 자기효능감에 기초해서 그들을 적극적으로 임파워링하고 동기부여하여 개인적 숙련을 촉진시킬 수 있다.
② 정신모형: 단기적 지각과 장기적 지각이 있는데, 개인의 단기적 지각의 계속적 변화가 쌓여서 결국에는 장기적 신념과 전략적 사고에 영향을 미치게 된다. 말 그대로 정신적 모델을 만들어 이를 근거로 새로운 전략을 생각하고 실천한다는 내용이다.
③ 공유비전: 우리는 무엇을 창조하기를 원하는가? 하는 것에 대한 답이다.
④ 팀 학습: 조직 내 사람들이 개개인의 능력의 단순 합을 뛰어 넘는 지혜와 능력을 구축할 수 있도록 "함께 생각하는" 대화와 팀 단위 집단적 사고 능

그림 4-11   Senge의 학습조직 모형

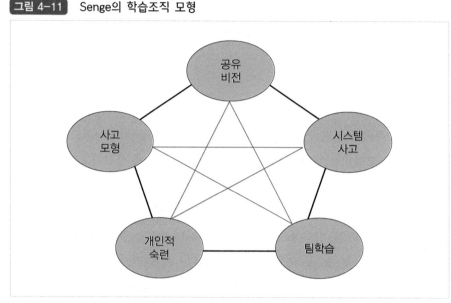

출처: Peter M. Senge (2006). The Fifth Discipline: The Art & Practice of The Learning Organization

력을 구축하는 수련이라 할 수 있다.

⑤ 시스템 사고: 부분들과 환경과의 관계간의 상호 관계성을 분석하여 전체
  적인 패턴을 보다 명확히 하고 그것들을 효과적으로 바꿀 수 있는 틀이다.

5) 가상조직

가상조직(Virtual Organization)이란 독립적인 둘 이상의 기업이 전략적 제휴나
합작투자를 통하여 형성하는 네트워크로서 일정기간 동안 특정목적을 위해 구성
된다. 물리적인 제품을 생산하지 않는 거의 모든 조직에는 독립적인 에이전트로
구성된 조직형태가 가능하다. 혹은 초기에는 IBM이나 AT&T와 같은 정보기술 회
사만이 사무실을 없앴다. AT&T의 경우 재택근무의 활용을 통한 통근시간의 감축
은 판매부서원들로 하여금 고객과의 대면시간을 15% 내지 20% 증가시켰다.

광고회사인 치아트 데이(Chiat-Day)는 많은 수의 근로자들이 사용하는 물리
적 사무실을 없앴다. 컴팩 컴퓨터사(Compaq Computer Corporation)는 판매사원을 재

택근무토록 하여 판매 및 행정 비용이 수입의 22%에서 12%로 떨어졌다. 이 결과는 부분적으로 이러한 변화의 결과이다. 코네티컷 주에 있는 과학장비제조 회사인 퍼킨-앨머(Pergin-Elmer)는 300명의 판매 및 고객 서비스관리자를 재택근무토록 하여 35개의 지점을 폐쇄할 수 있었다.

정보통신기술(ICT)을 이용해 시간과 장소의 제약 없이 업무를 보는 방식으로, 유무선 인터넷과 스마트폰, 영상회의 같은 첨단 ICT를 활용해 사무실과 다름 없이 일할 수 있도록 하는 것으로 업무 효율성을 높이고 근무 환경을 개선하는 것이다.

모두가 정해진 시간에 사무실로 출·퇴근해 일하는 일반적인 패턴에서 벗어나 시간과 장소를 유연하게 활용해 일한다. 재택근무, 모바일을 활용한 현장근무, 집근처에 만들어진 스마트워크센터에서의 근무 등이 그 예다. 이러한 스마트워크는 출퇴근 시간 및 비용을 감소시키고 개인 또는 가정을 위한 시간을 더 많이 할애할 수 있도록 한다. 뿐만 아니라 누구와도 네트워크를 통해 협업할 수 있는 집단지성(Collective Intelligence)을 실현할 수 있게 해준다.

스마트워크의 근무 유형에는 다음과 같은 방식이 있다. 첫째로 자택 인근의 원격사무실에서 일하는 스마트워크센터 근무, 그리고 집에서 일하는 재택근무, 마

그림 4-12 일하는 방식의 변화, 스마트워크

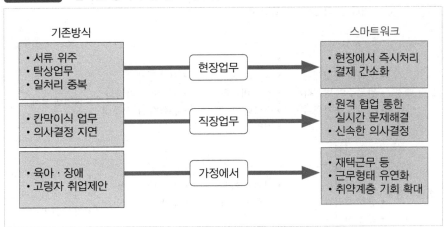

출처: 종합 뉴스

지막으로 스마트폰 등을 이용해 현장에서 일하는 모바일 근무가 바로 그것이다.

〈표 4-2〉는 미래 조직 모형의 장점과 한계점을 정리한 것이다.

표 4-2   미래 조직 모형의 장점과 한계점

구분	장점	한계점	보완사항
팀조직	• 특정 과업 수행 방법 제시 • 고성과를 위한 제시 • 단위조직 운영 방안	• 전체 조직내에서의 통합 문제 미흡	• 네트워크 조직의 기본 원리 적용
네트워크 조직	• 집단 혹은 조직간의 관계 양식	• 특정 집단 혹은 조직내 운영방안에 대한 제시 미흡	• 팀 조직 기본 원리 적용 • 프로세스 조직의 기본 원리 적용
프로세스 조직	• 고객 가치의 조직 내부화 • 조직화의 기본 원리 제시	• 프로세스 팀간의 통합 문제	• 네트워크 조직의 기본 원리 적용
학습조직	• 비가시적 내부 능력의 체계적 관리 방안 제시 • 예측 불가능한 환경에 대한 적응 방법 제시	• 구체적인 조직 설계 기준 제시 미흡 • 구체적인 조직 유형 제시 미흡	• 조직 구조의 형태를 제시한 이론들과 통합화

〈표 4-3〉은 팀조직, 네트워크 조직, 학습조직 등의 미래 조직 모형의 특징을 비교한 것이다.

표 4-3   미래 조직 모형의 특징 비교

구분	팀조직	네트워크 조직	프로세스 조직	학습조직
등장 배경	• 신속한 환경대응 • 관료주의 병리타파 • 질적 노동가치 추구	• 조직 실패 • 국제화 진전 • 조직 비대화 • 통합화 요구 • 전략적 제휴	• 시간 경쟁 • 고객욕구 다양화 • 통합화 요구 증대	• 지식 경쟁 • 환경의 불예측성
전체조건	• 소수 인원 (10명이내) • 공통 목적 • 상호 책임감 • 공통 접근 방법 • 상호보완적 기술 보	• 신뢰감 형성 • 상호 호혜성	• 정보기술 활용 • 고객 가치 반영	• 신뢰감 형성 • 지적 네트워크 • 지식 관리

조직특성	전체구조	• 계층 단축 • 수평적 구조 • 과업특성별 조직화	• 느슨하게 연결된 공생적 네트워크	• 프로세스별 조직화 • 수평적 구조	• 자기 조직화 • 네트워크
	구조적 특징	• 분권화: 고 • 통합 수단 - 팀내: 상호조정, 가치 - 팀내: 정보기술과 네트워크 - 계층: 적음 • 필요기구: 팀조정위원회	• 분권화: 고 • 계층: 적음 • 통합수단: 정보기술과 신뢰관계 • 필요기구: 네트워크 통합자	• 분권화: 고 • 계층: 적음 • 통합수단: 정보기술과 네트워크 • 필요기구 케이스 관리자, 조언자	• 분권화: 고 • 계층: 저 • 통합수단: 정보기술과 네트워크 • 필요기구: 지식관리 전담팀

[그림 4-13]은 미래 조직모형의 분석 수준을 보여주고 있다. 팀조직은 조직 내의 집단 수준에 적합한 구조이고, 프로세스 조직과 학습조직은 조직 수준에서 채택하기 적합한 구조이고 네트워크 조직은 조직군 수준에서 채택하는 조직구조 이다.

그림 4-13 미래 조직 모형의 분석 수준

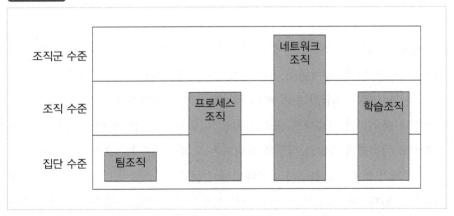

4 조직문화

1) 조직문화의 개념과 특성

우선 조직문화를 이야기하기 전에 문화에 대해 알아보자. 문화란 1장에서 상세히 살펴보았듯이 당신의 사고방식을 지배하는 것으로 압축해 설명할 수 있다.

대중가요를 통해 본 문화의 진화를 간략히 살펴보자. 흔히 대중가요는 시대를 반영한다고 한다. 그런데 대중가요의 대부분은 남녀간의 사랑을 노래하고 있으니, 그 시대의 애정상을 가장 잘 표현한 것이 바로 대중가요라 해도 무리는 아니다. 우리에게 잘 알려진 대중가요 2곡의 가사를 들어보자.

> "이 생명 다 바쳐서 죽도록 사랑했던, 순정을 다 바쳐서 믿고 또 믿었건만 영원히 그 사람을 사랑해선 안 될 사람, 말없이 가는 길에 미워도 다시 한 번
> 저녁이 되면 의무감으로 전화를 하고, 관심도 없는 서로의 일과를 묻곤 하지 가끔씩 사랑한단 말로 서로에게 위로하겠지만, 그런 것도 예전에 가졌던 두근거림은 아니야."

앞의 노래는 1960년대 말에 유행했던 남진의 "미워도 다시 한 번"이고, 나중 노래는 그로부터 약 20여년이 지나서 유행한 인기 그룹 015B의 "아주 오래된 연인들"의 가사이다. 조금만 눈치 빠른 독자라면 벌써 알아차렸을 것이지만 가사의 내용이나 분위기가 너무나도 대조적이다. "미워도 다시 한 번"이 이별하는 그 순간까지도 애절하게 사랑의 감정을 표현하는 노래라면, "아주 오래된 연인들"에서는 별 문제가 없음에도 불구하고 상대방에게 싫증을 느끼는 인스턴트식 애정관을 나타내고 있다. 두 노래 모두 발표 당시 선풍적인 인기를 누렸던 곡이라는 점을 감안할 때, 곡과 노래를 부른 가수뿐 아니라 가사의 내용도 대중들의 많은 공감을 얻었을 것이라고 판단된다. 불과 20여년 만에 젊은이들의 애정관과 문화는 이렇게 판이하게 달라져 버렸다.

조직의 문화도 시간이 흐르면 변할 수 있다. 특정 조직구성원의 외적 행태는 조직구성원의 내면에 깔린 이러한 문화적 정향을 반영하는 경우가 많으며, 이들 공유된 정향은 해석의 과정을 통하여 변한다. 인간의 문화가 일반적으로 그렇듯이 조직문화도 한 세대에서 다른 세대로 전수되며, 장기간에 걸쳐 서서히 변한다 (Wilson, 1989: 91).

조직문화란 조직 내의 인간관계, 조직의 핵심과업, 조직의 환경 등에 관한 조직구성원들의 지속적이고 유형화된 사고방식을 말한다. 이러한 조직문화는 조직구성원들이 업무 수행 과정에서 그리고 다른 구성원들이나 조직 외부의 환경과의 접촉 속에서 생성·발전되는 것으로서 조직과 관련된 사안들에 관한 공유된 언어와 상징, 행동규범, 가치, 신념과 전제를 가리킨다.

조직문화가 중요한 이유는 조직문화가 그 특성과 강도에 따라 조직의 효과성을 결정한다고 믿기 때문이다. 조직문화는 얼핏 보기에 이상하고 비합리적인 것으로 간주되는 조직 현상을 이해하는 데 대단히 중요하기 때문이다.

2) 조직문화의 순기능과 역기능

조직문화의 일반적인 순기능으로는 앞서 설명한 의식(rituals) 등을 통해 첫째, 조직구성원들의 일체감 제고를 들 수 있다. 조직문화는 구성원들을 결합시키고 그들의 조직생활에 의미와 목적을 부여해주면서 그들의 행동을 결정하는 중요한 요소가 된다. 둘째, 공통된 행동, 신념, 이념, 규범, 사고방식 등의 조직 사회화가 조직을 통제하는 기능을 수행한다.

조직문화의 일반적인 역기능으로는 첫째, 조직을 둘러싼 환경의 급속한 변화에도 불구하고 단일의 강력한 문화를 가질 경우 조직의 경직성이 초래되어 이에 신속히 대처하기가 어렵다. 둘째, 경우에 따라서는 조직 전체의 통합과 조정을 훼손할 수 있다. 예를 들면 기업가 정신과 자율성을 존중하는 문화를 지닌 조직의 경우 개별 하위부서의 독자성이 강하여 이들간의 협력이나 통합을 달성하기 어려울 수 있다.

3) 조직문화의 측정: 경합가치모형(competing values model)

경합가치모형은 조직효과성에 대한 연구에서 개발되었다. 조직 내에서 추구되는 모순적인 가치 경향에 대해 주목한 이 모형은 그 시사성으로 인해, 조직문화를 진단하기 위한 분석틀로 쉽게 변용될 수 있다.

구체적으로 이 모형은 두 가지 차원으로 구성되어 있는데, 하나는 조직구조에 대한 선호를 반영하는 '신축성' 대 '통제'의 상반된 차원으로, 신축성 지향의 가치는 분권화와 차별화를 강조하는 반면, 통제 지향의 가치는 집권화와 통합을 강조한다.

이는 조직의 유기적 행태와 기계적 행태의 구분을 의미하기도 한다. 그리고 다른 하나의 차원은 '내부지향성' 대 '외부지향성'의 대립적 차원으로, 내부지향성은 조직의 유지를 위한 조정과 통합을 강조하고 외부지향성은 조직 환경에 대한 적응, 경쟁관계를 강조한다. 이 두 차원의 결합에 의하여 네 가지 조직 유형이 결정되는데, 각 유형별 리더십, 동기부여, 효과성에 대한 상이한 기본 전제를 특성으로 삼고 있다.

이와 같은 2가지 기본 차원을 축으로 하여 관계지향문화, 혁신지향문화, 위계지향문화, 과업지향문화 등 4개의 이념형적인 조직문화유형을 도출한다. 〈표 4-4〉는 경합가치 문화 모형의 4가지 유형을 보여주고 있다.

표 4-4   경합가치 문화 모형

구조		내부(인간)	외부(조직)
구조	신축성 (융통성)	관계지향문화(인간관계모형) • 목표가치: 인적자원개발 • 하위목표: 응집력, 사기	혁신지향문화(개방체제모형) • 목표가치: 성장, 자원확보 • 하위목표: 융통성, 외적평가
구조	통제	위계지향문화(내부과정모형) • 목표가치: 안정성균형 • 하위목표: 정보관리	과업지향문화(합리목표모형) • 목표가치: 생산성, 능률성 • 하위목표: 기획, 목표설정

출처: Parker, R. & Bradley, L.(2000). Organizational Culture in the Public Sector: evidence from six organizations, International Journal of Public Sector Management, 132(2)

[그림 4-14]는 경합가치 문화 모형의 4가지 유형과 세부 내용을 보다 상세히 보여주고 있다.

그림 4-14 갈등가치 분석틀: 문화

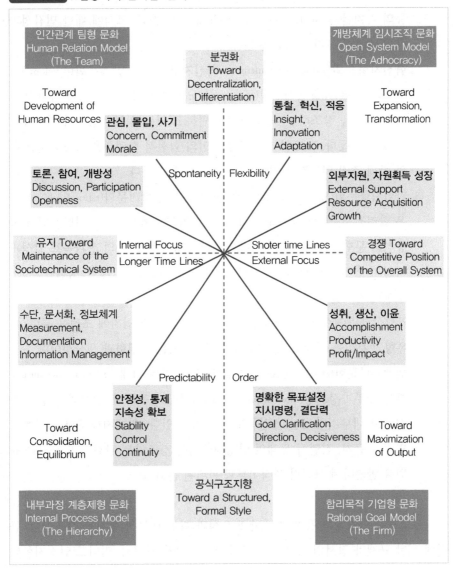

출처: Parker, R. & Bradley, L.(2000). Organizational Culture in the Public Sector: evidence from six organizations, International Journal of Public Sector Management, 132(2)

① 관계지향문화(Clan Culture) : 관계지향문화는 집단문화(group culture) 혹은 인간관계모형(human relation model)이라고도 하며, 내부지향적이며 비공식적인 유연한 문화를 특징으로 하고 신고전조직이론과 관련된 문화 유형이다. 관계지향문화는 구성원들의 신뢰, 팀워크를 통한 참여, 충성, 사기 등의 가치를 중시하고, 신축성, 사람에 대한 관심, 고객에 대한 민감성과 함께 내부적 유지에 초점을 둔다.

② 혁신지향문화(Adhocracy Culture) : 혁신지향문화는 발전문화(development culture), 혹은 개방체계모형(open system model)이라고도 하며, 조직의 변화와 유연성을 강조하면서, 조직이 당면하고 있는 외부환경에의 적응능력에 중점을 둔다. 고도의 신축성과 개인의 혁신적 창의성을 강조하지만 이와 함께 조직 외부적 입지(positioning)에 초점을 둔다.

③ 과업지향문화(Market Culture) : 과업지향문화는 합리문화(rational culture), 혹은 합리적 목적모형(rational goal model)이라고도 하며, 경쟁 지향적인 생산 중심의 문화로 외부지향적이다. 과업지향문화는 조직의 성과목표 달성과 과업 수행에 있어서의 생산성을 강조하며, 목표달성, 계획, 능률성, 성과보상의 가치를 강조한다.

안정성과 통제에 대한 필요성과 함께 조직 외부적 입지에 초점을 둔다. 이 유형의 문화를 가지고 있는 조직의 핵심가치는 경쟁력과 생산성이다.

④ 위계지향문화(Hierarchy Culture) : 위계지향문화는 위계문화(hierarchy culture), 혹은 내부과정모형(internal process model)이라고도 하며, 질서와 안정를 중시하고 내부지향적인 조직풍토를 가지고 있다. 위계지향문화는 공식적 명령과 규칙, 집권적 통제와 안정지향성을 강조하는 관료제의 가치와 규범을 반영하여 고전적 조직이론과 관련된 문화이다.

무엇보다 안정성과 통제에 대한 필요성과 함께 내부적 유지를 강조한다. 규칙에 의한 규제와 질서의 강조가 조직의 핵심가치가 되면서, 리더도 안정지향의 관리자, 조정자로서의 역할이 중요해진다. 〈표 4-5〉는 경합가치 문화 모형의 유형을 잘 나타내 주고 있다. 이 모형은 표와 같이 조직의 성장단계에 따라 조직의

표 4-5 조직의 성장단계에 따른 조직의 효과성

조직성장단계	조직효과성모형	중요가치
창업단계	개방체제모형	혁신과 창의성 및 자원의 집결 강조
집단공동체단계	인과관계모형	비공식적 의사전달과 협동심 강조
공식화단계	내부과정모형 합리목표모형	규칙과 절차 및 활동의 효율성 중시
구조의 정교화 단계	개방체제모형	외부환경에 적응하고 환경을 조정해 가면서 조직자체의 변화와 성장을 도모

효과성을 평가하는 분석틀을 제공해 준다.

〈표 4-6〉은 조직문화 유형별 동기부여, 의사결정, 리더십 유형, 관리자의 역할, 조직 형태 등을 잘 요약해 주고 있다.

표 4-6 조직문화에 따른 관리자 리더십의 가정

	좌뇌 X이론 (Left–Brain, theory X Perspectives)		우뇌, Y이론 (Right–Brain, Theory Y Perspectives)	
	합리목표 모델 (Rational Goal Model)	내부과정 모델 (Internal process Model)	개방체제 모델 (Open System Model)	인간관계 모델 (Human Relations Model)
동기 Motivation	성취 Achievement	안전성 Security	성장 Growth	연관성 Affiliation
정보 처리 Information Processing	합리적 Rational	계층제적 Hierarchical	개발적 Developmental	합의적 Consensual
의사 결정 Decision Making	논리적 결정 Logic Decisiveness	문서화, 책임 Documentation Accountability	창의성, 외부 정당성 Creativity External Legitimacy	참여, 지원 Participation Support
권력과 영향 Power and Influence	합법적 권력, 목표의 명확성 Legitimate Power Goal Clarification	전문적 권력, 정보 통제 Expert Power Information Control	보상 권력, 자원 분배 Reward Power Resource Allocation	연관적 권력, 집단 가치 Relational Power Group values

리더십 유형 Leadership Style	지시, 목표지향 Directive Goal Oriented	보수적, 신중지향 Conservative Cautious	창의적, 위험 감수형 Inventive Risk Taking	배려 지원형 Concerned Supportive
관리 역할 Managerial Roles	지시자, 생산자 Director, Producer	감독자, 조정자 Monitor, Coordinator	혁신가, 중개자 Innovator, Broker	촉진자, 지도자 Facilitator, Mentor
행동 Behaviors	구조의 제공, 활동개시 Provides Structure Initiates Action	정보 제공, 체제유지 Provides Information Maintains Structure	변화의 비전제시, 자원 획득 Envisions Change Acquires Resources	관심을 보이고 촉진 중재 Shows Concern Facilitates
주요 기능 Prime Function	지침 Directing	조정 Coordinating	경계의 설정 Boundary Spanning	관계 Relating
조직 형태 Organizationai form	기업형 Firm	계층제형 Hierarchy	임시조직형 Adhocracy	팀형 Team
효과적 가치 Effectivness Values	생산성, 성취 Productivity Accomplishment	안전성, 통제 stability Control	성장, 자원의 획득 Growth Resource Acquisition	인력 자원의 배치 Value of Human Resource

샤인(Edgar H. Schein)은 "문화와 리더십은 마치 동전의 양면과 같은 속성을 갖고 있으며, 따라서 한 쪽을 정확히 이해하기 위해서는 다른 쪽에 대한 이해가 선행되어야 한다고 주장한다." 그러므로 리더가 해야 할 가장 중요한 일은 조직문화의 창조와 관리라 한다. [그림 4-15]는 조직문화에 따른 리더십 역할을 잘 요약해 주고 있다.

그림 4-15 조직문화에 따른 리더십 역할의 분석틀

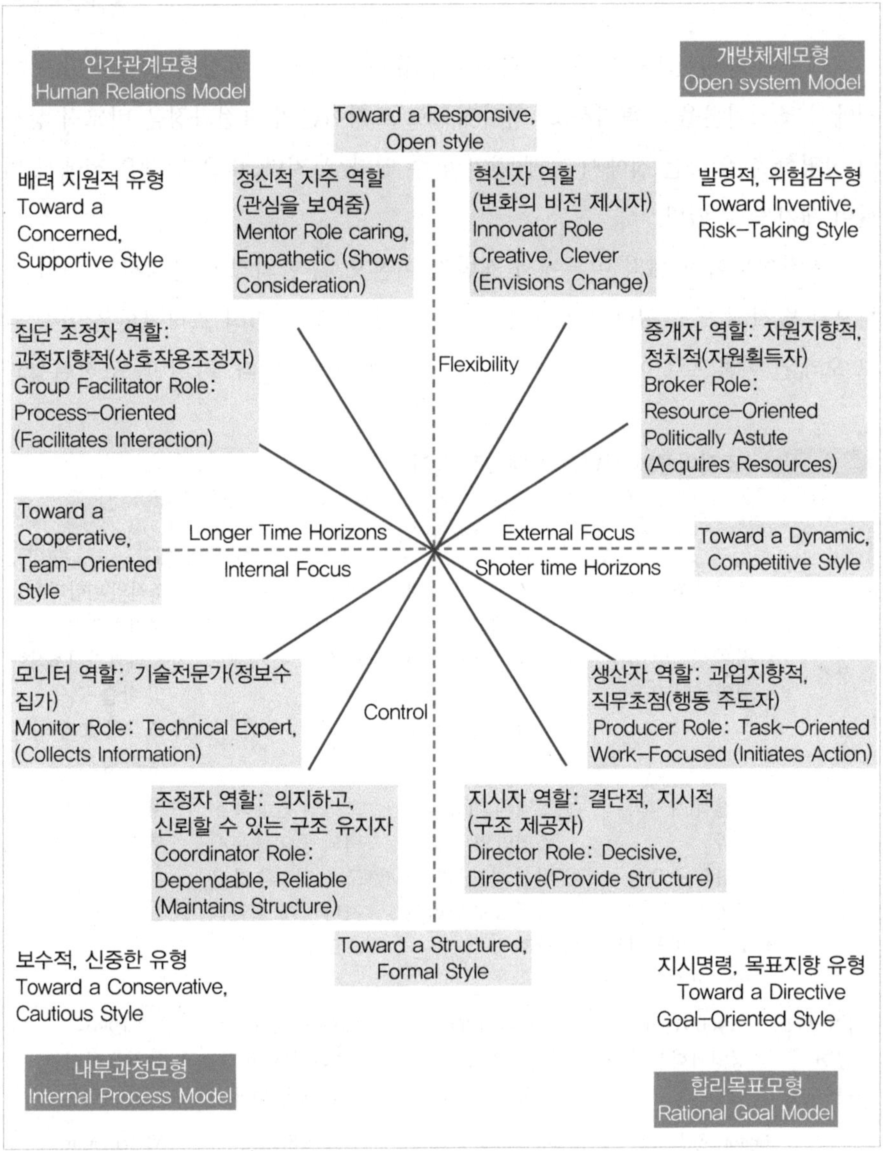

인간관계모형
Human Relations Model

개방체제모형
Open system Model

Toward a Responsive,
Open style

배려 지원적 유형
Toward a
Concerned,
Supportive Style

정신적 지주 역할
(관심을 보여줌)
Mentor Role caring,
Empathetic (Shows
Consideration)

혁신자 역할
(변화의 비전 제시자)
Innovator Role
Creative, Clever
(Envisions Change)

발명적, 위험감수형
Toward Inventive,
Risk-Taking Style

집단 조정자 역할:
과정지향적(상호작용조정자)
Group Facilitator Role:
Process-Oriented
(Facilitates Interaction)

Flexibility

중개자 역할: 자원지향적,
정치적(자원획득자)
Broker Role:
Resource-Oriented
Politically Astute
(Acquires Resources)

Toward a
Cooperative,
Team-Oriented
Style

Longer Time Horizons
Internal Focus

External Focus
Shoter time Horizons

Toward a Dynamic,
Competitive Style

모니터 역할: 기술전문가(정보수
집가)
Monitor Role: Technical Expert,
(Collects Information)

Control

생산자 역할: 과업지향적,
직무초점(행동 주도자)
Producer Role: Task-Oriented
Work-Focused (Initiates Action)

조정자 역할: 의지하고,
신뢰할 수 있는 구조 유지자
Coordinator Role:
Dependable, Reliable
(Maintains Structure)

지시자 역할: 결단적, 지시적
(구조 제공자)
Director Role: Decisive,
Directive(Provide Structure)

보수적, 신중한 유형
Toward a Conservative,
Cautious Style

Toward a Structured,
Formal Style

지시명령, 목표지향 유형
Toward a Directive
Goal-Oriented Style

내부과정모형
Internal Process Model

합리목표모형
Rational Goal Model

5 조직이론의 요약

스콧이 제시한 네 가지의 조직이론 분류는 합리성과 환경이라는 두 가지 차원에서 조직이론을 유형화하고, 역사적으로 조직이론의 발전과정을 비교적 상세히 설명할 수 있다는 점에서 높게 평가할 수 있다. 하지만, 다음과 같은 점에서 비판이 제기될 수 있다.

조직이론이 폐쇄적 이론에서 개방적 이론으로, 합리적 이론에서 자연적 이론으로 발전해 오고 있다고 전제함으로써 자칫 폐쇄-합리적 조직이론은 아주 낡고 오래된 이론으로 이해될 수 있는 오류를 내포하고 있다. 하지만, 조직현상과

표 4-7   조직이론의 장단점과 대표적 학자

이론 특징	폐쇄-합리적 고전조직론	폐쇄-사회적 신고전조직론	개방-합리적 조직환경론	개방-사회적 조직이론
장점	① 조직의 효율성 강조 ② 정확성, 안정성, 책임성의 요구	① 인간의 사회적 욕구 강조 ② 조직의 비공식적 요인을 개척함 ③ 환경과 상호작용 확인	① 환경을 이론에 반영 ② 조직을 유기체로 강조	① 조직의 비합리적인 동기적 측면 중시 ② 조직의 자기조직화 및 학습 중시 ③ 조직의 효과적 생존 강조
단점	① 인간적 가치의 간과 ② 환경의 중요성 간과 ③ 조직의 비공식적 요인 고찰의 실패	① 조직의 비공식적 측면만의 강조 ② 인간의 심리적, 사회적 측면만의 강조	① 조직의 전략적 선택의 중요성 무시 ② 조직과 환경을 지나치게 실물적으로 봄	① 처방적인 면이 부족함
시기 및 공헌 분야	1900~1930 경영과학분야	1930~1960 행동과학 및 인력 관리분야	1960~1980 조직설계 및 조직 개발 분야	1980~ 조직문화이론, 혼돈이론
대표적 학자	Taylor, Weber, Fayol	Mayo, Barnard, Selznick, McGregor	Burns, Staller, Woodward, Lawrence, Lorsch, Thompson, Aston그룹	Weick, March, Pfeffer, Salancik, DiMaggio, Powell, Hannan, Freeman, Leifer

조직행태를 설명하는데 폐쇄-합리적 이론의 영향은 지대하고 현재까지도 크게 영향을 미치고 있다고 할 것이다. 예컨대, 1990년 이후에 행정학계의 새로운 흐름으로 자리잡고 있는 신공공관리론(New Public Management)은 폐쇄-합리적 조직이론의 대표자라 할 수 있는 과학적 관리론의 새로운 형태라고 할 수 있다.

5

조직환경론

CHAPTER 5

조직환경론

1 조직환경론의 분류

고전적 조직이론 및 신고전조직이론(인간관계론)의 공통된 특성은 모든 조직체가 동일하다는 가정이다. 좋은 행정원리는 어떤 체제하에서도 보편타당하게 일반적으로 적용될 수 있다는 Wilson의 행정이론가정(Ostrom, 1974)이 그대로 이어져 왔음을 알 수 있다. 조직의 기술, 직무불확실성, 환경, 조직규모, 목표 및 권력 등의 상황적 요소들의 다양성은 무시되고 결과적으로 분석단위가 한 조직체 내의 개인이나 소집단에 국한되었다.

"단일최고방법(Taylor, 1967)"이 가능한 것도 모든 조직이 동일하다는 가정하에서는 타당한 듯하다. 그러나 조직마다 각각 직면한 상황이 상이하다는 가정하에서는 다른 이론의 대두가 요구되는 바, 이것이 바로 상황이론이다. 구조적 상황이론(structural contingency theory: SCT)이란 가장 적절한 조직형태는 단일최고방법에 의해 결정되는 것이 아니라 조직이 처한 상황적 제조건에 좌우된다는 것이다.

Burns와 Stalker(1961)에 의하면 합리적인 조직형태는 기계적(Mechanistic)일 수도 있고, 유기체적(Organismic)일 수도 있다. 어느 형태가 더 합리적인가의 문제는 직무불확실성과 같은 상황적 요인에 달려 있다는 것이다. 이러한 이론은 한 조직 내의 하위단위에도 적용될 수 있다. 예컨대, Lawrence와 Lorsch(1967)는 한 조직 내에서도 여러 형태의 조직구조가 고안되어야 한다고 본다. 이는 한 조직이라도 다양한 하위환경(Subenvironments)에 직면할 수 있기 때문이다.

조직이론, 특히 거시적 조직설계(Organization Design)이론에 관한 대다수의 문헌은 조직구조의 결정요인과 조직구조와의 관계에 대한 규명을 공통된 주제로 하고 있다. 구조적 상황이론에 대한 대안으로서 다른 미니패러다임(miniparadigm)들이 대두되었는 바, Astley와 Van de Ven(1982)은 조직이론을 결정론적 혹은 임의론적 지향성, 그리고 거시적 혹은 미시적 분석수준이라는 두 개의 상호배타적인 차원에 의해 체제구조적 관점(system-structural view), 전략적 선택관점(strategic choice view), 자연도태관점(natural selection view), 집단적 행동관점(collective action view) 등의 네 가지 관점으로 구분한다. 그들의 주장은 조직이론이 대립적인 특질을 지니고 있으므로 그러한 모순 및 갈등은 소위 Benson(1977)이 말하는 변증법적 분석을 통해서만 해소될 수 있다는 것이다.

Hrebiniak과 Joyce(1985)는 Astley와 Van de Ven의 임의론과 결정론이 단일연속선상의 극단이라기보다는 두 개의 독립적인 변수를 구성하는 것이므로 조직의 적응에 관한 대부분의 문헌이 자연도태이론과 전략적 선택이론에 초점을 맞춰 왔다는 점에서 이 두 가지 관점의 상호작용 내지는 중첩되는 연구가 필요하다고 주장한다.

표 5-1 조직이론의 분류

		환경인식	
		결정론	임의론
분석 단위	거시 (조직군)	자연도태론 개체군 생태론 시장위계론 사회적 다위니즘	집단행동론 집단군생태론 다원주의 권력이론
	미시 (pfeffer의 거시)	체제구조론 구조 기능주의 체제이론 구조적 상황론	전략적 선택론 전략관리론 의사결정론 자원종속론
	Pfeffer의 미시 (개인, 소집단)	조작적 조건화 사회적 이론 역할이론	기대이론 욕구이론 목표결정론

* Astley와 Van de Ven(1982)과 Pfeffer(1982)의 분류를 종합함. Pfeffer의 미시이론에 이 책의 2장에서 다룬 내용들이 포함되어 있음

표 5-2	조직구조의 설계, 행동관점 그리고 관리자의 역할	
	결정론적 지향성	임의론적 지향성
거 시	《자연도태관점》 • 구조: 환경적 경쟁의 결과 조직의 구조결정 • 변화: 환경적소에 적응하는 과정, 조직형태를 자연적인 진화과정에 순응시키는 과정 • 행동: 임의적 · 자연적 · 환경적 선택에 순응 • 관리자 역할: 무작위	《집단적 행동관점》 • 구조: 단위적이고 집합적인 환경을 수정하거나 구성하기 위해 상호작용하는 참여집단의 네트워크 • 변화: 참여자들의 상호작용을 통한 갈등 해소 및 타협 과정 • 행동: 합리적 · 집단적 · 도덕적 선택, 협동 • 관리자 역할: 상호작용
미 시	《체제구조적 관점》 • 구조: 시스템의 기능을 능률적으로 수행하기 위하여 계층적으로 배열된 역할이나 지위 • 변화: 환경 · 기술 · 규모 및 자원의 변화에 하위시스템이 적응하도록 역할을 분산하고 통합하는 과정 • 행동: 결정적 · 제약적 · 적응적 • 관리자 역할: 반응적	《전략적 선택관점》 • 구조: 권력에의 인간의 선택이 목표를 달성하도록 인간과 그들의 관계를 조직하고 사회화하는 과정의 결과 • 변화: 권력을 지닌 인간의 의도를 환경이나 구조에 실체화 시키는 과정 • 행동: 구조적 · 자유적 · 역동적 • 관리자 역할: 적극적

출처: Astley and Van de Ven(1982)

Pfeffer(1982)는 조직이론을 목적적 · 의도적 · 합리적 행동(purposive, intentional, goal-directed rational action), 외부제약적 행동(externally constrained and controlled action), 생성적, 무작위적, 과정 및 사회구성에 입각한 행동(emergent, almost-random, dependent on process and social construction action) 등의 3가지 행동관점과 개인 및 연합체, 전체조직 등의 2가지 분석수준에 입각하여 분류하고 있다(최창현, 1992).

2 자원종속이론: 환경의 적극적 조작

구조적 상황이론의 한계는 회피할 수 없는 객관적인 기술적 환경에 대한 내부적 적응에 초점을 맞추거나 혹은 환경에 대한 적극적인 조작의 가능성을 간과

한 점이다. 모든 조직은 생존하기 위해 환경이 제공하는 자원에 종속된다는 측면에서 자원종속이론이 나타났다. 전략적 선택관점의 하나인 자원종속이론은 구조적 상황관점의 한계에 대안을 제시해 준다.

구조적 상황이론이 다분히 결정론적인 지향성을 보이는 반면, 전략적 선택이론은 인간행동의 임의론적 지향성을 강조한다. Chandler(1962)는 환경이 전략을 결정하고, 다시 전략이 조직구조를 결정한다고 본다. Child(1972)는 모든 구조적 상황이론가들이 전략적 선택의 중요성을 간과하고 있다고 비판하면서, 환경의 영향이 관리자의 인식을 통해 조정된다고 본다. Miles, Snow와 Pfeffer(1974)는 조직이 어느 정도는 환경을 선택할 수 있다고 본다. 개방체제적 관점이 조직을 환경에 의존적인 것으로 일반적으로 간주하나 Thompson(1967)의 견해에 의하면 합리적 조직은 권력을 획득함으로써 이러한 종속성을 반전시키려는 조직이다.

조직은 외부환경에의 종속도를 줄이기 위해 경쟁(competition), 협상(bargaining), 합병 등의 연대(coalition), 혹은 조직외부의 영향력 있는 사람이나 단체를 받아들여 운영과정에 참여시켜 외부환경을 관리하고 통제하려는 흡수(cooptation) 전략 등을 사용한다. 쉬운 예를 들면 삼성이 외부환경에의 종속도를 줄이기 위해 정계, 관계, 언론계, 법조계 출신 인사들을 채용하거나 사외이사로 흡수(cooptation)하는 전략 등이 바로 그것이다.

구조적 상황이론을 자원종속이론으로 발전시킨 Pfeffer와 Salancik(1978)는 환경의 한 차원으로서의 불확실성이 너무 불확실한 개념인 바, 더욱 구체적인 환경차원으로서 자원의 집중도(Degree of Concentration of Resources), 자원의 희소성(Scarcity or Munificence of Resources), 조직간의 상호연관성(Interconnectedness of Organizations) 등을 환경변수의 조작화변수로 제안한다. 그들의 주장은 조직이 상황요소에 단지 반응하는 것이 아니라 상황적 제약조건들을 어느 정도까지는 전략적인 조정을 통해 상황요인의 영향을 완화시킬 수도 있다는 것이다.

구조적 상황이론이 환경에 대한 결정론적인 인식론에 입각한 반면 Pfeffer와 Salancik의 이론은 조직구조가 단순히 객관적·기술적 환경에 대한 조직적 적응이 아니라 고위정책결정자의 환경에 대한 선택적 인식을 통한 전략적 선택을 강조한다는 점에서 환경에 대한 임의론적 인식론에 입각한 전략적 선택이론의 범주에 속한다고도 볼 수 있다.

　　Pfeffer와 Salancik(1978)은 기업의 흡수, 통합 및 합병과 같은 조직간의 조정은 조직이 의존하는 핵심적인 희소자원에 대한 통제에 의해 더 잘 설명될 수 있다고 주장한다. 자원에 대한 종속성이 관리자가 다루어야 할 여러 가지 상황요인들의 하나로 간주될 수 있다는 점에서, 자원종속이론이 단지 구조적 상황이론의 한 유형에 불과하다는 주장이 있다.

　　구조적 상황이론가 중의 한 사람인 Duncan(1979)은 환경을 복잡성과 역동성이라는 2가지 차원으로 개념화하고 있으며, Pfeffer와 Salancik은 환경적 불확실성에 대한 이러한 개념화가 너무나도 막연한 것이므로 좀 더 구체적인 환경차원, 즉 자원의 집중도(concentration of resources), 자원의 희소성(scarcity), 그리고 조직간 상호관련성(interconnectedness)의 정도 등이 환경의 조작화된 변수로 사용되야 한다고 주장한다. 자원종속이론은 결정론, 임의론이라는 관점에서 구조적 상황이론과 구분된다. 구조적 상황이론이 상황요인과 구조간의 인과관계를 가정하는 반면 자원종속이론은 환경에의 전략적 적응에 있어서 관리자의 의사결정의 중요성을 강조한다.

　　종속성의 개념과 종속성의 권력에 대한 함축성은 Blau(1964)의 저서인『사회생활에 있어서의 교환과 권력(Exchange and Power in Social Life)』에서 처음 연구되었다. Blau에 의하면 사회생활은 사회적 행위자간의 비용과 편익의 교환이라는 관점에서 이해될 수 있다. 만일 행위자 갑이 행위자 을의 호의에 대해 보상할 수 없다면 갑은 을의 의지에 복종하게 된다. 이는 Blau의 교환이론을 극단적으로 단순화한 것이지만 자원종속이론을 설명하기 위해 편의상 행위자 갑에 대한 행위자 을의 권력이 행위자 갑의 행위자 을에 대한 종속정도에 의거해 발생된다고 이해할 수 있다.

　　사회적 교환이론개념을 확장시킨 자원종속이론은 조직간의 분석수준에 일반적인 분석틀을 제시한다. 조직은 희소자원을 통제할 능력이 있다면 다른 조직에 비해 비교적 더 권력을 받게 되고 따라서 희소자원의 통제는 권력의 종속성을 창조함에 있어 가장 중요한 요소라는 것이다.

　　한 조직이 핵심자원을 통제하는 다른 조직과 독립적으로 존재할 수 있는 정도는 다음 네 가지 조건에 의해 결정된다. ① 자원에 대한 접근가능성, ② 대체자원의 존재여부, ③ 희소자원을 통제하는 타조직에 대한 영향력, ④ 자원 없이도 조직을 유지할 수 있도록 근본우선권을 변경할 수 있는 가능성 등이 바로 네 가지 조건이다. 이 네 가지 조건이 충족되지 않으면 조직은 희소자원을 통제하는 타조직에 종속된다.

Pfeffer와 Salancik(1978)은 외부적 통제관점이 상호의존성으로부터 비롯되며 조직이 환경적 자원에 의존한다는 사실이 이러한 관점을 불가피한 것으로 만든다고 주장한다. 또한 조직이 조직외적 제약조건에 단순히 반응할 뿐만 아니라 동시에 자연적, 경제적 혹은 사회적 환경을 인위적 환경으로 변화시키기 위해 의도적, 목적적 혹은 합리적 행동을 취한다고 주장한다. 이러한 점에서 보면 그들의 주장은 다소 모순적이다. 이러한 모순적인 주장은 과연 조직이 환경적인 제약조건에 의해 결정되는가, 혹은 전략적 선택에 의해 창조되는가 하는 의문을 제기한다.

개체군생태학이론은 구조적인 변형이 자연적 환경에 의해 결정된다고 상정하며, 시장 및 위계 이론은 경제적 환경, 그리고 정치경제학이론은 사회적 환경에 의해 결정된다고 상정한다. 자원종속이론은 구조적 변형이 개인관리자, 특히 권력을 가진 직위에 있는 관리자에 의해 어느 정도는 전략적으로 조작될 수 있는 인위적 환경에 의해 결정된다고 본다. 조직구조와 제한된 환경적소(environmental niche)간의 일대일의 관계가 존재한다는 동일성원칙(principle of isomorphism)에 반하여 자원종속이론은 환경을 관리자에 의해 규정되고 조작될 수 있는 영역으로서 본다. 이러한 입장은 변이, 선택, 보존 모형을 집행, 선택, 보존 모형으로 변경한 Weick의 수정모형에 잘 나타나 있다.

이러한 관점에서 보면 왜 Pfeffer가 자원종속이론을 목적적, 의도적, 합리적 행동관점에 포함시키지 않고 외부적으로 제약된 행동관점에 포함시켰는지를 이해하기가 어렵다. Astley와 Van de Ven은 자원종속이론을 임의론과 미시수준에 위치시키고 있다.

Pfeffer와 Salancik(1978)은 환경이 조직 내의 권력분배라는 관점에서 조직에 영향을 미치며 다시 이러한 요인은 조직 행정과 구조에 영향을 미친다고 했는데, 이러한 조직변화모형에 있어서는 권력이 환경과 조직을 매개하는 매개변수로 중요하다. 자원종속이론은 초점조직에 주로 중점을 두며 조직간 분석에 한정된다. 이러한 이유로 Benson(1975)은 어느 한 초점조직보다는 조직간 네트워크의 특질에 초점을 맞추는, 보다 거시적인 네트워크분석을 제안한다. Benson(1975)의 정치경제학은 자원종속이론의 적용가능성을 보다 더 광범위한 분석수준으로 연장시켰다고 할 수 있다.

3 개체군생태학이론: 자연적 환경

비록 구조적 상황이론이나 자원종속이론이 조직을 환경과 관련지어 파악하고 있으나, 타조직과 조직과의 관계 내지는 외부환경의 선택을 등한시하고 있다. 사회적 다위니즘(social Darwinism)[1]의 조직적 응용으로서의 개체군 생태학이론(population ecology theory)[2]은 전략적 선택이나 집단적 행동의 중요성을 경시한다는 점에서 극단적으로 결정론적 내지는 비관론적인 관점이나, 개체군 생태학이론은 조직이 어떻게 환경에 적응하는가 하는 라마르크적 적응(Lamarckian adaptation) 관점으로부터 환경이 어떻게 특정조직을 선택하느냐 하는 다윈적 선택(Darwinian selection) 관점으로의 전환을 가능케 한다.

---

1 생물학적 Darwinism을 사회과학, 특히 사회학에 적용한 학자로는 Herbert Spencer를 들 수 있다.
2 김병섭(1991: 371) 교수는 개체가 조직임을 감안, 조직군생태학으로 번역하고 있으며, 신유근(1988: 265) 교수는 사회과학의 타분야 용어를 그대로 인용하여 "인구생태학"으로 사용하는 경우도 있으나 앞으로 조직론에서는 조직들에 대한 "개체군생태학"으로 사용하는 것이 바람직하다고 본다.

조직의 환경적응과 환경의 조직 선택

■ 라마르크의 용불용설과 조직의 환경적응: 라마르크적 적응(Lamarckian adaptation) 관점

생물들이 열심히 노력함으로써 그 결과 진화가 이루어진다는 설명이다. 즉 기린 목이 길어진 건 기린이 열심히 목을 늘려 위의 잎사귀들도 먹으려고 노력했고 그러다보니까 목이 조금 길어졌고 그 새끼들도 목이 조금 길어져서 태어났다는 얘기다. 이게 오랜 세월 지나 기린들이 다 목이 길어졌을 거라는 설명이다. 하지만 이건 생물학적으로 완전히 부정되었다. 유전에서는 이렇게 노력해 이루어진 특징, 즉 획득형질은 자손에게 이어지지 않는다고 밝혀졌기 때문이다.

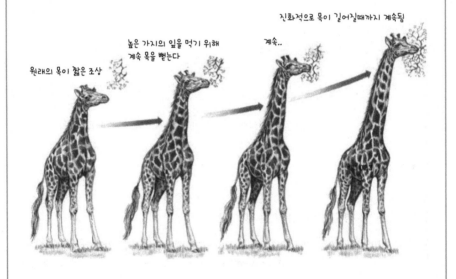

■ 조직의 환경적응이론

구조적 상황론처럼 조직도 환경에 적응하기 위해 다각도로 노력한다는 이론이다. 적자생존의 원리와 자연도태에 입각, 환경에 가장 잘 적응할 수 있는 적자만 살아 남는다는 Darwin의 진화론은 선천적인 특질만 유전될 수 있다고 보나, Darwinism에 대한 대안적인 견해인 Lamarckism은 후천적인 특질도 유전될 수 있다고 보는 관점으로 인간은 자연환경에 적응할 수도 있다고 본다. Aldrich(1979)도 이와 유사하게 Conservative Darwinism과 Reform Darwinism을 구분하는데, Lamarckism은 Reform Darwinism과 유사한 개념으로 볼 수 있다.

■ **다윈의 자연도태설과 조직개체군 생태학 이론: 다윈적 선택(Darwinian selection) 관점**

기린의 목이 길어진 것은 기린 중에서도 높은 곳의 잎사귀를 더 잘 따먹을 수 있는 목이 아주 약간 좀 긴 기린들이 아무래도 목이 짧은 기린들보다는 더 잘 먹고 더 많이 새끼들을 낳을 거라는 얘기이다.

즉 기린이 무슨 노력을 한 게 아니고 단지 자연이 그런 선택을 했기 때문에 그런 변화가 결과적으로 나타났다는 얘기이다. 좀 더 쉽게 표현하자면 생물이 뭔가 노력해 진화를 이루어왔다가 아니라 자연적 환경에 의해 생물에 변화가 이루어져 왔다는 설명이다.

원래 목이 짧은 기린과
목이 긴 기린 둘 다 있었다

목이 짧은 기린은 높은 곳에 있는 나뭇잎을
먹을수가 없어 사망. 자손을 남기지 못한다.
목이 긴 기린만 살아남아 자손을 남김
이 과정이 축적되어서 기린은 목이 긴 개체만 남았다.

■ **조직개체군 생태학 이론**

조직이 환경에 적응하기 위해 다양한 노력을 해서 생존한 것이라기 보다는 오히려 환경이 조직의 생존과 운명을 선택한다는 이론이다.

출처: https://m.blog.naver.com/PostView.nhn?blogId=orbital__&logNo=22004500572 3&proxyReferer=https%3A%2F%2Fwww.google.co.kr%2F

조직구조와 환경간의 일대일 대응관계라는 패러다임이 조직문헌을 지배해 왔다. 예컨대 구조적 상황이론은 다양한 객관적 환경에 대한 다중적 최적 구조(multiple optimal structure)라는 점에서 "단일최고방법(One best way)"은 모든 상황에 대한 단일최적구조(single optimal structure)의 연장에 불과하다고 볼 수 있다. 개체군생태학이론 또한 조직구조와 환경적소간의 일대일 관계를 상정하는 동일성원칙(principle of isomorphism)을 가정함으로써 단일최고방법에서 크게 벗어나는 것은 아니라고 볼 수 있다. 조직이 다양한 전략을 선택할 수 있는 경우 혹은 인지적 메커니즘을 통해 환경을 적극적으로 변화시킬 수 있는 경우, 단일최고방법은 설득력이 결여된다. 따라서 특히 공공조직의 분석에 있어서 자원종속이론과 제도적 이론이 유용하다.

　위에서 논급한 여러 이론은 변화가 외부환경으로부터 점진적으로 발생한다고 보며, 이러한 점진적인 환경변화에 대해 조직이 대처할 충분한 능력이 있다고 보나, 조직군생태학이론의 주장은 일단 체제균형을 유지하면 환경이 변화하더라도 구조적 타성으로 인해 환경에 대한 적응능력이 저하된다는 것이다. 따라서 조직변화가 환경에 대한 적응이라는 Lamarckian 적응이라기보다는 오히려 환경이 조직변화를 결정하는 Darwinian 선택이라는 것이다.

　개체군생태학이론의 가정에 입각하여 개체군생태학자들은 조직변화가 외부환경의 선택(도태)에 의해 좌우된다고 주장한다. [그림 5-1]의 자연도태모형(Natural Selection Model)은 변이(variation), 선택(selection) 및 보존(retention)이라는 3가지 동시다발적 단계로 설명될 수 있다(Aldrich, 1979).

그림 5-1　　**자연도태모형(Natural Selection Model)**

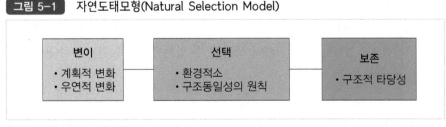

출처: Aldrich, Howard E.(1979). Organizations and Environments

　환경이 다양한 조직으로부터 특정조직을 선택하기 위해서는 확산과정을 통해 조직군에 파급되는 조직구조상의 변이가 존재해야만 한다. 변이의 원인으로 구조적 상황이론이나 자원종속이론은 환경에 대한 적응이나 전략적 선택 등과 같은 계획적 변화만을 강조하나, 개체군생태학이론은 이외에도 우연한 사건이나 행운 등과 같은 우연적 변화를 추가한다. 일단 변이가 발생하면 여러 조직구조는 환경과의 적합도 수준에 따라, 즉 동일성원칙에 입각하여 환경적소(environmental niche)로부터 도태되거나 선택된다. 보존이란 선택된 특정조직이 환경에 제도화되고, 그 구조를 유지하는 것을 의미한다.

보존 메커니즘 중의 하나인 관료제화는 "구조적 타성(Betton & Dess, 1985; Singh et al., 1986)"을 유발시켜 조직의 적응성을 저하시킨다.

개체군생태학이론의 가정은 다음과 같다.

① 분석단위는 개별조직 혹은 개체군이며(여기서 개체군이란 특정환경하에서 생존을 유지하는 동종의 집합, 즉 유사한 조직구조를 갖는 조직군을 의미한다),

② 조직론의 지배적 관점인 적응관에 대한 대안이자 도전이다.

③ 조직은 구조적 타성(structural inertia)에 빠지기 쉬우며, 적응능력을 제한하는 구조적 타성개념이 바로 적응관점을 도태관점으로 대치하는 근거를 제공한다.

④ 조직변화는 종단분석(Longitudinal Analysis)에 의해서만 검증가능하다.

⑤ 조직구조는 조직구조와 환경적소간에 일대일의 상관관계가 존재한다는 동일성원칙(principle of isomorphism)에 입각하여 환경적소로 편입되거나 도태된다(Carroll, 1988; Ulrich, 1987; Singh et al., 1986). 환경적소란 특정개체군이 다른 개체군과 경쟁(경쟁이란 공통자원을 둘러싼 개체군 구성조직간의 상호간섭으로 정의될 수 있다)하여 생존할 수 있는 공간, 즉 환경의 수용능력을 의미한다.

이러한 가정에 입각하여 개체군생태학자들은 조직변화가 외부환경의 선택(도태)에 의해 좌우되므로 결국 장기적인 관점에서 보면 관리자의 역할은 무작위적(inactive)인 것에 불과하다는 것이다.

개체군생태학이론의 핵심이슈 중의 하나는 왜 그렇게 많은 조직구조가 존재하는가 하는 것이다. 조직경제학자인 Williamson(1981)은 제한적 합리성(bounded rationality) 및 환경의 불확실성(environmental uncertainty), 혹은 기회주의(opportunism) 및 소수교환관계(small numbers bargaining)가 결합된 경우 계층제적 조직이 거래비용(transaction cost)을 감소시켜 능률성을 극대화시켜 주는 조직구조라는 점에서 시장보다 더 능률적인 구조라고 주장한다. Williamson의 능률성에 덧붙여, Hannan

과 Freeman(1984)은 신뢰도(reliability)와 책임성(accountability)을 추가하면서, 조직구조는 선택기준의 함수라는 동일성원칙에 입각하여 신뢰도와 책임성이 낮은(환경에 비동질적인) 조직은 조직개체군으로부터 도태되고, 신뢰도와 책임성이 높은(환경에 동질적인) 조직은 개체군에 편입될 가능성이 높다고 말한다.

구조적 상황이론에서 주장하는 환경의 불확실성개념 이외에, 개체군생태학이론은 환경변화의 빈도 및 기간(Grain of environment)을 추가적으로 도입하여, 환경변화가 매우 빈번하거나 장기적으로 발생할 경우 조직적응의 결과를 예측하기가 거의 불가능하다고 주장한다. 그리고 이러한 이유로 장기적 관점 혹은 조직군의 수준에 있어서 조직의 적응을 맹목적인 변이로 간주한다. 다시 말해 단기적으로는 아무리 합리적인 조직의 적응전략이라 할지라도 장기적으로 보면 합리적인 결정으로 볼 수 없다는 것이다.

Weick(1979)은 [그림 5-1]의 변이와 선택과정 사이에 환경을 적극적으로 통제할 수도 있다는 점을 강조하기 위해서 조작(enactment)과정을 추가하고 있는데, 바로 이러한 조작과정을 통해 맹목적인 변이에 불과한 조직적응을 사후적(retrospective)으로 합리화한다고 볼 수 있다.

집단적 행동관점인 공동체 생태학이론은 생태학적 관점을 조직분석에 이용하고 또한 개별 조직을 분석수준으로 하는 기존의 조직이론에 비해 조직군 또는 조직공동체와 같이 좀 더 거시적인 분석 수준을 택한다는 점에서 유사점이 있다. 그러나 조직군생태학이론은 환경결정론적 관점을 취함으로써 환경에 능동적으로 대처해 나가는 조직들의 공동적인 노력을 설명해 주지 못하고 있다. 즉 개별 조직의 입장에서는 자원이나 정보의 제약으로 인해 복잡하고 동태적으로 변화하는 환경에 효과적으로 적응하는 데는 한계가 있으므로, 많은 조직들이 상호간에 호혜적인 관계를 형성함으로써 급변하는 환경에 공동으로 대처하고 있는데, 조직군생태학이론은 이러한 조직들의 공동적인 노력을 설명해 주지 못한다. 이러한 배경하에 조직을 생태학적 공동체 속에서 상호의존적인 조직군들의 한 구성원으로서 파악하고 이에 따라 조직의 행동과 환경적응과정을 설명하려는 새로운 관점으로서 공동체 생태학이론이 등장하게 된 것이다(Beard & Dess, 1988). 예를 들면, 전국경제인연합회, 각종 협회 등의 등장이 공동체 생태학이론으로 설명할 수 있다.

4 제도이론: 제도적 환경

조직구조의 결정요인 중 환경에 초점을 맞춰 체제구조적 관점을 대표하는 구조적 상황이론(SCT), 전략적 선택관점 중의 하나로 분류할 수 있는 자원종속이론(RDT), 자연도태관점을 대표하는 개체군생태학이론(PET) 및 생성적, 무작위적 행동관점 중의 하나인 제도적 이론(IT)에 있어서의 조직과 환경간의 관계, 조직환경에 대한 적응방식을 비교해 보면 다음과 같다.

구조적 상황이론은 조직구조가 기술적 환경에 의해 결정된다고 보아 정책결정자는 객관적, 기술적 환경에 반응적(reactive) 적응양식을 보이고, 개체군생태학이론은 구조적인 변형이 자연적 환경(자연법칙)에 의해 결정된다고 상정하여 이러한 자연환경에 대해 정책결정자는 무작위(inactive)로 대처하며, 시장 및 위계 이론은 경제적 환경(경제법칙), 제도적 이론은 규범, 가치 등의 사회문화적 환경(사회법칙)에 의해 결정되고 정책결정자는 이러한 제도적 환경에 대해 상호반응적으로 대처한다고 상정한다. 자원종속이론은 구조적 변형이 개인관리자, 특히 권력을 가진 직위에 있는 관리자에 의해 어느 정도는 전략적으로 조작될 수 있는 인위적 환경에 의해 결정된다고 보며, 정책결정자는 적극적으로 환경을 인위적 인공물로 조작하려 한다.

따라서 조직은 구조적 상황론에서 얘기하는 기술적 환경, 조직군생태학이론에서 말하는 자연적 환경보다는 조직이 처한 제도적 규범적 환경에 영향을 받는다는 것이 바로 제도적 이론이다. 대부분의 조직은 불확실성 속에서 활동하게 된다. 조직은 어떤 제품과 서비스를 생산하고 어떤 기술을 사용해야 원하는 결과를 달성할 수 있는지, 때로는 원하는 결과가 무엇인지 불확실한 상황에 놓이게 된다.

모방이 이루어지는 이유는 조직의 불확실성을 해소하기 위한 방법으로 다른 조직이 어떻게 했는지를 모방하게 된다. 즉 모방을 통해 조직의 정당성을 확보하게 된다. 모방은 상당히 강력한 힘으로 작용하기 때문에 제조업체, 금융권, 학교 등 유사한 방식으로 움직이는 것뿐만 아니라 국가차원에서도 선진국과 유사한 조직구조 형태를 갖는 것도 모방적 동형화(mimetic)라 할 수 있다.

제도적 이론(institutional theory)의 중요한 개념의 분석틀은 기능 혹은 역할 네트워크가 조직구조를 결정한다는 구조적 기능주의이다. 조직은 사회문화적 규범이나 가치체계 등의 제도적 환경과 부합되도록 형태나 구조를 적응해야만 하는 압력을 받는다. 제도적 이론은 조직의 정당성 및 생존을 확보하는 데 있어 적절하거나, 문제의 소지가 없는 것으로 간주되는 조직형태 및 구조에 대한 사회적 구성을 강조한다.

Meyer와 Scott(1983)의 용어를 빌자면 대부분의 조직은 기술적 환경과 동시에 제도적 환경을 갖는다. 기술적 환경은 조직이 만들어 낸 산출물이라는 관점에서 조직을 평가하고 지지하며 제도적 환경은 조직의 구조과정, 그리고 이념에 따라 조직을 판단한다. 제도적 환경이 모든 조직에 똑같이 중요한 것은 아니고 예컨대, 자동차정비소나 식당보다는 은행이나 병원에 더 중요할 것이다. 그러나 현대사회는 조직이 어떻게 행동해야 할지를 말해 주는 규범이 점점 증가하고 있다. 법이 많이 생겨나고 있고 유행은 점점 변화하고 있다. 정치가, 관료, 상담가, 경영대학 등은 모두 조직이 그 생존을 유지하는 규범을 창조함에 있어 그들의 역할을 강화해 나가고 있다.

예컨대 Zucker(1977)는 역할점유자에 의한 역할, 그리고 행동이 전형적인 것으로 간주되는 정도가 제도화의 수준임을 결정한다고 주장한다. 구조적 상황이론의 경우, 조직상황요소(규모 및 기술)와 환경적 상황요소 등이 조직구조에 영향을 미친다. 제도적 이론은 이러한 변수들 이외에 사회문화적 변수(예를 들어 규범, 가치, 의식, 신념체계 등)를 추가한다. 즉 상황적 요소 혹은 사회문화적 요소 등 어느하나만은 인과모형을 충분히 대변할 수 없다는 것이다. 예컨대, Ranson(1980) 등은 인간의 인지과정, 권력종속성 및 상황적 제약조건의 구조에 대한 상호작용적 영향을 분석하는 것이 중요하다고 주장한다. 상황요소와 사회문화적 요소를 통합함으로써 이 관점은 민속방법론(ethnomethodology), 인지이론(cognitive theory) 등과 같은 미시수준의 무작위적 행동관점의 문제까지도 극복할 수 있다.

Scott(1987)은 제도화를 개인이 사회적 실체에 대한 개념규정을 공유하는 사회적 과정으로 규정한다. 전략적 선택관점을 제외한 대부분의 구조적 상황이론은 과정(process)에 거의 관심을 두지 않으나, 제도적 이론은 과정에 주의를 기울인다. Marxist분석을 제외한 대부분의 합리적 행동관점은 목표간의 갈등이 존재하지 않으며, 대안적인 구조의 결과를 예견할 수 있다고 상정한다.

이에 반해 외부적으로 제약적인 관점은 다양한 목적이 존재하며, 조직행동
의 결과나 개인적인 선호에 관한 사전적 정보가 존재하지 않는 것으로 가정한다.
예컨대, 구조적 상황이론은 조직에 공통적인 목적이 존재한다고 보나, 제도적 이
론은 갈등적 목표를 상정한다. Perrow(1961)는 직무영역, 권한 및 운영목표간의 관
계를 상정할 수 있다고 제안한다. 종합병원에 대한 그의 연구에서 보면 모든 조
직은 체제유지, 적응, 목표달성 및 통합이라는 네 가지 Parsons의 기능을 수행해야
하며 이 네 가지 기능의 어느 하나에 대한 상대적인 강조는 조직이 수행하는 직무
특성에 따라 다르다는 것이다.

집단의 이해관계에 관련된 운영적 목적이 공식목적을 대치할 수 있다는 것
이다. Selznick(1957)은 또 하나의 다른 목표전도현상을 예시해 주고 있다. 흡수
(cooptation)라는 형태로 시민참여를 하면 포괄적 계획을 방해할 수도 있다는 것
이다.

Perrow(1986)에 의하면, 제도적 이론은 환경을 고려한 첫번째 이론이었으나
환경개념을 구체적으로 개념화하지는 않았다. 그러나 이러한 개념적인 추상성은
그러한 추상성 및 언어적 애매모호성이 다양한 명제에 대한 영감을 불러일으킬
수 있다는 점에서 실용주의적인 가치를 부여했다. 구조적 상황이론, 개체군생태
학이론, 시장 및 위계 이론, 자원종속이론 등과 같은 많은 학파들이 제도적 이론
이 처음 조직과 환경간의 중요성을 지적한 이래 환경을 개념화하려 한 것이다.

Scott(1987)은 네 가지 제도적 이론을 비교하고 있는데 제도적 환경은 행위자
의 목적 및 수단을 형성한다고 주장한다. Meyer와 Rowan(1977)의 제도이론에 의하
면, 제도적 환경은 개인조직이 외부적 환경으로부터 정당성 및 지지를 얻기 위해
서는 반드시 준수해야 될 규칙 및 필요조건으로 특징지어진다. 문화적 요인의 역
할을 강조하는 이러한 환경에 대한 개념화는 기술적 필요조건(구조적 상황이론의
경우) 혹은 자원의 흐름(자원종속이론의 경우)에 주로 관심을 갖는 환경의 개념화와
잘 대비되고 있다.

Morgan(1986)이 이야기하는 문화적 은유는 조직과 환경간의 관계에 대한 재
해석에 공헌하고 있다. 관리자는 인지적 메커니즘을 통해 환경을 인식하고 재

구성한다. 그러나, 자원종속이론의 경우를 제외하고는 대부분의 합리적 행동관점 및 외부적으로 제약된 행동관점은 사회적으로 구성된, Weick의 표현을 빌자면 "사고하는 사고자에 의해 사고된 사고체계(a body of thought thought by thinking thinkers)"로 환경을 인지해야 할 필요성에 대해 고려하고 있지 못하다.

객관적이고도 피할 수 없는 현실요소의 환경개념이 인식론적이고도 패러다임적인 객관적 환경개념에 대한 공격에 의해 대치된 듯하다. 이러한 관점의 가장 큰 특징은 실체에 대한 물질론적인 관점으로부터의 사회적으로 구성된 실체(socially constructed reality)관점으로의 패러다임적 변천(paradigmatic shift)이다.

제도적 이론의 창시자라 할 수 있는 Selznick(1957)은 기계적이고 처분가능한 도구로서 또한 기술적으로 고안된 도구로서의 조직과 환경의 기대를 충족하는 한 결코 소멸되지 않는, 그 자체 사회적으로 구성된 목적인 제도(institution)를 구분한다. 만일 우리가 조직에 대한 도구적 관점을 취한다면 기술적 합리성, 제한적 합리성 혹은 개인적 합리성의 총체적 불합리성은 조직을 평가하는 지배적인 패러다임이 될 수 있으나, 합리성이나 능률성이 중요하지 않은 상황에서 이러한 이론의 적용가능성은 적다.

5　조직경제학: 경제적 환경

조직경제학이론은 거래비용이론(transaction cost)이라고 한다 거래비용이란 자유로운 진입과 완전경쟁 등이 이루어지지 않는 시장실패의 경우 제한된 합리성, 불확실성, 소수 교환 관계 등으로 인해 누가 기회주의에 입각해서 행동할지 알 수 없다. 따라서 안전장치가 필요한 바, 이러한 안전장치를 확립하는 데 드는 비용이다.

조직경제학은 구조적 상황이론, 자원종속이론, 개체군생태학이론 및 제도적 이론 등과 함께 조직이론의 최근 연구경향 중의 하나이다. 경제학적 조직연구는 능률성문제에 대한 해결책으로서 조직보다는 시장의 우월성을 강조한다. 다만 시장실패시 조직을 차선택으로 간주하며, 여러 가지 가능한 조직형태(조직구조) 중

M-형(multidivisionalized form)구조가 U-형(unitary form)구조보다 능률적인 구조라는 M-형가설(M-Form Hypothesis)을 주장하고 있다.

조직내부의 관료제적 조정비용과 조직외부와의 거래비용을 비교해 만일 조정비용이 더 크다면 거래비용을 줄이기 위해 거래의 내부화, 즉 통합(integration)이 효과적이라는 이론이 거래비용경제학이다. 예를 들면 백화점의 슈퍼에 물건이 좋아야 많은 고객을 끌 수 있는데 만일 슈퍼에서 파는 질 좋은 물품을 제공하는 업체가 기회비용으로 인해 다른 백화점에서 더 비싸게 사준다는 제안을 받고 공급을 안하면 거래비용이 커져 백화점 입장에서는 아예 물품 생산업체를 인수하여 관료제적 조정비용은 커지지만 거래비용은 제거할 수 있다.

조직이론에 경제학을 도입한 것이 조직경제학(Organizational Economics)인데, 이는 대리이론(Agency Theory)을 기반으로 하여 발전된 거래비용 경제학(Transaction Cost Economics)을 지칭하며(Barney and Ouchi, 1986), 때로는 시장 및 위계 이론(Markets and Hierarchies Theory)이라 불리운다(Williamson, 1975).[3] 거래비용경제학이 대리이론을 근간으로 발전된 이론이기 때문에 먼저 대리이론에 대하여 살펴보고, 거래비용경제학에 대해 설명하고자 한다.

1) 대리이론(Agency Theory)

서구 경제학과 마찬가지로 조직경제학이론은 이론의 논조에 있어 공리주의 철학에 큰 빚을 지고 있다. 공리주의(utilitarianism)는 19세기 및 20세기에 가장 영향력 있던 정치사상학파라고 볼 수 있을 것이다. 최초 Thomas Hobbes의 비관주의에 의해 고무된 공리주의는 보수주의자인 Scot, David Hume에 의해 창시되고 Jeremy Bentham과 John Stuart Mill을 통해 완숙단계에 들어선다. 공리주의자에 의거하면 정부의 과업은 최대다수의 최대행복(The greatest happiness for the greatest

---

3 최병선(1991) 교수는 조직의 경제이론(economic theories of organization)이라는 광범위한 용어를 사용하고 있고, 신유근(1988) 등은 시장 및 위계이론을 사용하고 있다. Pfeffer(1982)는 시장실패접근법(market failures approach)이라는 용어를 사용한다. 본 장에서는 조직경제학이라는 용어로 통일하여, 조직분석에 원용된 모든 경제학적 이론을 포괄하는 개념으로 사용한다.

number)을 계산할 수 있는 수단의 발명과 그러한 계산에 의해 함축된 정책을 집행하는 데 필요한 제도의 설립이다. 본질적으로 이것이 또한 현대조직경제학이론의 과업이다(최창현, pp.303-304).

이 이론에 대한 전반적인 관점을 제공해 주는 이기주의(self-interest)가정으로부터 도출되는 네 개의 기본적인 통찰을 들 수가 있다.

① 개인적 선택은 조직적 혹은 집단적 행동의 기반이 된다. 다시 말해 흔히 집단적 행동으로 여겨지는 것은 사실 개인적 선택의 집합이다.
② 개인적 선택은 상호 상충되는 개인적 선호의 표출이다. 따라서 갈등은 사회생활에 있어 본질적으로 내재된 것이며 조직화란 그러한 갈등을 관리 (비록 항상 해결하지는 못하지만)하는 수단이다.
③ 규칙은 갈등적인 선호를 조정하기 위해 필요하다. 이러한 규칙은 집단적인 의사결정이 필요한 경우 단순화하고 질서화하기 위해 필요하다.
④ 개인(그리고 집단)적 선호에 있어서의 차이뿐만 아니라 시간, 정보, 그리고 자원의 한계성은 의사결정자의 극대화(maximizing)전략보다는 만족화 (satisficing)전략을 채택하도록 하는 경향이 있다.

합리적, 경제적 인간관에 입각하여 효용을 극대화하려는 이기적인 개인이 분석 단위라는 점에서 조직경제학은 인간관계론이나 체제이론과는 구별된다. 조직경제학이론가는 특별한 일련의 가정 및 가치에 집착한다. 그들의 주요한 방법론적인 가정은 사회적 행동이 동기화된 원자론적 개인행동의 결과로서 이해되어야만 한다는 것이며 원자론적 개인의 특수한 이해관계는 사람마다 보통 다르다는 것이다. 따라서 사회적 행동을 설명하고 예견하려는 모든 방법론은 자신의 이해관계를 추구하는 합리적 개인에 대한 가정에 입각해야만 한다는 것이다. 따라서 "방법론적 개인주의(methodological individualism)"를 채택하고 있다.

Eisenhardt(1989)는 대리이론을 실증주의자 대리이론과 본인-대리인이론으로 구분하고 있으나, 본 장에서는 후자에 입각하여 설명하고자 한다. 본인-대리인이론에 의하면 인간이 개인효용을 극대화한다는 가정하에 사회적 생활은 대리인(근로자, 판매자)과 본인(관리자 및 자본가, 구매자)간의 일련의 계약과 계약위반관계로 상정될 수 있다고 본다. 사회적 관계는 본인(Principal)과 대리인(Agent)이라는 두 당사자(Parties)에 의해 이루어지며, 대리인은 본인을 대신해 특정행동을 대행해 주고, 본인은 대리인에게 권한을 위임해 주어야만 한다. 그러나 본인-대리인간의 상충적인 이해관계로 인해 대리손실(agency loss)이 발생한다. 능률적인 본인-대리인 관계를 유지하기 위해서는 이 대리손실을 극소화해야만 하고, 대리손실을 극소화하는 것이 능률적인 메커니즘이라는 것이다(Donaldson, 1990；Perrow, 1986). 대리이론은 경제학, 정치학, 사회학, 조직학 등 많은 분야에 공헌하고 있는데(Eisenhardt, 1989), 조직이론에 적용된 것이 바로 다음에 설명할 거래비용경제학이다.

2) 거래비용경제학(Transaction Cost Economics)

Chandler(1962)에 의하면 창업자구조로부터 기능적 구조(functional structure；unitary form), 그리고 다분화구조(multidivisionalized form)로의 변천은 철도에서 처음 나타나고 교통, 의사소통, 생산분배 및 판매에 있어서의 속도의 경제에 의해 다른 산업으로 확산되었다고 한다. Chandler는 다분화구조가 간접비, 운영비 등과 같은 거래비용을 극소화하고 고위관리자의 기회주의를 완화시켜 줌으로써 제한적 합리성을 극복해 주기 때문에 수직적 통합(vertical integration)이 지속적 이윤을 위한 필요조건이라는 것을 발견했다. 수직적 통합(Vertical Integration)은 생산자가 원자재 공급자를 통합하는 후방적 통합(Backward Integration)과 생산자가 유통업자를 통합하는 전방적 통합(Forward Integration)으로 구분된다. 이는 재벌기업의 문어발식 확장이나, 행정조직의 부처간 확장주의(Departmental Expansionism) 또는 부서통폐합에 원용될 수 있는 개념이다.

Chandler의 이론은 Williamson의 거래비용경제학의 근거를 제시한다. Chandler는 조정(보이는 손)을 강조하는 반면 Williamson은 등한시된 능률성의 한 측면으로서의 거래비용을 강조한다. Williamson의 주장은 조직구조의 능률성(능률적 상태)은 거대조직의 출현(계층제)을 설명하기 위한 중요한 요인이며 거래비용의 극소화가 능률성의 관건이라는 것이다. 거래비용은 통제비용, 거래관계의 유지비용, 정보비용 및 대체비용 등과 같은 경제적 교환과 연관된 모든 비용을 망라한다. 전통적인 능률성의 의미와는 다르게 거래비용경제학에 있어서 능률성은 보이지 않는 손, 즉 가격기구에 의해 자동적으로 통제되는 수요와 공급의 적정균형상태로 미시경제학적인 의미로 규정된다.

미시경제이론을 적용함에 있어 Williamson은 [그림 5-2]에 나타난 바와 같이 제한적 합리성(Simon, 1976 참조)과 기회주의(사기, 기만 등)라는 인간요인과 불확실성과 소수교환관계라는 환경요인을 도입함으로써 완전한 시장조건을 완화하려한다. 여기서 제한적 합리성은 Simon(1976)의 개념과 동일하고, 불확실성은 구조적 상황이론에서 말하는 환경의 불확실성과 유사한 개념이다. 기회주의는 기만이나 사기 등의 계산된 이기주의를 의미하며, [그림 5-3]에서 보는 바와 같이 x라는 거래당사자가 기회주의에 입각하여 행동할 확률 P(Ox)는 y라는 당사자가 제한적 합리성과 불확실성을 주어진 것으로 가정하면 투자해야만 할 자산특수성(asset specificity: ky)의 함수이다.

그림 5-2   시장실패의 요인

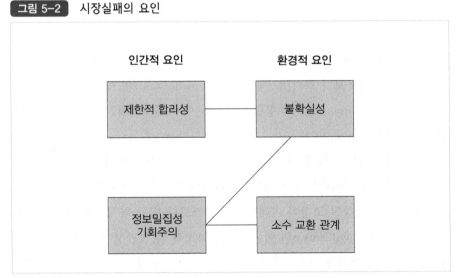

출처: Williamson, Oliver E.(1975), Markets and Hierarchies

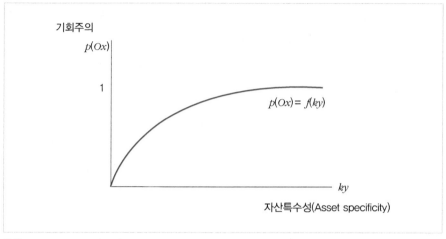

그림 5-3   기회주의의 위험성과 자산특수성

출처: Hill, Charles W. L.(1990). Cooperation, Opportunism, and the Invisible Hand: Implications for Transaction Cost Theory

이익집단간의 교환을 지배하는 제도적 구조로 정의되는 계층제적 조직 (Hesterly et al., 1990; Williamson, 1975)은 능률성 확보가 관건인 바 시장실패시, 즉 자유로운 진입, 완전경쟁 등이 이루어지지 않는 경우, 위에서 언급한 제한적 합리성, 불확실성, 소수교환관계 등으로 인해 누가 기회주의에 입각해서, 혹은 신의성실의 원칙에 입각해서 행동할지를 모르기 때문에, 안전장치가 필요한 바, 이 안정장치를 확립하는 비용이 바로 거래비용(Transaction cost)이다. 만일 이 거래비용이 관료제적 조정비용보다 크다면, 거래비용(Transaction Cost)을 극소화하기 위해서, 거래의 내부화(Internalization), 즉 통합(Integration)이 효과적이라는 이론이 거래비용 경제학이다(Williamson, 1975).

Perrow(1986)는 조직경제학이론을 다음과 같은 점에서 비판한다. 첫째, 이 이론의 논리와 일관성이라는 견지에서 Chandler의 이론은 거래비용과 다른 비용을 구분하고 있고 향상된 조정이 거래비용의 감소보다 훨씬 더 중요하다고 지적하고 있다는 점에서 Williamson의 이론보다는 비교적 더 일관성이 있다. 그 반면에 Williamson은 거래비용이나 계층제적 조직(hierarchy)에 대한 명백한 규정을 내리지 않고 있으며, 또한 통합된 조직구조가 전문화된 구조보다 환경에의 적응도가 떨어진다고 주장한다는 점에서 그의 이론과 모순되는 점을 보인다. Williamson과

Ouchi(1981)는 수많은 거래비용의 예가 개념규정에 의해서라기보다는 예시를 통해 제시되고 있고, Perrow는 공존하는 시장과 계층제의 장점, 단점간의 일시적 트레이드업(tradeoff)을 인식하지 못하고 있다고 반박한다.

　　두번째 비판은 Williamson의 이론에 반대되는 실증적 예를 찾아볼 수 있다는 것이다. 행정기구의 통폐합이나 재벌의 문어발식 확장에서 볼 수 있듯이, 계층제적인 조직설계(특히 수직적 통합)를 하는 이유는 능률성의 이점 때문만이 아니라 과점적 통제를 은폐하기 위한 전략으로 활용된다는 것이다. 이러한 비판에 대해 거래비용경제학은 자산특수성(asset specificity)에 따라 거래의 특수한 투자를 필요로 하는 거래비용과 그러한 투자가 중요하지 않은 거래비용을 구분하고 있고, 따라서 수직적 통합, 혹은 계층제로의 변천이 선택적인 것이라고 반박한다.

　　인간요인 중 제한된 합리성은 Simon(1976)에 의해 제시된 이래 대다수의 이론가에 의해 인정되고 있으므로 별 문제가 없으나, 인간이 이기주의적인 기회주의에 입각해 행동한다는 가정은 인간이 때로는 이타주의적일 수도 있다는 점을 들어 반박한다(Barney, 1990). Williamson은 불확실성을 환경적 특질로 간주하나 이는 환경을 어떻게 인식하느냐에 따라 인간적 특성으로 간주될 수도 있다. 거래비용경제학은 조직설계에 활용될 수 있는 이론이다. 기본적인 조직설계문제는 기회주의의 위험성에 안정장치를 확보함과 동시에 제한적 합리성을 극복함으로써 거래비용을 극소화하는 문제이다.

　　Ouchi(1984)는 저서 『The M-Form Society』에서 X이론의 전제를 초극하고 Y이론을 소화하는 동시에 일본식 Z적 요소를 가미하는 Z이론, 일분간 관리라는 W이론(W는 Work: 효과가 있다, 혹은 기능한다라는 뜻의 두 문자)을 초극하는 M이론이야말로 국정과 경영에 활력소를 제공해 주는 열쇠라고 주장하고 있다. Williamson의 M-형가설이 산업조직에만 주로 적용되었다는 점에서 미시적 적용인데 반해, Ouchi는 M이론이 미시적 영역을 초월하여 사회전체에 적용될 수 있다고 주장한다.

3) 조직경제학의 적용예로서 M-형가설

　　가격기구에 의한 보이지 않는 손이 기능하지 않을 경우, 즉 시장실패시 계층제적 조직의 행정조정 '보이는 손'을 통한 수직적 통합이 보다 효과적이라는 것이다(Chandler, 1977). 보이지 않는 손은 완전시장조건하에서만 시장체제를 능률적으로 이끌어 간다. 조직(계층제)은 거래를 실행하기 위한 대안적인 능률적 형태의 하나에 불과하나, 시장실패의 상황하에서는 계층제는 능률적인 형태인 것이다. 따라서 가격기준은 관료제적 기준으로 대치된다.

그러나 계층제적 조직에 있어서 능률성과는 무관하게 Parkinson의 법칙이 예시하듯이 부서장은 직무나 예산이 줄어드는 것을 싫어하며, 부처간 확장주의에서 나타나듯이 부서장은 타부서의 업무를 통합하려는 경향이 있다. 이러한 맥락에서 본다면 계층제적 조직이 시장보다 우월하다고 볼 수 없고, 계층제적 조직 내에서도 능률적 형태의 문제가 대두된다. 다시 말하면 시장도 완전경쟁모형에서 이탈하듯이 계층제적 조직도 순수한 이념형으로서의 Weber의 관료제와는 동떨어지는 것이 현실이다.

Williamson(1975)은 계층제적 구조 중에서도 M-형구조가 능률성을 극대화시켜 주는 조직구조라고 보아, 여러 가지 가능한 조직형태(조직구조) 중 M-형(multidivisionalized form)구조가 U-형(unitary form)구조보다 능률적인 구조라는 M-형가설(M-Form Hypothesis)을 주장하고 있다(M-형과 U-형구조에 대해서는 [그림 5-4] 참조).

그림 5-4   두 개의 단순화된 구조모형

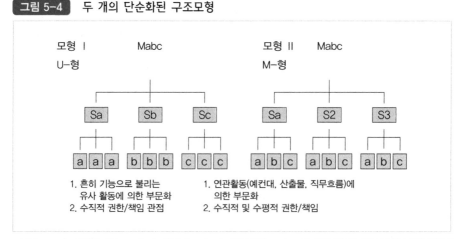

* M(Manager): 관리자, S(Supervisor): 감독자, a, b, c는 직무흐름, a+b+c를 위해 필요한 활동에 있어서의 전문가를 의미

고전적 조직이론가들은 주로 U-형구조를 강조해 왔는데, Wilson(1887)은 완전한 계층제적 조직은 능률성을 극대화한다고 주장하며, 『조직이론소고(Notes on the Theory of Organization)』에서 Luther Gulick(1965)은 소위 그가 말하는 "동질성원칙(principle of homogeneity)"에 입각하여 모든 근로자는 중요 목적, 그가 사용하는 과정, 그가 처리하는 사람이나 사물, 혹은 그가 근무하는 지리적 장소에 의해 기능적으로 특징지어질 수 있다고 본다.

Gulick과 Urwick(1937)의 "행정과학논문(Papers on the Science of Administration)"에 나타난 초기문헌에 대한 Simon(1946)의 비판의 핵심은 이러한 원칙은 언제 적용되어야 할지에 관한 지침을 제공하지 못하기 때문에 마치 격언과 같다는 것이다. 이러한 지침이 결여된 이유는 원칙에 나오는 용어에 대한 적절한 개념규정이 결여되어 있기 때문이다. 원칙이 특정 상황하에서의 일련의 선택을 제공하나 선택근거가 무엇이어야 하는지에 대해 불분명하다. 예컨대, 행정능률성을 증가시켜 주는 목적, 과정, 고객, 그리고 장소에 의한 조직화원칙을 검토함에 있어 Simon(1946)은 다음과 같이 지적한다.

> "… 목적(purpose), 과정(process), 고객(clientele), 그리고 장소(place)가 조직화의 모순적 근거이기 때문에 이러한 원칙은 내재적으로 일관성이 결여되어 있고, 어느 세 가지 근거의 장점은 네번째 근거의 장점을 확보하기 위해서 희생되어져야만 한다는 것이 명백하다(Simon, 1946: 28)."

공공선택이론가인 Ostrom(1974)은 『미국행정학의 지적 위기(Intellectual Crisis of American Public Administration)에서 Wilson, Weber, Gulick 및 Simon 등에 대해 비판하고, 계층제의 필요성을 인정하면서 단일구조에 비해 정부기관간의 건전하고도 민주적인 경쟁을 촉진할 수 있는 다조직구조인 다중공공관료제개념을 강조한다. Gulick도 단일권한구조는 횡적 부문화의 다중적 네트워크적 구조로 융해되어, 계층제가 정글짐이라는 복잡하게 뒤엉킨 격자망구조로 대치된다고 주장하여 U-

형구조와 M-형구조를 통합한 구조를 시사하고 있다.

소위 Ostrom이 주장하는 단일구조에 비해 정부기관간의 건전하고도 민주적
인 경쟁을 촉진할 수 있는 다조직구조인 다중공공관료제나 구조적 상황이론가인
Mintzberg(1983)의 분화형태 등도 Williamson이 말하는 M-형구조와 유사하다.

6 조직환경론의 비교 및 종합

전략적 선택관점인 구조적 상황이론의 특징 중의 하나는 환경에 대한 결정
론적인 지향성인데, 상황이론의 대안으로 대두된 전략적 선택관점(strategic choice
view)은 환경에 대한 임의론적인 지향성을 강조하여 의사결정가가 전략적 선택을
통해 어느 정도는 상황적 제약조건을 완화할 수 있다는 것이다. 전략적 선택관점
중의 하나로 분류할 수 있는 전략적 선택이론은 조직이 직면한 조직 상황이 조직
구조를 결정한다는 구조적 상황이론과는 달리 최고관리자의 환경에 대한 인식과
평가가 조직구조의 선택과정에 영향을 미친다고 본다.

구조적 상황이론은 조직구조가 기술적 환경에 의해 결정된다고 보아 정책결
정자는 객관적, 기술적 환경에 반응적(reactive) 적응양식을 보이고, 개체군생태학
이론은 구조적인 변형이 자연적 환경(자연법칙)에 의해 결정된다고 상정하여 이
러한 자연환경에 대해 정책결정자는 무작위(inactive)로 대처하며, 시장 및 위계 이
론은 경제적 환경(경제법칙), 제도적 이론은 규범, 가치 등의 사회문화적 환경(사회
법칙)에 의해 결정되고 정책결정자는 이러한 제도적 환경에 대해 상호반응적으로
대처한다고 상정한다.

자원종속이론은 구조적 변형이 개인관리자, 특히 권력을 가진 직위에 있는
관리자에 의해 어느 정도는 전략적으로 조작될 수 있는 인위적 환경에 의해 결정
된다고 보며, 정책결정자는 적극적으로 환경을 인위적 인공물로 조작하려 한다.

자원종속이론은 개체군생태학이론과 비교될 수 있는데 이는 양이론이 조직
에 대한 환경의 영향을 강조하며, 비록 분석수준, 시간적 관점, 환경에 대한 개념

화 그리고 합리성의 역할정도에 다소 차이가 있기는 하지만 구조적 상황이론이나 시장 및 위계 이론보다는 덜 합리적인 접근법을 취하고 있기 때문이다.

구조적 형태의 선택, 예컨대 합병이나 수직적 통합(vertical integration) 등과 같은 종속변수를 보면 시장 및 위계 이론과 흡사하나 그러한 구조적 형태를 선택하는 동기라는 관점에서는 시장 및 위계 이론과 상이하다. 자원종속이론의 경우, 구조를 선택하는 동기는 희소자원의 중요성인 반면, 시장 및 위계 이론의 경우는 능률성이다. 이는 또한 결정론, 임의론이라는 관점에서는 상황이론과는 구분된다. 상황이론이 상황적 제약조건의 구조에 대한 인과적 영향을 가정하는 반면, 자원종속이론은 관리자의 환경에 대한 전략적 적응으로서의 의사결정의 중요성을 강조한다.

자원종속이론(resource dependency theory : RDT)은 조직과 조작화(enacted)된 인위적 환경간의 적합도를 유지하려 한다(Pfeffer, 1982). 개방체제로서의 모든 조직은 환경과 상호작용할 수밖에 없다. 기업은 원자재를 제공하는 공급자, 만든 제품을 사주는 고객이 없다면 존재할 수 없다. 공공조직도 조달청을 통해 행정 서비스에 필요한 물품을 제공받고, 행정 서비스를 이용해 주는 고객으로서의 국민이 없으면 존재할 수 없다.

앞에서 설명한 조직과 환경간의 관계에 대한 제이론들을 몇 가지 구체적인 행정부조직 및 기구개편 사례에 적용해 보고자 한다. 5.16혁명 후 경제기획원 신설과 1979년 환경청 신설의 경우, 제도이론적 관점에서 보면 조직은 구조적 상황이론에서 주장하는 것처럼 여러 상황요인과 조직구조와의 적합도를 유지하여 가장 능률적이고 합리적인 구조를 갖춘다기보다는 그 정당성을 확보하기 위해 사회문화적 규범이나 가치체계 혹은 정치적 환경과 부합되는 구조적 적응을 강조한다.

정치적인 환경면에서 볼 때 5.16혁명정부는 국민에게 군사혁명의 당위성을 인식시켜 주어야 하고 혁명에 대한 기대도 심어주어야 했다. 북한은 이미 장기경제개발계획을 수립 실시하여 한국보다 나은 수준의 착실한 성장을 하고 있었으므로(국토통일원의 경제담당관실의 자료에 의하면, 1965년 북한의 1인당 GNP는 192달러로서 한국의 105달러에 비하여 87달러나 높았음) 경쟁자를 추월해야 한다는 과업도 무겁게 부과되었다(최동규, 1991).

혁명과업을 성취시켜야 하는 어떤 조직체의 구성은 불가피해졌다. 불가피한 것은 조직체뿐만 아니라 이와 같은 목적을 성취시키는 수단도 보유해야만 했다는 것이었다. 국민에게 비전을 줄 수 있는 수단으로 5개년장기경제개발계획이 수단과 목적을 연결하는 조직체로는 궁극적으로 경제기획원이 선정되었다.

1979년 12월에 보건사회부의 환경관리국조직이 환경청으로 독립될 수 있었던 것은 사회적 환경의 압력이 주원인이었다. 한국경제는 개발과정에서 성장일변도의 정책을 추구하여 왔기 때문에 기업의 코스트를 증가하여 경쟁력을 약화시키는 환경보존에 대한 투자는 시기상조의 부국적인 발상이라고, 기업과 정부는 환경보존에의 투자를 의도적으로 외면해 왔다.

1970년대 말에 들어와서 1960년부터 20년간 49.8%의 인구증가, 28%에서 57.3%로 증가한 도시화의 진전과 더불어 산업상의 공해로 인한 환경오염정도가 심각해져 중요한 사회문제로 부각되기 시작하였다. 1978년 서울의 아황산가스의 오염도는 0.084PPM으로서 캐나다의 토론토(0.009), 서독의 프랑크푸르트(0.020), 일본의 도쿄(0.016) 및 미국의 뉴욕(0.018)보다 최소한 4배 이상 높고 주요 수계에 있어서의 수질오염도도 심하여 상수원수로서 부적합하였다. 환경청은 대기·수질 및 폐기물 관리 등을 지도 및 규제하기 위하여 6개의 지방지청조직을 가진 중앙집권적인 조직으로 발족하였다(최동규, 1991).

한때 폐지론이 대두되었던 동력자원부의 경우, 개체군생태학이론을 적용하여 설명해 보면, 1974년 1월에 '1.14 경제긴급조치'로 한때 석유소비에 대하여 경각심을 주었으나, 1차 석유파동 이후 석유의존도는 계속 상승하여 에너지 다소비적인 산업구조를 보이는 데다가 석유비축시설마저 갖추어지지 않아 석유공급의 취약성은 한국경제를 불안하게 하였다.

2차 석유파동으로 동력자원부의 창설의 타당성이 입증되었다가, 걸프전이 발발하기 전에 동력자원부 폐지론이 대두되기도 했으나 걸프전으로 인하여 아직도 건재하다. 동력자원부의 경우 조직이 환경에 적응했다기보다는(Lamarkian 적응), 국제환경의 변화가 동력자원부의 존립을 선택한 것으로(Darwinian 선택) 볼 수 있다는 것이다.

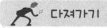 다져가기

공시 2018년 9급 지방직

01 조직이론에 대한 설명으로 옳지 <u>않은</u> 것은?

① 구조적 상황이론: 상황과 조직특성간의 적합 여부가 조직의 효과성을 결정한다.

② 전략적 선택이론: 상황이 구조를 결정하기보다는 관리자의 상황 판단과 전략이 구조를 결정한다.

③ 자원의존이론: 조직의 안정과 생존을 위해서 조직의 주도적·능동적 행동을 중시한다.

④ 대리인이론: 주인·대리인의 정보 비대칭 문제를 해결하기 위해 대리인에게 대폭 권한을 위힘한다.

> ④ 주인(principal)이 대리인(agent)으로 하여금 자신의 이익과 관련된 행위를 재량으로 해결해 줄 것을 부탁하는 주인–대리인 관계에서 나타나는 여러 문제를 다루는 이론을 말한다. 대리인 관계에서는 대리인의 선호 혹은 관심 사항과 주인의 그것이 일치하지 않거나 주인이 대리인에 비해 전문지식과 정보가 부족하기 때문에 대리인이 주인의 이익을 충실하게 대변하고 확보하지 못하는 주인과 대리인간의 정보의 불균형, 감시의 불완전성 등으로 도덕적 해이나 무임승차 문제, 대리인 문제(agency problem)가 발생한다.

공시 2013년 9급 지방직

02 조직이론에 대한 설명으로 옳은 것만을 모두 고른 것은?

> ㉠ 베버(M. Weber)의 관료제론에 따르면, 규칙에 의한 규제는 조직에 계속성과 안정성을 제공한다.
> ㉡ 행정관리론에서는 효율적 조직관리를 위한 원리들을 강조한다.
> ㉢ 호손(Hawthorne)실험을 통하여 조직 내 비공식집단의 중요성이 부각되었다.
> ㉣ 조직군생태이론(population ecology theory)에서는 조직과 환경의 관계를 분석함에 있어 조직의 주도적·능동적 선택과 행동을 강조한다.

① ㉠, ㉡   ② ㉠, ㉡, ㉢

③ ㉠, ㉢, ㉣   ④ ㉡, ㉢, ㉣

> ② ㉣은 환경결정론

생각해 볼 문제

1. Duncan의 조직환경을 설명해 보자.

2. 민츠버그의 5가지 조직구조를 설명해 보자.

3. 조직구조의 4가지 차원을 설명해 보자.

4. 환경적응론과 환경결정론을 비교 설명해 보자.

5. 조직 내의 책상배치가 조직문화와 조직구성원의 행태에 미치는 영향에 대해서 생각해 보자(다음 기사 참조).

> • 권위주의 책상배치 사라진다
> • 의사소통 쉽게, 결재받기 편리, 명랑한 분위기
>
> 　일부 대기업을 중심으로 직급간의 의자 구분을 없애고 '앞으로 나란히'식의 사무실 책상배열을 '마주보기'식으로 바꾸는 등 자유로운 사무실 배치가 시도되고 있다. 럭키금성, 대우 등 대기업을 중심으로 여러 가지의 대향식으로 바뀌어 가면서 사무실 공간구성도 다양해지고 업무능률도 올라 사원들의 호응을 받고 있다.
> 　대우전자는 지난 7월 1일 전사적으로 사무실 자리배치를 +자형, ㄹ자형, ㅁ자형, ㄷ자형 등 부서의 특성에 맞게 자유롭게 변경했으며 오는 25일까지 14개 부서가 이를 실시할 예정이다.
> 　자리배치는 3~4명을 한 팀으로 하는 경우 바람개비인 +자형이나 ㄴ자형이 많고 인원이 많은 경우는 책임자 책상 앞에 두 줄로 마주보게 배열한 대향식이 많다.
> 　바람개비형으로 배치한 책상에서 상급자와 마주앉아 근무하고 있는 박금현 씨(26. 소비자상담실)는 "전에는 뒷자리의 상급자를 찾는 전화가 올 때 돌아보고 부르거나 결재를 받고 업무협의를 할 때 왔다갔다하는 불편도 있었으며 모든 행동을 감시받는 것 같아 기분도 언짢았다"면서 "마주앉아 근무하니 업무협의도 수월하고 사무능률도 오를 뿐 아니라 신뢰감도 생기는 것 같다"고 말했다.

이 회사 사장은 "기존의 자리를 변경하기 위해서는 전기 및 통신 배선을 새로 하는 등 시간과 경비가 소요되지만 직원상하간의 명랑한 의사소통으로 업무능률이 오르고 사무실 분위기가 밝아져 만족스럽다"고 밝혔다.

이보다 앞서 지난해 9월 회장 부속실에서부터 자발적으로 이 같은 책상배치를 시도한 럭키금성그룹은 현재 여러 계열사 중 20여 개가 넘는 부서에서 이를 실시하고 있으며 확산되는 추세를 보이고 있다.

"계열회사인 금성사의 경우는 이미 지난 1990년 6월 직급별 의자구분을 없애 권위주의적인 관행을 없앴다"고 밝혔다.

이들 회사측은 이같은 사무환경변화로 상하간에 개방된 의사소통이 가능해졌고 일체감형성 등 부서 내 분위기가 크게 개선돼 이를 더욱 확대 발전시켜 나갈 방침임을 밝혔다.

— 경향신문 1992년 7월 23일자

6. 한국 정부조직을 둘러 싸고 있는 환경의 특성을 고려하여, 한국정부조직구조의 개편방향에 대하여 조직과 환경간의 관계에 대한 다양한 이론(예를 들어 구조적 상황이론, 자원종속이론, 조직개체군생태학이론 및 제도이론 등)을 설명하고(30점), 이러한 여러 이론들의 관점에서 기획예산처와 환경부를 사례로 정부조직구조의 변화를 설명해 보자(답안 예시는 부록 1 참조).

7 조직효과성

조직효과성에 대한 연구는 단편적이고 체계화되어 있지 못하다. 조직효과성은 여러 가지 하위개념으로 구성된 고차원적인 상위개념(higher level of concept), 즉 구성체(construct)이기 때문에 획일적이고도 일차원적인 정의를 내리기에는 많은 문제점이 있다. 조직을 어떻게 정의하느냐에 따라 조직효과성에 대한 정의도 달라지게 된다. 조직효과성에 대한 개념규정상의 어려움으로 인해 대부분의 실증적 연구는 단편적 관점에 입각한 것이거나, 혹은 여러 가지 관점을 포괄하는 경우에도 효과성척도의 입수가능성 여부에 따라 편의성 위주로 연구되었다고 해도 과언이 아니다.

1) 다차원적 개념으로서의 조직효과성

현대사회는 고도의 복잡성을 보이고 있으며, 많은 문제점을 해결하기 위해 조직이라는 사회적 도구를 창조해 냈다. 현대조직사회에서 조직의 역할이 중요하기 때문에, 우리는 조직효과성(organizational effectiveness)에 관심을 갖게 된다. 대부분의 사람들에게 있어서 조직효과성의 의미는 아주 간단하다. 즉 효과적인 조직이란 조직목적을 완수하는 조직이라는 것이다. 그러나 조직의 효과성을 측정하고자 할 때는 그 의미가 그렇게 간단명료하지만은 않다.

조직효과성에 대한 연구는 단편적이고 체계화되어 있지 못하다(Goodman & Pennings, 1977). 조직효과성은 여러 가지 하위개념으로 구성된 고차원적인 상위개념(higher level of concept), 즉 구성체(construct)이기 때문에 획일적이고도 일차원적인 정의를 내리기에는 많은 문제점이 있다. 조직이론에 관한 대다수의 문헌은 조직구조 및 과정 등의 분석에 치중하며, 조직효과성에는 이러한 조직 구조 및 과정 등에 대한 지식이 축적되면 증진시킬 수 있다는 전제가 깔려 있다. 효과성에 대한 연구를 하는 경우도 효과성개념을 조작화하고, 또한 단편적인 효과성모형에 의존하며, 이러한 단편적 모형이 모든 유형의 조직에 적용될 수 있다고 주장하는 경향이 있다(Cameron, 1981).

이러한 효과성에 대한 연구의 혼란 상태로 인해 Hannan과 Freeman(1977) 등은 조직목적의 개념화 및 척도화의 문제를 들어 조직효과성에 대한 과학적인 분석을 포기할 것을 주장하기도 한다. 그러나 이러한 비관론적인 시각에도 불구하고 조직효과성에 대한 연구는 중요하다. 이는 효과성의 증진이 조직연구의 궁극적인 목표이기 때문이다.

조직을 어떻게 정의하느냐에 따라 조직효과성에 대한 정의도 달라지게 된다. 조직을 합리적인 공통의 목적을 달성하기 위한 2인 이상의 협동체제로 규정할 경우 조직효과성은 합리적 공통목적의 달성정도라는 관점에서 정의될 수 있으며, 조직을 환경에 적응하는 개방체제적인 관점에서 보면 조직효과성은 주로 환경에 대한 적응능력이나 조직생존으로 측정된다.

폐쇄체제적인 관점에서 주로 조직내부의 안정성에 초점을 맞추는 경우에는 체제유지(system maintenance)나 보존(retention)이 효과성의 기준이 되며, 조직 내의 개인이나 소집단의 행태적 조작을 강조하는 인간관계론적인 측면에서 보면 근로자 직무만족, 응집성, 사기, 조직몰입도(최창현, 1992; 1991) 등이 조직효과성을 가늠하는 척도가 될 것이다. 이러한 조직효과성에 대한 개념규정상의 어려움으로 인해 대부분의 실증적 연구는 단편적 관점에 입각한 것이거나, 혹은 여러 가지 관점을 포괄하는 경우에도 효과성척도의 입수가능성 여부에 따라 편의성 저주로 연구되었다고 해도 과언이 아니다.

2) 조직효과성모형

조직효과성에 관한 문헌은 광범위하다. Robbins(1983)는 목적달성접근법(goal attainment approach), 체제적 접근법(systems approach), 전략적 이해관계자접근법(strategic constituencies approach), 갈등가치접근법(competing values approach)으로 구분하며, Hall(1982)은 체제-자원모형(system-resource rredel), 목적모형(goal model), 참여자-만족모형(participant-satisfaction model), 사회-기능모형(social-function model), 모순모형(contradiction) 등으로 나누고 있다.

이러한 광범위한 효과성연구를 통합하기 위한 시도 중의 하나가 Quinn과

Rohrbaugh(1983; 1981)의 경합가치모형(competing values approach)이다. 이 효과성 모형은 앞서 조직문화에서 원래 효과성모형으로 개발된 것으로 이미 소개한 모형이다. 문화모형과 똑같이 ① 합리적 목적모형(rational goal model) ② 개방체제모형(open systems model) ③ 인간관계모형(human relations model) ④ 내부과정모형 (internal process model) 등 4가지로 분류하고 있다.

합리적 모형은 조직효과성을 목표달성정도와 동일시한다(weber, 1947; Scott, 1977; Mohr, 1982). 이 모형의 문제점은 조직이 다양한 하위목표를 가질 뿐 아니라, Hannan과 Freeman(1997)이 지적하듯이 환경적소에 편입되지 못한 조직은 비록 목표를 달성하더라도 도태될 수 있다는 것이다. 환경변화가 매우 빈번하거나 장기적으로 발생할 경우 조직적응의 결과를 예측하기가 거의 불가능하다는 것이다. 이러한 이유로 장기적 관점 혹은 조직군의 수준에 있어서 조직의 적응을 맹목적인 변이로 간주하게 된다. 다시 말해 단기적으로는 아무리 합리적인 조직의 적응전략도 장기적으로 보면 합리적인 결정으로 볼 수 없다는 것이다(최창현, 1992).

개방체제모형은 조직효과성을 환경적 요인과의 적합도유지능력과 동일시한다. 조직과 환경간의 관계를 다룬 이론은 체제구조적 관점(system−structural view)을 대표하는 구조적 상황이론(structural contingency theory: SCT), 전략적 선택관점(strategic choice view) 중의 하나로 분류할 수 있는 자원종속이론(resource dependency theory: RDT), 자연도태관점(natural selection view)을 대표하는 개체군생태학이론(population ecology theory: PET) 및 생성적, 무작위적 행동관점 중의 하나인 제도적이론(institutional theory: If) 등이 있다(최창현, 1992).

이 모형의 장점은 합리적 목적모형보다 더 포괄적이라는 점이나, 바로 그 포괄성으로 인해 실증적 연구에 있어 문제점을 야기하여 실제 연구시에는 연구 가능한, 즉 조작화가 가능한 변수에 국한되고 만다.

인간관계모형은 조직효과성이 개인욕구의 만족에 의해 달성될 수 있다고 본다(Barnard, 1938; McGregor, 1960). 이는 개인이나 집단성과를 증진시키는 것이 조직효과성을 증진시키는 첩경이라는 입장을 보인다(Blake & Mouton, 1969; Bennis, 1979). Perrow(1979) 같은 사람은 개인의 만족이 조직효과성을 확보한다는 가정에 의문을 표한다. 또한 Scott과 Hart(1979)는 조직적 가치가 개인적 가치에 우선하기 때문에 조직의 절대적인 힘을 억제할 가능성에 대해 비관적이라고 주장한다(최창현 역, 1992).

　내부과정모형은 조직효과성을 조직내적 건강 및 능률성과 동일시한다 (Argyris, 1964; Cameron, 1981). 이는 과정에 초점을 두는 모형인데, 이러한 과정에 대한 강조는 수단이 목적을 대치할 우려가 있다는 점에서 비판 받고 있다(Scott, 1977).

　대부분의 조직효과성연구는 생산성이나 능률성에 초점을 맞추고, 특히 사기업의 경우 이윤이나 판매량 등을 주요지표로 사용한다. 그러나 행정조직의 경우는 능률성이나 효율성을 측정하는 데 많은 어려움이 있고, 정책결정의 다원성으로 인하여 여러 가지 상이한 가치가 상충하는 경우가 많다.

　어떤 조직이 효과적인가?라는 질문에 대한 판단은 분명히 가치판단적인 것이다. 그러나 가치판단은 필연적으로 상충될 가능성이 있다. Cameron과 Whetten(1987)은 조직효과성에 관한 보편타당하고도 일반적으로 적용될 수 있는 이론개발이 불가능하므로, 차라리 조직효과성을 평가하는 분석틀의 개발이 의미 있는 작업이라고 본다.

　조직효과성을 일차원적인 관점 내지는 모형으로 설명하려는 연구에 본질적으로 내재된 이러한 문제점들을 인식한 Quinn과 Rohrbaugh(1983, 1981)는 통합된 분석틀을 개발하였는데, 이것이 바로 갈등가치모형이다.

　Steers(1975)와 Cambell(1977) 등의 연구에 기초를 둔 Quinn과 Rohrbaugh(1983, 1981)는 조직효과성을 연구하는 7인의 Panel로 하여금 Campbell(1977, 1974)에 의해 구성된 30가지 효과성기준을 검토한 후, 이를 다차원척도화(multidimensional scaling MDS)를 이용 분석한 결과, 3가지 차원을 발견했다.

　첫 번째 차원(X축)은 조직의 초점으로 부분의 조정 및 통합을 강조하는 내부적 관점에서 조직전체의 발전을 강조하는 외부적 관점에 이르는 것이다. 두 번째 차원(Y축)은 통제를 강조하는 관점에서부터 유동성을 강조하는 관점에 이르는 조직의 구조이다. 세 번째 차원(Z축)은 과정을 강조하는 관점으로부터 결과를 강조하는 조직 수단 대 목적을 나타낸다.

　이 세 가지 갈등적 차원으로부터 4가지 효과성모형이 도출된다. 이는 앞서

그림 5-5   조직효과성에 대한 경합가치 분석틀

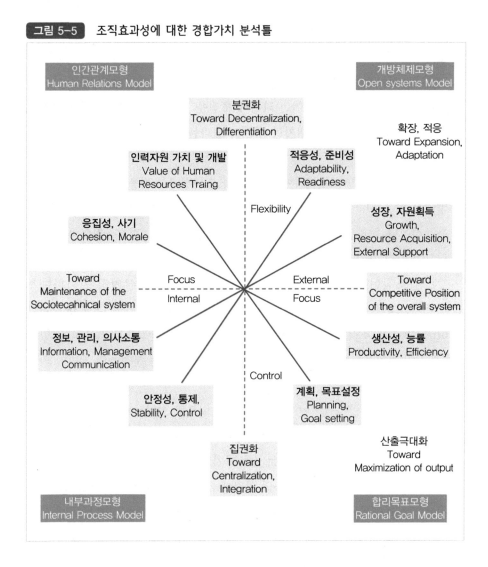

설명한 규범적이거나 처방적인 특정가치를 고집하는 4가지 효과성모형을 모두 포괄하는 것인 동시에, 비규범적이고 진단적인 접근법이다. 이 모형이 시사하는 바는 조직효과성의 기준이 본질적으로 갈등적인 가치간의 선택이라는 것이다.

    첫째, 개방체제모형은 조직 내의 인간보다는 조직 그 자체를 강조하고 조직구조에 있어서는 유연성을 중시하는 모형이다. 둘째, 합리적 목표모형은 조직구조에 있어서는 통제를 강조하고 조직 내의 인간보다는 조직 그 자체를 중시하는

모형이다. 셋째, 내부과정모형은 조직구조에 있어서는 통제를 강조하고 조직 그 자체보다는 조직 내의 인간을 중시하는 모형이다. 마지막으로, 인간관계모형은 조직 그 자체보다는 조직 내의 인간을 중시하고 조직구조에 있어서도 유연성을 강조하는 모형이다.

표 5-3 경합가치접근법(Competing Values Approach)의 효과성기준

모형	강조점	효과성	
		수단	목적
인간관계	인간 및 유연성	응집성, 사기 유지	인력자원의 가치 및 개발
개방체제	조직 및 유연성	유연성, 준비성 유지	성장, 자원획득, 외부자원
합리적 목적	조직 및 통제	기획, 목표설정, 평가	생산성, 능률성
내부과정	인간 및 통제	정보관리, 조정	안정성, 균형 유지

출처: Robert E. Quinn and John Rohrbaugh(1983), Spatial Model of Effectiveness Criteria Toward a Competing Value Approach to Organization Analysis, Management Science, Vol. 29, pp. 363~377

생각해 볼 문제

1. 조직효과성이란 무엇인가?

2. 조직효과성의 경합가치모형을 설명해 보자.

8 의사결정

1) 의사결정의 의의와 과정

(1) 의사결정의 의의

국가의 성공과 실패는 적어도 정책관리자들의 의사결정의 결과라고 말할 수 있다. 예컨대, 의사결정은 국민을 위한 정책이 어떻게 운영되어야 하고 국가 정책이 어떻게 변해야 하는지 등에 대해서 결정하고 선택하는 과정이다. 정책 결정(policy decision)은 해당 정책에 관한 공식적인 권한을 가진 결정자가 어떠한 의도를 공식적 혹은 비공식적 방법으로 표출하는 것을 의미한다. 이는 공공의 목적을 달성하기 위한 '일종의 권위 있는 결정'이며, 행위·사건·선택의 전개 등으로 나타난다(배용수·주선미, 2004).

국가는 의사결정이 이루어지는 과정을 계속해서 발전시켜야 하고, 변화하는 환경에 대응할 수 있도록 보다 효과적인 방법을 개발하여야 한다. 이 장에서는 먼저 의사결정의 의의와 과정에 대해 알아본다. 그리고 의사결정 과정이란 국가 목표를 달성하기 위해 모든 대안을 비교·검토하여 최적의 대안을 선택하는 과정을 말한다.

이 장은 이러한 의사결정에 대한 이해를 제고하기 위해 의사결정의 유형과 합리모형, 만족모형, 연합모형, 점증모형, 최적모형, 쓰레기통모형, 상황적응모형, 앨리슨(Allison) 모형, 그리고 정책의 적정성 진단을 위한 정책집행모형 등 의사결정의 여러 이론모형에 대해 살펴본다.

의사결정(policy making)이란 바람직한 목표를 달성하기 위해 이용 가능한 여러 대안(alternatives) 중에서 최선의 대안을 선택하는 과정이자 문제를 해결하는 과정이다. 즉 어떤 행동을 실행하기 전에 결과를 미리 분석해보는 과정이라 할 수 있다(Gore, 1964: 19). 따라서 의사결정이란 행정기관이 국가목표를 달성하기 위해 정책대안을 탐색하고 그 결과를 예측함으로써 최종적으로 승인, 가감, 혹은 거부하는 것과 관련된 일련의 행위를 말한다(Anderson, 2000: 5-6).

다시 말해, 국가 운영상 목표 달성을 위한 최선의 대안을 선택하는 일련의 과정이라고 할 수 있다. 이러한 의사결정의 개념 속에는 다음과 같은 세 가지 핵심 내용이 내포되어 있다(박연호·오세덕, 2000: 460).

첫째, 의사결정은 선택 행위를 포함한다는 것이다. 만약 가능한 행동대안이 한 가지밖에 없다고 한다면 의사결정이란 존재할 수 없다. 둘째, 의사결정은 의식적인 수준에서 행해지는 정신적 과정(mental processes)을 내포하고 있다는 점이다. 의사결정에는 논리성이 강조된다. 그러나 그 과정에는 논리적인 측면 이외에도 감정적·비합리적 및 보수주의적 요소들이 작용하고 있음을 간과해서는 안 된다. 셋째, 의사결정은 목표 지향적이라는 점이다. 즉 그것은 어떤 구체적인 목표를 달성하기 위해 이루어지는 행동 내지 과정인 것이다.

일반적으로 의사결정과정을 바라보는 시각은 인간의 사고과정에 관한 심리학적 연구로부터 영향을 받은 학자들이 의사결정과정을 일련의 연속적인 단계로 분류하는 것에 많은 영향을 받은 것으로 보인다. 학자마다 비슷한 내용으로 의사결정의 단계를 구분하고 있으나, 그러한 구분을 몇 개로 또한 어떻게 하는가에 관해서는 큰 차이를 보여 준다(성균관대학교 사회과학연구소, 1988: 186-187; 오석홍, 1990: 605-618; 윤우곤, 1977: 482-483). 많은 학자 중 의사결정에 관한 이론으로 널리 알려진 Simon의 의사결정과정을 살펴보면 다음과 같다(Simon, 1960: 2).

첫째, 정보활동(intelligence activity)이다. 의사결정을 해야 될 상황을 찾는 단계이다. 즉 문제를 인식하는 단계라고도 할 수 있다. 문제의 인지는 자극이나 압력에 의해 해결해야 할 문제를 인식하는 것을 의미한다. 문제인지의 자극요인으로는 불만, 갈등, 불균형, 불편 등이 있다.

둘째, 설계활동(design activity)이다. 문제의 성격을 파악하여 가능한 행동지침을 창안하여 발전시키고 분석하는 단계이다. 해결할 문제가 일상적·정형적 문제인지, 예외적·비정형적 문제인지를 파악해 보고 그 결과가 해결할 수 없다거나 해결해서는 안 된다는 판단을 내리면 의사결정과정은 더 이상 이루어지지 않는다.

마지막으로, 선택활동(choice activity)이다. 문제를 해결할 수 있는 모든 방안을 탐색해서 가장 이상적으로 해결할 수 있는 방안을 선택하는 단계이다. 예를 들어, 문제가 일상적, 정형적인 경우는 기존의 정책과 선례를 따르는 대안을 탐색하는 것이 좋다. 반면에, 예외적, 비정형적 문제는 대안 탐색범위도 넓고, 방향도 창의적인 것이 좋다.

(2) 의사결정의 유형

조직의 의사결정은 복잡성에서 차이가 있고, 의사결정이 되풀이 되는 빈도에 따라 정형적 의사결정과 비정형적 의사결정으로 구분할 수 있다.

정형적 의사결정(programmed policy making)은 의사결정 규칙이 개발될 수 있을 정도로 빈번히 되풀이되는 의사결정이다. 여기서 의사결정 규칙이란 의사결정 상황에 관한 정보를 미리 제시하고 어떤 대안을 선택할 것인가에 대해 규정해두는 것을 말한다. 정형적 의사결정은 성공과 실패에 대한 기준이 명확하고, 양질의 정보를 이용할 수 있고, 대안을 쉽게 구체화할 수 있으며, 선택된 대안이 성공적일 것이라고 믿을 수 있을 때 가능하다.

한편, 조직이 이전에는 직면하지 못했던 문제와 의사결정 상황을 해결해야 하고, 의사결정자가 이전에 규정해 두었던 의사결정 규칙에 의존할 수 없을 때가 있다. 이러한 의사결정을 비정형적 의사결정(nonprogrammed policy making)이라고 이른다. 정형적 의사결정과 달리 비정형적 의사결정은 문제해결이 필요하다는 것이다. 정책 문제해결(policy problem solving)이란 의제가 독특하여 의사결정 규칙의 도움 없이 대안을 개발하고 평가해야 할 필요가 있는 의사결정의 한 형태라고 할 수 있다(Nutt, 1993; 2002: 226-251).

(3) 의사결정의 과정

의사결정은 여러 단계의 과정을 거친다. 첫째, 정책의제를 형성하는 과정, 둘째, 정책을 결정하는 과정, 셋째, 결정된 정책을 집행하는 정책집행 과정 넷째, 집행된 정책이 제대로 시행되었는지의 여부를 평가하는 정책평가 과정, 그리고 마지막으로 정책변동 과정 등으로 구분할 수 있다.

의사결정과정이란 조직목표를 달성하기 위해 모든 대안을 비교·검토하여 최적의 대안을 선택하는 과정을 말한다. 일반적으로 합리적인 의사결정과정은 다음과 같은 다섯 단계를 거치게 된다.

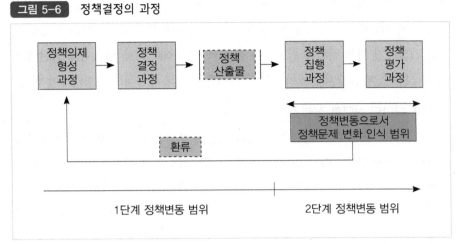

그림 5-6 | 정책결정의 과정

출처: 최창현 외(2005). 정책분석론, 시대고시기획

가. 정책문제의 인지와 분석 단계

문제란 바람직한 상태와 현실의 상태 사이의 차이를 의미한다(강근복, 1996: 93). 즉 의사결정을 하려면 우선 결정자가 문제의 성질을 명백히 인식하고 목표를 설정해야 하며, 인지된 문제를 해결하기 위해서는 그 문제에 대한 분석이 뒤따라야 한다.

나. 정책목표 설정 단계

목표란 달성하고자 하는 미래의 바람직한 상태를 의미한다. 다시 말해, 현재의 문제를 해결하여 조직구성원들의 심리적 긴장 상태를 없애고 만족스러운 상태를 이끌어 낼 수 있는 구체화된 미래의 상태를 말하는 것이다. 이때 목표는 구체적으로 기술되어야 한다.

다. 정보의 수집·분석 단계

문제가 명확해지고 목표가 설정되면 이에 대한 대책을 강구하기 위해 정보(information)와 자료(data)를 수집하여 과학적으로 분석한다.

라. 대안의 탐색 및 평가 단계

목표의 달성을 위해 모든 대체적인 방안을 탐색하고 평가한다. 대안을 탐색할

때에는 수집한 정보와 지식 및 경험도 중요하지만 이 일을 담당하는 사람의 창의
성에 크게 의존하게 된다. 의사결정자는 가장 불리한 상황에서도 모든 가능한 대
안을 개발하기 위해 전력을 기울여야 한다(박연호, 2000: 273). 대안이 탐색된 후에
는 이들의 장·단점과 대안들이 초래할 결과를 가급적 계량적으로 평가해야 한다.

마. 대안의 선택과 실행 단계

대안의 선택은 여러 대안들 중에서 최선의 대안을 하나 선택하는 과정이다.
최선의 대안을 선택한다는 것은 최대의 이익과 최소의 불이익을 가져올 것을 목
표에 비추어 선택한다는 것을 의미한다. 이러한 대안의 선택이 곧 의사결정이다.
대안이 선택되고 나면 이는 실행에 옮겨져야 한다. 이 단계에서는 실행담당자들
의 실행 의지가 무엇보다 중요하다.

2) 의사결정의 이론모형

누구나 합리적인 의사결정을 추구하고 최선의 선택을 했다고는 하지만 실제
로는 결정을 내릴 때 사람마다 제각기 다른 접근을 하는데 이러한 접근법들은 한
두 가지가 아니다(임창희, 2009: 327). 여기에서는 다양한 의사결정 모형 중 대표적
인 것들의 살펴보기로 한다.

(1) 합리포괄모형

합리포괄모형(rational comprehensive model)은 의사결정시에 최대한의 합리성을
추구하고 가능한 모든 대안과 의사결정 기준을 포괄하려는 의사결정모형이다. 이
모형에 의하면, 의사결정자는 이성과 고도의 합리성에 근거하여 결정하고 행동한
다. 즉 합리모형은 인간이 의사결정에 필요한 모든 지식과 정보를 파악·동원할
수 있다는 전지의 가정(assumption of omniscience)하에서 목표 달성을 위한 합리적 대
안의 탐색·선택을 추구하는 규범적·이상적 접근방법이다.

의사결정의 고전적 접근방법으로 인간과 조직의 합리성, 합리적 경제인, 완
전한 정보환경하를 전제로 하여 합리적인 의사결정을 모형화한 것이다. 즉 모

든 조건의 충분한 제공하에서 합리적 인간이 최대의 효과를 얻을 수 있는 의사결
정을 하는 것을 제시한다. 합리적 의사결정모형의 특징을 살펴보면 다음과 같다
(Arnold & Feldman, 1986: 396-402).

첫째, 합리적 의사결정모형에서는 문제의 발견과 진단, 대안의 탐색·평가,
대안선택 등 의사결정의 각 단계들이 독립적으로 순서 있게 진행된다.

둘째, 조직이나 개인은 항상 추구하는 목적을 극대화시킬 수 있는 대안을 선
택하게 된다.

셋째, 의사결정에 고려될 수 있는 대안은 모두 인지할 수 있으며 각 대안을
모두 탐색할 수 있고 그 대안들이 가져올 결과를 포괄적으로 분석할 수 있다.

넷째, 대안분석에 있어서 가중치나 확률 및 복잡한 계산이 가능하므로 어려
운 의사결정 사항도 계산을 통해 최적의 대안을 선택할 수 있다.

마지막으로, 대안선택에 있어 영향을 줄 수 있는 비합리적 요인은 통제되고
일정한 기준에 따라 최적의 대안을 선택하게 된다.

그러나 합리포괄모형은 인간의 인지능력·정보획득·비용 및 가용시간 등의
제한성으로 인해 현실적으로 적용할 수 있는 가능성이 희박한 모형이며, 수량화

표 5-4 **합리포괄모형의 예**

정책대안 / 의사결정기준	가격	CPU	Ram	HD 용량	크기	무게	추가기준	총효용 *
Samsung NB 노트북 Sense NT370	8	6						
노트북 NT900	7	7						
노트북 P560	6	8						
LG 노트북 NB XNote	7	8						
HP 노트북 NB	8	9						
애플 McBook	5	7						
McBook Pro	4	8						

* 총효용(Total Utility)은 0에서 10 사이, 1≤총효용≤10

그림 5-7 합리적 모형의 한계

출처: https://blog.naver.com/valentineme/220566605290

할 수 있는 것만을 강조함으로써 제한된 부분에만 적용이 가능하다는 비판을 받고 있다. 예를 들어 정부기관 혹은 여러분이 노트북을 구매하는 결정을 할 경우 요즈음은 해외직구도 가능한데 전 세계의 모든 노트북을 대안으로 한다면 시간과 정보획득이 현실적으로 불가능할 것이다. 또한 의사결정 기준에 대한 고려에 있어서도 인간의 인지 능력은 보통 4~7개 이상을 동시에 고려하기는 힘들기 때문에 모든 기준을 고려하기는 힘들다.

전술한 바와 같이 합리포괄 의사결정모형은 너무 이상적이고 규범적이기 때문에 현실의 의사전달 상황을 제대로 설명하지 못하는 면이 많다. 즉 현실상황에 있어 미래상황에 대한 불확실성이나 정보의 결여 등이 발생하는 경우에는 이 모형은 그 효용에 큰 문제가 있는 것이다. 결국 합리적모형은 예외적이고 비정형적 문제의 해결에 있어서는 적합하지 못한 모형이라고 할 수 있다.

(2) 만족화모형

만족화모형(satisfying model)은 합리모형의 한계점을 극복하기 위해 제시된 의사결정모형으로 합리포괄모형에서와 같은 완전한 합리성에 입각한 최적화 모형이 아닌 제한된 합리성(bounded rationality)에 기초하고 있다. 이와 관련하여 사이먼과 마치(Simon & March, 1958: 138-139)는 인간은 학습 능력·기억 능력·계산 능력 등 각종 능력면에서 제한을 받고 있기 때문에 최적의 대안을 선택할 수 없으며 어느 정도 만족스러운 대안이 나오면 그 수준에서 결정하게 된다고 주장하고 있다.

Herbert, Simon
출처: https://www.nobelprize.org

March와 Simon은 합리포괄모형을 수정한 만족화모형을 제시하였는데, 이 모형을 제한된 합리모형이라고도 한다(March & Simon, 1958; Simon, 1948). 이 의사결정모형에서는 개인의 합리성은 가정되어 있지 않다. 조직 내에서의 의사결정자는 전체 문제에 대한 일부분의 정보만을 가지고 의사결정에 임하므로 합리적 의사결정을 저해하게 된다는 것으로, 최대로 가능한 만족을 어느 정도 희생하여 대충 만족만 할 수 있는 의사결정을 한다는 것이다. 만족모형의 기본적 가정을 살펴보면 다음과 같다.

첫째, 사람은 자신의 제한된 능력과 환경적 제약으로 인해 완전한 합리성을 발휘할 수 없다. 따라서 인간은 합리적이 되고자 노력할 뿐이며 대안의 분석에 있어도 완벽을 기하려고 노력할 뿐이다.

둘째, 대안의 선택에 있어서도 최소한의 만족을 유지하지 못하는 경우가 계속된다면 그에 맞추어 대안의 선택기준을 낮추어 가게 된다.

셋째, 의사결정을 하는 사람의 가치관 등 심리적 성향에 의하여 형성되는 주관적 합리성이 의사결정의 기준이 된다.

마지막으로, 의사결정에서 탐색활동은 만족을 줄 수 있는 대안을 찾는데 그 목적이 있다. 즉 주관적으로 좋다고 생각되는 대안을 선택하게 된다는 것이다.

여러분이 노트북을 구매하는 결정을 한다면 모든 노트북을 다 대안으로 선택하기 보다는 광고에서 보거나 친구들이 사용하고 있는 몇몇 노트북을 대안으로 선택해서 각 대안을 비교하는데 만족할 것이다. 또 다른 예를 들어보면 학교 주변

 만족화 모형

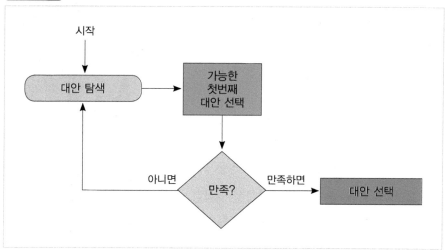

에 방을 구할 때 학교주변뿐 아니라 온 시내의 부동산에 다 들러서 몇 백개의 방을 대안으로 비교해 보지는 않을 것이다.

이 모형은 고전적 합리포괄모형과는 달리 완전정보, 완전대안, 완전선호체제를 부인하고 의사결정 상황에서의 정보환경적 제약조건과 의사결정자의 심리적 제약조건 등을 강조하고 있다.

그러나 만족모형은 다음과 같은 비판을 받고 있다(정정길, 1991: 399-400).

첫째, 최선의 대안이 아니라 만족할 만한 대안을 찾은 후에 대안 탐색을 중단하게 되면 검토되지 않은 대안 중에 훨씬 더 중요한 대안이 있을지 모름에도 불구하고 이를 간과하게 된다.

둘째, 만족 여부는 의사결정자의 기대 수준에 달려 있는데, 이 기대 수준 자체가 극히 유동적이므로 어느 것이 만족할 만한 대안인지를 객관적으로 판단하기 어렵다.

셋째, 일상적이고 중요성이 떨어지는 의사결정에서는 무작위적으로 대안을 고려하고 만족할 만한 대안이 있으면 대안의 탐색이 중단된다는 주장이 일리가 있지만, 예외적이고 중대한 의사결정에는 좀 더 분석적 결정이 이루어질 가능성이 크다.

(3) 연합모형

연합모형(coalition model)은 회사모형(firm model)이라고도 하며, 사이어트(R. M. Cyert)와 마치(J. G. March)가 개발했다. 이 모형은 개인적 차원의 만족모형을 한층 더 발전시켜 그것을 조직의 의사결정과정에 적용시킴으로써 만족모형으로 설명할 수 있는 현상의 범위를 넓혔다는 데 가장 큰 의의가 있다(조석준, 1977: 266-268).

James G. March
출처: https://www.gsb.stanford.edu

조직을 개인과 집단의 연합체로 보고 기대, 욕구수준, 목표간 갈등의 부분적 해결, 조직의 경험 축적 등 여러 가지 개념을 동원하여 합리적 의사결정모형을 수정하는 기술적 모형이 정립되었다. 이 모형을 정립한 Cyert와 March는 준거대상을 사기업조직으로 삼고 모형설정을 하였는데, 이들이 제시한 모형의 주요 내용을 다음과 같이 정리할 수 있다(Cyert & March, 1963).

첫째, 조직은 불확실성을 피하려는 노력을 한다.

둘째, 조직의 운용목표(operational goals)는 단일이 아니라 복수이다. 따라서, 대안 선택의 기준은 여러 목표를 동시에 충족시켜 줄 수 있는 것이어야 한다.

셋째, 의사결정의 기준을 제시할 수 있는 운용목표는 조직이라는 연합체를 구성하는 사람들의 타협과 협상을 통해서 형성된다.

넷째, 조직은 성공과 경험 등의 과거 경험을 통해 성장하게 된다. 즉 조직은 과거의 경험에 비추어 목표를 수정해 나가는 것이다.

다섯째, 조직은 여러 목표를 충족시켜 줄 수 있다고 생각되는 대안이 나타나면 그것을 바로 선택해 버리는 경향이 있다. 또한 조사를 계속해도 받아드릴 수 있는 대안이 없으면 목표를 하향조정하게 될 것이다.

마지막으로, 대안의 조사에 편견이 개입하는 것이 보통이다. 즉 대안조사를 하는 행동주체는 자신의 희망이나 지각 등을 반영해 탐색을 하기 때문이다.

이 모형은 조직의 의사결정에 조직의 목표와 문제의 우선순위에 관하여 의

견을 같이하는 관리자들이 연합하여 최종해결안을 선택한다는 것으로, 의사결정 과정에서 토론과 협상이 매우 중요한 구실을 한다는 것을 강조하고 있다.

조직의 행태를 경제적·시장 중심적 시각을 벗어나 조직의 구조·목표의 변동이나 기대의 형성과 선택의 관점에서 파악하려고 하는 것이 바로 연합모형이다. 연합모형에서는 목표가 서로 충돌하여 상호 갈등적 관계에 놓여 있는 단위 조직들간의 갈등 해결이 의사결정이라고 본다.

이와 같은 연합모형의 특징을 살펴보면 다음과 같다(김규정, 1986: 183).

첫째, 불확실성을 회피하려는 경향이 있다. 조직을 둘러싸고 있는 환경은 유동적이므로 대안이 가져올 결과를 불확실한 것으로 보고, 조직은 단기적 전략과 환경과 타협함으로써 불확실성을 회피하려는 경향을 갖는다고 본다.

둘째, 문제 중심적 탐색이다. 조직은 문제가 등장했을 때에만 탐색을 시작하여 적절한 해결 방안을 찾는다.

셋째, 표준운영 절차(standard operating procedure: SOP)를 중시한다. 조직의 의사결정은 조직이 존속해 오는 동안 경험적으로 터득한 학습된 행동 규칙인 표준운영 절차를 대개 따르고 있다.

이러한 연합모형은 다음과 같은 몇 가지 비판을 받고 있다.

첫째, 이 모형은 이윤 추구를 목표로 하는 기업조직을 대상으로 하고 있기 때문에 공공부문의 의사결정에 적용하는 데는 한계가 있다.

둘째, 이 모형은 표준운영 절차에 따르는 결정 방식을 채택하고 있다. 이는 상황이 안정적이라는 것을 전제하고 있는 것으로 급격한 변동 상황에 직면한 경우에는 적합하지 않다.

셋째, 이 모형은 권한이 광범위하게 위임되어 있고 자율성이 강한 조직을 전제로 하고 있으므로 권위주의적 조직의 의사결정에 적용하는 데 제한이 있다.

(4) 점증모형

점증모형(incremental model)에서는 인간의 지적 능력의 한계와 의사결정 수단의 기술적 제약을 인정하고 의사결정을 할 때 대안 선택이 종래의 정책이나 결정의 점진적·부분적·순차적 수정 내지 약간의 향상으로 이루어진다고 보고 있다. 따라서 의사결정과정을 '그럭저럭 헤쳐 나가는(muddling through) 과정'으로 보고 있다 (Lindblom, 1959: 79-88).

Charles E. Lindblom
출처: http://www.gf.org

점증모형에 의하면, 합리포괄모형은 정책결정 목표를 달성하기가 불가능하기 때문에 포기할 수밖에 없으며, 대신에 제한적 비교 또는 거북이처럼 단계별(step by step) 연속적 점증주의의 전략에 의해 의사결정이 이루어진다고 한다. 점증모형은 주로 다원성을 가진 정치적·사회적 구조와 사회적 안정성과 같은 여건하에서 실효성을 거둘 수 있으나, 근본적으로 보수주의에 기반을 두고 있으므로 쇄신·혁신을 요하는 사회에는 적용하기 곤란하다. 또한 정치적 다원주의가 지배하는 선진국에는 적용이 가능하나 결정자의 판단이

그림 5-9   단계별(step by step) 연속적 점증주의

주요 정책에 크게 영향을 미치는 후진국에는 적용하는 데 한계가 있다는 점을 지적받고 있다.

점증적 모형이란 의사결정이 순차적, 부분적으로 진행되고 의사결정과정에서 대안의 분석범위는 크게 제약을 받는다고 보는 모형이다(Lindblom, 1959). 합리적 의사결정모형과 크게 다른 이 모형은 현재의 상황을 바탕으로 의사결정에서 선택된 대안은 기존의 정책이나 결정을 점증적으로 수정해 나간다는 것이다. 예를 들어 정부 예산액의 결정에도 주로 점증주의적 방법이 적용되어 영기준에서 시작해 전면적으로 예산을 짜는 영기준예산(zero-base budgeting) 방식보다는 전년도 예산에 몇 프로 정도만 증액하는 방식으로 결정된다.

점증적 모형을 제시한 Lindblom은 정부조직을 준거집단으로 하면서 몇 가지의 가정을 제시했다.

첫째, 목표 또는 실현할 가치를 선정하는 일과 목표실현에 필요한 행동을 분석하는 일은 서로 밀접한 관계를 맺고 있다. 즉 목표 또는 가치기준은 정책대안의 선택에 앞서 확정하기 어렵기 때문에 정책대안의 선택과 목표확정은 병행하게 된다.

둘째, 합리적 모형과 달리 점증적 모형은 목표와 해결대안을 함께 선택해야 된다고 보기 때문에 목표와 수단을 구별하기가 어렵다.

셋째, 정책대안은 끊임없이 만들어지고 바람직한 목표도 끊임없이 변동되는 가운데 의사결정은 바람직하다고 생각되는 목표를 향해 접근해 가는 연속적인 과정이라 할 수 있다. 즉 정책대안의 비교와 선택은 순차적, 점증적으로 계속되는 것이다.

넷째, 어떤 정책(수단)이 좋은 정책인가를 판단하는 기준은 정책자체에 대한 관련자들의 합의사항이다. 합리적 모형에서는 목표에 대한 합의가 없으면 정책(수단)에 대한 평가기준이 없는 것으로 파악된다. 그러나 점증적 모형에서는 목표에 대한 합의가 없더라도 수단선택에 대한 합의는 있을 수 있고 수단의 평가는 합의 내용에 의존한다는 것이다.

다섯째, 점증적 접근방법에서는 의사결정의 단순화를 위해 고려요인을 의식적이고 체계적으로 축소시킨다. 의사결정을 체계적으로 단순화시키는 방법에는

① 기존의 정책과 차이가 비교적 작은 정책대안들을 선택하여 비교하는 방법, ② 정책대안 실현이 가져올 수 있는 중요한 결과의 일부와 그에 결부된 가치를 고려하지 않고 무시해 버리는 방법 등이 있다.

(5) 최적모형

최적모형(optimal model)이란 드로(Yehezkel Dror)가 제시한 모형으로 합리적 모형과 점증적 모형을 절충한 것으로, Dror가 정부기관의 주요 행동노선을 결정하는 의사결정과정을 준거대상으로 제안한 것이다(Dror, 1968).

그는 점증모형에 불만을 표시하면서 특히 과거에 선례가 없는 문제이거나 매우 중요한 문제의 해결을 위한 비정형적 결정시에는 경제적·합리적 측면 이외에 이러한 초합리성을 중요시해야 한다는 입장을 취하고 있다. 즉 의사결정자가 자원의 제약, 불확실한 상황, 지식과 정보의 부족 등으로 합리성의 정도를 높이는 데 제약이 따르므로 초합리적 요소가 개입되는데, 점증모형이나 행태이론이 이를 경시하는 것은 잘못이라는 것이다(Dror, 1968: 154-196).

그리고 그는 단순히 현실적으로 이루어지는 결정만을 연구할 것이 아니라 언제나 이상을 갖고 가능성의 영역을 개척하기 위해 의사결정 방법은 물론 결정이 이루어진 후의 집행에 대한 평가 및 환류(feedback)를 계속하게 되면 결정 능력이 최적 수준까지 향상될 수 있다고 주장한다(박동서, 1993: 253).

최적모형은 의사결정과정의 쇄신과 가치관, 창의성 등의 초합리성을 강조한 이론모형으로서 관심을 끌고 있으나 다음과 같은 비판도 받고 있다.

첫째, 초합리성의 본질과 합리성과의 관계가 불분명하다. 둘째, 초합리성이라는 것의 구체적인 달성 방법이 명확하지 않으며 오히려 지나치게 이상에만 치우친 모형이라는 것이다. 셋째, 의사결정시에 경제적 합리성을 지향하고 있으므로 정치적 합리성 등 사회적 과정에 대한 고찰이 미흡하다.

Dror는 합리포괄모형이 주장하는 인간의 완전한 합리성을 비판하고, 점증적 모형에서 제시하는 인간의 비합리성을 전제로 미래에 대한 예측이 합리적 증거에 의해 이루어질 수 없다는 것 또한 비판했다. 즉 인간의 비합리성과 미래예측능력을 인정하면서 절충모형을 제시한 것이다. Dror의 규범적 최적모형은 계량적 측면과 질적인 측면을 구분하여 검토한 다음 이를 결합시키는 질적 모형이며 합리적 요인과 초합리적 요인을 함께 고려한 모형이라고 할 수 있다.

　이러한 규범적 최적모형의 기본적인 내용을 요약하면 다음과 같다. 첫째, 조직의 목표, 가치기준, 결정기준 등을 어느 정도 분명하게 규정하며 새로운 대안을 고려할 수 있도록 의식적으로 노력하고 개발을 촉진해야 한다. 둘째, 여러 대안이 가져올 결과를 자세히 분석하여 전략을 결정해야 한다. 셋째, 최적정책의 결정기준은 의사결정에 참석하는 사람들의 충분한 토론을 거친 후 합의하여 결정해야 한다. 마지막으로 이론과 경험, 합리적 방법과 초합리적 방법을 병행하여 사용하여야 한다.

(6) 쓰레기통모형

　쓰레기통모형(garbage can model)은 사회 내의 신념 체계, 가치 체계가 바뀌거나 정치 체제가 바뀌는 등의 좀 더 복잡하고 혼란한 상황, 즉 '조직화된 무정부 상태(organized anarchies)' 속에서 조직이 어떠한 결정 행태를 나타내는가를 설명하기 위한 모형이다(Cohen, March, & Olsen, 1972: 1-25).

　고도로 불확실한 조직상황하에서의 의사결정 양태를 설명하기 위한 모형이 쓰레기통모형이다(Cohen, March, & Olsen, 1972; Daft, 1989: 372-376). 이 모형은 의사결정 상황을 고도로 불확실한 상황이라고 전제하고 이러한 상황을 '조직화된 혼란상태(organized anarchy)'라고 규정했다. 이러한 혼란상태는 세 가지의 중요한 요소를 포함하고 있다. 그 내용을 살펴보면 다음과 같다.

　첫째, 문제와 해결책, 목표 등 의사결정의 각 부분들은 분명하게 규정되어 있지 않고 모호한 상태로 놓여 있다. 둘째, 의사결정과정에 참여하는 구성원들의 유동성이 심하다. 셋째, 의사결정에 적용할 인과관계에 대한 지식과 그 적용기술의 기초가 분명하지 않아 참여자들이 잘 이해하지 못한다.

　쓰레기통모형에서는 조직 내의 문제의 흐름, 해결책의 흐름, 참여의 흐름, 선택기회의 흐름 등이 서로 독립되어 있다고 본다. 이 모형에 있어 의사결정은 논리

그림 5-10   쓰레기통 모형

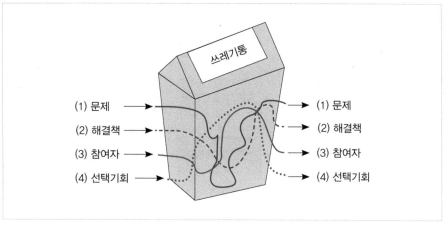

출처: Cohen, Michael D, James G. March, Johan P., Olsen(1972). A Garbage Can Model of Organizational Choice Administrative Science Quarterly, vol. 17, no. 1

적이고 순차적인 방법으로 이루지는 것이 아니라, 큰 쓰레기통 속에 각기 독립적으로 흘러 다니는 흐름이 우연히 만났을 때 문제가 해결되는 것이다. 그러나 이러한 연결로 반드시 문제가 해결되는 것이 아니라 문제가 해결되지 않을 수도 있고 해결이 적절하지 못한 경우도 있다.

모호한 상황하의 쓰레기통 속에서 의사결정은 여러 양태가 나올 수 있지만, ① 문제에 대한 해결방안을 찾지 못한 경우, ② 선택된 대안으로 문제가 해결되지 못한 경우, ③ 문제가 없는데 해결책이 제안되는 경우 등이 있을 수 있다.

쓰레기통모형은 극도로 불합리한 집단 결정에 대한 대표적인 이론모형이라 할 수 있으며, 복잡하고 급격한 변화가 일어나는 상황을 설명하는 데 적합한 모형이라고 볼 수 있다. 쓰레기통모형의 전제가 되는 조직화된 무정부 상태의 구체적 특성을 살펴보면 다음과 같다(Cohen, March, & Olsen, 1972: 16).

첫째, 문제성 있는 선호로서, 결정에 참여하는 사람들간에 무엇을 선택하는 것이 바람직한지에 대해 합의가 없다는 점과 참여자 중에서 어느 개인 한 사람을 두고 보더라도 스스로 자신이 무엇을 좋아하는지조차 모르면서 결정에 참여하는 경우가 있음을 말한다. 둘째, 불명확한 기술로서, 의사결정에서 달성하려는 목표와 이를 달성하기 위한 수단 사이에 존재하는 인과 관계인 기술이 불명확하다는

그림 5-11   쓰레기통 모형하의 의사결정 전략

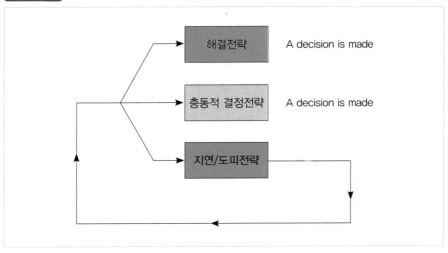

것이다. 즉 결정에 참여하는 사람이 목표를 명확히 알아도 무엇을 수단으로 선택해야 하는지 잘 모르는 경우가 많으며, 이 경우에는 시행착오를 통해 운영되는 것이 보통이라는 것이다. 셋째, 일시적 참여자로서, 모든 결정과정에 참여하는 사람들은 그 자신의 시간적 제약 때문에 어떤 경우에는 결정에 참여하기도 하고 어떤 경우에는 참여하지 않기도 한다는 것이다.

쓰레기통모형하의 의사결정 전략에는 문제 분석을 통한 해결전략(resolution), 쇼핑가서 충동적으로 물건을 구매하는 것처럼 별 분석 없이 결정해 버리는 충동적 결정전략(oversight), 그리고 의사결정을 연기하거나 결정상황에서 도피해 버리는 지연/도피전략(flight) 등이 있다.

쓰레기통모형은 이와 같은 전제하에 마치 여러 가지 쓰레기가 우연히 한 쓰레기통 속에 모여지듯이 의사결정이 이루어진다고 보는 것이다. 그러나 이 모형은 대부분의 조직은 쓰레기통모형에서 전제로 하는 조직보다 훨씬 더 체계적인 것이며, 여러 가지 의사결정과 관련된 요소들이 무질서하게 쓰레기통 속에 들어가 있으면 언젠가는 의사결정으로 전환된다는 것은 가능성이 희박하다는 비판을 받는다.

(7) 앨리슨(Allison) 모형

Allison 모형은 1960년대 쿠바 미사일 사태 연구를 계기로 기존의 합리포괄모형이나 최적화 모형 등 합리적 모형은 실제 집단적 의사결정을 충분히 설명하지 못한다고 보고 합리적 행위자 모형 이외에 두 가지 대안적인 모형 인조직과정모형과 관료정치모형 등 3가지 모형을 비교 분석하고 있다.

정부를 잘 조정된 유기체로 보고 엄밀한 통계적 분석에 치중하는 결정방식을 합리적 행위자 모형(rational actor model)이라 하고, 느슨하게 연결된 준독립적인 하위조직체들의 결정체를 조직과정모형 (organizational process model)으로 분류한 뒤, 정부를 상

Graham T. Allison
출처: http://www.nndb.com

호 독립적인 정치행위자들의 집합체로 가정하는 관료정치모형을 제3의 모형으로 제시하고 있다.

합리적 행위자 모형은 정부를 잘 조직된 유기체로 보고 조직의 최고지도자가 조직의 두뇌적 기능을 하며, 의사결정에의 참여자들은 모두가 국가 이익을 위한 정책을 수립하고 정책의 대안도 통계분석 등의 기법을 통해 합리적으로 선택한다는 이론이다.

합리적 행위자 모형의 특징은 정부조직을 조정과 통제가 잘 되는 유기체로 가정한다는 점, 정부 특히 최고지도자를 합리적인 의사결정 행위자로 본다는 점, 조직의 목표, 즉 정부의 목표와 조직구성원인 관료들의 목표가 일치한다고 가정하며 따라서 의사결정에 참여하는 조직구성원들은 국가의 이익을 위해 합리적인 정책을 결정하는데 최선을 다한다는 점, 그리고 의사결정도 언제나 일관성이 유지된다는 점 등이다.

그러나 이러한 의사결정의 형태는 현실적으로 이루어지는 경우가 거의 없고, 다만 국방정책이나 외교정책의 결정에 있어서는 그 중요성에 비추어 이 모형에 가까워 질 때가 많음을 볼 수 있다.

조직과정모형은 정책을 조직과정의 산물로 보고 전개한 이론모형, 즉 조직
과정모형은 정부조직을 느슨하게 연결된 하위조직들의 집합체로 보고, 정책은 각
전문분야의 하위조직에서 작성된 정책대안을 조직의 최고관리층이 그 하위조직
의 전문성을 믿고 그대로 거의 수정없이 채택하는 것이라는 이론이다.

관료정치모형의 특징은, 첫째로 의사결정의 주체를 의사결정에 참여하는 관
료들 개인으로 보고 있다는 데 있다. 이 점에서 정부를 단일 주체로 보는 합리적
행위자 모형이나 하위조직인 부처조직을 주체로 보는 조직과정모형과 크게 구별
된다. 둘째는 정책을 정치적 게임(game)의 결과로 파악하고 있다는 점이다. 이 논
리에 의하면, 의사결정에 참여한 관료들 개개인이 서로가 자기에게 보다 유리한

표 5-5   **앨리슨 모형**

	합리모형(모형I)	조직과정모형(모형II)	관료정치모형(모형III)
조직관	조정과 통제가 잘 된 유기체적 조직 (잘 정비된 명령 복종 체계)	느슨하게 연결된 하위조직들의 연합체	독립적인 개개인 행위자들의 집합체
권력의 소재	최고지도자가 권력 보유 (집권)	반독립적인 하부조직들이 분산소유	개인적 행위자들의 정치적 자원에 의존
행위자의 목표 및 갈등	조직전체의 전략적 목표 (갈등 없음)	전체목표+하부조직 목표 (하부조직간 갈등의 불완전한 해결)	전체목표+하위목표+ 개인목표 중시(개인간 갈등은 정치적으로 해결)
목표의 공유감 및 구성원의 응집성	매우 강하다	중간	매우 약하다
정책결정의 양태(원리)	최고지도자가 명령하고 지시 (동시적·분석적 해결)	SOP에 의한 대안 추출 (순차적 해결)	정치적 게임에 의한 타협, 협상, 연합, 흥정 (정치적 해결)
정책결정의 일관성	매우 강하다	약하다	매우 약하다
적용계층 및 권위	전체계층에 적용가능, 공식적 권위	하위계층, 전문적 (기능적)권위	상위계층
합리성	완전한 합리성	제한된 합리성	정치적 합리성

출처: http://www.ggulpass.com/2015/09/2007-9_43.html

방향으로 정책을 결정하기 위하여 정치적 게임의 규칙에 따라 상대방과 경쟁·협상·타협·지배 등을 하게 되며, 그 결과로 이루어진 산물이 정책이라는 것이다. 여기서 정치적 게임의 규칙이란 의사결정과정에서 협상·타협·지배 등에 필요로 하는 헌법·법률·판례·관행 등을 말한다.

한국의 경우 대부분의 정책은 관료정치모형이라 할 수도 있다. 예를 들어 보건의료정책은 Allison 모형에 따르면 관료정치모형에 가깝다. 민주적 절차에 따른 투명한 의사결정보다는 힘에 의존한 밀실 결정이 많다.

생활습관 개선의 경우 장소제한(흡연, 음주, 판매), 건강유해세(담배, 설탕, 술), 광고제한(매체, 시간, 방법), 생산규제(소금함량 규제, 트랜스지방 규제), 정보제공(캠페인, 제품설명) 등의 정책수단을 사용할 수 있다.

그런데 소관부처는 제각각이다. 장소제한은 국토부, 교육부, 지자체가 연계된다. 건강유해세는 기재부, 농수산부, 지자체 영역이다. 광고제한은 문광부, 방통위, 산자부가 맡고 있다. 생산규제는 농수산부, 식약처, 산업자원부, 기재부가 담당한다. 김 교수는 "거의 대부분 복지부 영역 밖"이라고 했다.

환경정책은 그나마 복지부 영역이 있다. 가습기살균제는 식약처, 환경부, 복지부 소관이고, 미세먼지는 환경부, 국토부, 복지부가 맡고 있다. 자살(농약, 번개탄, 교량 및 건물안전)은 국토부, 경찰청, 소방청, 복지부 영역이다.

그렇다면 의료정책은 전적으로 복지부 몫일까. 아니다. 국립대병원은 교육부, 지방의료원은 기재부와 행자부, 지자체가 개입한다(http://www.dailypharm.com/News/230559).

생각해 볼 문제

1. 재벌의 문어발식 확장을 시장 및 위계 이론에 입각하여 설명해 보자.

2. Lamarckistic 적응 대 Darwinistic 선택을 비교 설명해 보자.

3. 환경적소란 무엇인가?

4. 4차 산업혁명 사회에 있어서는 조직에 어떠한 변화가 발생하겠는가 생각해 보자.

5. 집단사고 가설에 대해 알아보자.

예일대학의 심리학자인 어빙 재니스(Irving Janis)는 1972년에 출간한 『집단사고의 희생자들(Victims of Groupthink)』에서 어떻게 자타가 인정하는 우수한 두뇌 집단이 잘못된 결정을 내릴 수 있는지에 관한 문제를 연구하면서 '집단사고(groupthink)'라는 개념을 제시했다(이 책은 1982년 개정판을 낼 때에 『집단사고: 정책 결정과 대실패에 관한 심리학적 연구(Groupthink: Psychological Studies of Policy Decisions and Fiascoes)』라는 제목으로 바뀌었다).

재니스는 '집단사고'를 "응집력이 강한 집단의 성원들이 어떤 현실적인 판단을 내릴 때 만장일치를 이루려고 하는 사고의 경향"이라고 정의했다. 쉽게 말하자면, 낙관론에 집단적으로 눈이 멀어버리는 현상이다. 정책 결정, 집단 내부의 구성원들 사이에 호감과 단결심이 크면 클수록, 독립적인 비판적 사고가 집단사고에 의해 대체될 위험성도 그만큼 커지게 된다. 그리고 이러한 집단사고는 집단 외부를 향한 비합리적이고 비인간적인 행동을 취하게 만든다.

미국에서 '집단사고'의 대표적인 예로는 케네디 행정부의 쿠바의 피그스만 침공 사건이다. 케네디 행정부에 고문으로 참여했던 역사학자 아서 슐레진저(Arthur Schlesinger, Jr.)는 훗날 이렇게 말했다. "내가 할 수 있는 유일한 변명은 당시의 토론 분위기 때문에 소극적인 질문 몇 가지를 제기하는 것 이상으로 그 터무니없는 계획에 대한 반대 의견을 개진하지 못했다는 것이다. 슐레진저의 그런 소극적인 질문마저 가로막고 나서는 이가 바로 케네디 대통령의 동생이자 법무부 장관인 로버트 케네디(Robert Kennedy)였다고 한다.

- [네이버 지식백과] 집단사고 이론 - 왜 최고의 엘리트 집단이 최악의 어리석은 결정을 할까?

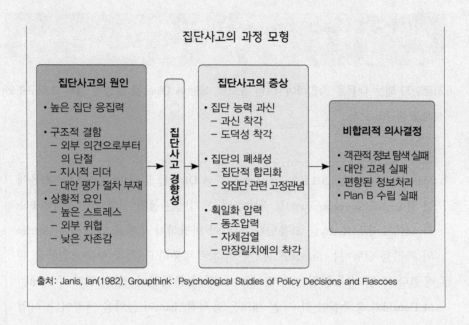

집단사고의 과정 모형

집단사고의 원인

• 높은 집단 응집력

• 구조적 결함
 – 외부 의견으로부터
   의 단절
 – 지시적 리더
 – 대안 평가 절차 부재
• 상황적 요인
 – 높은 스트레스
 – 외부 위협
 – 낮은 자존감

집단사고 경향성

집단사고의 증상

• 집단 능력 과신
 – 과신 착각
 – 도덕성 착각

• 집단의 폐쇄성
 – 집단적 합리화
 – 외집단 관련 고정관념

• 획일화 압력
 – 동조압력
 – 자체검열
 – 만장일치에의 착각

비합리적 의사결정

• 객관적 정보 탐색 실패
• 대안 고려 실패
• 편향된 정보처리
• Plan B 수립 실패

출처: Janis, Ian(1982). Groupthink: Psychological Studies of Policy Decisions and Fiascoes

6. 의사결정모형 중 합리적 모형에 입각해 자동차를 구매할 경우 교재에 나와 있는 표와 같이 정리해 보자.

7. 쓰레기통모형을 설명해 보고 이와 관련된 Kingdon의 다중흐름모형 (Multistream Model)을 인터넷 등에서 찾아 비교 설명해 보자.

8. Allison은 1960년대 쿠바 미사일 사태 연구를 계기로 기존의 합리포괄모형이나 최적화 모형 등의 합리적 모형은 실제 집단적 의사결정을 충분히 설명하지 못한다고 보고 합리적 행위자 모형 이외에 두 가지 대안적인 모형인 조직과정모형과 관료정치모형 등 3가지 모형을 제시하고 있다.

1) 쿠바 미사일 사태에 대해 조사해 보고 쿠바 미사일 사태시 집단사고의 원인과 증상을 알아보자.

2) Allison의 의사결정에 관한 3가지 모형을 비교 분석해 보자.

부록 1: 연습 사례

지금까지 배운 내용을 종합하여 14명 규모의 식당 A Diner을 운영할 경우 조직구조와 설계를 생각해 보자.

Manuel과 Donna는 2014년 7월 공동으로 A Diner를 만들어 운영한다. 처음에는 단순구조(Simple Structure)로 출발한다. 초기에는 둘만 일하다가 웨이터 Bob과 웨이트리스 Kathy를 고용한다. 사업이 번창하자 주방을 담당하는 Charles와 관리를 담당하는 Stuart를 중간관리자로 채용하고, 각각 부하직원들을 채용한다. 식당 수용인원은 40명이고, 14명의 종업원이 있고, 현재 주변에는 McDonald와 중국집이 있고, 곧 새로운 음식점 chain이 들어올 예정이다. 사업이 잘 되어 영역을 확장하여 팬케이크 전문점 빠다 손가락을 오픈하고...(여러분의 상상력을 동원한 story-telling)

* 이 연습사례는 필자가 2010년경 00대 조직론 과목을 강의하면서 학생들에게 과제로 내준 문제와 학생들과 함께 만들어본 사례임을 밝혀둔다.

1절 직무기술, 직무설계

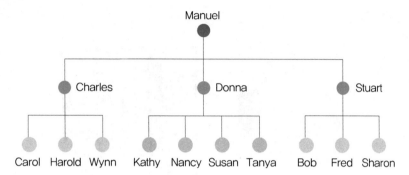

- Manual= 관리자 혹은 지배인
- Charles= 주방장, 요리사: 설거지
- Donna= 서빙담당 부지배인, 웨이터, 웨이트리스
- Stuart= 관리담당 부지배인: 계산, 청소

직무기술서(job description)는 필요할 수도 있으나, 소규모 조직이므로 면대면 의사소통(face-to-face communication)이 가능하여 표준운영절차(Standard Operating Procedure: SOP)는 불필요, 또한 조직구조 측면에서 소규모 조직이기에 높은 수준의 집권화가 필요하나, 공식화, 표준화, 복잡도(이 식당의 경우 수직적 복잡도=3단계, 수평적 복잡도=3개 부문화, 지리적 복잡도=0)는 낮은 수준이 적합하다.

2절 조직 상황 변수

Pasta 재료

요리재료

식기, cooking pot

초기 메뉴

추가 메뉴: 조직확장

신기술도입

- 조직규모=소규모
- 조직기술=일정하고 고정된 메뉴와 서빙이니 Perrow의 일상적 기술(routine tech)
- Woodward의 small−batch production 기술에 해당
- 조직이 직면한 환경은 Duncan의 단순(simple)하고 정적(static)이며 안정적인 환경
- 자원종속이론: 식재료 등 공급 안정적
- 제도이론: 학교주변 식당이라면 학생에게 할인, 수익성, 능률성 등의 객관적 환경에 대한 적응만이 아닌 사회규범, 문화 등의 제도적 환경에 부응하는 것이 조직 생존에 필수적

3절 비공식 구조

- 사회연결망이론(Social Network Theory: SNT)
- 조직연결망분석(Organizational Network Analysis: ONA)

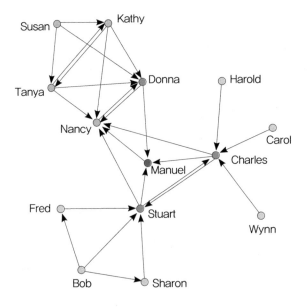

14명 규모의 식당 A Diner의 조직구조와 설계

1. 현재의 조직 분석: 창업이래의 A Diner 상황

Manuel과 Donna 등은 한국에 음식점을 차리고 한국명으로 개명한다.

1. 조직구조

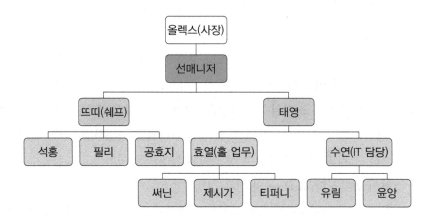

2. 조직 내용

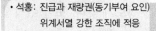

- 올렉스: 출자자이며 사장

- 선매니저: 운영 및 총괄책임

- 이선규:
- 주방 최고 권력자인 쉐프
- 모든 음식 관리
- 주방 조직관리, 요리사 관리
- 그 외 요리사 석홍, 필리, 공효지

- 태영: 홀 업무 전반 관리
  (선매니저 부재 시 매니저 역할)
- 효열, 써닌, 제시가(고객접대 담당 팀)
  효열이 팀장-서빙교육, 종업원 배정
- 수연, 유림, 윤앙(IT 담당 팀)
  홍보와 마케팅 담당 TV 인터뷰 따오기 등
  이벤트 기획, 스마트 폰 어플리케이션 개발

- 석홍: 진급과 재량권(동기부여 요인)
  위계서열 강한 조직에 적응

- 공효지: 몇 달째 잡무만 함
  프라이팬을 잡아보지 못함

2. A Diner 조직의 구조적 요소 : 공식화, 집권화, 복잡성

1) 공식화

공식화는 조직 내에 규칙, 절차, 지시 및 의사전달이 명문화된 정도를 의미한다. 즉 직무가 고도로 공식화되어 있다는 것은 직무 수행자가 이미 규정된 규칙에 따라 업무를 수행해야 하기 때문에 개인의 재량권이 낮다는 것을 의미한다. A Diner는 14명의 소규모 조직이라서 면대면 의사소통이 가능하므로 공식화 정도는 낮은 수준에 속한다.

2) 집권화

집권화와 분권화란 자원분배 및 조직 정책에 관해서 개인이 의사결정에 참여하는 정도와 직무에 관한 의사결정에 참여하는 정도를 의미한다. 조직의 규모가 작거나 역사가 짧은 조직일수록 집권화 경향이 높아진다. 또한 조직이 위기에 처할 때 집권화가 될 수 있다. 반면 조직 내에 관리자를 육성하고자 하는 분위기가 강할수록, 조직의 규모가 커질수록, 조직의 환경이 동태적이고 복잡할수록 분권화 경향이 높아진다. A Diner의 경우 설립된지는 3개월 남짓의 신생조직이고, 14명으로 규모도 작기 때문에 집권화 경향이 많다고 볼 수 있다. 또한 석 달 뒤에는 가장 큰 경쟁사가 될 Mad for onion이 근처에 입점하여 A Diner의 매출을 떨어뜨릴 지도 모르는 위기를 초래할 것이므로 더욱 집권화 될 수 있다.

3) 복잡성

복잡성이란 조직의 분화 정도로서, 조직이 하위 단위로 세분화되는 과정을 나타낸다. 여기에는 부서 사이의 횡적 분화를 나타내는 수평적 분화와 조직의 계층화를 나타내는 수직적 분화, 그리고 체인점의 확산과 같은 지리적 분화가 있다. A Diner의 경우 수평적 분화는 주방업무, 서빙업무, 계산 및 청소 업무로 되어 있으므로 그 정도가 낮다. 또한 수직적 분화도 계층의 수가 3단계이므로 역시 낮다. 그리고 현재까지 본점 하나만을 두고 있으므로 지리적 분화도 낮다고 볼 수 있어 조직의 복잡성은 전체적으로 낮은 수준이다.

3. A Diner 조직이 사용하는 기술

조직기술이란 조직의 여러 가지 투입물을 조직이 목표하는 산출물로 변환시키는 데 이용되는 지식, 도구, 기법, 그리고 활동을 말한다(Perrow, 1967). 여기서 기술은 단순히 조직이 필요로 하는 도구만을 의미하지 않고, 투입물이 어떻게 산출물로 변환되는가 하는 변환방법을 의미한다. 조직기술에 대한 분류로는 우드워드의 연구, 페로의 연구, 톰슨의 연구 등이 있다.

1) 우드워드의 기술 분류

우드워드는 생산과정에서 사용되는 기술적 복잡성을 측정하여 세 가지 유형의 기술로 분류하였는데 첫째는 단위 소량 생산 체계, 둘째는 대량 생산 체계, 셋째는 연속공정 생산 체계이다. 단위 소량 생산 체계는 특정 고객의 필요성을 충족시키기 위한 것으로 기계화의 정도가 매우 낮으며 결과의 예측 정도가 낮은 기술을 사용한다. 대량 생산 체계는 표준화된 제품 생산을 위해 여러 가지 공정으로 이루어진 긴 제조 과정을 지니는 기술을 의미한다. 마지막으로 연속공정 생산 체계는 생산의 모든 과정이 기계화 되어 있고, 세 유형 중에 복잡성 정도가 가장 높은 기술유형이다. 우드워드의 기술 분류에 의하면 A Diner가 사용하는 기술은 표준화와 복잡성이 가장 낮은 단위 소량 생산 체계라고 할 수 있다. 따라서 계층의 수가 낮은 현재의 조직구조는 적합하다고 볼 수 있다.

2) 페로의 기술 분류

페로는 문제의 분석 가능성과 과업 다양성의 두 가지 차원을 이용해서 기술을 일상적 기술, 공학적 기술, 장인기술, 비일상적 기술 네 가지로 구분하였다. 첫째로 일상적 기술을 사용하는 부서는 과업이 분명하고, 분석 가능하므로 집권적 의사결정이 이루어진다. 둘째로 공학적 기술을 사용하는 부서는 과업이 상당히 다양하지만 분석 가능성이 높아서 집권화는 되어 있으나 조직이 유연하다. 셋째로 장인기술을 사용하는 부서는 과업은 다양하지 않지만 발생하는 문제가 일상적이지 못하므로 문제해결이 매우 어렵기 때문에 집단간 상호의존도는 낮고 분권화된 의사결정을 한다. 마지막으로 비일상적 기술을 사용하는 부서는 과업의 다양성이 높고, 문제해결이 매우 어렵다. 따라서 이러한 기술을 지닌 부서는 유연하고 분권화되어 있으며 공식화는 최소화되어야 한다. 페로의 분류에 따르면 A Diner 가 사용하는 기술은 과업이 단순하고, 문제해결 또한 쉬운 편이므로 일상적 기술에 해당한다. 따라서 집권적 의사결정이 이루어지는 현재 조직은 페로에 따르면 기술적합도가 높다고 할 수 있다.

3) 톰슨의 기술 분류

톰슨은 기술의 유형을 단위 작업간의 상호의존성의 형태에 따라 집합적 상호의존성, 연속적 상호의존성, 교호적 상호의존성으로 분류하였다. 첫째로 집합적 상호의존성은 부서들 사이의 상호의존이 가장 낮으며 각 부서간의 과업은 관련성이 거의 없다. 여기서는 의사 조정을 규칙과 표준화로 한다. 둘째로 연속적 상호의존성은 이전 부서의 활동이 완전히 이루어진 후 두 번째 부서의 활동이 가능하게 되는 형태로서 의사전달은 중간정도의 빈도이고, 정기적 회의, 수직적 의사전달, 계획 등으로 조정한다. 마지막으로 교호적 상호의존성은 모든 업무 담당자가 협력하여 동시에 제품과 서비스를 제공하는 것을 말한다. 여기서는 의사전달이 매우 활발하게 이루어지고 수평적 의사전달, 부정기적 회의, 상호 조정이 이루어진다. 톰슨의 분류에 따르면 A Diner는 요리가 만들어 진 후 서빙이 이루어지므로 연속적 상호의존성을 띈다고 할 수 있다. 따라서 웨이터와 웨이터리스의 관리자인 Donna와 Stuart가 수직적으로 의사전달을 하는 기존의 체계는 바람직하다. 그러나 A Diner는 교호적 상호의존성을 띈다고도 볼 수 있는데 그 이유는 모든 업무 담당자가 협력하는 측면에서 찾을 수 있다. 그러므로 평상시에는 수직적 의사전달 체계를 유지하다가 부정기적인 수평적 회의를 활용할 필요가 있을 것이다.

4. A Diner 조직이 처한 환경 분석

데이비드 이스턴과 톨코트 파슨스가 주장한 체제이론의 관점에서 살펴보면, 조직은 환경으로부터의 투입, 전환, 산출, 피드백의 흐름을 거치는 하나의 시스템(system)이라 볼 수 있다. 그러므로 A Diner 역시 그 조직이 처한 환경과의 상호작용적 측면에서 분석해 볼 필요가 있다. 이러한 거시적 시각의 조직이론에는 체제구조적 관점, 전략적 선택 관점, 자연적 선택 관점, 집단적 행동관점이 있다. 여기서는 체제구조적 관점인 구조적 상황이론과, 전략적 선택관점인 전략적 선택이론 및 자원의존이론 그리고 제도화 이론을 통해 A Diner의 환경을 분석하고 마지막으로 경영기법인 SWOT 분석을 할 것이다.

1) 구조적 상황이론

구조적 상황이론(structural contingency theory: SCT)은 조직이 환경에 의해 결정된다는 결정론적 관점으로서, 조직이 처한 다양한 상황에 따라 적합한 형태가 있다고 본다. 민쯔버그, 우드워드, 페로, 톰슨 등이 이 이론에 속하는 학자들이다.

A Diner가 처한 상황은 기술적으로는 단위소량생산체계(우드워드의 분류), 일상적 기술(페로의 분류), 연속적 상호의존성 또는 교환적 상호의존성(톰슨의 분류)이라 할 수 있다. 조직의 규모는 소규모이다. 또한 조직이 처한 환경은 다소 안정적이다. 이러한 학자들의 분류를 종합할 때, A Diner는 기계적이고 집권화된 조직구조를 가져야만 조직과 환경간의 적합도가 높아져서 효과성을 제고할 수 있다.

그러나 이러한 구조적 상황이론은 조직관리자가 수행하는 전략적 선택의 중요성을 간과하고 있다는 점에서 비판을 받고 있다.

2) 전략적 선택이론

조직의 행동을 임의론적 관점에서 보고 있는 전략적 선택이론은 앞서 설명한 구조적 상황이론을 비판하면서 등장하였다. 전략적 선택이론은 첫째로, 조직은 환경에 매우 밀접하게 연결된 것은 아니라고 한다. 둘째로, 조직구조를 결정하는 사람들이 조직의 수익성과 효과성만을 관심사로 두는 것이 아니라고 한다. 이 이론의 범주에 속하는 차일드에 따르면 조직과 환경은 어느 정도 느슨하게 연결되기 때문에, 동일한 환경하에서도 조직이 주어진 목표에 도달할 수 있는 방법은 다양하다고 한다. 또한 그는 동일한 환경에 처한 조직이라도 관리자의 환경에 대한 지각의 차이로 인해 상이한 전략적 선택을 할 수 있다고 한다.

이러한 전략적 선택이론에 따라 A Diner의 환경을 분석해본다면, 최고관리자인 Manuel은 조직의 효과성에 주안점을 두고 있기는 하지만, 그 외 지역사회와 조직을 융화시키는 것과 직원들의 인간적인 관계 향상 등에도 관심을 기울이고 있으며, 이러한 최고관리자의 선택은 조직구조를 전략적으로 바꾸어 놓을 가능성이 크다. 최고관리자 Manuel은 A Diner가 위치한 지역사회 내에서 외식업계의 매출 1위를 노리고 있으므로 비용대비 수익을 극대화하려는 전략을 취할 것임에는 틀림없다. 그러나 이에 그치는 것이 아니라, 지역사회와 더불어 발전하는 레스토랑을 만들기 위해서 양로원과 고아원의 원생들을 레스토랑에 초청하여 식사를 대접하는 봉사활동을 할 수 있다. 이것은 조직의 수익성 증대와는 직접적인 연관이 없는 것이다. 그리고 효과성만을 고려한다면 현재의 집권화된 조직구조가 유리하겠지만, 구성원들에 대한 관리자 양성과 신명나는 직장을 만들겠다는 Manuel의 의지 덕분에 친목도모 직원 피크닉이 열린다든지, 부정기적인 전체직원회의가 신설된다든지 하는 수평적이고 유연한 조직구조로 설계가 가능할 것이다.

3) 자원의존이론

블라우에 의해 연구된 사회적 교환이론 개념을 확장시킨 것이 자원의존이론이다. 자원의존이론은 조직은 희소자원을 통제할 능력이 있다면 다른 조직에 비해 비교적 더 권력을 갖게 되기 때문에, 희소자원의 통제가 조직의 핵심요소라고 설명한다.

그렇다면 A Diner의 환경을 자원의존이론에 입각해 분석해보자. 레스토랑 운영에 필요한 자원은 주로 식재료인데, 파스타, 각종 해산물과 야채, 고기 등이다. A Diner는 현재 가장 가까운 도매시장을 통해 대부분의 식재료를 구매해오고 있다. 파스타와 야채와 고기는 요소시장에서 경쟁이 치열하기 때문에 싼 가격에 질좋은 것으로 구해오는데 전혀 문제가 없다. 그러나 해산물의 경우에는 A Diner가 위치한 지역이 바다와 멀리 떨어져 있고 교통이 불편한 고산지대이기 때문에 싱싱한 제품을 공수하기가 어려운 상황이다. 유통과정에 드는 비용상의 문제로 다른 업체들은 공급을 꺼려했으나, 비교적 규모가 큰 기업인 '동원다랑어'만이 A Diner에게 공급을 해주기로 하였다. 따라서 A Diner는 동원다랑어에게 해산물 자원을 의존하고 있는 셈이다. 아직까지는 동원다랑어가 합리적인 가격을 제시하고 있지만, 언제 가격을 올릴지 모르는 상황이다. 즉 A Diner는 희소한 자원을 통제할 능력이 없으며, 이 자원을 제공하고 있는 동원다랑어에 의존적인 모습을 보이고 있다. 이에 Manuel은 해산물 유통체계에 대해서도 직접 조직을 확장하려는 계획도 세워보고 있다.

4) 제도화 이론

조직 환경에 대한 결정론적 시각이나 임의론적 시각에 속하지 않는 시각이 있는데 그것은 바로 제도화 이론(institutional theory)이다. 제도화 이론이 주장하는 바는 첫째로, 조직의 실제는 제한된 합리성이 작동하기 때문에 정책결정자의 의지와는 관계없이 우연적으로도 정책이 나올 수 있다고 한다. 둘째로, 조직은 현상을 유지시키려는 관성을 지니고 있기 때문에 조직의 변화는 경로의존적(path dependent)이다. 셋째로, 조직은 합리성과 효율성 보다는 그 정당성이 생존의 기초로 작동한다고 설명한다.

A Diner 역시 제도화 이론에 따르면 정당성을 획득하여야만 생존할 수 있다. 만약 조직이 지역사회의 제도와 전혀 무관하게 행동한다면 A Diner는 살아남을 수 없을 지도 모른다. 이를 간파한 Manuel은 지역사회 내의 제도와 문화에 부합하는 레스토랑을 만들고자 지역 복지사업을 지원하기로 하였다. 앞에서 언급한 고아원과 양로원 원생들에 대한 정기적인 식사대접이 그것이다. 또한 지역민들의 민심을 사고 식당의 이미지를 좋게 만들기 위해, 식재료를 지역민이 생산하는 유기농 재료를 사용한다는 원칙을 세우고 이를 홍보하는 등의 노력을 기울였다. 이는 모두 조직이 속한 제도에 녹아들어서 정당성을 좀 더 확보하고자 하는 노력의 일환이라 볼 수 있다.

5) SWOT 분석

경영환경을 분석하는 SWOT(Strength, Weakness, Opportunity, Threat) 분석은 조직을 재설계 하는데 있어서 중요한 요인이 된다. 조직의 문제점을 파악하기 전에 조직을 둘러싼 환경을 알아내는 데 유용한 틀이 되기 때문이다. A Diner의 환경을 SWOT분석을 통해 살펴보자.

	Strength	Weakness
내부 역량	최고관리자인 Manuel의 혁신적 사고와 민주적인 리더십, 전직 일류호텔 요리사 출신인 주방장 Charles의 훌륭한 요리솜씨, 미모와 친절이 뛰어난 웨이트리스들, 아늑한 인테리어	보수체계와 업무의 단순함에 대한 직원들의 불만과 권태로움
	Opportunity	Threat
외부 환경	A Diner가 위치한 지역에 아직까지는 경쟁업체의 수가 적어서 점유율을 더 확보할 수 있음	3개월 후에 세계적인 외식 체인점인 Mad for onion이 입점할 예정(거리도 가깝고 주력메뉴 또한 비슷함), 지역사회 시민들과의 교류 부족으로 수요에 대한 대응성 부족

5. 비공식조직 분석: 연결망 분석의 활용

• 산악동호회: 올렉스, 선매니저, 석홍, 태영
• 댄스팀 소녀시대: 태영, 효열, 수연, 써닌, 유림, 윤앙, 제시가, 티퍼니
• 개인적인 관계
  – 이선규·공효지 커플
  – 필리과 이선규은 선후배 관계
  – 올렉스는 공효지 짝사랑
  – 써닌는 올렉스를 짝사랑
  – 석홍는 유림, 윤앙는 필리를 짝사랑
• 주방, 서빙홀 섞이지 못함

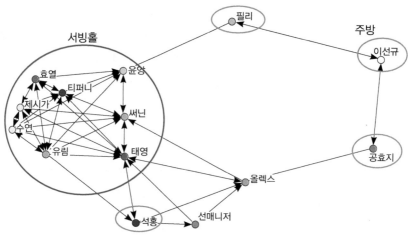

• 댄스팀이 막강

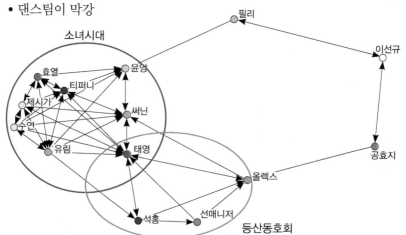

• 중심도 분석

  – 홀매니저 태영: 홀과 주방을 넘나들며 관계(Outdegree-9, Indegree-10으로 중심도 최고)

  – 개인적 특성 및 업무특성: 비공식적 분위기를 유화시키는 역할로 적합

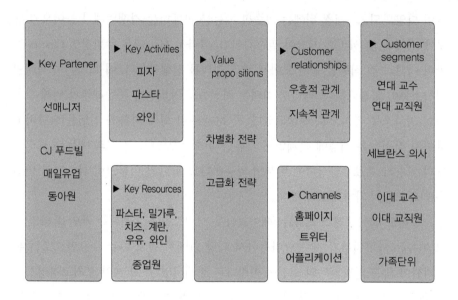

6. A Diner 조직의 재설계

1) 변화의 방향

최고경영자 Manuel은 현재의 A Diner 조직을 좀 더 환경적합도 있고, 제도적으로 정당성이 있으며, 효율적이면서도 인간성이 있고, 환경변화에 도태되지 않는 형태로 조직을 재설계하려고 한다. 그렇게 하기 위해서 Manuel은 크게 3가지로 변화의 방향을 잡았다. 첫 번째 방향은 추가메뉴와 테이크아웃 방식의 서비스 형태 신설과 같은 조직의 확장과 관련된 것이다. 두 번째 방향은 A Diner 전 직원들의 비공식적 관계를 분석하고 비공식조직을 활성화시키는 것과 직원들의 직무만족도를 높이는 것이다. 세 번째 방향은 고객들과의 연계성을 고려한 것으로서, 스마트폰과 트위터를 이용한 소통과 지역사회 커뮤니티와의 연계이다.

2) 조직의 확장

① 신메뉴와 서비스 개발

A Diner가 판매하고 있는 메뉴는 현재 까르보나라, 해산물 파스타, 토마토소스 파스타, 갈릭크림 피자, 마르가리따, 커피, 이 여섯 가지이다. 그러나 고객의 입맛이 다양화되고 3개월 뒤에는 비슷한 메뉴를 판매하는 경쟁업체가 들어오기 때문에 신메뉴 및 서비스 개발이 필수적이다. 따라서 Manuel은 주방장인 Charles 뿐만이 아니라 전 직원을 불러 모아서 관련 회의를 진행하였다. 이 회의는 수직적인 의사소통이 불필요하다. 따라서 회의는 직원들의 창의성을 존중해주기 위해 수평적인 의사소통 방식으로 진행되었다. 즉 Manuel이 회의 기록과 진행을 담당하고 나머지 직원들은 계층에 관계없이 자유롭게 소통하였다. 그 결과 메뉴는 요리사들의 역량과 재료수급상황에 비추어 가능하다고 판단된 먹물크림 파스타와 머쉬룸 리조또를 추가하기로 하였다.

그리고 웨이트리스 Tanya는 테이크아웃 서비스를 도입하자는 제안을 하였다. 그 이유는 커피원두가 자꾸 남아돌아서 식당 안에서 먹고 가는 수요만으로는 유통기한이 짧은 커피원두의 소진이 어렵다는 점에서였다. 이 제안은 최고경영자의 일방적인 결재가 아닌 14명 직원들의 다수결을 통해 채택되었으며, 커피를 약간 싼 가격에 테이크아웃 판매하기로 하였다.

② 레스토랑의 지점 확장

최고경영자인 Manuel은 현재 하나의 지점에만 그칠 것이 아니라, 직원들을 관리자로 육성하여서 여러 개의 지점을 낸다는 장기적인 계획을 가지고 있었다. 이러한 최고경영자의 비전은 곧 직원회의에서 알려졌고, 그 전략으로서 7년간 본점에서 일하고 최고관리자의 신임을 얻은 직원을 대상으로 하여 A Diner의 분점 경영을 맡긴다는 결정이 내려졌다. 이 결정만으로도 직원들은 자신이 조직의 단순한 부품이 아니라, 조직에 없어서는 안 될 중요한 인재라고 느꼈으며, 직무몰입도와 직무정체성과 같은 직무만족도가 높아졌다.

한편 이러한 레스토랑 체인점 확대는 레스토랑의 고유한 브랜드가치를 떨어뜨리는 요인이 될 수도 있다. '사회의 맥도널드화' 현상처럼 체인이 전국 각 지역에 생겨나고, 똑같은 품질을 유지하기 위해 관료제적인 구조로 바꾼다면 맥도널드처럼 균질한 서비스를 생산할 수는 있겠지만, 희소하고 고품격의 브랜드가치는 훼손될 수밖에 없다. 더군다나 A Diner 레스토랑은 현재 위치한 지역사회를 파고들어 좀 더 토속적이고, 친척이 운영하는 것과 같은 분위기를 내기 위해 노력하고 있는 레스토랑이므로 '맥도널드화' 되는 것은 바람직하지 않다. 그러므로 레스토랑의 지점 확장은 대형 체인점으로의 방향 전환이 되어서는 안 될 것이며, 3호점 정도의 소규모 지점을 유지하며, 본점에서 오래 일하였던 직원만을 매니저로 임명하여 고유의 분위기를 지켜나가기 위해 노력해야 한다. 무분별한 경영확장은 지양해야 한다는 것이다.

사진은 가족적이고 지역 공동체적인 분위기를 만들어내기 위한 레스토랑 내부의 인테리어 모습이다.

3) 조직구성원들의 직무만족감 제고

최고관리자와 중간관리자들이 그 아래의 직원들을 통제하는 식의 관료제적 구조가 14명의 소규모 식당 운영에는 효과적이었지만, Manuel은 일할 맛 나는 직장을 만들고 싶고, 직원들이 조직에 바라는 것이 무엇인지를 알고 싶어 했다. 즉 Manuel은 조직을 적어도 합리적인 조직이 아니라 자연적인 조직으로 보았던 것이다. 이에 Manuel은 폐쇄-사회적 조직이론에 속하는 인간관계론을 주목하였다.

인간관계론은 1940년대에 합리적이고 과학적인 조직을 강조했던 이론들에 비판하면서 나온 이론이다. 호손과 그의 동료들이 수행한 호손연구가 진행된 끝에 내린 결론은, 조직은 합리적, 경제적 유인뿐만이 아니라 사회적, 심리적 유인에 의해서도 영향을 받는다는 것이다. 또한 이 이론에서는 권위주의적 리더십보다는 민주적 리더십이 조직에 더욱 효과적이며, 조직구성원의 조직에 대한 만족감을 증진시키는 것이 매우 중요하다고 설명한다.

Manuel은 이러한 인간관계론에 입각하여 어떻게 하면 조직에 대한 구성원들의 만족감을 증진시킬지를 궁리한 끝에, 직원간의 친소관계를 먼저 파악하려 하였다. 그는 전직원을 대상으로 한 1:1 면담 끝에 비공식관계망을 분석하였다. 밑의 그림은 그 관계도를 표현한 것이다.

ucinet6 프로그램을 통해서 서로 친한 사이를 선으로 연결해 보았다. 여기서 주방직원, 웨이트리스, 웨이터들은 각각 비슷한 계열의 색으로 표현하였다. 결과는 역시 예상한 대로 Manuel만이 전 직원과 소통을 하고 있었고, 그 외에는 대략 각 업무 파트별로만 비공식 관계가 형성되어 있었다. 업무 분장이 기능별로 나뉘어져 있긴 했어도 요리와 서빙이 유기적으로 매끄럽게 이루어져야 할 필요가 있고, 인간관계론에 의해서도 모든 구성원들끼리는 인간적으로 친밀해야 할 필요가 있으므로 Manuel은 한 달에 한 번씩 직원 피크닉 또는 술모임을 가져서 부서를 뛰어 넘는 인간관계가 형성되도록 하는 계기를 마련하기로 했다.

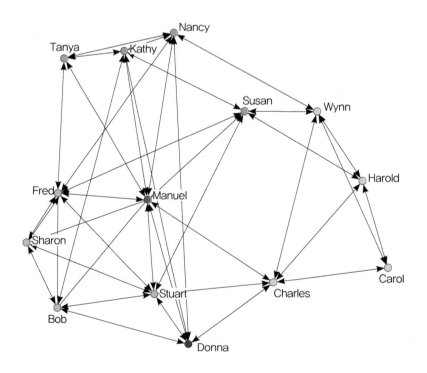

4) 직무만족을 위한 봉급체계 조정

인간관계론은 이렇듯 비공식조직의 중요성을 강조하기도 하였지만, 조직의 목표와 구성원의 목표가 일치하지 않을 수도 있다고 설명한다. 과학적 관리론은 조직을 효율적으로 설계하기만 하면 양자가 일치하지만 인간관계론은 그 이외의 다른 노력들이 필요하다고 한다. 즉 조직관리자의 목표와 하위 직원들의 목표가 균형이 되도록 민주적이고 참여적인 관리방식이 필요하다고 하였다.

그래서 Manuel은 레스토랑의 경영수익 극대화가 직원들의 목표가 되도록 하는 방안으로서 봉급체계를 개혁하기로 하였다. 공동주인으로서의 직원 개념을 확립시키고 '식당 운영 수입의 몇 퍼센트를 봉급으로 한다'라고 정해 놓아서 직원들이 레스토랑 운영에 자신의 모든 역량을 쏟아 부을 수 있는 유인 기제를 만들었다.

5) 스마트폰을 이용한 고객들과의 소통 및 지역사회 커뮤니티와의 연계

일반적인 기술이 조직에 미치는 영향은 앞에서 우드워드, 페로, 톰슨의 이론을 통하여 언급하였다. 이에 더하여 현대 정보사회에서 조직은 정보기술에 지대한 영향을 받게 되었다. 정보기술에 의해 조직내부는 집권화 될 것인가 분권화 될 것인가, 혹은 공식화가 심화될 것인가 그렇지 않은가 하는 논쟁이 활발하다. 그러나 여기에서는 정보기술이 조직과 환경과의 관계를 어떻게 변화시킬 것인가 하는 점에 주목해보았다.

레스토랑은 고객의 needs를 철저히 분석하고 매번 피드백을 받아 다음번 운영에 투입할 때 좀 더 생존가능성이 높아진다. 최근 미국의 애플사에서 시작된 스마트폰과 관련된 비즈니스가 대기업뿐만 아니라 소형 사업체에서도 각광을 받고 있다. 이런 환경변화와 발맞추고자 A Diner 역시 스마트폰과 트위터를 이용하여 식당운영에 고객들의 참여라는 요소를 도입하고자 했다.

먼저 A Diner의 트위터와 블로그를 개설하여서 유저들에게 식당 정보를 알리는 동시에 레시피까지 공개하였다. 그리고 식당에 왔던 고객들이 트위터에 접속하여 그날 나온 식사에 대한 평가나 질문사항을 올리면 실시간으로 답변을 하고, 다시 산출과정에 유입함으로써 고객과 소통하는 레스토랑이 되도록 한다. 그리고 홍보 전략으로서, A Diner 트위터에 팔로잉하고 그 인증샷을 찍어오는 고객들에게 1회 식사에 한해 10% 할인해 주는 제도를 도입했다. 그 이용이 확대되고 있는 트위터 공간을 잘 활용한다면 적은 비용으로 큰 홍보 효과를 누릴 수 있다. 정보기술의 주요 원리인 네트워크의 힘을 설명한 Reed는 네트워크 사용집단의 증가에 따라 그 힘이 기하급수적으로 증가한다고 하였다. 모바일이 발전하고 group forming network가 급속히 형성되는 요즘 같은 사회에서는 네트워크의 가치가 선형으로 증가하는 것이 아니라 체증한다는 것이다. 이런 사회에서는 각종 사업체 경영에서 네트워크의 힘을 적극적으로 활용할 필요가 있는 것이다. 이미 레스토랑 SevenSprings 등은 이러한 트위터에서의 마케팅 전략을 사용하고 있다. 사진은 SevenSprings의 2010년 11월 24일자 트위터이다.

　　이러한 고객과의 소통 활성화 노력은 카오스 이론에 입각한 자율적 요동의 한 예라고도 볼 수 있다. 조직이 안정화되면 타성이 생기기 때문에 구성원들은 안전 지향적이 된다. 그러나 이 같은 타성은 변화하는 환경을 만났을 때 조직을 생존의 위기로 빠뜨리는 요인이 된다. 고객과 소통하지 않고 하던 대로의 요리법과 서비스에 안주한다면 더 좋은 서비스를 제공하는 경쟁업체의 등장 등으로 인해 고객들로부터 외면받을 수 있다. 마침 Mad for onion이라는 유력 경쟁업체가 곧 입점할 예정이라고 하니, 자율적 요동이 더욱 필요한 시점인 것이다.

부록 2: 객관식 문제

1. 효과적 조직관리와 관계가 <u>없는</u> 것은?

① 효과적인 조직관리는 조직구성원들에게 일할 의욕과 보람을 갖게 한다.

② 한 국가의 경제 발전은 경제활동의 개체인 기업조직의 경제활동의 합이라는 점에서 개개 조직의 효과적인 조직관리를 통해 국가의 총체적 경제 발전 또한 이루어질 수 있다.

③ 사회 발전도 사회활동의 기본단위가 되는 조직의 효과적인 관리를 통한 조직 발전과 조직 상호간의 의존성을 효과적으로 관리하는 데서 기인할 수 있다.

④ 오염물질의 배출원이 되기도 하고, 성차별 및 인종차별적 정책과 전쟁을 일으키기도 하는 것 역시 조직이다.

2. 조직에 관한 여러 가지 정의 중 <u>틀린</u> 것은?

① 베버 – 특정한 목적을 가지고 그 목적을 달성하기 위해 구성원 간에 상호작용하는 인간들의 협동집단

② 바너드 – 공동의 목표를 달성하기 위해 노력을 바칠 의욕을 지닌 2인 이상의 상호 전달하는 집합체

③ 셀즈닉 – 계속적으로 환경에 적응하면서 공동의 목표를 달성하기 위해 공식적 · 비공식적 관계를 유지하는 사회적 구조

④ 코헨과 마치 및 올슨 – 현저하게 상호 연관된 행위를 통해서 모호성을 감소시키는 데 그 타당성이 합의된 문법

3. 학자들의 조직 정의를 통합한 조직의 정의가 <u>아닌</u> 것은?

① 공동의 목표를 가짐

② 체계화된 구성원들의 상호작용

③ 경계를 가짐

④ 내부 환경에 적응

⑤ 인간들의 사회적 집단

4. 과학적 관리론이 <u>아닌</u> 것은?

① 과학적 분석에 의해 유일 최고의 작업 방법을 발견

② 과학적 방법에 따른 생산성 향상은 근로자와 경영자를 다 같이 이롭게 해 주며 나아가 공익을 보호할 수 있다는 점

③ 조직 내의 인간은 비경제적 유인에 의해 동기가 유발되는 타산적·비합리적 존재라는 점

④ 조직의 목표는 명확하게 알려져 있고 과업은 반복적이라는 점 등을 기본 전제로 삼았다.

5. 테일러가 규정한 과학적 관리 하에서의 관리의 기본 원리가 <u>아닌</u> 것은?

① 근로자의 개별적인 과업은 과학적 분석에 의해 설계

② 근로자들은 과학적인 방법으로 선발하고 훈련

③ 과학적으로 설계된 과업과 과학적으로 선발·훈련된 근로자를 적절히 결합

④ 노사 간의 평화공존이 불가능

6. 베버는 권한의 형태에 따라 조직을 분류하였다. <u>관계없는</u> 것은?

① 전통적 권한

② 합리적·법적 권한

③ 카리스마적 권한

④ 현대적 권한

7. 합리적·법적 권한을 기초로 한 합리적인 관료제의 특징이 <u>아닌</u> 것은?

① 권한과 관할 범위의 규정

② 계서제적 구조

③ 문서화의 원리

④ 임무 수행의 비개인화

⑤ 관료의 비전문화

8. 관료제의 역기능이 <u>아닌</u> 것은?

① 환경에의 대응성 강화

② 인간성의 상실과 무사안일주의

③ 변동에 대한 저항

④ 목표와 수단의 대치라는 현상

9. 고전적 조직이론에 대한 설명으로 적합하지 <u>않은</u> 것은?

① 합리적, 경제적인 인간관

② 조직의 환경에 적응 가능성을 검토

③ 과학적 관리법, 관료제도론 등이 이에 해당

④ 기계적 조직이론

⑤ 조직이론의 출발점

10. 과학적 관리법에 대한 설명에 해당하지 <u>않는</u> 것은?

① 테일러가 창시

② 능률성을 중시

③ 적정 일일업무량

④ 객관적 자료보다는 개인 경험을 강조

⑤ 업무 결과에 따른 성과급 지급을 주장

11. 인간관계론에 대한 설명으로 보기 <u>어려운</u> 것은?

① 처음에는 작업 조명과 작업 능률과의 관계 규명에서 출발했다.

② 조직 내 인간의 심리적 요인을 중요시했다.

③ 조직과 환경과의 관계가 본격적으로 연구되었다.

④ 아지리스, 리커트, 맥그리거 등이 대표적인 후기 인간관계론자들이다.

⑤ 비공식조직과 개인의 귀속 요구뿐만 아니라 구성원의 참여를 강조했다.

12. 베버의 관료제 특징에 대한 설명으로 적합하지 <u>않은</u> 것은?

① 인간적인 관료

② 전문화

③ 합리적 · 법적 권위

④ 권한의 명문화

⑤ 분업화

13. 베버의 관료제가 준거하고 있는 권위의 유형은?

① 법적-합리적 권위

② 카리스마적 권위

③ 전통적 권위

④ 관습의 권위

14. 체제 4이론을 주장하여 개인의 참여가 조직의 효과성을 높일 수 있다는 점을 강조한 학자는?

① 리커트   ② 아지리스

③ 맥그리거   ④ 번스

⑤ 로쉬

15. 후기 인간관계론이 행정조직의 이해에 기여한 것으로 보기 어려운 것은?

① 구성원의 참여가 조직 효과성을 제고할 수 있음을 지적했다.

② 조직의 성과와 생산성보다 개인의 자율성과 발전이 중요함을 인정했다.

③ 조직 내 개인의 가치와 조직 목표와의 조화 가능성을 파악했다.

④ 개인의 발전 욕구를 인정했다.

⑤ 경제적 보상을 뛰어넘는 성숙한 인간관을 강조했다.

16. 행정관리학파에 속하는 학자가 아닌 사람은?

① 페이욜   ② 무니

③ 테일러   ④ 귤릭

17. 개방 체제로서의 조직의 요소가 아닌 것은?

① 투입   ② 산출

③ 환류   ④ 투자

18. 강화 요인의 종류가 아닌 것은?

① 적극적 강화   ② 제거

③ 소거   ④ 처벌

19. 조직에서의 강화 일정이 아닌 것은?

① 연속적 강화

② 고정간격 강화

③ 비연속적 강화

④ 변동간격 강화

⑤ 고정비율 강화

20. 성격의 결정요인으로 볼 수 없는 것은?

① 생물학적 요인

② 사회적 요인

③ 문화적 요인

④ 환경적 요인

⑤ 경제적 요인

21. 머슬로의 욕구 5계층이 <u>아닌</u> 것은?

① 성장 욕구

② 자아실현의 욕구

③ 존경에 대한 욕구

④ 안전에 대한 욕구

⑤ 소속에 대한 욕구

22. 앨더퍼의 ERG이론의 욕구가 <u>아닌</u> 것은?

① 생존 욕구

② 발전욕구

③ 성장욕구

④ 연관성 욕구

23. 직무 특성의 요소가 <u>아닌</u> 것은?

① 기술 다양성

② 전류

③ 직무 중요성

④ 자율성

⑤ 환류

24. 행태론적 리더십이 <u>아닌</u> 것은?

① 미시간대학교의 리더십 연구

② 예일대 연구

③ 오하이오주립대학교의 리더십 연구

④ 관리그리드 모형

25. 관리그리드 모형의 리더의 행동 유형이 <u>아닌</u> 것은?

① 무관심형   ② 배려형

③ 친목형   ④ 과업형

⑤ 타협형

26. 상황론적 리더십이 <u>아닌</u> 것은?

① 피들러의 상황적합적 리더십

② 블레이크의 이론

③ 허시와 블랜차드의 이론

④ 유클의 다중연결 모형

27. 의사전달 네트워크의 형태가 <u>아닌</u> 것은?

① 원형   ② 윤형

③ 연쇄형   ④ X자형

⑤ 다통로형

28. 머슬로의 욕구계층론에 관한 설명 중에 적절하지 <u>않은</u> 것은?

① 인간 행동의 동기를 계층을 가진 욕구로 나누어 설명했다.

② 다섯 가지의 욕구는 순차적으로 유발된다.

③ 충족된 욕구는 동기로서의 힘을 상실한다.

④ 가장 상위의 욕구는 자긍심의 욕구이다.

⑤ 인간은 다섯 가지 욕구를 항상 완전히 충족되지 못했다.

29. 머슬로의 욕구계층이론에 대한 비
판으로 적절하지 <u>않은</u> 것은?

① 다섯 가지 욕구 단계는 고정적
이기보다는 가변적이다.

② 이미 충족된 욕구도 욕구로서
작용한다.

③ 욕구가 개별적으로 작용하기 보
다는 복수의 욕구가 복합적으로
작동한다.

④ 인간의 행동이 반드시 욕구 충
족을 위해 동기가 수행되는 것
이 아니다.

⑤ 인간의 욕구를 위생 요인과 동
기 요인으로 나눈 것은 매우 인
위적인 구분이다.

30. 동기유발 요인과 위생 요인으로 인
간의 욕구 충족을 이원화한 학자는?

① 앨더퍼

② 허즈버그

③ 매클리랜드

④ 맥그리거

⑤ 샤인

31. 인간의 욕구를 생존 욕구, 대인 관
계 유지 욕구, 성장 욕구의 세 가지
로 분류하고 두 가지 이상의 욕구가
복합적으로 작용하여 하나의 행동
을 유발한다는 이론은?

① 머슬로의 욕구 계층이론

② 앨더퍼의 ERG이론

③ 허즈버그의 욕구충족요인 이원론

④ 맥그리거의 X.Y이론

⑤ 복잡한 인간에 관한 모형

32. 허즈버그가 주장하는 위생 요인에
해당하지 <u>않는</u> 것은?

① 근무시간   ② 보수

③ 정년   ④ 사무실 환경

⑤ 직무 곤란성

33. 욕구는 학습되는 것이므로 개인마
다 그 욕구의 계층에 차이가 있으
며, 사회적으로 학습된 욕구들을 성
취 욕구, 권력 욕구, 친교 욕구로 구
분한 이론은?

① 머슬로의 욕구계층이론

② 앨더퍼의 ERG이론

③ 매클리랜드의 성취동기 이론

④ 해크만과 올드햄의 직무특성이론

⑤ 샤인의 복잡한 인간에 관한 모형

34. 인간의 욕구 체제는 매우 복잡하고 때와 장소, 조직 생활의 경험, 직무 등 여러 상황에 의해 달라진다고 주장한 이론은?

① 머슬로의 욕구계층이론

② 앨더퍼의 ERG이론

③ 매클리랜드의 성취동기 이론

④ 해크만과 올드햄의 직무특성이론

⑤ 샤인의 복잡한 인간에 관한 모형

35. 직무가 직무 수행자의 성장 욕구 수준에 부합될 때 다음 동기 유발을 하게 된다는 이론적 입장은 무엇인가?

① 욕구계층이론

② ERG이론

③ 성취동기 이론

④ 직무특성이론

⑤ 복잡한 인간에 관한 모형

36. 개인이 투입한 노력, 기술, 경험 등과 조직이 보상한 보수, 승진, 직무만족 등을 비교한 결과에 따라 행동을 작동한다고 보는 이론적 접근 입장은?

① 형평성 이론 ② 기대이론

③ 보상이론   ④ 목표설정이론

⑤ 욕구충족이론

37. 인간 행동의 동기는 행동이 초래할 성과에 대한 믿음과 기대감, 그리고 성과에 따른 보상의 유의미성에 달렸다고 인식한 학자는?

① 브룸

② 샤인

③ 매클리랜드

④ 허즈버그

⑤ 해크만과 올드햄

38. 여러 동기부여에 관한 이론적 접근 중에서 성격이 다른 하나를 고른다면?

① 기대이론

② 욕구계층이론

③ ERG이론

④ 성취동기이론

⑤ 욕구충족요인 이원론

39. 인간 행동은 행동이 추구하는 목표의 난이도와 구체성에 의해 결정된다는 목표설정 이론을 주장한 학자는?

① 브룸

② 샤인

③ 매클리랜드

④ 로크

⑤ 해크만과 올드햄

40. 정보화 사회에서의 동기부여 수단으로 적절하지 <u>않은</u> 것은?

① 사명감

② 학습

③ 평판

④ 가치창조 활동

⑤ 안전

41. 리더십에 관한 접근 방법 중에서 성격이 <u>다른</u> 하나는?

① 특성론적 접근법

② 행태론적 접근법

③ 상호 연계적 접근법

④ 상황론적 접근법

⑤ 권력–영향적 접근법

42. 여러 리더십 스타일에서 지식정보 사회에서 우선적으로 요구되는 리더십은?

① 강력한 리더십

② 뛰어난 지적 리더십

③ 카리스마적 리더십

④ 상호 연계적 리더십

⑤ 영감적 리더십

43. 자신보다 뛰어나다고 생각하는 사람을 닮고자 할 때 발생하는 권력은?

① 강압적 권력

② 보상적 권력

③ 합법적 권력

④ 준거적 권력

⑤ 전문가적 권력

44. 갈등을 관리하는 방법이라고 볼 수 <u>없는</u> 것은?

① 회피

② 경쟁

③ 협동

④ 억압

⑤ 타협

45. 의사전달의 장애 요인이라고 보기 <u>어려운</u> 것은?

① 매체의 불완전성

② 과다한 정보

③ 상호간의 신뢰

④ 환류의 차단

⑤ 계서제

46. 의사전달 장애를 극복하는 방안으로 적합하지 <u>않은</u> 것은?

① 대인관계 개선

② 공통의 상징체계 형성

③ 적절한 매체 선택

④ 정보량의 조절

⑤ 인사이동

47. 정보통신 기술의 발달이 의사전달 과정에 미치는 영향으로 보기 <u>어려운</u> 것은?

① 광범위한 수평적 네트워크를 형성

② LAN 등의 설치로 인해 조직 내 의사전달 기회 확대

③ 개인적인 의사전달은 감소하지만 전자결재 등 공식적 의사전달 확대

④ 왜곡된 정보 확산 가능성을 초래

⑤ 직장 내 비인간화 초래

48. 기계적 조직이론에 속하지 <u>않는</u> 조직이론은?

① 행정관리론

② 상황적응론

③ 인간관계론

④ 과학적 관리론

⑤ 관료제론

49. 여러 관료제 현상에 대한 설명 중 <u>틀린</u> 것은?

① 애드호크라시 – 임시조직으로 변화가 심하고 유동적인 조직

② 대표관료제 – 출신성분 비율에 맞도록 관료제 구성

③ 과두제 철칙 – 소수 관료에게 권력 독점

④ 동조과잉 – 상관에 대한 과잉 충성

50. 고전적 조직이론의 특징이라고 보기 어려운 것은?

① 공·사 행정이원론에 근거하고 있다.

② 정치·행정이원론을 강조한다.

③ 기계론적인 조직관을 가지고 있다.

④ 공식적인 조직구조에 의존한다.

⑤ 과학적 관리론과 밀접한 관련을 가지고 있다.

51. 다음 인간모형 중 그 성격이 유사한 것끼리 바르게 연결된 것은?

① X이론 – 성숙인간

② 합리적 경제인간 – Y이론

③ 위생 요인 – 동기부여 요인

④ 불만 요인 – 체제 I, II

52. 아지리스가 주장하는 개인의 성숙한 상태에 해당하는 것은?

① 유머감

② 높은 도덕성

③ 겸손

④ 외부에 대한 흥미

⑤ 독립심

53. 관료제가 민주주의에 가장 기여한다고 생각되는 것은?

① 국민에 대한 봉사기관

② 관료의 전문화

③ 합리적 조직구조

④ 권한과 책임의 명확한 구분

⑤ 공직의 기회 균등

54. 관료제의 병리 현상의 하나인 동조과잉의 원인이라 할 수 있는 것은?

① 개인적 친소에 따른 연고주의에 원인이 있다.

② 상관에 대한 무조건적 충성에서 연유한다.

③ 규칙 엄수를 강조하는 데서 연유한다.

④ 관료들의 할거주의에서 연유한다.

⑤ 같은 조직 단위 간 지나친 경쟁에서 연유한다.

55. 관료제에 관한 다음 설명 중 가장 옳지 <u>않은</u> 것은?

① 규칙과 절차에 대한 지나친 강조는 오히려 조직 목표의 달성을 어렵게 한다.

② 관료제는 공·사 대규모 조직에서 공통적으로 나타나는 구조적 특징을 의미한다.

③ 관료제의 대응성을 높이기 위해서는 효과적 통제 방법이 필요하다.

④ 관료제는 인간 소외를 초래한다.

⑤ 베버의 근대적 관료제 모형은 신생국 관료제를 분석하는 데 적합하다.

56. 허즈버그의 욕구충족요인 이원론에 관한 설명 중 옳지 <u>않은</u> 것은?

① 위생 요인은 맥그리거의 X이론적 인간관과 일맥상통한다.

② 인간의 불만 욕구와 만족 욕구는 별개로 작동한다.

③ 동기 요인은 만족감을 느끼게 하지 못하고 다만 불만을 막는 작용을 한다.

④ 불만 용인이 충족되면 근무태도의 단기적 변동은 가능하지만 장기적 효과는 없다.

57. 동기부여이론 중 성격이 <u>다른</u> 하나는?
① 브룸의 기대이론
② 아지리스의 미성숙–성숙이론
③ 매클리랜드의 성취동기이론
④ 맥그리거의 X, Y이론

58. 욕구 충족과 사기관리 제도의 연결이 옳지 <u>않게</u> 된 것은?
① 생리적 욕구 – 보수 수준 향상
② 사회적 욕구 – 제안 제도 실시
③ 존경 욕구 – 권한위임
④ 자기실현 욕구 – 적절한 승진

59. 개인의 동기를 자극하는 요인 중 성격이 <u>다른</u> 것은?
① 관리·통제
② 성취감
③ 임금
④ 작업조건

60. 상호간 연결이 적합하지 <u>않은</u> 것은?
① 허즈버그 – 성취동기 이론
② 페이욜 – 일반 및 산업관리
③ 어윅 – POSDCoRB
④ 맥그리거 – X, Y이론

61. 허즈버그가 주장한 동기요인에 해당하지 <u>않는</u> 것은?
① 보수
② 타인의 인정
③ 직무 자체
④ 승진 기회
⑤ 성취감

62. 동기이론 중 과정이론에 해당되지 <u>않는</u> 것은?
① Vroom의 기대이론
② Alderfer의 ERG이론
③ Porter와 Lawler의 업적·만족 이론
④ Georgopoulos의 통로·목표이론
⑤ Atkinson의 기대이론

63. 동기부여에 관한 과정이론 중의 하나인 애덤스의 형평성이론에 대한 설명으로 옳지 않은 것은?

① 직무에 대한 공헌도와 보상을 다른 사람과 주관적으로 비교·평가한다.

② 형평하게 대우받으려고 하는 욕망이 개인에게 동기를 갖게 한다고 가정한다.

③ 조직에서 공정한 보상의 중요성을 강조한다.

④ 잘못된 행동에 수반되는 제재를 철회함으로써 바람직한 행동을 유도할 수 있다.

⑤ 불형평성을 해소시키기 위한 행동에는 투입과 산출에 대한 본인의 지각을 바꾸는 것, 준거 인물을 바꾸는 것 등이 있다.

64. 동기부여에 관한 설명 중 옳지 않은 것은?

① 로크의 목표설정이론은 욕구 방향과 강도가 동기부여를 결정한다고 본다.

② 해크만과 올드햄의 직무특성이론은 내용이론에 속한다.

③ 브룸은 동기부여는 기대감(E), 수단성(I), 유의성(V)의 곱의 합

수로 본다.

④ 머슬로는 욕구가 순차적으로 유발되지만 역순도 인정했다.

65. 머슬로의 자기실현 욕구에 대한 설명 중 옳은 것은?

① 자기실현 욕구는 잠재적 능력을 실현하려는 욕구이다.

② 자기실현 욕구의 형태는 사람마다 큰 차이가 없다.

③ 나이가 적을수록 자기실현 욕구가 강하다.

④ 자기실현 욕구가 충족되면 다음 단계의 욕구인 존경의 욕구가 발현한다.

⑤ 생리적 욕구가 충족되면 다음 단계의 욕구인 자기실현 욕구가 발현한다.

66. 사기의 개념으로 적절하지 않은 것은?

① 직무 수행 동기

② 사기 수준은 상황 의존적

③ 정신 상태의 절대적인 수준

④ 사기이론과 욕구이론은 밀접한 관계

⑤ 개인적 현상이며 동시에 집단적 현상

67. 허즈버그의 욕구충족요인 이원론의 설명으로 옳지 <u>않은</u> 것은?

① 만족의 반대는 불만족이 아니라 만족이 없는 상태를 의미한다.

② 위생 요인은 충족되더라도 조직 구성원의 직무 수행 동기를 유발시키는 것은 아니다.

③ 동기 요인은 더 나은 직무 수행과 노력을 위한 동기부여의 요인이 된다.

④ 만족을 주는 요인과 불만족을 주는 요인은 상호 독립되어 있는 것으로 본다.

⑤ 조직의 방침과 관행은 동기 요인의 하나로 볼 수 있다.

68. 조직구성원들이 능력이 유사한 다른 사람에 비해 부당한 대접을 받고 있다고 생각할 때 느끼는 심리적 상태를 설명해 주는 이론은?

① 성취이론

② 형평성 이론

③ 욕구충족요인 이원론

④ 욕구계층제 이론

⑤ 기대이론

69. 상황론적 리더십이론이 행정조직 운영에 기여한 점은?

① 조직 내 인간관계의 공식화에 기여

② 리더의 특성과 자질의 발굴과 교육

③ 신상필벌의 책임행정 구현

④ 조직구성원의 개인적 특성에 대한 관심 제고

70. 지식정보사회의 조직구성원 행태변화로서 옳지 <u>않은</u> 것은?

① 조직 내, 조직 간의 경쟁은 가속화된다.

② 인력의 공간적 이동성이 증가하고 있다.

③ 여성적이고 유연한 조직문화로 바뀌고 있다.

④ 연공서열에 따른 보상보다는 능력과 기술에 따른 보상으로 바뀌고 있다.

⑤ 정보 기술의 발달로 인해 개인의 직무 수행 자율성은 약화되었다.

71. 의사소통 유형에 대한 설명 중 적절하지 <u>못한</u> 것은?

① 전통적 행정이론은 상의하달적 의사소통에 중점을 두고 있다.

② 공식적 의사소통은 공식적 통로와 수단에 의해 전달되는 것이다.

③ 상의하달적 의사소통으로 보고, 내부결재 제도, 제안 제도 등이 있다.

④ 횡적 의사소통은 동일한 계층 내 개인과 집단 간의 의사소통이다.

⑤ 비공식 의사소통으로 소문이나 풍문 등이 있다.

72. 다음 리더십이론에 대한 설명으로 <u>옳지 않은</u> 것은?

① 전환적 리더십은 관리자와 부하 간의 상호 교환에 초점을 맞춘다.

② 셀프 리더십은 문제를 스스로 발견하고 해결해가는 정보화사회에서 요구되는 리더십이다.

③ 리더십의 상황론에서 지도 상황의 결정은 리더와 추종자의 관계, 업무구조, 직위에 부여된 권력 등을 변수로 한다.

④ 고전적 리더십이론과 행태론적 리더십이론은 유일 최선의 답이 있다고 본다.

73. 리더십이론과 그 특성이 <u>잘못</u> 연결된 것은?

① 특성이론 – 리더의 개인적 자질을 강조

② 행태이론 – 리더 행동의 상대적 차별성을 강조

③ 거래이론 – 리더와 부하 간의 사회적 교환관계를 강조

④ 변혁이론 – 부하에 대한 지시와 자원을 강조

74. 조직 내 의사전달과 의사 결정 현상에 대한 설명으로 <u>옳지 않은</u> 것은?

① 조직 내 의사전달에는 공식적–비공식적 전달 유형이 있다.

② 대각선적 의사전달은 공식 업무를 촉진하거나 개인적, 사회적 욕구 충족을 위해 나타난다.

③ 의사전달의 과정은 발신자, 코드화, 발송, 통로, 수신자, 해독, 환류로 이루어진다.

④ 의사전달 과정에서 환류의 차단은 의사전달의 신속성을 저해할 수 있다.

75. 의사결정의 이론모형이 <u>아닌</u> 것은?
① 만족모형
② 검증모형
③ 혼합관조모형
④ 불만족모형
⑤ 회사모형

76. 조직목표의 변동 양태가 <u>아닌</u> 것은?
① 목표의 대치
② 목표의 승계
③ 목표의 추가
④ 목표의 축소
⑤ 목표 취소

77. 조직 효과성의 경쟁적 가치 접근법이 <u>아닌</u> 것은?
① 인간관계 모형
② 개방체제 모형
③ 외부과정 모형
④ 합리적 목적 모형

78. 조직문화의 특성이 <u>아닌</u> 것은?
① 공유된 행동
② 공유된 신념
③ 공유된 복장
④ 공유된 생각

79. 다음 중 조직구조의 차원이 <u>아닌</u> 것은?
① 공식화
② 집권화
③ 복잡성
④ 형식화

80. 집권화 측정 설문이 <u>아닌</u> 것은?
① 참여정도
② 계층제의 수
③ 직접 통제 정도
④ 자유재량권

81. 복잡성 측정 설문이 <u>아닌</u> 것은?
① 부하의 의사결정 참여 정도
② 학위를 취득했거나 전문적 교육을 수년간 받은 조직구성원의 비율
③ 조직 전체로 볼 때 평균 계층의 수
④ 장소적으로 분산된 경우 분산된 조직의 수

82. 페로의 기술유형이 <u>아닌</u> 것은?
① 일상적 기술
② 비공학적 기술
③ 장인기술
④ 비일상적 기술

83. 민츠버그의 조직에서 다섯 가지 기본부문과 무관한 것은?

① 핵심 운영 부문

② 전략부문

③ 계선 부문

④ 기술구조 부문

⑤ 중간라인 부문

84. 민츠버그의 조직성장 경로모형이 아닌 것은?

① 단순구조

② 기계적 관료제 구조

③ 전문적 관료제구조

④ 메트릭스 구조

⑤ 사업부제 구조

85. 상황요인이 아닌 것은?

① 전문화   ② 역사

③ 규모   ④ 기술

⑤ 환경

86. 주요 거시조직이론의 분류라 볼 수 없는 것은?

① 조직군 생태학 이론

② 조직 경제학

③ 구조적 상황 이론

④ 동기부여 이론

⑤ 자원의존이론

87. 시장실패의 요인이 아닌 것은?

① 제한적 합리성

② 불확실성

③ 정보분산성

④ 기회주의

⑤ 소수 조직

88. 조직군 생태학이론의 요소가 아닌 것은?

① 변이

② 전류

③ 선택

④ 보존

89. 레빈의 조직 변화 모형 단계가 아닌 것은?

① 해빙

② 변화

③ 동결

④ 재동결

90. 그레이너의 조직 성장의 5단계가 아닌 것은?

① 창조성을 통한 성장

② 혁신을 통한 성장

③ 위임을 통한 성장

④ 조정을 통한 성장

⑤ 협동을 통한 성장

91. 홀로그래픽 조직설계와 <u>무관한</u> 것
은?

① 기능의 가외성

② 수단을 위한 목적

③ 필요적 다양성

④ 최소한의 구체화

92. 지식정보사회에 대응한 조직구조라
볼 수 <u>없는</u> 것은?

① 관료제 조직

② 프로세스 조직

③ 네트워크 조직

④ 학습조직

93. 정보사회에 대응한 조직모형이라
볼 수 <u>없는</u> 것은?

① 기능적 조직

② 가상조직

③ 삼엽조직

④ 혼돈조직

94. 1950년대 이후의 다양한 현대적 조
직이론의 가장 중요한 특징은?

① 경제적 인간관

② 엄격한 관리

③ 개인의 창의성 중시

④ 인간의 사회적 욕구 발견

⑤ 환경과 조직 간의 관계 중시

95. 지식정보사회에서 나타나는 조직
형태로 보기 <u>어려운</u> 것은?

① 네트워크 조직

② 그림자정부

③ 혼돈정부

④ 기계적 조직

⑤ 계약정부

96. 지식정보사회에서 중시되는 사회적
자본의 의미는?

① 전문지식

② 축적된 경험

③ 공동으로 투자된 자본

④ 공공 부문에 투자된 자본

⑤ 구성원 간 신뢰

97. 정보화가 진행됨에 따라 나타나는
새로운 조직 형태의 예가 <u>아닌</u> 것
은?

① 후기기업가조직

② 삼엽조직

③ 혼돈정부

④ 엄격한 계층조직

⑤ 네트워크 조직

1	①	2	④	3	④	4	③	5	④	6	④	7	⑤	8	①	9	②	10	④
11	③	12	①	13	①	14	①	15	②	16	③	17	④	18	②	19	③	20	⑤
21	①	22	②	23	④	24	②	25	②	26	②	27	④	28	④	29	⑤	30	②
31	②	32	⑤	33	④	34	⑤	35	④	36	④	37	①	38	①	39	④	40	④
41	③	42	④	43	④	44	④	45	④	46	⑤	47	③	48	②	49	③	50	①
51	④	52	⑤	53	⑤	54	④	55	⑤	56	④	57	①	58	②	59	②	60	①
61	①	62	②	63	④	64	①	65	④	66	②	67	⑤	68	②	69	④	70	⑤
71	③	72	④	73	①	74	④	75	④	76	④	77	③	78	③	79	④	80	①
81	①	82	②	83	③	84	④	85	④	86	④	87	③	88	②	89	③	90	②
91	②	92	①	93	①	94	⑤	95	④	96	⑤	97	④						

1. 오염물질과 성차별·인종차별은 효과적 조직 관리와 전혀 관계가 없다.

2. 코헨과 마치 및 올슨은 쓰레기통모형을 주장하였다. 현저하게 상호 연관된 행위를 통해서 모호성을 감소 시키는 데 그 타당성이 합의된 문법은 와이크의 조직정의이다.

3. 내부 환경에 적응이 아니라 외부환경에의 적응이 맞다.

4. 조직 내의 인간을 경제적 유인에 의해 동기가 유발되는 타산적 존재로 가정한다.

5. 노사 간 공존공영을 추구한다.

6. 베버는 권한의 형태에 따라 조직을 크게 전통적 권한형태, 합리적·법적 권한형태, 카리스마적 권한형태로 분류하였다.

7. 합리적인 관료제의 특징은 권한과 관할 범위의 규정(법규에 의하여 규정, 직위에 권한 부여), 계서제적구조, 문서화의 원리(문서철은 사무실의 한 구성요소), 임무수행의 비개인화(비개인성, 비정의적)가 있다.

8. 관료제의 역기능은 동조과잉·수단의 목표화, 번문욕례·형식주의, 인격·인간성의 상실, 전문화로 인한 무능, 무사안일주의와 상급자의 권위에 의존, 할거주의 등이 있다.

9. 조직 외부의 환경에 대한 경시는 향후 폐쇄 체제적이라는 비판을 받게 되었고 합리적·경제적 인간관을 바탕으로 근로자를 인식하여 이기적 존재론이 조직 관리의 근간이 되었다.

10. 과학적 관리법은 임금문제를 해결하기

위해서 과학적, 객관적인 표준 작업량을 설정하였다.

11. 생태론이 등장하고부터 조직과 환경과의 교호작용의 연구가 활발해졌다.

12. 조직구조가 기계적이고 경직성을 띠어 비인격적인 행동패턴을 형성하게 됨. 베버 자신도 이런 관료제적 성격이 비인간적 사회를 만들어낸다는 점을 인식하여 인간을 '쇠 울타리'에 가두어 놓는다고 보았다.

13. 개인들은 조직의 질서에 복종하게 하는 정당성의 기초인 권위에 대한 연구를 통해 베버는 전통적 권위나 카리스마적 권위를 대신하여 합법적이고 명문화된 규칙에 기반한 합리적, 법적 권위를 강조하게 되고 이에 따라 탈인격화 된 조직관리모델을 구상하였다.

14. 리커트는 체제1(착취형), 체제2(온정적 권위형), 체제3(협의형), 체제4(참여집단형) 로 분류하였고, 체제1과 체제2를 권위형 체제라 부르고, 체제3와 체제4를 참여형 체제로 규정하였다.

15. 조직을 구성하는 개인보다 논리적으로, 도덕적으로, 사회적으로 우선시되는 조직에 대한 강조점에 있다.

16. 테일러는 과학적관리 학파에 속한다.

17. 개방체제의 5단계 순환과정: 투입-전환-산출-환류-환경의 5단계 기능 수행

18. 강화의 요인으로는 적극적 강화, 회피, 소거, 처벌이 있다.

19. 조직에서의 강화일정은 연속적 강화, 단속적 강화, 고정비율 강화, 변동비율 강화, 고정간격 강화, 변동간격 강화가 있다.

20. 성격의 결정 요인으로는 생물학적 요인, 문화적 요인, 유전적요인, 사회적 요인, 환경적 요인이 있다.

21. 성장욕구가 아니라 생리적 욕구(배고픔, 갈증)이다.

22. 앨더퍼는 머슬로의 5단계 욕구수준을 3단계로 수정하여 욕구계층이론을 제시했다. 이 3단계 욕구란 생존욕구(Existence needs), 관계욕구(Relatedness needs), 성장(Growth needs)욕구를 말하며 이들의 첫 글자를 따서 ERG이론이라고 한다.

23. 전류가 아니라 직무정체성이다. 기술다양성, 직무정체성, 직무중요성, 자율성, 환류 이 다섯 가지 직무 특성이 모두 영향을 미치며, 그 가운데서도 자율성과 환류가 중요한 영향을 미친다고 강조한다.

24. 행태론적 리더십 연구에는 미시간대학교의 리더십 연구, 오하이오주립대학교의 리더십 연구와 관리그리드 연구가 있다.

25. 배려형이 아니라 단합형이다.

26. 상황론적 리더십에는 피들러의 상황적합적 리더십 이론, 에반스와 하우스의 경로-목표이론, 브룸·예튼·자고의 리더십 이론, 수직적-쌍방관계 이론, 허시와 블랜차드의 리더십 상황이론, 리더십 대체물 접근법, 유클의 다중연결 모형, 상황론적 접근법에 대한 비판이 있다.

27. X자형이 아니라 Y자형이다.

28. 가장 상위의 욕구는 자아실현의 욕구이다. 자아실현의 욕구, 존경의 욕구, 소속욕구, 안전 욕구, 생리적 욕구 순이다.

29. 인위적인 구분이 아니라 위생 요인과 동기 요인은 서로 다른 요인으로서 인간의 행동에 미치는 영향이 다르다고 하여 구분한 것이다.

30. 허즈버그는 '사람들은 그들의 직업에서 진정 원하는 것은 무엇일까'라는 질문으로 매슬로우의 연구를 확대한 동기유발 요인과 위생 요인을 연구하였다.

31. 앨더퍼의 ERG 이론 범주는 1.생존 욕구(생리적 욕구와 안전 욕구), 2.관계 욕구(사회적, 외부적 평가), 3.성장 욕구(내부적 평가와 자아실현)로 나누어진다.

32. 동기유발에 영향을 주지 않는 요인이 위생 요인이다. 회사의 정책과 행정, 감독의 질, 상사와의 관계, 근무시간, 보수, 사무실 환경, 개인적인 삶, 부하와의 관계, 사회적 지위, 직업안정성(정년)이 그것이다.

33. 매클리랜드의 성취동기이론은 욕구는 학습되는 것으로 그 욕구의 계층에 차이가 있다고 주장하였다. 성취욕구(우수한 결과를 위해 높은 기준을 설정, 이를 달성하려는 욕구), 권력욕구(타인의 행동에 영향력을 행사하려는 욕구), 친교욕구(타인과의 관계를 중시)

34. 인간은 다양한 욕구와 잠재력을 가진 존재이며, 복잡성의 유형이 사람마다 다르다고 주장한 것이 샤인의 인간모형이다.

35. 해크만과 올드햄의 직무특성이론: 직무의 특성이 직무 수행자의 성장 욕구 수준에 부합될 때 직무 수행자에게 더 큰 의미와 동기 유발의 측면에서 긍정적인 성과를 얻게 된다.

36. 형평성 이론이란 개인들은 자신의 사회적 관계를 평가하며 이러한 평가는 타인들과의 비교 속에서 이루어진다고 보았다. 즉 '투입대 보상비율'을 타인과 비교하여 형평성을 유지하려는 쪽으로 모티베이션 된다는 이론이다.

37. 자기 자신의 개인적 목표(급여인상이나 보너스, 승진 등)를 만족시킬 수 있다고 생각될 때 최선을 다해 열심히 해보자는 동기유발이 된다는 주장은 빅터 브룸의 기대 이론이다.

38. 욕구계층이론, ERG이론, 성취동기이론, 욕구총족요인 이원론은 동기부여의 내용이론이고, 과정이론은 브룸의 기대이론, 아담스의 공정성이론, 로크의 목표설정이론이 있다.

39. 로크의 목표설정이론은 동기부여 및 강화의 방법으로 인간의 행위(동기)는 두 가지의 인지, 즉 가치와 의도(혹은 목표)에 의해 결정된다고 보는 이론이다.

40. 안전이 아니라 계획의 조정이다. (정보화 사회에서의 동기 부여는 사명감, 계획의 조정, 학습, 평판, 가치창조활동이다.)

41. 특성론적, 행태론적, 상황론적, 권력−영향적 접근방법은 전통적 접근방법이고, 상호 연계적 접근법은 정보사회의 리더십이다.

42. 상호 연계적 리더십은 정보사회의 리더십으로 지식정보사회에서 우선적으로 요구된다.

43. 준거적 권력이란 대상인물이 행위자를 찬양하거나 동일시하며 그의 인정을 받기 원하기 때문에 생기는 권력이다.

44. 억압이 아니라 수용이다. (갈등을 관리하는 방법: 경쟁, 협동, 회피, 타협, 수용)
45. 의사전달에 장애가 되는 요인은 크게 매체의 불완전성, 과다한 정보, 환류의 차단, 계서제의 역기능, 지각의 차이와 착오, 상황과 관련된 장애 등으로 분류할 수 있다.
46. 의사전달 장애를 극복하는 방안으로는 대인관계 개선, 공통의 상징 체계 형성, 적절한 매체 선택, 정보과다에 대한 적응 또는 정보량의 조절, 환류, 신뢰성의 개선, 적절한 언어의 사용이 있다.
47. 정보통신 기술의 발달은 일방적이 아닌 쌍방향이다. 즉 개인적 의사전달(정보전달)의 시대인 것이다.
48. 상황적응론은 현대조직이론이다. 행정관리론, 인간관계론, 과학적관리론, 관료제론은 고전이론이다.
49. '과두제의 철칙'은 현대사회에서 조직이 복잡해지고 관료제화되면서 모든 권력이 최고 지도층, 독재적인 방법으로 통치하는 조직의 엘리트 집단에 집중된다는 내용을 담고 있다.
50. 고전적 조직이론은 정치·행정이원론에 입각하고 있다.
51. 체제1(착취적, 권위주의적 경영체제)은 경영자가 부하를 신뢰하지 않으며 체제2(자선적, 권위주의적 경영체제)는 경영자는 구성원들에게 자선적인 태도와 신뢰를 가지고 정중히 대하나 구성원들을 의사결정에 참여시키지 않는다.
52. 아지리스가 주장한 개인의 성숙한 상태는 1. 능동적이며 적극적 활동 2. 자주적이며 독립적 상태 3. 다양, 복잡한 행동 4. 깊고 강한 지속적 관심 5. 장기적 전망 6. 대등 내지 우수한 지위에 만족 7. 자기의식, 자기통제이다.
53. 관료제가 민주주의에 기여하는 것은 공직의 기회 균등과 민주주의 수단적 기능, 평등한 법 집행 등이 해당된다.
54. 조직의 목표달성을 위하여 규모의 엄수가 요구되는데 관료는 목표가 아닌 수단인 규칙·절차에 지나치게 영합·동조하는 경향이 있으며 이러한 규칙지향성은 보수주의를 초래하게 되는데 이것이 동조과잉의 원인이라 할 수 있다.
55. 베버의 근대적 관료제 모형은 공식적 측면만 강조하고 비공식적인 측면을 무시하였다. 그러므로 신생국 관료제를 분석하는데 적합하지 않다.
56. 허즈버그는 만족을 결정짓는 요인을 동기요인이라 하고 반대로 불만족을 야기하는 요인을 위생요인이라고 불렀다.
57. 브룸의 기대이론은 과정이론이며 나머지는 내용이론에 해당한다.
58. 사회적 욕구는 인간의 기본 욕구 가운데 집단에 귀속하고 싶은 소속욕구 및 사람과 사귀고자 하는 친교욕구를 말한다.
59. 성취감은 동기요인에 해당하고, 나머지는 위생요인에 해당한다. (동기요인-성과를 높여주는 요인, 위생요인-불만족을 방지해주는 효과를 가져오는 요인)
60. 허즈버그는 2요인 이론을 주장하였다. (동기·위생 이론)
61. 보수는 위생요인에 해당한다.
62. 동기부여 이론 중 Alderfer의 ERG이론

은 내용이론에 속한다.

63. 애덤스의 형평성이론은 한 개인의 바람직한 행동을 유도하는 것이 아니라 개인 자신과 타인을 투입-성과 비율 비교로 행동 결정함으로써 동기부여를 준다.

64. 브룸의 동기부여는 기대감(Expectancies), 수단성(Instrumentality), 유의성(Valence)의 변수에 의해 영향을 받아 이루어진다고 보았다.

동기(Motivation: M)

=유인성(V)×수단성(I)×기대성(E)

65. 머슬로의 자기실현 욕구는 자아증진을 위한 개인적 갈망과 잠재적 능력을 실현하려는 욕망이다.

66. 동기부여를 통해 나타난 조직원의 정신적 마음 상태를 사기라고 한다.

67. 조직의 방침과 관행은 위생 요인이다.

68. 형평성 이론이란 개인들은 자신의 사회적 관계를 평가하며 이러한 평가는 타인들과의 비교 속에서 이루어진다고 보았다. 즉 '투입대 보상비율'은 타인과 비교하여 형평성을 유지하려는 쪽으로 모티베이션 된다는 이론이다.

69. 상황론적 리더십의 효과는 상황에 따라 달라진다고 보는 이론으로, 상황론의 대표적 모형의 하나인 허쉬와 블랜차드의 3차원적 리더십에 의하면, 구성원의 성숙도라는 개인적 특성을 중시하고 있다.

70. 정보기술의 발달로 사무자동화가 이루어지고 개인은 정보화를 통해 좀 더 다양한 업무를 수행할 수 있게 되었다.

71. 보고, 내부결제제도, 제안제도 등은 하의상달적 의사소통에 해당한다.

72. 전환적 리더십은 공동 목적이나 지적 성장, 비젼이나 미션등을 자극하거나 강력한 카리스마를 발휘해서 상대의 신념을 자극하거나 신념변화를 갈망하도록 스스로 동기부여를 일으키게 하는 리더십을 말한다.

73. 거래이론이란 리더와 부하간의 거래관계(부하의 공헌과 리더의 유인)를 말한다.

예) 리더는 일정수준 성과를 요구 / 성과 달성시 일정수준 보상제공 약속 부하는 그 이익을 얻기 위하여 요구된 수준의 성과 수행에 동의

74. 의사전달의 환류가 허용되지 않는다면 의사전달은 신속해지지만 왜곡이 발생할 가능성이 높다.

75. 의사결정의 이론 모형은 합리모형, 만족모형, 점증모형, 혼합모형, 쓰레기통모형, 최적모형이 있다.

76. 조직목표의 변동 양태는 목표의 대치, 목표의 승계, 목표의 추가, 목표 간의 비중 변동(목표의 축소)가 있다.

77. 외부과정모형이 아니라 내부과정모형이다. (퀸과 로르보는 조직효과성의 경쟁적 가치 접근법에 개방체제모형, 합리적 목적모형, 내부과정모형, 인간관계모형 이 네 가지 모형을 도출하였다.)

78. 조직문화의 특성은 조직구성원들이 공유하는 가치 체계·신념 체계·사고방식의 복합체를 말한다. 복장은 이에 해당이 안 된다.

79. 형식화가 아니라 조정차원이다. (조직구조의 차원은 복잡성·공식화·집권화·전문화 이 네 차원으로 이루어진다.)

80. 집권화의 측정 설문은 최고 경영자가 의사결정 과정의 주요 부문에 대해 갖는 영향력의 정도와 일선 감독자가 그의 직무에 있어 중요한 요소들에 대해 갖는 자유재량권의 양을 측정한다. (참여정도, 직접통제정도, 자유재량권)

81. 부하의 의사결정 참여 정도는 집권화 측정 설문에 해당한다.

82. 비공학적 기술이 아니라 공학적 기술이다. (페로의 분류에 의하면 기술유형변수는 4가지, 즉 일상적 기술, 공학적 기술, 기능적 기술 및 비일상적 기술이다.)

83. 계선부문이 아니라 일반지원부문이다. (민츠버그의 조직에서 다섯 가지 기본 부문에는 핵심운영부문, 전략경영층, 중간관리부문, 일반지원부문, 기술지원부문 등의 다섯 가지로 구분한다.)

84. 매트릭스 구조가 아니라 임시조직이다. (민츠버그의 조직성장 경로모형은 단순구조형, 기계관료제, 전문관료제, 사업부제구조, 임시조직으로 나누었다.)

85. 상황 변수의 요인은 환경, 기술, 규모 등이 해당된다.

86. 주요 거시조직이론의 분류에는 조직군 생태학이론, 자원의존이론, 전략적 선택이론, 공동체 생태학이론, 상황적합이론, 제도화 이론, 조직경제학이 있다.

87. 정보의 분산성이 아니라 정보의 비대칭성이다.

88. 조직의 성공은 조직이 속한 환경과 그 환경의 선택에 달려있다. 조직군 생태학의 이론 요소(환경의 선택 과정)는 세 단계로 나눈다. 변이, 선택, 보존이다.

89. 레빈의 조직 변화는 해빙 > 변화 > 재동결의 3단계를 거쳐 이루어진다고 주장했다.

90. 혁신이 아니라 지시를 통한 성장이다. (그레이너의 조직 성장의 5단계는 창조성을 통한 성장, 지시를 통한 성장, 위임을 통한 성장, 조정을 통한 성장, 협동을 통한 성장으로 나누어진다.)

91. 수단을 위한 목적이 아니라 학습원칙이다. (홀로그래픽의 조직 설계를 위해서는 네 가지 상호 기능적으로 연관된 조직화가 필수적인데 이 네 가지는 가외적 기능의 원칙, 필요 다양성의 원칙, 최소한의 구체화 원칙, 학습원칙이다.)

92. 관료제 조직이 아니라 팀조직이다.

93. 정보화에 의해 나타나는 새로운 형태의 예로는 후기기업가 조직, 삼엽조직, 혼돈정부, 공동정부 등을 들 수 있다.

94. 조직과 환경간의 상호작용이 조직내부에 영향을 미치므로 환경적 요소와 상호작용 동시 중시 하였다.

95. 지식정보사회에서 사무자동화로 인해 기계적 조직이 아닌 자동화 조직으로 변하였다.

96. 구성원 간 신뢰와 협력이 사회적 자본의 핵심이다.

97. 지식정보화에 의해 나타나는 새로운 형태의 예로는 후기기업가 조직, 삼엽조직, 혼돈정부, 공동정부 등을 들 수 있다.

부록 3: 용어해설

출처: 한국행정학회, 행정학전자사전, 최창현

관료제

1. 개념

관료제(bureaucracy)라는 개념은 현대사회에서 너무나도 다의적으로 사용되고 있기 때문에 그 개념을 한 마디로 규정한다는 것은 대단히 어려운 일이며, 메리 암도 이것을 불확정개념이라는 말로써 표현하고 있다. 관료제는 학자에 따라 다양하게 정의하고 있다. 라스키(Harold J. Laski)는 관료제의 개념을 '정부의 통제력이 완전히 관리들의 수중에 장악되어 있기 때문에 그 권력이 일반시민의 자율을 침해할 우려가 있는 정치체제' 라고 규정하였다. 프란시스(Fransis)와 스톤(Stone)은 "관료제라는 용어는 대규모의 복잡한 조직에 있어서 안정과 능률을 유지하는데 매우 적합한 조직화의 한 방식을 가리킨다."라고 정의하였다. 그리고 블라우(Blau)는 관료제란 "행정에 있어서 능률을 극대화 하는 조직"이라고 정의하고 있다.

'Bureaucracy'의 어원은 프랑스어이다. Bureau는 '서랍이 달린 사무용 책상' 또는 '정부부처'를 말하며, Bureaucrat는 '고무스탬프에 둘러싸인 채 바이저(챙만으로 된 모자)를 쓰고 암·밴드를 한 채 좋은 대접을 받는 프랑스 정부관료'를 나타낸다. 즉, Bureau에서 일하는 사람을 뜻한다. 이러한 관료제도를 Bureaucracy라고 한다.

관료제도는 프랑스에서는 폐해가 없었으나 영국(대영제국)으로 넘어가면서 문제가 생기기 시작했다. 영국은 성문법이 아닌 불문법을 갖고 있어 법률문서가 방대하고 무슨 일을 해도 엄청난 문서가 발생했다. 특히 관료사회에서는 형식주의가 만연되어 쓸데없는 문서가 양산되었다. 영국 정부에서는 이러한 법률서류를 묶을 때 빨간줄을 사용했는데, 이를 빗대어 '관료주의로 인한 형식주의'를 'ReaTape'로 표현한다. 그 후 관료주의는 미국으로 건너가 미행정부를 비정상적으로 비대하게 만들었다. 당시는 공공부문의 조직운영 노하우가 민간부문보다 앞서 있어 이러한 관료주의적 조직모델이 민간기업에 많은 영향을 주었다.

2. 대두 배경

현대사회와 조직 파일 고대 노예사회부터 공산주의

마르크스는 1850년대에 영국의 대영박물관을 드나들면서 경제학과 관련된 서적들을 집중적으로 탐독하였으며, 이후 수십 년 동안 정치 경제학에 대한 연구에 몰두하였다. 그는 수많은 경제학 저서들을 읽으면서 그 내용을 발췌하거나 정리하고, 또 자신의 생각을 이론적으로 정리하여 초고를 쓴 다음에 이것을 다시 세밀하게 수정하는 작업을 끊임없이 반복하였다. 결국 마르크스는 죽을 때까지 자신이 계획하였던 '경제학'을 완성하지는 못하였지만,『정치 경제학 비판』이나『자본론』과 같은 몇 권의 경제학 책을 출판하였고 이와 더불어 경제학과 관련된 많은 분량의 원고를 남겼다.

마르크스는 그 당시의 부르주아 사회를 올바르게 이해하기 위해서는 이러한 사회의 토대가 되는 자본주의 '경제'를 철저하게 연구해야 한다고 믿었는데, 이러한 신념은 1840년 중반 이후에 정립된 그의 역사관인 '유물론적 역사관'을 바탕으로 형성된 것이다. 이에 따르면 물질적 생산 활동은 사회 생활 전반을 규정하는 물질적 토대로 작용하면서 사회 제도뿐만 아니라 사회적 의식에도 결정적인 영향을 미친다.

영국의 자본주의 실상을 본 마르크스는 자본론(Das Kapital , Capital)에서 공산주의를 주장

반면 과거 프러시아제국 시대와는 달리 잘 살지 못하는 독일의 현 상황을 막스 베버(Max Weber)는 달리 해석해 청교도윤리와 자본주의 정신(Die Protestantische Ethik und der Geist des Kapitalismus, The Protestant Ethic and the Spirit of Capitalism)에서 캘빈의 청교도 정신인 근면함을 바탕으로 자본주의 발전에 기여 했다고 주장하였다.

베버에 따르면, 근대 시민계급은 종교적인 측면에 있어서 프로테스탄티즘이라는 종교 개혁을 수용한 사람들이었다. 프로테스탄티즘은 금전 추구라는 인간의 기본적인 욕망에 윤리적인 통제를 가함으로써 향락, 방탕, 재산을 낭비하는 일을 절제하고 최선을 다해 일하고 금욕하는 것을 윤리적인 것으로 보았으며, 이렇게 얻은 자산의 양은 그의 신앙의 진실성을 나타낸다고 본다. 이는 재산의 획득을 윤리적으로 정당화하여 결과적으로 자본주의의 발전을 돕는다.

이와 같이 신이 내리신 직업을 최선을 다해 수행하여야 한다는 청교도적 세계관은 이러한 '자본주의 정신'을 더욱 강화하는 것이 되었다.

또 하나는 베버의 관료제이론이다. 베버는 일찍이 지배현상에 대한 이론을 발전시키며, 그 방식이 역사적으로 어떻게 다양한지 제시했다. 그를 통해 현대사회에서 국가란 무엇이고 현대 국가를 통한 지배방식은 어떤 특성을 갖는 것인지, 그것은 전근대적 지배방식과 어떤 차이가 있는지 명쾌히 규명했다. 이를 위해 그는 관료제(bureaucracy)에 주목했다. 역사 속에 존재한 관료제를 크게 셋으로 유형화해서 그 내적인 운영원리들의 상이성을 제시했다.

중세시대 '가산관료제'는 봉건군주와 신하들 간의 충성과 생존기반 제공이라는 거래관계에 기초한 '전통적 지배'의 기초를 이룬다. 여기서는 엄격한 시험의 통과나 객관적인 자격의 증명이 아니라 오로지 주군의 눈에 잘 들고 충성을 서약하고 확인받는 게 중요하다. 신적 권위를 대행한다고 믿는 샤먼(Shaman)과 그에 대한 비합리적 정서적 몰입을 통한 카리스마적 지배는 리더를 영웅시하고 무비판적으로 숭배하는 관료들을 필요로 한다. 이들과 달리 현대(근대) 사회에서는 명문화된 법률에 기반해 임무와 책임이 명확히 구분된 분업구조를 갖춘 비인격화된 구성원으로 이뤄진 '현대적 관료제'를 토대로 하는 '합법적 지배'가 주를 이룬다.

– [네이버 지식백과] 프로테스탄트 윤리와 자본주의 정신 [Die Protestantische Ethik und der Geist des Kapitalismus, The Protestant Ethic and the Spirit of Capitalism] (서울대학교 철학사상연구소)

3. 마르크스와 베버의 관료제 유형

마르크스의 관료제 유형

칼 마르크스는 1843년에 출판된 그의 이론인 '헤겔의 법철학 비판'에서 관료제의 역할과 기능에 대해 설명하였다. 헤겔은 '관료제'라는 용어를 사용하지는 않았지만 전문 관료의 역할을 긍정적으로 보았다. 반면 마르크스는 관료제를 부정적으로 보았다. 그는 정부의 관료제와 민간 기업의 관료제를 비슷한 축으로 보았다. 마르크스는 기업의 관료제와 정부의 관료제가 상반되는 것처럼 보이지만, 이 둘은 존재하기 위해 상호의존한다고 주장하였다.

마르크스(F. M. Marx)는 관료제를 후견적 관료제(guardian bureaucracy), 신분적 관료제(caste bureaucracy), 엽관적 관료제(patronage bureaucracy), 실적주의 관료제(merit bureaucracy)로 구분하고 있다.

베버의 관료제 유형

관료제론은 막스 베버(Max Weber)가 서구사회의 합리화라는 시대적 흐름 속에서 과거의 전통적 지배가 약화되고, 합리적·법적 지배유형의 확산과 함께 출현하는 근대조직의 독특한 유형으로 규명한 조직모형이다. 베버가 주목했던 것은 근대 이래의 서구사회를 중심으로 한 거대기업 또는 행정조직의 출현이었다. 베버는 합리화된 관리기구로서의 관료제의 출현에는 근대 화폐경제 등의 특정의 사회, 정치적 조건의 선행이 요구되기 때문에, 관료제는 합리화의 흐림이 상당부분 진행된 근대국가 중에서도 가장 발전된 국가에서만 독특하게 발전되어 나오는 조직구조라고 보았다.

나비효과

1. 개념

비평형체제에서는 앞서 언급한 비선형성과 편차증폭순환고리 과정이 융합될 경우 초기조건의 미세한 차이가 체제에 더욱 더 큰 혼돈적 행태를 보이게 될 것이다. 이 현상은 '초기조건에의 민감한 의존성(sensitive dependence on initial conditions)'이라고 불리게 되었다. 예를 들어 기상학에서는 이것을 Lorenz의 나비효과(Butterfly Effect)라고 부른다. 나비 한 마리가 북경에서 공기를 살랑거리면 다음 달 뉴욕에서 폭풍이 일어날 수도 있다는 것이다.

2. 나비효과와 로렌츠(Lorenz)

나비효과, 즉 초기조건에의 민감한 의존성을 이해하려면 Lorenz의 실험 중 얼

은 일화를 예로 들 필요가 있겠다. Lorenz는 하나의 결과를 더 면밀하게 검토하기
위해 지름길을 택했다. 전체를 처음부터 다시 계산하지 않고 중간부터 시작했다.
초기조건을 부여하기 위해 이전의 인쇄출력을 보고 그대로 타이핑 했다. 그리고
소음으로부터 벗어나기 위해 홀에 가서 커피를 마셨다. 한 시간 후에 돌아왔을 때
그는 예기치 못한 무엇인가를 발견했다. 그것이 바로 새로운 과학의 씨를 뿌린 것
이다.

이 새로운 계산은 이전의 결과와 일치해야 할 것이다. Lorenz는 숫자들을 컴
퓨터에 그대로 타이핑 했고, 프로그램이 바뀌지도 않았다. 그러나 그는 새로운
출력결과를 검토하던 중에 새로 계산된 기후가 매우 빠르게 이전의 계산결과와
어긋나고 있다는 것을 발견했다. 컴퓨터의 기억장치에는 소수점 이하 6자리, 즉
.506127까지 기억되어 있었다. 그러나 인쇄출력할 때는 분량을 줄이기 위해 3자
리, 즉 .506만 나타나게 했다. 1,000분의 1정도의 차이는 의미가 없다고 생각하고
반올림한 3자리 숫자를 입력했던 것이다.

초기조건이 약간 달라지면 기후도 약간 다르게 나타날 것이다. 수치상의 작
은 오차는 한 줄기 미풍과 같았다. 그것은 기후에 중요하고 규모가 큰 변화를 일
으키기 전에 분명히 사그라질 미풍이었다. 그러나 Lorenz의 특정한 방정식체제에
서는 작은 오차가 대단한 변화를 초래한다는 것이 입증됐다.

요컨대 Lorenz가 발견한 것은 앞에 난류에 떠내려가는 두 개의 나무조각이
출발점은 비슷해도 점차 방향을 달리하여 마침내 도달점이 전혀 다르게 되는 것
과 같이 일기예보도 내일의 예보는 비교적 적중해도 모레나 글피, 더 나아가 주간
예보, 월간예보와 같이 시간이 멀어질수록 적중률이 떨어진다는 것이다. 그리고
무엇보다도 중요한 것은 입자의 위치와 운동량을 동시에 측정할 수 없다는 불확
정성원리에서처럼 동역학계에 있어서 점의 초기조건, 즉 오차 없는 정확한 위치
와 속도 자체를 결정하는 것이 어렵다는 사실이다. 이렇게 초기조건의 아주 미세
한 부분적 오차가 전체에 커다란 영향을 미친다는 것을 생각할 때 부분들의 총화
로 해를 얻으려는 환원주의적 사고가 어떻게 수정되어져야 할 것인지 생각지 않
을 수 없다. 한 마디로 전체와 부분은 따로 떼어서는 생각할 수 없다는 것이다.

3. 정책적 함의

나비효과 관점에서 보면 리더쉽의 변화와 같은 사소한 사건이 조직의 구조에 단지 사소한 변화를 가져온다. 모래더미 예와 비교하자면 모래더미가 단지 좀 더 커질 뿐이다. 그러나 조직이 평형상태에서 벗어나 분기점에 다다른 경우 리더쉽에 있어서의 변화는 조직에 있어서의 혁신적인 변화를 초래할 수도 있다. 어떤 경우에는 특정한 나비가 큰 영향을 미칠 수도 있지만 어떤 경우에는 동일한 나비가 아무런 영향을 미치지 않을 수도 있다.

로렌츠의 작업을 조직문제에 적용해보자. 로렌츠의 작업과 조직관리자간의 차이는 혼돈의 수준에 있어서의 차이일 뿐이다. 로렌츠와 같은 기상학자들은 일기예보예측 방정식에 사용된 파라매터 값을 조절할 수 없게 된 반면에 조직관리자는 체제의 초기조건을 조절할 수 있다는 점에서 로렌츠의 발견은 기상학자들에게는 나쁜 소식이었을지 모르나 조직관리자들에게는 희소식이 될 수도 있다.

참고문헌

최창현(2000). 복잡사회체제의 모형화및 시뮬레이션, 한국행정학보, 제34권 제3호
최창현(1997). Chaos이론과 조직혁신. 「성곡학술논총」, 28(2).
최창현 옮김(1996). 「카오스 경영」, 한언.
최창현(1999). 복잡성이론의 조직관리적 적용가능성 탐색, 한국행정학보, 제33권 제4호

키워드

나비효과, 초기조건에의 민감한 의존성, 로렌츠

복잡적응조직(Complex Adaptive Organization)

1. 개념

복잡적응조직(Complex Adaptive Organization)이란 비평형상태의 혼돈의 경계에 위치한 역동적으로 환경과 공진화하는 조직이다. Stacey(1996: 276; 1992)는 비평형 상태의 혼돈의 경계에 위치한 복잡적응조직(Complex Adaptive Organization)이 창조적이라는 점을 지적한다. 복잡이론의 관점에서 보면, 기존의 관점과는 달리 안정적이고 응집력이 강한 조직은 오히려 쇠퇴하게 된다. 안정적이고 평형상태에 있는 조직에서는 혁신이 일어나지 않기 때문이다. 반면에 긴장과 역설 그리고 갈등이 공존하는 역동적인 조직은 보다 발전적이고 창조적이다. 완전한 무질서와 안정 사이의 혼돈상태에 있을 때 조직은 혁신을 위한 토대가 역설적이지만 마련된다는 것이다.

2. 조직의 유형

조직의 유형은 단순구조(Simple Structure), 기계관료제(Machine Bureaucracy), 복잡적응조직(Complex Adaptive Organization: CAO), 혼돈조직(Chaotic Organization), 무작위적 조직(Random Organization) 등으로 유형화할 수 있다. 단순구조는 상대적으로 소규모이고 주로 초창기조직에서 발견되는데, 일반적으로 복잡하지 않은 기술을 사용한다. 단순구조는 집권화된 유기적인 구조라 할 수 있다.

즉 단순하고 동태적인 환경에서 주로 발견할 수 있고, 일반적으로 환경이 적대적이거나 최고관리자가 의사결정을 집권화해야 할 필요가 있을 때 적합한 조직구조이다. 단순구조를 가진 조직에서는 최고관리자가 조직의 핵심부문으로 등장하고, 과업은 주로 관리자의 직접감독에 의해 조정된다.

기계적 관료제구조는 전형적으로 단순하고 안정적인 환경 하에서 적절한 조직구조형태이다. 기계적 관료제구조에서는 모든 지원 서비스를 조직 외부로부터 의존하지 않고 가급적 조직내부에서 완전하게 통제하려 함으로써 작업흐름을 안정적으로 유지하려고 한다. 또한 작업의 반복과 표준화가 필요하기 때문에 작업의 양이 충분히 많고 작업의 표준을 정착시킬 수 있는 오래되고 성숙된 조직에서 전형적으로 찾아 볼 수 있다. 기계적 관료조직은 규제적인 기술체계를 갖는 조직에 적절한 구조형태이다. 왜냐하면 이러한 기술은 작업을 일상화시키고 표준화시킬 수 있기 때문이다. 이러한 조직에서 사용하는 규제적인 기술체계는 매우 단순한 것으로부터 조금 복잡한 것까지를 포함하나 자동화 같은 매우 복잡한 기술은 제외되게 된다. 왜냐하면, 매우 복잡한 자동화 기술의 경우, 전문가들에게 상당한 권력위양이 필요하며 나아가서 이들은 비관료적인 유기적 구조를 요구하기 때문이다.

　　Stacey(1996: 276)는 비평형상태의 역동적 조직이 창조적이라는 점을 지적한다. 복잡성이론의 관점에서 보면, 기존의 관점과는 달리 안정적이고 응집력이 강한 조직은 오히려 쇠퇴하게 된다. 안정적이고 평형상태에 있는 조직에서는 혁신이 일어나지 않기 때문이다. 반면에 긴장과 역설 그리고 갈등이 공존하는 역동적인 조직은 보다 발전적이고 창조적이다. 완전한 무질서와 안정 사이의 혼돈상태에 있을 때 조직은 혁신을 위한 토대가 역설적이지만 마련된다는 것이다. 혼돈상태하에서 자기 조직성이 발현되어 창조적 조직이 될 수 있는 것이다. 그러나 이러한 자기 조직성의 방향성은 예측할 수는 없으나, 안정되고 예측 가능한 평형상태에서는 창조적 조직화가 불가능하다는 것이다.

　　따라서 혼돈의 경계(edge of chaos)에서만 자기조직화가 가능하다. 즉 적응이 가능하다.

　　이와 같이 조직이 한 차원 높은 새로운 구조발현의 장이 이루어지기 위해서 조직은 비평형의 영역에 머물러야 한다는 측면은 다음과 같은 분석에 따른 것이다.

　　첫째, 조직과 환경간의 평형관계를 유지하려는 것은 조직의 실패를 초래한다는 것이다. 조직관리자들이 조직의 장점에 안주하여 안정감에 빠지게 될 경우 조직은 환경과 적응하는 안정적 평형상태로 끌려가고 조직은 고객이 원하는 것만을 하며 고객의 요구가 변할 때까지 계속 그러한 경향이 있기 때문이다. 이러한 경우 조직은 혁신성을 잃게 되어 조직관리자들을 환경으로부터 격리시키는 결과를 초래한다. 이러한 조직은 자연 도태될 수 밖에 없는 것이다.

　　조직성공과 혼돈의 영역을 동일시하는 두 번째 이유는 조직 통제의 특질에

표 1	조직유형				
분류	단순구조	기계적 관료제구조	복잡적응계	혼돈적 조직	무작위적 조직
조정수단 핵심부문	직접감독 전략층	업무표준화 기술구조	자기조직화 모든 구성원	기이한 끌개 끌개 구성원	없음 없음
상황요인	안정성 Stability	안정성의 경계 Edge of Stability	혼돈의 경계 Edge of Chaos	혼돈 Chaos	불안정성 Instability
환경 권력	단순, 동태적 최고관리자	단순, 안정 기술관료	복잡, 동태적 모든 구성원	복잡, 동태적 끌개 구성원	복잡, 동태적 대중선동가
구조요인					
전문화 공식화 통합/조정 집권/분권	낮음 낮음 낮음 집권화	높음 높음 낮음 제한된 수평적 분권화	높음(수평적) 낮음 높음 수평·수직적 분권화		
예	신생조직	곧 망할 기업, 행정부	고도의 적응조직	Organized Anarchy	폭도 (Mob)

* Mintzberg의 조직의 5가지 구조유형을 필자가 수정, 보완한 것임

서 비롯된다. 조직통제 시스템은 집권화를 통한 조직통합을 강조하는 안정적 평형상태를 강조한다. 이러한 조직은 경직화되어 급격한 환경변화에 대처할 수 없게 되어 불안정한 평형상태로 끌려가 결과적으로 조직은 와해되는 것이다(최창현, 2000; 1996).

3. 정책적 함의

기존 조직에 대한 정의는 정태적인 정의라면 복잡적응조직 개념은 역동적으로 환경과 공진화하는 동태적인 조직 정의를 시도하여 차후 조직 연구를 정태적인 가설 검증에서 탈피, 동태적인 조직 가설 검증에 기여할 수 있을 것이다.

참고문헌

최창현 역(1996).『카오스 경영』, 서울 : 한국언론자료간행회.

최창현(2000). "복잡성 이론의 조직 관리적 적용 가능성 탐색",『한국행정학보』, 33.(4): 22.

Stacy, R.(1992). Managing Chaos : Dynamic business strategies in an unpredictable world. London: Kogan Page.

Stacey, R. D.(1996). Complexity and Creativity in Organization, Berrestt-Koehler Publishers, Inc.

키워드

복잡적응조직(Complex Adaptive Organization), 조직유형, 복잡계이론, 혼돈의 경계, 공진화

자기조직화(Self-Organization)

1. 개념

　　조직평형이론은 Maturana와 Varela(1980)에 의해 발전된 체제이론에 대한 새로운 접근법인 자생이론(theory of autopoiesis)과 제2의 인공지능학파(Maruyama, 1963)에 의해 도전받게 되었다. 체제는 운영규범으로부터의 이탈을 규제하고 수정하도록 해 주는 부정적인 순환고리(negative feedback)과정을 유지함으로써 안정된 균형을 유지할 수 있고, 또한 새로운 조건의 변화를 수용하기 위해 규범을 수정할 수 있게 해주는 이중적 순환학습(double-loop learning)의 능력을 개발함으로써 체제는 스스로 진화해 갈 수 있음을 강조한다. 이러한 관점에서 자생이론은 Prigogine(1984) 등의 혼돈이론에 입각한 "분산구조(dissipative structure)"에 관한 연구와 일맥상통한다. 뿐만 아니라 이와 유사한 생각은 사회체제에서도 적용되고 있음이 관찰되어져 왔다(Jantsch, 1980; Leifer, 1989).

2. 이론적 모형

관리이론은 조직의 질서를 유지하는 방법과 조직내적 및 조직외적 균형을 유지하는 방법에만 관심을 가져왔다. 즉 조직 구성원들이 행태를 통제하고 조정하는 수단의 개발에 초점을 맞춰왔다. 그 일례로 과학적 관리법은 시간 동작 연구를 통해 직무 행태에 질서를 부여하고자 하는 것이 그 근본을 이루고 있다. 과학적 관리법에 의해 야기된 과도한 통제에서 비롯되는 역기능에 대한 반발로 인간관계학파는 개인의 감정적인 측면을 강조하는 관리기법을 개발하는데 초점을 맞추고 있다. 인간관계론자들의 의도는 공식조직에 있어서 비공식집단의 역할을 부각시키고 나아가서 공식조직과 비공식조직간의 균형을 유지하려는 것이다. 구조적 상황이론가들은 분업, 계층제 등과 같은 조직적 수단을 통하여 인간의 인지적 한계를 극복하려고 한 Simon의 정보처리 개념을 조직과 환경간의 구조적 관계로 확장시킨다. 구조적 상황이론가들은 조직의 구조 및 과정이 환경적 불확실성과 일치하는 적합도 개념을 발전시킨다. 이러한 일련의 현대조직관리이론은 하나 같이 조직내의 질서유지나 조직과 환경간의 평형 유지에 집착하고 있음을 볼 수 있다 (이에 대한 자세한 논의는 최창현, 1995; 1993 참조).

이러한 현대조직관리의 흐름과는 달리 조직내의 혼돈을 강조하는 이론적 모형이 간간이 대두되고 있다. 예를 들어 Weick(1987)는 혼돈적 특질을 보이는 환경과 적합도를 유지하려면 조직구조 및 과정 또한 혼돈적이 될 필요가 있다고 주장한다. March와 Olsen(1976)은 의사결정과정에 있어서의 조직화된 무정부상태(organized anarchy)모형을 제시했다. 물리학자들은 열역학적 비평형상태를 평형상태에 대한 일시적인 혼돈으로 보나 Prigogine과 Stengers(1984) 등은 비평형상태가 자율적인 질서창조의 원천이 될지도 모른다고 주장한다. 조직이 혁신해나가기 위해서는 항상 비평형상태를 유지해야만 한다. 자기조직화하는 조직에 있어서 더 많은 자유는 더 많은 질서를 가져다준다는 것이다(Jantsch, 1980). 새로운 질서가 혼돈에서 비롯된다는 역설적인 원리는 이제까지의 조직관리이론에서 간과되어 왔다. 비평형상태의 체제는 초기조건에 민감하고 비선형순환고리의 증폭성으로 인하여 조직의 기존구조, 행태 등이 깨져버리나 새로운 질서 혹은 구조가 나타나기

위해서는 무질서나 혼돈 등과 같은 창조적 파괴의 과정을 통하여 종래의 질서나
구조를 창조적으로 파괴할 필요가 있는 것이다. 마치 자연체제에 있어서 물과 같
은 액체에 열을 가하여 물속의 분자가 종래의 패턴을 깨고 무질서하게 운동하므
로써 임계점에 다달아 새로운 형태의 질서인 기체, 즉 수증기로 변하는 현상을 위
상전이(phase transition)라 하듯이, 사회체제도 요동을 통한 창조적 파괴를 통해 새
로운 질서로 발전, 진화할 수 있다.

자생이론 혹은 자기조직화라는 개념을 이해하려면 카오스이론(Chaos Theory ;
혼돈(으로부터의 질서) 이론)에 대한 설명이 필요하다.

3. 발전배경

1980년대에 들어서면서 새롭게 대두해온 조직에 관한 연구들은 다양하게 전
개되고 있음을 볼 수 있다. 그러한 주요 연구들 중에서 혼돈과 불균형을 통한 자
연스러운 질서형성능력을 강조하는 자기조직화 파라다임이 조직현상의 새로운
설명논리로서 조직론에 도입되어진다.

조직의 환경적응이라는 문제를 조직이론의 중심과제로 제기한 것은 컨틴전
시이론(contingency theory)이었다.

4. 제도화

먼저 자율적 동요의 창조를 위해서는, 주어진 규정으로부터의 일탈(deviation)
이나 실수(error)를 조장하는 것이 필요하다. 최근 일부 행정조직에서 상징적으로
실시하는 관용심사제의 실질적 활성화가 필요하다. 자기초월성을 확보하기 위해
서는 전문관료제(Professional Bureaucracy)를 확립하여, 자기의 전문 지식에 따라 자
긍심을 가지고 소신껏 업무를 추진할 수 있도록 해 주어야 한다. 정보의 공유와
협력성을 조장하기 위해서는 모든 조직 구성원이 정보를 자유로이 접근할 수 있
도록 조직의 Network化가 필요하다. 아무리 전산화가 잘 되어 있어도 필요한 정
보를 즉시 획득하기 위해서는 기존의 계층제적 관료제도는 정보흐름에 한계가 있
기 때문이다. 마지막으로 목적지향성을 확보하기 위해서는 종래의 관료제적 명

령/지시 구동형 조직에서 탈피하여, 목적/비전 구동형 조직으로 개편하여야 한다.

이와 같이 행정조직이 자기조직화체제 (SOS)를 갖추어야만 비로소 창조적 파괴를 통한 행정조직의 자기혁신이 가능해진다(최창현, 1994 참조). 창조적 파괴를 통한 행정조직의 자기혁신을 위한 방안으로는 1) 조직구조의 파괴, 2) 행정업무 처리과정의 파괴, 3) 인사파괴, 4) 행태파괴 등을 들 수 있다. 첫째, 조직구조 파괴를 위한 구체적 혁신방안으로는 행정조직의 리스트럭처링, 다운사이징 등이 있다. 둘째, 업무처리 과정의 파괴를 위한 구체적 혁신 방안으로는 행정업무처리과정의 리엔지니어링 등이 있다. 셋째, 인사파괴의 구체적 혁신 방안으로 공무원 충원 및 인사제도의 개혁, 사기업 인사제도의 벤치마킹 등을 말한다. 사기업에서 다른 기업의 장점을 배우려는 시도를 뜻하는 벤치마킹(Benchmarking)이 지방자치단체에 시사하는 바는 다른 자치단체의 좋은 행정시책을 배워야 한다는 것을 의미한다. 넷째, 공무원의 행태파괴를 위한 방안으로는 민간기업에서 실시하고 있는 "창조적 파괴의 날"과 같은 제도를 도입해 보는 방법도 있다. 제일모직이 최근 도입, 주목을 끌고 있는 창조적 파괴의 날이라는 제도는 직원들이 출근부에 도장만 찍고 회사업무를 보지 않아도 되는 날로 한달에 이틀까지 가능하다. 즉 하루는 개인별로 평소하고 싶었던 일을 마음대로 할 수 있고, 마지막주 토요일 하루는 부서별로 모여 업무나 인생설계 토론 등을 자유롭게 하도록 한다는 것이다. 다만 개인별 사용은 이 제도가 원활하게 정착될 때까지는 부서장의 동의를 얻도록 했다. 세계화 추세에 발맞춰 「No work but think day(일하지 않고 생각하는 날)」로 이름 붙여진 이 「창조적 파괴의 날」가운데 개인별로 쓸 수 있는 날은 회사밖에서 열리는 각종 세미나에 참석, 관심분야를 연구할 수 있다. 또 다른 회사를 방문해 업계 현황을 살펴 볼 수도 있다. 심지어 휴게실에서 하루 종일 휴식을 취하며 공상 하거나 잠자도 된다. 부서별 공동사용의 날은 평소 느낀 회사생활의 고충에 관해 토론할 수도 있다. 대신 회사측은 직원들로 하여금 창조적 파괴의 날에 자기가 했던 일을 A4 용지에다 바로 반영한다는 계획이다. 회사측은『창조적 파괴란 보다 큰 발전을 이루기 위해서는 기존의 틀을 과감히 깨뜨리는 개혁이 필요하며 이런 개념을 경영혁신에 적용한다는 취지에서 도입된 것』이라고 배경을 설명했다(중앙일보, 1995. 3. 2.). 이외에도 삼성화재가 스타지오라는 관행파괴팀을 운영하고 있는

데, 이러한 제도는 행정조직에도 도입된다면 기존의 평형상태에 동요를 발생시키는 계기가 될 수 있을 것이다.

5. 평가와 전망

바퀴벌레의 사촌격인 앞 못 보는 곤충인 터마이트의 집(termite nests)은 그 구조가 창발적인 무작위적 자기조직화 활동의 산물이다. 그들이 지은 보금자리는 인간에 비유하면 약 1.6KM 높이에 해당되는 빌딩으로 환기 장치와 습도 조절 기능을 갖춘 아름다운 형상을 지닌 건축물이라고 할 수 있다(터마이트 건축물 동영상 참조).

과연 어떻게 건축활동을 감독하고, 통제하고, 또한 이를 조정할 수 있는가? 터마이트의 행태에 관한 연구로 부터 얻을 수 있는 흥미로운 사실은 질서가 혼돈으로 부터 비롯된다는 자기조직화 과정이다. 보금자리 구조는 흙더미가 퍼진 모양에 따라 결정되기 때문에 미리 그 구조를 예측하기란 불가능하다. 보금자리의 설계도 내지는 청사진은 무작위적이고도 혼돈적인 활동으로부터 진화해 간다. 이러한 관점은 인간조직에 대해서 새로운 관점을 제공해 준다(Morgan, 1993).

기획은 사전적 합리성(prospective rationality)을 전제로 하는 것이나, 급변하는 환경하에서는 이를 확보하기가 사실상 불가능하며, 기껏해야 사후적으로나 합리화할 따름이다. 따라서 급변하는 환경에 직면한 조직은 구체적이고도 강요적인 전략적 기획보다는 질서는 혼돈으로부터 비롯된다는 자기조직화(Self-organization)적인 기획이 유용하다.

조직관리론은 오랫동안 합리적인 관점에 사로잡혀 왔다. Gulick의 표현을 빌자면 관리자는 POSDCORB중에서 기획(planning), 조직화(organizing), 조정(coordination)에만, 즉 통제 지향적인 기능에 주로 관심을 보여왔다. 그러나 관리자의 행태는 종종 무작위적이고, 무계획적이다(Pfeffer, 1982). 요즘처럼 환경이 급변하는 시대에는 변화와 흐름으로서의 조직(organization as flux and transformation)에 대한 개념(Morgan, 1986)이 유용할 수도 있으며, 이러한 조직을 관리하기 위해서는 시대의 변화와 흐름에 적절히 대응할 수 있는 학습 조직(learning organizaion)의 개념과 활용법에 익숙할 필요가 있다.

참고문헌

Dobuzinskis, Laurent(1987), The Self–Organizing Polity : An Epistemological Analysis of Political Life, Boulder, Colorado : Westview Press, Inc.

Drazin, R., & Sandelands, L. R.(1992), Autogenesis and the Process of Organization, Organization Science, pp. 144~155.

Jantsch, E.(1980) The Self–Organizing Universe: Scientific and Human Implications of the Emerging Paradigm of Evolution, Pergamon Press.

Jantsch, E.(1981) Unifying Principles of Evolution, in E. Jantsch, ed., Evolutionary Vision, Westview Press.

키워드

카오스이론(Chaos Theory; 혼돈(으로부터의 질서) 이론), 조직평형이론, 자율적 동요의 창조, 자기초월성, 정보의 공유를 통한 협력, 목적지향성

4차산업혁명 시대와 연결망이론

1. 연결망의 개념

최근의 시대흐름은 증기기관을 통한 1차산업혁명, 전기의 2차산업혁명, 전자의 3차산업혁명에 이어 이제는 인공지능(AI), 사물인터넷(IoT) 등으로 대표되는 4차산업혁명 시대로, 중앙집권적인 조직구조가 점점 분권화되고 있고, 점점 자율성과 다양성이 인정되고, 수평적 연결과 창의성이 중요해지고 있다.

이러한 측면에서 사회는 분권적, 자율적 초연결사회의 특징을 보인다. 관료제와 같이 경직된 조직은 자율적인 요동의 발생을 철저하게 배제한다. 그러나 개인의 분권적 자율성이 배려되어져 있는 조직(Morgan, 1986)인 자기조직화 조직에서는 높은 자율성을 강조한다. 구성원들에 대한 고도의 자율성의 부여는 그들의 자유로운 발상능력을 촉진하고, 나아가 구성원 상호간의 다양한 아이디어 개발을

위한 경쟁상황의 조성을 촉진함으로써, 다양한 요동의 발생 가능성을 증대시키게 된다. 즉, 자율성이 있는 조직에서는 다양한 관점이 서로 부딪쳐서 보다 고차원적인 정보를 창출해내는 문화의 공존이 가능한 것이다.

요컨대 분권화와 자율성은 구성요소가 명령센터로부터 명령을 일일이 받지 않고도 자기가 수행해 나가야 할 기능을 스스로 창조시켜 나갈 수 있는 자기설계(self-design)능력을 부여한다. 행정기관에서 준자율적 근무집단(semi-autonomous work group) 및 연동근무제(flexible work scheduling) 등도 도입해 볼 수 있다. 조직도 분권적, 자율적인 연결망 조직(Decentralized Autonomous Networked Organization: DANO)으로 갈 필요성이 있다.

연결망 분석은 사회적 현상을 한 행위자나 조직을 단위로 분석하기보다는 이들간에 맺어지는 관계로부터 파생되는 출현적 속성(emergent property)을 강조하고, 그에 따라 관계의 양상을 분석한다는 점에서 행위자중심, 혹은 변수중심의 접근법과는 구별된다. 특히 많은 사회학자들이 주지하는 바와 같이 거시적 사회현상에 대한 이해방법과 미시적 과정에 대한 이해방법 사이에는 메우기 힘든 간격이 존재해온 것으로 이해할 수 있는 바, 연결망분석은 거시적 사회현상과 미시적 사회현상을 연계하여 다양한 분석수준간의 연계구조를 이해하고 분석하는데 유용한 틀로 활용할 수 있다. 연결망의 중심성에 관한 다양한 지표는 인간 의사소통에 미치는 사회적 구조의 효과에 관한 연구에서 그 근원을 찾을 수 있다. 이들 연구에서 제시한 요지를 살펴보면, 행위자가 중심에 위치할수록, 모든 연결망 관계에서 그 행위자의 관여정도가 더 증가한다는 것이다.

연결망(Networks) = f(Nodes, Links)
여기서 Nodes는 사람, 집단, 조직, 국가 등이 될 수 있다.

2. 연결망의 종류

연결망의 종류에는 개인, 2자관계(Dyad), 3자관계(Triad), 파당 등의 연결망이 있다.

그림 1   비공식적 의사소통에서 소외된 관리층

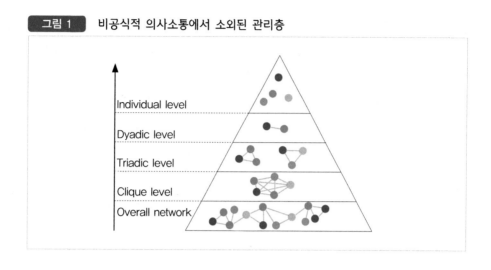

그림 2

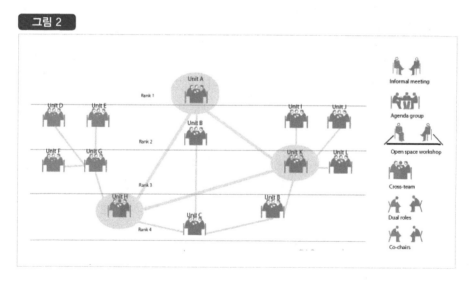

3. 호손연구와 비공식 조직 연결망

1920년대 말에 엘턴 메이오 Mayo는 미국 일리노이 주 시서로에 있는 웨스턴 일렉트릭사의 호손 공장에서 선별된 몇 개 집단의 노동자를 대상으로 생산성을 최대로 높이기 위해서는 공장조명(illumination)과 휴식(rest)기간이 어느 정도 되어야 하는지를 알아내려는 사회경제적 실험을 한다. 작업과 작업성과에 영향을 미치는 요소들을 밝히기 위해 1년 동안 여성근로자 집단의 근무시간, 임금, 휴식기간, 조직, 감독 및 상담 정도에 있어서의 변화를 측정했다.

실험결과로부터 그는 조명, 휴식, 임금이나 근무시간보다 사회심리적 요인이 작업성과에 더 큰 영향을 미친다는 결론에 도달했다. 메이오는 노동자들의 주변 환경 변화는 별로 중요하지 않다는 사실을 발견했고, 실험을 위해 선택되었다는 사실만이 노동자들의 생산성을 향상시켰다는 결론을 얻었고, 이를 호손 효과(Hawthorne Effect)라 한다. 나중에 이러한 결론이 논박되기는 했지만 이 연구는 산업관계에 대한 체계적인 연구의 시발점이 되었다. 노동자들이 경제적인 동기뿐만 아니라 심리적 동기에 대해서도 반응한다는 사실이 밝혀진 것이다.

이것은 오랫동안 노동력은 사고파는 상품이라고 여겨, 임금과 근무시간 등에만 관심을 기울여온 경영자들과 경제학자들에게 커다란 파문을 일으켰다.

또한 bank wiring room 실험에서 관찰자가 수개월간 교환원뒤에서 직접 관찰한 결과 공식조직과는 무관한 비공식 조직(작업장의 앞쪽과 뒤쪽에 근무하는 두 집단)이 창발적으로 나타나고, 이는 생산성에 영향을 미친다. 즉 공식조직과 비공식조직이란 개념이 생겼다. 공식조직은 경제적 목적 달성도를 평가하는 '비용의 논리'와 협동적 노력을 평가하는 '능률의 논리'에 의해 조직화된 것이다. 한편 비공식조직은 직장의 대내외적인 인간상호관계 속에 존재하는 가치의 표현인 '감정의 논리'에 따라 조직화된 자생적 집단이다. 이 비공식 조직의 발견으로 직장인을 '경제인'뿐만 아니라 '정서인'으로 보는 인간관의 수정이 이루어졌으며, 공식조직의 원활한 운영을 위한 새로운 관리기법인 인간관계 관리기법이 생겨나게 되었다(다음 그림 참조).

그림 3

TABLE XXVI

COMPOSITION OF THE GROUP
BANK WIRING OBSERVATION ROOM

Operator	Age	Birthplace	Nationality	Marital Status	Education	Service Yrs.	Mos.
W_1	22	U.S.A.	Polish	S	7 G.S.	3	2
W_2	25	U.S.A.	German	S	2 H.S.	5	5
W_3	26	U.S.A.	American	M	8 G.S.	2	5
W_4	20	U.S.A.	Irish	S	2 H.S.	3	7
W_5	24	U.S.A.	Bohemian	M	4 H.S.	2	8
W_6	21	U.S.A.	Polish	S	2 H.S.	3	1
W_7	22	U.S.A.	Bohemian	M	8 G.S.	3	2
W_8	22	U.S.A.	German	S	4 H.S.	3	8
W_9	23	U.S.A.	American	S	8 G.S.	2	10
S_1	21	U.S.A.	German	S	8 G.S.	5	4
S_2	26	Yugoslavia	Bohemian	S	6 G.S.	9	8
S_4	20	U.S.A.	Bohemian	S	8 G.S.	3	0
I_1	23	U.S.A.	American	S	4 H.S.	3	0
I_3	40	Turkey	Armenian	M	3 Col.	2	0

그림 4   Game Playing Relations

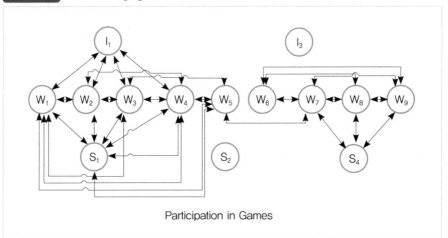

Participation in Games

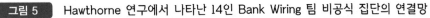

그림 5   Hawthorne 연구에서 나타난 14인 Bank Wiring 팀 비공식 집단의 연결망

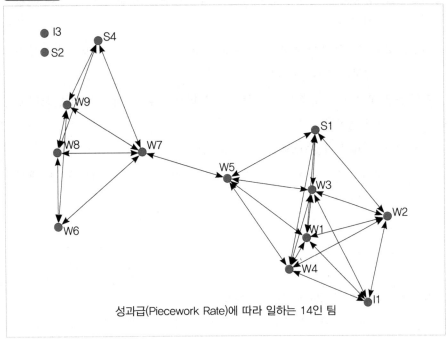

성과급(Piecework Rate)에 따라 일하는 14인 팀

4. 연결망 가설

가설 1: 근접성 가설(Hypothesis of Propinquity)

　　　　지리적으로 가까운 Node일 수록, 더 잘 연결될 것이다(이는 다분히 산업사회적 관점이나, 정보사회에서는 지리적 거리가 별 문제시되지 않을 것이다).

　　　　서울 소재 대학교수와 지방소재 교수간의 연결정도는 다를 것이다, 예를들어 지방학회 구성원간의 연결이 수도권보다는 클 것이다.

가설 2: 유유상종 가설(Homophily Hypothesis)

　　　　공통적인 특성을 공유하는 Node일 수록 더 잘 연결될 것이다.

　　　　현대, 대우, 삼성자동차등은 차 판매에 있어서는 연결 및 유대관계가 없지만 직원들간의 이동이라는 측면에서는 연결되어 있다.

가설 2-1: 공통적인 특성을 공유하는 사람들일수록, 서로 같이 일하려고 할 것이다.

가설 2-2: 공동 작업을 통해 자기의 능력을 증가시킬 수 있다면, 서로 같이 일하려고 할 것이다.

가설 2-3: 과거에 성공적으로 공동작업을 한 사람들은 서로 같이 일하려고 할 것이다.

가설 3: 작은 세상 가설(Small World Hypothesis)

개인적 연결망이 중복되어 있지 않다면, 미국인 전체는 2, 3단계에 연결될 것이다(Pool & Kochen, 1978).

5. 연결망이론의 조직에의 적용

가설 4: 상호작용 가설(Mutuality Hypothesis)

두 개의 Nodes로 구성된 2자관계(Dyad)는 상호작용을 한다.

두 Nodes 간의 관계 상태는 4가지이다. 1) 무관계, 2) A가 B와 관계된다. 3) B가 A와 관계된다. 4) A와 B가 상호관계된다.

가설 5: 균형가설(balance Hypothesis)

3개의 Node로 구성된 3자관계(Triad)의 경우, 세 관계가 긍정적이거나, 혹은 두 관계가 부정적이고 한 관계가 긍정적이면, 균형상태가 존재한다.

가설 6: 중심성 가설(Centrality Hypothesis)

중심성이 골고루 분포되어 있는 경우, 리더없는 늦은 조직(leaderless slow organization)이 될 것이다.

가설 7: 약한 유대의 힘 가설(Hypothesis of the Strength of the Weak Ties)

약한 유대는 결속적 사회자본(bonding social capital)이 이미 공유하고 있는 정보 이외에 교량적 사회자본(bridging social capital)을 통해 새로운 정보의 흐름을 촉진시킬 수 있다. 약한 유대의 힘은 조직 통합에

기여한다.

가설 8: 촉발점 가설(Tipping Point Hypothesis)

촉발점이란 아이디어, 인기, 사회적 행동 등이 갑자기 뜨는 지점을 의미한다. 어떤 현상이 촉발효과(triggering effct)에 의해 갑자기 연결 망상에서 확산된다는 가설이다.

가설 9: 6단계 법칙 (Six Degrees of Separation)

5명의 매개자만 있으면 모든 사람을 6단계에 연결할 수 있다 (Milgram, 1969).

조직의 목표, 생산성 수행업무에 영향을 주는 가장 중요한 요인은 임금이나 강압적, 주입적 관리태도가 아닌 인간적 관리태도로서의 이행이라는 점에 착안하여 흥미롭게도 '대학본부'의 조직을 연결망 이론을 통해서 분석하고 있다.

서로 다른 부서에 근무하는데도 같은 부서에 근무하는 구성원들보다 타부서의 구성원들간의 커뮤니케이션이 더 잘 이루어짐을 알 수 있다. 예를 들면 A라는 구성원은 대학 조직 내에 전자계산소에 근무하고 있는데 같은 부서 내의 B라는 구성원과의 커뮤니케이션보다 다른 부서인 학사지원과의 C, 학생복지과의 D, 대외협력실의 E와의 연결이 더욱 탄탄하고 빈도도 높다는 것이다.

첫째, 매개중심성(betweenness centrality)이 높은 구성원을 파악해, 특정 구성원이 얼마나 타 구성원들을 매개해주는 브로커, 혹은 다리(bridge)의 역할을 하느냐의 정도, 둘째, 수신중심성(in-degree centrality)으로 모두 n명의 구성원이 있을 때, 타 구성원으로부터 연대 활동의 대상으로 선택된 빈도인데, 타 구성원으로부터 활동의 대상으로 지목 받는 빈도가 높다는 점에서 높은 위신(prestige) 혹은 지위(status)를 가진 구성원, 셋째, 발신중심성(out-degree centrality)으로 각 구성원이 외부에 연대활동을 의뢰한 빈도를 의미하며, 발신중심성이 높다는 것은 구성원 간 연대활동을 촉발시키는데 얼마나 적극적인가의 정도이다.

출처: 교수신문(http://www.kyosu.net)

자원의존이론

1. 개념

전략적 선택관점(strategic choice view) 중의 하나로 분류할 수 있는 자원종속이론(resource dependency theory: RDT)은 조직과 조작화(enacted)된 인위적 환경간의 적합도를 유지하려 한다(Pfeffer, 1982). 상황이론의 특징 중의 하나는 환경에 대한 결정론적인 지향성인데, 상황이론의 대안으로 대두된 전략적 선택관점은 환경에 대한 임의론적인 지향성을 강조하여 의사결정가가 전략적 선택을 통해 어느 정도는 상황적 제약조건을 완화할 수 있다는 것이다.

2. 이론적 모형

구조적 상황이론을 자원종속이론으로 발전시킨 Pfeffer와 Salancik(1978)는 환경의 한 차원으로서의 불확실성이 너무 불확실한 개념인 바, 더욱 구체적인 환경차원으로서 자원의 집중도(Degree of Concentration of Resources), 자원의 희소성(Scarcity or Munificence of Resources), 조직간의 상호연관성(Interconnectedness of Organizations) 등을 환경변수의 조작화변수로 제안한다. 그들의 주장은 조직이 상황요소에 단지 반응하는 것이 아니라 상황적 제약조건들을 어느 정도까지는 전략적인 조정을 통해 상황요인의 영향을 완화시킬 수도 있다는 것이다.

구조적 상황이론이 환경에 대한 결정론적인 인식론에 입각한 반면 Pfeffer와 Salancik의 이론은 조직구조가 단순히 객관적 · 기술적 환경에 대한 조직적 적응이 아니라 고위정책결정자의 환경에 대한 선택적 인식을 통한 전략적 선택을 강조한다는 점에서 환경에 대한 임의론적 인식론에 입각한 전략적 선택이론의 범주에 속한다고도 볼 수 있다.

Pfeffer와 Salancik(1978)은 기업의 흡수, 통합 및 합병과 같은 조직간의 조정은 조직이 의존하는 핵심적인 희소자원에 대한 통제에 의해 더 잘 설명될 수 있다고 주장한다. 자원에 대한 종속성이 관리자가 다루어야 할 여러 가지 상황요인들의 하나로 간주될 수 있다는 점에서, 자원종속이론이 단지 구조적 상황이론의 한 유형에 불과하다는 주장이 있다.

3. 발전배경

종속성의 개념과 종속성의 권력에 대한 함축성은 Blau(1964)의 저서인『사회
생활에 있어서의 교환과 권력(Exchange and Power in Social Life)』에서 처음 연구되었
다. Blau에 의하면 사회생활은 사회적 행위자간의 비용과 편익의 교환이라는 관
점에서 이해될 수 있다. 만일 행위자 갑이 행위자 을의 호의에 대해 보상할 수 없
다면 갑은 을의 의지에 복종하게 된다. 이는 Blau의 교환이론을 극단적으로 단순
화한 것이지만 자원종속이론을 설명하기 위해 편의상 행위자 갑에 대한 행위자
을의 권력이 행위자 갑의 행위자 을에 대한 종속정도에 의거해 발생된다고 이해
할 수 있다.

사회적 교환이론개념을 확장시킨 자원종속이론은 조직간의 분석수준에 일
반적인 분석틀을 제시한다. 조직은 희소자원을 통제할 능력이 있다면 다른 조직
에 비해 비교적 더 권력을 받게 되고 따라서 희소자원의 통제는 권력의 종속성을
창조함에 있어 가장 중요한 요소라는 것이다.

한 조직이 핵심자원을 통제하는 다른 조직과 독립적으로 존재할 수 있는 정
도는 다음 네 가지 조건에 의해 결정된다. ① 자원에 대한 접근가능성, ② 대체자
원의 존재여부, ③ 희소자원을 통제하는 타조직에 대한 영향력, ④ 자원 없이도
조직을 유지할 수 있도록 근본우선권을 변경할 수 있는 가능성 등이 바로 네 가지
조건이다. 이 네 가지 조건이 충족되지 않으면 조직은 희소자원을 통제하는 타조
직에 종속된다.

Pfeffer와 Salancik(1978)은 외부적 통제관점이 상호의존성으로부터 비롯되며
조직이 환경적 자원에 의존한다는 사실이 이러한 관점을 불가피한 것으로 만든다
고 주장한다. 또한 조직이 조직외적 제약조건에 단순히 반응할 뿐만 아니라 동시
에 자연적, 경제적 혹은 사회적 환경을 인위적 환경으로 변화시키기 위해 의도적,
목적적 혹은 합리적 행동을 취한다고 주장한다. 이러한 점에서 보면 그들의 주장
은 다소 모순적이다. 이러한 모순적인 주장은 과연 조직이 환경적인 제약조건에

의해 결정되는가, 혹은 전략적 선택에 의해 창조되는가 하는 의문을 제기한다.

4. 평가와 전망

자원의존이론은 조직 내 부서간의 권력 차이를 중요시함으로 인해 조직 내의 계층간 권력 차이는 무시하는 경향이 있다. 그러한 조직 내의 계층간 권력차이는 부서간 권력투쟁의 결과를 무효화할 수 있다는 점에서 전략적 선택의 분석에서는 이러한 계층간 권력차이를 반드시 고려해야 한다. 왜냐하면, 부서간 권력 차이는 누가 최고관리자가 되는냐를 결정하는데 중대한 영향을 주지만, 일단 조직의 계층이 정해지면, 최고 관리자의 권력이 조직의 전략적 선택을 결정하는 데 가장 중심적인 역할을 하기 때문이다.

자원의존이론은 초점 조직에 주로 중점을 두며 조직간 분석에 한정된다. 이러한 이유로 Benson(1975)은 어느 한 초점 조직보다는 조직간 네트워크의 특질에 초점을 맞추는 좀더 거시적인 네트워크 분석을 제한한다. Benson의 정치경제학은 자원의존이론의 적용 가능성을 한층 더 광범위한 분석 수준으로 연장시켰다고 할 수 있다. 또한 자원의존이론의 조직간 관계에 관한 연구는 의존성을 중심으로 한 권력의 교환이론으로 집약되어 영리조직인 기업조직의 연구시각으로 받아들여지고 있기도 하다.

참고문헌

최창현(1995). 조직사회학, 학문사.

Pfeffer, Jeffrey, and Salancik, Gerald R.(1978), The External Control of Organizations : A Resource Dependence Perspective, New York, Harper & Row.

키워드

자원의 집중도(Degree of Concentration of Resources), 자원의 희소성(Scarcity or Munificence of Resources), 조직간의 상호연관성(Interconnectedness of Organizations)

전략적 선택이론

1. 개념

구조적 상황이론이 다분히 결정론적인 지향성을 보이는 반면, 전략적 선택이론은 인간행동의 임의론적 지향성을 강조한다. Chandler(1962)는 환경이 전략을 결정하고, 다시 전략이 조직구조를 결정한다고 본다. Child(1972)는 모든 구조적 상황이론가들이 전략적 선택의 중요성을 간과하고 있다고 비판하면서, 환경의 영향이 관리자의 인식을 통해 조정된다고 본다. Miles, Snow와 Pfeffer(1974)는 조직이 어느 정도는 환경을 선택할 수 있다고 본다. 개방체제적 관점이 조직을 환경에 의존적인 것으로 일반적으로 간주하나 Thompson(1967)의 견해에 의하면 합리적 조직은 권력을 획득함으로써 이러한 종속성을 반전시키려는 조직이다.

2. 이론적 모형

Child(1972)가 구조적 상황이론에 대해 제기한 첫 번째 비판은 크게 두가지로 설명될 수 있다. 첫째, 조직과 환경은 어느 정도 느슨하게 연결되어 있기 때문에, 동일한 환경하에서도 조직이 주어진 목표에 도달할 수 있는 방법은 다양하다는 것이다. 즉 등종국성(equifinality)의 개념이 제기된다. 물론 효과적인 조직을 만드는 방법 중 가장 교과서적인 것은 구조적 상황이론이 제시하는 바와 같이 조직구조를 조직이 처한 상황에 적합하게 설계하는 방법일 것이다. 그러나 조직효과성을 제고하는 방법은 그러한 방법 이외에도, 기술혁신이나 조직구성원들의 직무수행 동기를 제고하는 등 수많은 대안 또는 보조적 수단들이 있는 것이다. 이러한 여러 대안에 대한 판단은 관리자의 자율적 영역에 속하는 것이므로, 관리자는 여러 대안 중에서 전략적 선택을 한다는 것이다. 둘째, 환경 그 자체보다는 조직과 환경의 연결 역할을 하는 관리자의 환경에 대한 지각이 중요하기 때문에, 구조적 상황이론이 전제하는 것처럼 조직과 환경이 그렇게 긴밀하게 연결된 것으로 볼 수 없다는 것이다. Weick(1979)에 의하면 조직은 관리자의 지각체계를 통해서 조직환경을 인식하는 것이기 때문에, 동일한 환경에 처한 조직이라도 관리자의 환경에 대한 지각 차이로 인해 상이한 선택을 할 수 있다는 것이다.

　Hambrick와 Mason(1974)에 의하면, 이러한 관리자의 환경에 대한 지각에 영향을 미치는 두 가지 주요 요소는 관리자의 인지적 기초(cognitive base)와 가치관이다. 여기서 관리자의 인지적 기초라 함은 관리자가 미래의 사건에 대하여 알고 있는 지식이나 가정, 관리자가 환경에 대해서 취할 여러 가지 대안에 관해서 알고 있는 지식, 관리자가 각각의 대안이 가져올 결과에 대해 알고 있는 지식 등이다. 또한 관리자의 가치관이란 대안이나 대안이 가져올 결과에 대해 본인의 선호에 따라 서열을 정하는 원칙들이다. 즉 Hambrick와 Mason(1984)에 의하면, 의사결정자는 본인의 인지적 기초와 가치관을 바탕으로 환경을 인식하며, 이렇게 인식된 환경을 기초로 관리자의 전략적 선택이 이루어진다.

　결국 전략적 선택이론은 관리자의 자유재량 영역이 존재하고, 이에 따른 관리자의 전략적 선택을 강조한다는 점에서 조직의 행동을 임의론적으로 바라보는 이론인 것이다.

3. 발전배경

　Child(1972)에 의해서 제기된 전략적 선택이론(strategic choice theory)은 구조적 상황이론을 비판하면서 대두되었다. 구조적 상황이론은 Lawrence와 Lorsch(1967)의 명저 『조직과 환경(Organization and Environment)』에서 발전되어 나왔다고 볼 수 있다. 그들 연구의 주요 결론은 모든 상황에서 효과적인 유일의 조직유형은 있을 수 없으며, 효과적인 조직설계 유형은 환경의 불확실성에 따라 다르다는 것이었다.

　구조적 상황이론은 이처럼 조직의 효과성(organizational effectiveness)이라는 변수를 설명하기 위하여 조직구조와 상황변수(예: 환경, 기술, 규모 등)의 관계를 살펴보는 이론인 것이다. 구조적 상황이론은 모든 상황에서 유일 최고의 방법이란 있을 수 없다는 것을 제시함으로써 현대 조직이론에 막대한 영향을 주었으며, 특히 관리ㆍ응용분야에서 더욱 넓게 받아들여지고 있다.

　그러나 Child(1972)는 구조적 상황이론이 전략적 선택의 중요성을 무시하고 있다는 점을 비판하면서 전략적 선택이론은 등장하게 된다. 구조적 상황이론에 대한 비판은 첫째, 구조적 상황이론이 전제하고 있는 것처럼 조직이 환경에 매우 밀접하게 연결된 것은 아니라는 것이고, 둘째, 구조적 상황이론이 중시하는 효과성(effectiveness)만이 조직구조를 결정하는 사람들의 유일의 관심사는 아니라는 것이다. 오히려 관리자들은 조직 내에서 자신의 지배와 통제를 계속 유지하기 위하여 권력, 안정성, 자율성 등의 목적을 달성하는 방향에서 결정하는 경향이 높다고 주장하면서 전략적 선택이론을 발전시켰다.

4. 평가와 전망

전략적 선택이론은 상황이론의 바탕 위에 사회학과 심리학의 도움을 받아 왔으며, 조직의 성공은 통제력의 유지를 통한 조직의 유효성을 증대시키는 것이라고 보고 있다. 또한 조직은 환경을 조종하고 통제하기 위한 힘을 획득하기 위해서 전략적 선택을 실행할 수 있는 상당한 허용범위와 자유를 가지고 있는 자율적 행위자로서 파악된다. 따라서 조직은 환경과 견고하게 연결되어 있으며 환경의 작용을 받아 내부구조를 적응시키는 것이 아니라, 때때로 그 환경을 조직에 유리하도록 조종하거나 통제할 수 있는 영향력을 가지고 있어 환경을 스스로 창조할 수 있다고 본다는 점에서 환경을 심리적이고 인지적인 현상으로 파악하게 해준다.

전략적 선택이론은 조직과 환경의 연결역할을 하는 최고 관리자의 능동적인 역할을 매우 강조하고 있다. 이것은 상황이론이 지향하는 환경결정론과 대조적인 것으로서 상황이론의 한계점을 수정·보완해 주는 역할을 하고 있다. 또한 전략적 선택이론은 상황이론의 결정론적 성향에서 오는 한계점을 수정·보완해 주는 점에서 공헌도가 크다. 즉 전략적 선택이론은 상황이론의 유용성을 거부하기보다 상황이론의 한계점을 보완하여 줌으로써 상황이론과 더불어 현실에서 조직의 환경적응행동을 보다 잘 설명할 수 있게 해주고 있다.

참고문헌

최창현(1995). 조직사회학, 학문사.

Chandler, Alfred(1962). Strategy and Structure, Cambridge, Ma : MIT Press.

Child, J.(1972). Organization Structure and Strategies of Control : A Replication of the Aston Studies, Administrative Science Quarterly, June, vol. 17, pp. 163~177.

_____.(1973). Predicting and Understanding Organization Structure, Administrative Science Quarterly, 18, pp. 168~185.

키워드

등종국성(equifinality), 결정론, 임의론, 구조적 상황이론, 전략적 선택, 구조

조직진화이론

1. 개념

NK 모형에서 N은 생물의 유전인자의 수를 나타내는 변수이다. 이 변수는 조직·경제의 경우 체제 요소의 수, 부서의 수, 조직 구성원 수, 혹은 조직 루틴 수 (organizational routines), 생산요소의 수로 볼 수 있다. 박테리아와 같은 단순한 생물도 유전인자가 수천 개나 된다고 한다. 그러므로 탐색공간은 삼차원 선상에서 좌표를 표시할 수 없는 수천 개 혹은 수만 개의 유전인자로 구성된 고차원 세계의 지형(landscape)을 나타낸다. 지형의 높낮이는 생물의 적응도(혹은 조직의 생산성)를 나타낸다. 유전인자들을 어떻게 조합하는가에 따라 생물의 적응도가 올라 갈 수도 있고 떨어질 수도 있다.

Kauffman 모형의 복잡성은 K 변수에서 일어난다. K는 유전자들간의 상호작용 정도를 나타내는 변수이다. K가 크면 클수록 유전인자들간에 상호작용이 커지게 된다. 상호작용이 전혀 없는 경우, 즉 K=0인 경우 탐색공간은 경사가 고르고 정상이 하나인 후지산 지형(Fujiyama landscape)과 같은 단일 봉우리 적합도 지형 (uni-peaked fitness landscape)의 산세를 띤다. 이 경우 진화의 문제는 시간이 지남에 따라 산의 최고봉을 찾아가는 간단한 문제로 풀이된다. 생물학자들은 합리성이 전혀 결여된 박테리아도 정상을 찾아서 갈 수 있다고 한다. 그것이 어떻게 가능하단 말인가? 생물이 교미를 하고 번식을 할 경우 염색체와 염색체간에 무작위적 교

체 및 유전인자의 재조합(recombination)현상이 일어난다. 재조합을 통하여 환경에
적응하는 생물의 염색군은 계속 번식을 하고, 그렇지 못한 생물의 염색체군은 도
태되어 진화의 무대에서 그 자취를 감추게 된다. 여기에 돌연변이(mutation)를 첨가
하면 진화의 변화 폭이 더 커진다. 진화의 문제는 유전인자의 재조합(recombination)
이나 돌연변이를 통해서 생물이 정상을 향하여 등산을 하는 문제로 재해석 할 수
있다는 것이다. 생물학에서 재조합 및 돌연변이는 진화 경제론에 있어 신결합 (진
화 조직의 조직구성요소의 신결합)과 그 기능이 크게 다를 것이 없다.

2. 이론적 모형

K>0 경우를 생각해 보자. 즉 유전인자들간에 상호작용이 있는 경우가 된다.
이 경우 탐색공간의 지형에는 여기 저기 크고 작은 산봉우리들이 생기게 된다. 진
화의 문제는 최정상을 찾아가는 것이다. 여기서 진화의 문제는 단순성의 과학에
서 복잡성의 과학으로 바뀌어 진다. 크게 두 가지로 나누어 생각할 수 있다. 유전
인자들의 상호작용이 적은 경우, 예컨대 0<K<N-1인 경우 진화의 문제는 혼돈
과 질서를 넘나든다. 두 번째 경우는 유전인자들간의 서로 상호작용이 큰 경우이
다. 극단적인 예는 K=N-1로 이 경우 탐색공간은 완전 카오스의 세계(Full Chaos)
로 변한다. 예측이 전혀 안되는 세계이다. 이러한 지형을 봉우리가 많고 울퉁불퉁
한 적합도 지형(multi-peaked rugged fitness landscape)이라고 한다.

이러한 적합도 지형상에서 경쟁이 발생한다. 지형 그 자체는 고정된 것이 아
니라 지형상의 행위자들이 행동하고 또 일반적인 환경이 변함에 따라 변형된다.
Kauffman(1995)의 말을 빌자면 진화와 경제에 있어서의 실재 적합도 지형은 고정
된 것이 아니라 지속적으로 변화하는 것이라고 한다. 외부 세계가 변하고 기존행
위자와 기술이 변하고 이들이 상호영향을 주고 또한 새로운 조직과 기술 혹은 조
직혁신 등이 이루어지기 때문에 그러한 변형이 발생한다는 것이다(Kauffman and
Macready, 1995). 적합도 지형은 환경이 변화하기 때문에 변화한다. 어느 한 종의 적
합도 지형은 그 적소를 구성하는 다른 종이 적응하기 때문에 변화한다. 우리는 그
러한 지형을 조직과 조직이 직면한 환경 등과 같은 상호연관된 상호작용의 체제

에 대해서 구성해 볼수 있다. 상충적인 제약요인이 존재하기 때문에 지형은 울퉁
불퉁해지고 봉우리가 많아진다. 많은 제약조건이 상충되어 있기 때문에 명백한
어느 한 가지 해결책 즉 전체적 최적해(global optima)보다는 이해관계를 조정한 수
많은 해결책 즉 국지적 최적해(local optima)가 존재한다.

이러한 적합도 지형을 조직 적합도 지형(organizational fitness landscape)으로 발전
시켜 보자. 조직은 복수의 행위주체들의 총체이며, 행위주체는 개인,혹은 집단이
다. 조직상태는 복수의 행위주체의 행위의 총체이고, 조직상태의 변화는 임의시
점의 조직상태에서 차시점의 조직상태(결국 각 행위주체의 행위)로 변화하는 것이
다.

3. 발전배경

진화생물학 분야에 있어서 1930년대에 Wright(1932)에 의해 처음 사용된 적
합도 지형 개념은 복잡성 연구자들에 의해 더욱 확장되었다. 적합도 지형이란 전
체적 최고치(가장 높은 봉우리)와 전체적 최저치(가장 낮은 계곡)의 위치와 그 높
이가 적합도의 척도인 울퉁붕퉁한 산과 계곡이 어우러진 지형이다(Coveney, &
Highland, 1995; Kauffman, 1993). Kauffman은 Wright의 적합도 지형 개념을 발전
시켜, 자연체제와 사회체제의 진화 모형인 NK 적합도 지형 모형(Fitness landscape
Model)을 제안하고 있다. Kauffman 교수는 생물학적 진화의 과정에서 어떻게 수많
은 유전자 조합을 갖는 생명체가 급변하는 환경속에 적응을 하는지를 분석하는
과정에서 자기조직화(self-organization)원리와 공진화(coevolution)의 개념을 활용하
여 비록 복잡하게 보이는 생명체의 진화 현상도 매우 간단한 규칙에 입각하여 전
개될 수 있다는 사실을 보여주고 있다(Kauffman, 1993).

4. 제도화

적합도 지형을 조직학에 적용하여 해석해 보면 조직 진화의 역동성을 설명
해 주는 유용한 은유로 사용할 수 있다. 적합도 지형상에서 개별적인 조직의 형
태로 구성되는 조직개체군은 봉우리에 가까운 조직이 더 높은 적합도를 갖는 여

러 가지 가능한 조직형태의 적합도 지형상에서 움직이고 있는 것으로 간주할 수 있다. 이 적합도 지형상에서 조직은 합리적 과정을 통하여 현재 위치에서 적합도를 향상하기보다는 산봉우리로 올라감으로써 근시안적으로 환경에 적응한다. 산봉우리가 하나밖에 없는 평평한 후지야마 지형(flat Fujiyama landscape)은 진화과정에 지침이 되어 줄 표준적인 조직형태가 없기 때문에 적응적 탐사가 어려운 경우이다. 따라서 이 경우에는 모든 가능한 조직형태중에 무작위적으로 적응적 탐사(adaptive walk)를 할 수밖에 없다.

전통적으로 최적화 기법에는 미분방식, 무작위적 방식 등이 있다. 봉우리가 하나인 경우에는 미분 방식 즉, 등산 방식(hill-climbing: 무작위적으로 어느 한 지점에서 출발해서 적합도가 높은 방향으로 이동해 보고 만일 이 방향이 적합도를 증가시켜 주면 계속 진행하고 그렇지 않으면 반대 방향으로 이동하는 것이다)으로 최적해를 쉽게 찾을 수 있으나, 봉우리가 2개 이상인 울퉁불퉁한 지형상에서는 어느 봉우리로 탐색을 시작해야 하는가 하는 문제가 대두된다. 봉우리가 몇 개 안 되는 경우에는 모든 봉우리를 다 탐색해 볼 수 있으나, 앞서 살펴본 바와 같이 N과 K가 큰 경우 수 많은 봉우리와 계곡으로 이루어진 봉우리가 많은 울퉁불퉁한 적합도 지형이 된다. 이 경우 어떠한 방법으로 최적 조직 설계 유형을 탐색할 것인가하는 문제가 대두된다. 적합도 지형상에서 전체적 최적해를 찾기위한 알고리즘으로 최근 유전자 알고리즘(genetic algorithm)이 대두되고 있다.

5. 평가와 전망

관료제적 공공체제는 안정적 환경을 염두에 두고 설계된 것이다(최창현 역, 1998). 그러나 우리는 안정성이 비생산적인 것이 되어버린 역사의 분기점에 도달했다. 오늘날 같이 환경이 급변하고 국제적 경쟁이 치열한 정보사회에 있어 변화할 수 없는 체제는 실패할 운명에 처해 있다. 이러한 체제는 환경이 변했을 때 생존을 유지할 만큼 신속하게 진화하지 못했던 공룡과도 같은 존재이다. NK모형 등을 비롯한 복잡성 이론은 앞으로 기존 조직이론을 보완해 줄 수 있을 것으로 생각한다.

참고문헌

Choi, Chang—Hyeon(1998). Application of NK Model to Organization Management, Proceedigs of the 2nd International Conference on.

Kauffman, S. A.(1993). The Origins of Order : Self—Organization and Selection in Evolution, New York : Oxford University Press.

Kauffman, S. A.(1995). At Home in the Universe, Oxford, Oxford University Press.

Kauffman, S. & Macready, W.(1995). "Technological Evolution and Adaptive Organizations," Complexity, Vol. 1, No. 2, 26—43.

Kelly, S.(1998). The Complexity Advantage : How the Science of Complexity Can Help Your Business Achieve Peak Performance, McGrow—Hil.

Kiel, Douglas, L.(1994). Managing Chaos and Complexity in Government, Jossey—Bass : San Francisco.

March, J. G.(1991). "Exploration and Exploitation in Organization Learning", Organization, Feb.

March, J. & Simon. H. A.(1958). Organizations. John Wiley, New York.

Marion, R.(1999). The Edge of Organization : Chaos and Complexity Theories of Formal Social Systems, SAGE Publications.

키워드

조직진화, 진화생물학, 적합도지형모형, Kauffman NK 모형

조직평형이론(Equilibrium Theory of Organization)

1. 개념

체제는 평형상태, 평형으로부터 가까운 상태, 평형으로부터 먼 상태, 혼돈상태 등의 4가지 가능한 체제상태를 보이는데, 기존 과학에서는 체제가 평형상태에서 먼 상태이거나 혼돈상태를 보이는 경우, 이를 비과학적인 것으로 간주해 왔다. 그러나 혼돈이론에 따르면 이러한 혼돈스러운 현상 모두가 문자 그대로의 혼돈은 아니며 질서의 일부라는 것이다.

기존 조직이론은 근본적으로 질서정연함 속의 질서를 상정하는 세계관을 갖

는 Newton의 기계론적 패러다임을 근간으로 하는 균형체제이론에 입각해 있다. 그러나 혼돈으로부터의 질서(order out of chaos)를 강조하는 비균형혼돈모형에 의하면 조직이 환경에 수동적으로 적응하거나 환경을 적극적으로 조작하거나 혹은 환경과 상호작용할 수 있다는 균형체제이론의 대전제가 뿌리째 흔들리게 된다.

사회체제가 본질적으로 혼돈체제이므로 비균형체제의 혼돈적 행태를 간과해 온 균형체제이론이 지닌 한계성을 극복하기 위해서는 혼돈이론을 원용한 조직이론의 도입가능성에 대한 검토가 필요하다는 주장이 제기되고 있다. 사회체제의 혼돈적 행태를 인정한다면 조직과 환경간의 균형유지가 곧 효율적 조직이라 여기는 균형체제이론은 요동을 통한 새로운 동태적 질서(new dynamic order through fluctuations), 즉 분산구조(dissipative structure)로의 끊임없는 자기혁신이 불가능하나, 혼돈모형에 입각한 자기조직화이론은 균형모형에 입각한 기존 조직이론의 한계성을 극복하는 대안적 패러다임을 제공해 줄 수 있을 것이라는 점에서 더 많은 연구가 필요할 것이다.

2. 이론적 모형

기존 조직이론은 근본적으로 질서정연함 속의 질서를 상정하는 세계관을 갖는 Newton의 기계론적 패러다임을 근간으로 하는 균형체제이론에 입각해 있다. 그러나 혼돈으로부터의 질서(order out of chaos)를 강조하는 비균형혼돈모형에 의하면 조직이 환경에 수동적으로 적응하거나 환경을 적극적으로 조작하거나 혹은 환경과 상호작용할 수 있다는 균형체제이론의 대전제가 뿌리째 흔들리게 된다.

균형체제모형은 Maturana와 Varela(1980)에 의해 발전된 체제이론에 대한 새로운 접근법인 자생이론(theory of autopoiesis)과 제2의 인공지능학파(Maruyama, 1963)에 의해 도전받게 되었다. 체제는 운영규범으로부터의 이탈을 규제하고 수정하도록 해 주는 부정적인 순환고리(negative feedback)과정을 유지함으로써 안정된 균형을 유지할 수 있고, 또한 새로운 조건의 변화를 수용하기 위해 규범을 수정할 수 있게 해주는 이중적 순환학습(double-loop learning)의 능력을 개발함으로써 체제는 스스로 진화해 갈 수 있음을 강조한다. 이러한 관점에서 자생이론은

Prigogine(1984) 등의 혼돈이론에 입각한 "분산구조(dissipative structure)"에 관한 연구와 일맥상통한다. 뿐만 아니라 이와 유사한 생각은 사회체제에서도 적용되고 있음이 관찰되어져 왔다

균형모형(equilibrium model)이라 할 수 있는 체제이론(systems theory)적 관점에서 보면 조직이란 표준이나 규범으로부터의 이탈을 바로잡으려는 작용인 환류작용(feedback)을 통해 체제균형을 유지하는 자기규제적 체제(self-regulating system)로 파악된다. 긍정적 환류(positive feedback) 혹은 편차증폭환류(deviation-amplifying feedback)는 체제의 변화를 유발시켜 주며, 부정적 환류(negative feedback), 혹은 편차상쇄환류(deviationcounteracting feedback)기능과 내부안정화장치(built-in stabilizer)에 의한 환경으로부터의 개별성유지기능인 유형유지기능(pattern maintenance function, 혹은 latency function)을 통해 항상성(Homeostasis)을 유지한다.

체제란 부분요소들이 상호기능적으로 연결된 것이므로 전체적인 관점(holistic view)에서 파악되어야 하며, 항상성(homeostasis)의 유지를 통한 균형을 강조하는 자기규제적 체제(self-regulating system)이기 때문에 부정적 환류 혹은 편차상쇄환류 기능과 내부안정화장치를 통한 안정과 타성이 지배적이다. 비록 갈등이 존재하나 제도화되거나 궁극적으로는 해소될 수 있다고 본다. 조직변화는 외부환경으로부터 점진적으로 발생한다. 대부분의 조직환경이론은 조직과 환경간의 적합도를 유지하면 궁극적으로 조직효과성을 제고할 수 있다고 본다.

고전적 조직이론은 조직의 목적이 합리적인 방법에 의해 세부적인 과업으로 분할(분업의 원리에 입각한 세분화 및 전문화)될 수 있을 뿐만 아니라 조직의 총체적인 목적달성을 위해 재결합(통합 및 조정)될 수 있다고 본다. 이러한 개념의 발상은 전체가 원자로 분할될 수 있고 또한 그 분할된 원자는 다시 전체로 재결합될 수 있다는 원자론 및 기계론(atomism and mechanism)을 근간으로 단순하고 질서정연한 세계관을 갖는 Newton의 기계론적 패러다임(Newtonian mechanical paradigm)에 입각한 것이라 볼 수 있다. 이는 근대를 움직인 기본적인 사상체계로서 사회제반에 지대한 영향을 미쳤다. 조직론적 견지에서 볼 때 Weber는 이러한 패러다임에 의거한 법률적, 합리적인 관료제조직(legal-rational beaurocracy)이 점점 증대되는 것은 역사적인 불가피성에 의한 것이라고 굳게 확신하고 있다.

3. 발전배경

과학자들은 자연체제가 항상 평형으로부터 멀리 떨어진 상태에서 작동하고 자신의 미래를 창조하기 위해 예측 불가능한 방법으로 변화한다는 새로운 모형을 제안한다. 노벨 화학상 수상자인 일리야 프리고진은 자연의 대부분의 체제가 평형에서 멀리 떨어진 상태에서 작동된다고 주장한다.

요약하면 비선형 순환고리 체제가 평형으로부터 멀리 떨어지게 되면 혼돈을 통하여 한 상태에서 예측할 수 없는 새로운 질서의 상태로 이동하는 공통적인 일련의 단계를 따른다는 것이다. 이러한 새로운 질서 상태는 평형 상태가 아니라 생존하려면 끊임없는 에너지의 투입을 필요로 하기 때문에 유지하기 어려운 분산구조이다. 공통적인 일련의 단계는 다음과 같다. 각 전위 단계에 있어 평형 상태로부터 멀리 떨어져 있는 체제는 이전의 대칭성 혹은 질서가 파괴되는 불안정성을 통해 이동하여 임계점에 도달한다. 일종의 체제 구성 요소간의 의사소통 및 협동이라 할 수 있는 자생적 자기조직화 과정을 통하여 새로운 질서가 형성된다. 그러한 위상전위는 반드시 예측 가능한 결과를 갖는 것은 아니다. 하나의 상태에서 다른 상태로 이동하는 것은 우연에 의해 지배된다. 결과가 예측 가능한 평형 상태 혹은 평형으로부터 가까운 상태에는 자기조직화가 발생할 가능성이 없다. 혼돈 상태에서 창조성은 자생적으로 체제 내에서 발생하는 지속적인 과정이다. 이것은 사전 설계를 통해 혹은 환경적 변화에 대한 반응을 통해 얻어지는 것이 아니라 다른 체제와의 끊임없는 상호작용을 통해 얻어지는 것이다. 이러한 상태하의 체제는 자신의 환경과 자신의 미래를 창조한다.

지금까지 자연체제에 대해 설명한 과정이 전략적 문제를 다루는 성공적인 조직에 있어서의 관리자들에게도 똑같이 관찰될 수 있다. 전략적 관리는 대칭 파괴적 불안정성과 새로운 관점을 발생시켜주는 창조적 파괴, 임계점에 있어서의 돌연한 합의 그리고 혼돈으로부터 혁신과 새로운 전략적 방향을 발생시켜주는 자생적 자기조직화 과정이다.

일부 관리자들은 불안정성이 창조성을 지속시켜주는 극히 중요한 역할을 담당하고 혁신이 통제되지 않은 자발적인 과정을 통해 예측 불가능하게 발생한다는 생각에 처음에는 놀란다. 그러나 이러한 생각은 실제 그리 놀라운 것은 아니다. 관리자들은 다음과 같이 정당화하면서 조직 구조를 개편한다. 이 개편안은 조직 구성원들간의 관계를 변화시켜 줄 것이다. 근무 패턴을 변화시켜 줄 것이다. 그러한 개편은 기존 태도, 근무 유형을 타파하려는 의도하에 시행된다. 변화를 야기하기 위해 불안정성을 활용하는 것이다. 이러한 절차는 어느 정도 자기조직화에 의존하고 있음을 암시해준다. 왜냐하면 이러한 조직개편의 목적이 조직구성원들로 하여금 자발적으로 지금까지와는 다른 방식으로 일을 할 수 있는 여건을 조성하는 것이다.

일부 관리자들이 의도적으로 체제의 행태를 바꾸고 자발적인 창조성을 조장하기 위해 불안정성을 조성해 나간다

4. 제도화

성공적인 조직은 안정적 평형 상태를 지향하는 경향이 있다는 전통적인 아이디어에 대한 중대한 도전이다. 즉, 안정적 평형 상태를 회피해야만 한다는 점을 시사하고 있다.

조직은 안정적 평형 혹은 불안정한 평형 상태로 가려는 강한 힘을 지속적으로 거부하여 혼돈의 영역에 머물러야만 한다는 것이다. 그 이유는 다음 두 가지이다.

첫째, 조직과 환경간의 평형 관계를 유지하려는 것은 조직의 실패를 초래한다. 관리자들이 조직의 장점에 안주하여 안정감에 빠지게 될 경우 조직은 환경과 적응하는 안정적 평형 상태로 끌려가고 조직은 고객이 원하는 것만을 하며 고객의 요구가 변할 때까지 계속 그러할 것이다. 이 경우 조직은 혁신성을 잃게 되어 혁신적인 경쟁사와의 경쟁에서 도태된다. 그 반면에 또 한편으로는 관리자들을 환경으로부터 격리시키는 즉, 고객이 무엇을 원하는지 경쟁 조직이 무엇을 하고 있는지 무관심하여 불안정한 평형 상태에 빠지는 경우가 있다. 이 경우 조직은 혁신성을 잃게 되고 경쟁 조직에 의해 도태되고 만다. 앞에서 언급한 Miller의 연구와 마찬가지로 평형 상태의 조직은 혁신할 수 없다는 결론에 도달하게 된다. 안정적 평형과 불안정한 평형간의 혼돈의 경계만이 성공적인 조직으로 가는 길이다.

조직성공과 혼돈을 동일시하는 두 번째 이유는 조직 통제의 특질에서 비롯된다. 이 경우에도 평형 상태를 유지하려는 조직은 실패한다. 통제 체제는 편차상쇄 순환고리가 작용하는 상황하에서만 작동하기 때문에 집권화를 통한 조직 통합을 강조하는 안정적 평형 상태를 강조하는 조직을 끌어당기는 강력한 힘이 존재한다. 만일 조직이 이러한 힘에 굴복하게 되면 조직은 경직화하여 급격한 변화에 대처할 수 없게 된다. 또 다른 한편으로 통제 체제는 편차증폭 순환고리하에서 작동할 경우 분권화와 분화를 강조하는 불안정한 평형 상태로 조직을 끌어당기는 힘이 존재한다. 조직은 경직화와 조직 와해로 끌어당기는 이 두 가지 힘에 저항해야만 하며 그 대신 평형으로부터 멀리 떨어진 상태를 유지해야만 한다(Stacey, 1992).

5. 평가와 전망

지난 수년간 전통적 전략 관리 모형과 조직 성공을 안정적 평형 상태와 결부시키려는 관점을 부정하는 연구 결과가 많이 보고되어 있다.

- 성공적인 조직은 가장 잘 알고 있는 것에 집착하고 환경에 적응한다는 생각은 환경과의 창조적 상호작용 원칙에 의해 거부되고 있다.
- 이미 정해진 목적을 일관적으로 추구하는 사람들의 집단으로서의 단순한 조직 모형은 자체의 생명을 가진 복잡한 체제를 지닌 조직 모형으로 대체되고 있다.
- 조직이 안정 상태를 유지해야 한다는 처방은 안정적 조직은 궁극적으로 망한다는 조직 현실에 의해 도전 받고 있다. 그렇다면 바람직한 처방은 갈등, 상호 모순, 역설이 모두 조직 학습을 조장해 주는 비평형 상태하의 조직을 유지해야 한다는 것이다.
- 종합적인 통제 체제를 확립할 수 있다는 가정은 조직이 너무나 복잡한 체제이기 때문에 관리자가 할 수 있는 것이란 조직내의 민감한 부분에 개입하여 조직내의 일부 특정 측면만을 변화시킬 수 있다는 사실로 대치되어야 한다.

이러한 새로운 사고의 틀은 과연 새로운 전략적 방향이 조직에 의해 의도될 수 있는 것인가 혹은 조직 구성원들간의 상호작용을 통해서만 발생되는 것인가 하는 질문에 대한 통찰력을 제공해 줄 것이다. 이 새로운 사고의 틀은 또한 혁신적인 조직의 장기적인 미래를 통제하는 것이 가능한가 혹은 다른 통제 개념을 사용해야만 할 것인가 하는 문제에도 통찰력을 제공해 줄 것이다.

참고문헌

최창현(1995). 조직사회학, 학문사.

Maruyama, M.(1963). The Second Cybernetics ： Deviation Amplifying Mutual Causal Processes, American Scientist, 51, pp. 164~179.

Maturana, H., and Varela, F.(1980). Autopoiesis and Cognition ： The Realization of the Living, London ： Reidl.

키워드

평형상태, 평형으로부터 가까운 상태, 평형으로부터 먼 상태, 혼돈상태

조직의 환경적응

1. 개념

폐쇄체제이론의 경우에는 조직의 기술, 직무불확실성, 환경, 조직규모, 목표 및 권력 등의 상황적 요소들에 관심을 두지 않고, 분석단위를 한 조직체 내의 개인이나 소집단에 국한시킨다. 개방체제는 체제이론에 있어 지배적인 이미지였다. 대부분의 조직문헌은 조직을 생물학적 유기체에 비유하여 내부적 능률성보다는 균형상태로부터의 이탈을 바로잡으려는 환류작용을 통한 항상성의 유지, 즉 체제생존을 강조한다. 이러한 점은 체제와 상황적 환경간의 관계에 관심을 집중시킨다(최창현 역, 1992).

"단일최고방법(Taylor, 1967)"이 가능한 것도 모든 조직이 동일하다는 가정하

에서는 타당한 듯하다. 그러나 조직마다 각각 직면한 상황이 상이하다는 가정하에서는 다른 이론의 대두가 요구되는 바, 이것이 바로 상황이론이다. 구조적 상황이론(Structural Contingency Theory : SCT)이란 가장 적절한 조직형태는 단일최고방법(One best way)에 의해 결정되는 것이 아니라 조직이 처한 상황적 제조건에 좌우된다는 것이다. Burns와 Stalker(1961)에 의하면 합리적인 조직형태는 기계적(Mechanistic)일 수도 있고, 유기체적(Organismic)일 수도 있다고 본다. 어느 형태가 더 합리적인가의 문제는 직무불확실성과 같은 상황적 요인에 달려 있다는 것이다. 이러한 이론은 한 조직 내의 하위단위에도 적용될 수 있다. 예컨대, Lawrence와 Lorsch(1967)는 한 조직 내에서도 여러 형태의 조직구조가 고안되어야 한다고 본다. 이는 한 조직이라도 다양한 하위환경(Subenvironments)에 직면할 수 있기 때문이다.

대부분의 현대조직환경이론은 조직과 환경간의 적합도를 유지하면 궁극적으로 조직효과성을 제고할 수 있다고 본다. 예를 들면 체제구조적 관점(system-structural view)을 대표하는 구조적 상황이론(structural contingency theory : SCT)은 조직과 기술적 환경간의 적합도를 유지하려 한다. 최종상태에 도달하는 데 여러 방법이 가능하다는 원리인 등종국성(equifinality)의 원칙은 인과성의 개념이나 Taylor의 "단일최고방법" 개념과는 근본적으로 다른 것이다. 또한 체제가 당면한 복잡한 환경만큼 체제내부구조도 다양해야 한다는 필요적 다양성(requisite variety)원리를 상기해 본다면 체제이론적 관점에서 "단일최고방법"이란 존재치 않는 것이다(최창현, 1992). 그 대신 한 조직체가 상이한 하위환경에 직면할 수 있기 때문에 한 조직 내에도 다양한 조직구조화가 필요하다는 것이다

2. 이론적 모형

전략적 선택관점(strategic choice view) 중의 하나로 분류할 수 있는 자원종속이론(resource dependency theory : RDT)은 조직과 조작화(enacted)된 인위적 환경간의 적합도를 유지하려 한다(Pfeffer, 1982). 상황이론의 특징 중의 하나는 환경에 대한 결정론적인 지향성인데, 상황이론의 대안으로 대두된 전략적 선택관점은 환경에 대

한 임의론적인 지향성을 강조하여 의사결정가가 전략적 선택을 통해 어느 정도는 상황적 제약조건을 완화할 수 있다는 것이다.

생성적, 무작위적 행동관점 중의 하나인 제도적 이론(institutional theory: IT)은 조직과 사회문화적, 제도적 환경간의 적합도를 유지하고, 자연도태관점(natural selection view)을 대표하는 시장 및 위계이론(markets & hierarchies theory: MHT)은 조직과 경제적 환경간의 적합도를 유지하려 하며(Williamson, 1981), 개체군생태학이론(population ecology theory: PET)은 조직과 자연적 환경간의 동질성(isomorphism)을 유지하려 한다(Hannan & Freeman, 1988; 1984; 1977; Carrol, 1988; Tucker et. al, 1988; Ulrich, 1987).

위에서 논급한 여러 이론은 변화가 외부환경으로부터 점진적으로 발생한다고 보며, 이러한 점진적인 환경변화에 대해 조직이 대처할 충분한 능력이 있다고 보나, 개체군생태학이론의 주장은 일단 체제균형을 유지하면 환경이 변화하더라도 구조적 타성으로 인해 환경에 대한 적응능력이 저하된다는 것이다. 따라서 조직변화가 환경에 대한 적응이라는 Lamarckian적응이라기보다는 Darwinian선택이라는 것이다. Lamarckian적응이든 Darwinian선택이든 결국 조직변화의 소재지는 환경이다.

환경에 대한 적극적 조작관점 혹은 다위니즘적 자연도태관점은 이것 아니면 저것이라는 사고방식, 다시 말해 조직이 환경을 조작하거나, 혹은 환경이 조직을 선택한다는 사고에 입각해 있다. 더욱이 이들 관점은 변화가 환경으로부터 발생된다는 생각에 의해 지배된다. 비록 Lamarckian적응관(예컨대 구조적 상황이론)과 Darwinian자연도태관(예컨대 개체군생태학이론)을 둘러싸고 많은 논란이 있지만, 체제관점하에서는 Lamarckian적응관점이든 Darwinian선택관점이든 결국 조직변화의 소재지는 환경이다.

3. 발전배경

조직구조와 환경간의 일대일 대응관계라는 패러다임이 조직문헌을 지배해 왔다. 예컨대 구조적 상황이론은 다양한 객관적 환경에 대한 다중적 최적 구조

(multiple optimal structure)라는 점에서 "단일최고방법(모든 상황에 대한 단일최적구조)의 연장에 불과하다고 볼 수 있다. 개체군생태학이론 또한 조직구조와 환경적소 간의 일대일 관계를 상정하는 동일성원칙(principle of isomorphism)을 가정함으로써 단일최고방법에서 크게 벗어나는 것은 아니라고 볼 수 있다.

조직이 다양한 전략을 선택할 수 있는 경우 혹은 인지적 메커니즘을 통해 환경을 적극적으로 변화시킬 수 있는 경우, 단일최고방법은 설득력을 결여한다. 환경이 호의적(풍부한 자원)이거나, 조직변화의 비용(높은 재생가능성 대 구조적 타성을 제거하는 기회비용)이 편익보다 많을 경우 정당화되기 어려운 접근법이다. 종래의 패러다임에 의해 설명할 수 없는 이러한 현상은 패러다임의 위기를 야기하게 된다.

구조적 상황이론은 조직구조가 기술적 환경에 의해 결정된다고 보아 정책결정자는 객관적, 기술적 환경에 반응적(reactive) 적응양식을 보이고, 개체군생태학이론은 구조적인 변형이 자연적 환경(자연법칙)에 의해 결정된다고 상정하여 이러한 자연환경에 대해 정책결정자는 무작위(inactive)로 대처하며, 시장 및 위계 이론은 경제적 환경(경제법칙), 제도적 이론은 규범, 가치 등의 사회문화적 환경(사회법칙)에 의해 결정되고 정책결정자는 이러한 제도적 환경에 대해 상호반응적으로 대처한다고 상정한다. 자원종속이론은 구조적 변형이 개인관리자, 특히 권력을 가진 직위에 있는 관리자에 의해 어느 정도는 전략적으로 조작될 수 있는 인위적 환경에 의해 결정된다고 보며, 정책결정자는 적극적으로 환경을 인위적 인공물로 조작하려 한다.

자원종속이론은 개체군생태학이론과 비교될 수 있는데 이는 양이론이 조직에 대한 환경의 영향을 강조하며, 비록 분석수준, 시간적 관점, 환경에 대한 개념화 그리고 합리성의 역할 정도에 다소 차이가 있기는 하지만 구조적 상황이론이나 시장 및 위계 이론보다는 덜 합리적인 접근법을 취하고 있기 때문이다. 구조적 형태의 선택, 예컨대 합병이나 수직적 통합(vertical integration) 등과 같은 종속변수를 보면 시장 및 위계 이론과 흡사하나 그러한 구조적 형태를 선택하는 동기라는 관점에서는 시장 및 위계 이론과 상이하다. 자원종속이론의 경우, 구조를 선택하는 동기는 희소자원의 중요성인 반면, 시장 및 위계 이론의 경우는 능률성이다.

이는 또한 결정론, 임의론이라는 관점에서는 상황이론과는 구분된다. 상황이론이 상황적 제약조건의 구조에 대한 인과적 영향을 가정하는 반면, 자원종속이론은 관리자의 환경에 대한 전략적 적응으로서의 의사결정의 중요성을 강조한다.

참고문헌

Aldrich, Howard E.(1979). Organizations and Environments, Englewood Cliffs, N. J.: Prentice−Hall, Inc.

Astley, W. Graham and Van de Ven, Andrew H.(1982). Central Perspectives and debates in Organizations Theory, Administrative Science Quarterly 28(Jun), pp. 245~273.

Benson, Kenneth J.(1975). The Interorganizational Network as a Political Economy, ASQ, 20(June), pp. 229~249.

_____.(1977). Organizations: A Dialectical View, Administrative Science Quarterly, 22(Mar.), pp. 1~21.

Duncan, Robert(1979). What is the Right Organization Structure, Organizational Dynamics, Winter.

Fredrickson, James W.(1984). The Effect of Structure on the Strategic Decision Process, Academy of Management Proceedings, pp. 12~16.

Galbraith, Jay R.(1973). Designing Complex Organizations, Reading, MA: Addison−Wesley.

Hage, J., and Aiken, M., Routine Technology, Social Structure and Organizational Goals, ASQ, 14, pp. 366~377.

Hall, Richard H.(1972). Reply to Weldon, ASQ, 17, no. 1(Mar).

Lawrence, Paul R., and Lorsch, Jay W.(1967). Organization and Environment, Boston, Graduate School of Business Administration, Harvard University.

Mintzberg, H.(1979). The Structure of Organizations, Englewood Cliffs, N. J.: Prentice−Hall

_____.(1983). Structure in Fives: Designing Effective Organizations, Englewood Cliffs, N. J.: Prentice Hall, Inc.

Morgan, Gareth(1986). Images of Organization, SAGE Publications Inc.: Calif.

Pfeffer, Jeffrey(1982). Organizations and Organization Theory, Boston: Pitman.

키워드

조직, 환경, 환경적응

학습이론

학습이론이란 학습의 과정, 결과, 현상, 사실 및 원리를 설명하는 이론을 의미한다. 학습이론은 크게 분류하면 고전적 조건형성(classical conditioning) 이론, 조작적 조건형성 이론, 인지적 학습이론의 3가지 유형이 있다.

고전적 조건형성 이론은 흔히 고전적 조건반사 이론이라고도 부르는데, 이는 어떤 자극에 의해 일어나는 반응을 그 자극과 성질이 다른 자극으로도 동일한 반응을 일으킬 수 있다는 것을 설명해 주는 반응이론(response theory)이고, 조작적 조건형성(operant conditioning) 이론은 어떤 행동이 지속 또는 중단되는 것은 그 행동에 보상이 따르느냐 그렇지 않느냐에 달려 있다는 S-R이론(stimulus response theory)이다. 그리고 인지설(cognitive theory)은 위의 두 이론을 비판하고 발전시킨 이론으로서, 학습은 자극·반응 사이의 관계에 의한 것만이 아니라 오히려 개인의 인지와 성격에 관련된 과정으로 보는 이론이다.

그림 1   파블로프의 고전적 조건화 실험

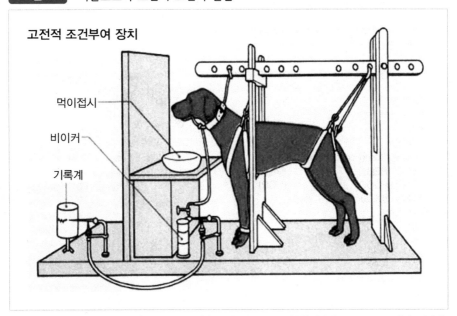

고전적 조건부여 장치

먹이접시

비이커

기록계

출처: [네이버 지식백과] 학습이론 [learning theory] (이해하기 쉽게 쓴 행정학용어사전, 2010. 3. 25., 새정보미디어)

학습이론은 개의 소화계 생리에 관한 연구로 1904년에 노벨생리학상을 수상한 파블로프(Pavlov)에 의해 발전되었다.

고전적 조건 반응은 [그림 2]과 같이 형성된다. 고전적 조건화를 시도하기 위해서 반사 반응(reflexive response)을 유출시키는 자극이 필요하다. 파블로프의 실험에서 무조건 자극(unconditioned stimulus: UCS)은 고깃가루, 무조건 반응(unconditioned response: UCR)은 타액분비가 이에 해당된다. 조작화 이전에는 매일 개에게 종을 울리고 사료를 준다. 조작화 중에는 종을 울리고 사료를 준다. 조직화 이후에는 종만 울려도 침을 흘리는데 파블로프는 이를 학습의 효과라 한다.

고전적 조건화는 손다이크(Thorndike)와 스키너(Skinner)에 의해 조작적 조건화, 즉 강화이론에 입각한 학습이론으로 발전하게 된다. 스키너는 상자에 쥐를 가두고 지렛대를 설치해 둔다. 쥐가 움직이다 지렛대를 눌렀을 때 치즈가 나오면 쥐는 계속 지렛대를 누르지만 지렛대를 눌렀을 때 전기 충격을 가하면 더 이상 누르

그림 2   고전적 조건 형성의 단계

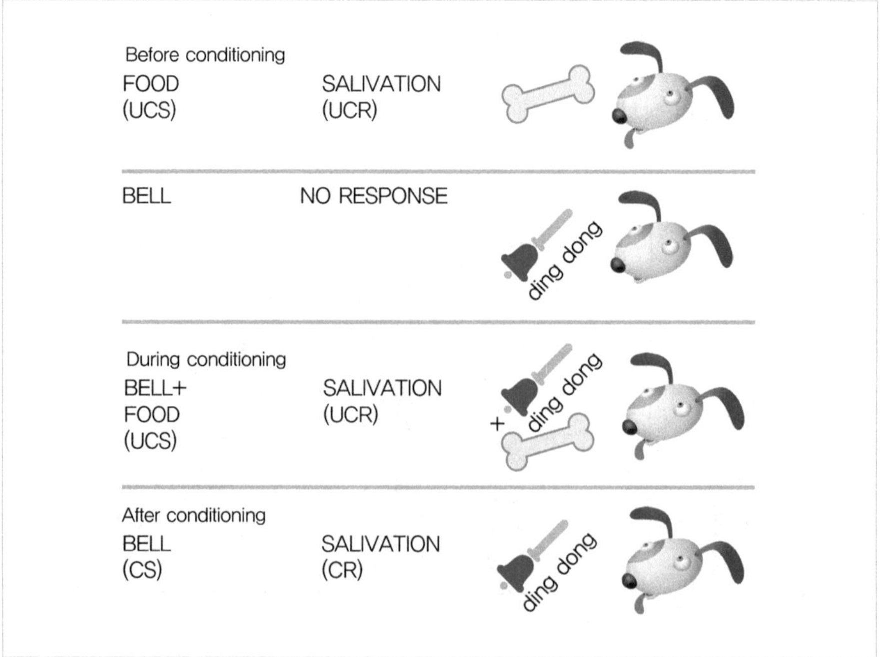

Before conditioning
FOOD   SALIVATION
(UCS)   (UCR)

BELL   NO RESPONSE
              ding dong

During conditioning
BELL+   SALIVATION
FOOD   (UCR)
(UCS)   ding dong

After conditioning
BELL   SALIVATION
(CS)   (CR)
              ding dong

출처: http://www.simplepsychology.org/pavlov.html

지 않는다. 이를 행동의 강화효과라고 한다.

특정한 행동의 학습은 그것의 앞에 주어지는 자극보다는 뒤따라오는 결과에 의해 더 크게 통제를 받는다. 즉 좋은 결과를 가져오는 행동은 반복하며, 좋지 않은 결과를 가져오는 행동은 억제하게 된다는 것이 조작적 조건형성이론에서의 강화에 대한 설명이다. 강화(reinforcement)는 특정 행동의 빈도를 증가시키기 위해 실시하는 것이고, 처벌은 특정 행동의 빈도를 감소시키기 위해 실시하는 것이다.

관리자가 그 조건들을 조정하는 데 있어서 유용한 네 가지 기본 방법들을 제시하였다. 적극적인 강화(positive reinforcement), 회피 학습(avoidance learning), 소거(extinction), 처벌(punishment)이다. ① 적극적 강화는 바람직한 행동이나 성과에 대해 바람직한 결과나 보상을 제공함으로써 행동의 빈도를 높이는 것을 말한다. 기대이론에서 성과를 냈을 때 칭찬·보상·승진 등과 같은 보상을 제공해주는 경우가 이에 해당된다. ② 회피 학습(avoidance learning)은 바람직하지 않은 결과를 회피시켜 줌으로써 바람직한 행동의 빈도를 늘리는 것으로, 부정적 강화(negative reinforcement)라고도 한다. 즉 행동이 해로운 자극이 주어지는 것을 막을 때 그 과정을 회피 학습이라고 부른다. 예를 들어 수업에 열심히 참여하면 청소를 빼주는

그림 3 스키너 상자(Skinner Box)

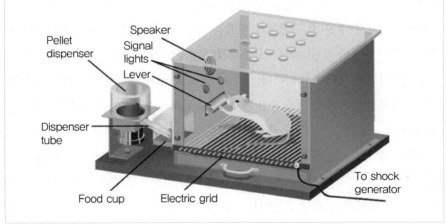

출처: http://www.simplepsychology.org/operant-conditioning.html

경우가 이에 해당된다. ③ 특정 행동에 대한 비보상의 반복에 따라 반응비율이 줄어드는 것을 소거라고 한다. 소거는 이전에는 보상을 받아 강화된 행동이지만 그 정도가 지나쳐 이제 바람직하지 않게 된 행동에 대해 바람직한 결과를 소거함으로써 빈도를 줄이는 것을 의미한다. 예를 들어 부하가 자랑하면 처음에는 인정해 주었는데 계속 자랑하자 더 이상 인정해 주지 않는다. 그러면 더 이상 자랑하는 행동의 빈도가 줄 것이다. ④ 처벌은 바람직하지 않은 행동에 대해 유해한 결과를 제시하거나 적극적인 결과를 제거함으로써 그 행동이 야기될 확률을 낮추는 강화 요인을 말한다. 예를 들어 수업 중 보고서를 제출하지 않은 학생에 대해 감점이라는 처벌을 하는 경우이다. 적극적 강화와 회피학습 기술이 바람직한 행동을 강화하기 위해 사용될 수 있는 반면, 소거와 처벌은 바람직하지 않은 행동을 줄기 위한 유용한 방법이다(Rachlin, 1970).

카오스이론(Chaos Theory; 혼돈(으로부터의 질서) 이론)

1. 개념

혼돈(chaos)이란 옥스포드 사전에 의하면 뚜렷한 형체 없는 물질 혹은 극심한 혼동 상태로 정의된다. 전통적인 뉴튼 패러다임의 관점에서는 형체 없는 무작위적인 것으로 간주된 많은 체제가 실상은 자연체제의 일부이며 그 혼돈의 이면에 감추어진 일정한 패턴(pattern)이 존재한다는 것이다. 또 다른 사전적 의미는 창세기 이전의 혼돈상태를 의미하나, 혼돈이론(chaos theory)에서는 불규칙한 듯 보이는 현상속에 내재되어 있는 숨겨진 패턴(hidden pattern)을 의미하며, 결정론적 혼돈(deterministic chaos)을 지칭한다. 혼돈상태로부터의 질서, 혹은 불규칙성으로부터의 규칙성을 의미한다. 혼돈이론은 흔히 카오스이론(chaos theory)이라 하는데, 영어 발음은 케이오스로 해야 옳다. 아직 합의된 용어가 없으므로 혼돈(으로부터의 질서) 이론으로 번역하며, 편의상 혼돈이론으로 표기한다.

2. 이론적 모형

메타이론으로서의 카오스이론의 특성으로는 비선형(Nonlinear), 순환고리, 초기조건에의 민감성등을 들 수 있다.

3. 비선형성

Newton 관점에서는 선형성을 가정하기 때문에 초기 조건이 조금만 변한다면 그 결과치는 별 차이가 없다는 가정에 입각해 있으나, 혼돈적 관점에서 보면 미세한 초기조건의 민감성으로 인해, 또한 비선형성과 순환고리에 의해 조그만 초기조건의 차이가 걷잡을 수 없이 증폭되어 그 결과치에 엄청난 영향을 미칠 수도 있다는 것이다.

고등학교 기하학 시간을 상기해보면, 직선은 단순한 일차방정식($y=ax+b$)에 의해 만들어 진다. 기울기 a와 절편 b만 알면, 모든 학생이 직선을 그릴 수 있고, 만일 x의 특정한 값을 알면 y의 값을 예측 할 수 있다. 선형성을 가정하는 뉴튼의 기계론적 관점에 의해 대부분의 현상이 과거 300년간 설명되어 왔다.

조직관리를 비롯한 모든 사회과학에 있어서도 자연과학의 지배적인 패러다임인 선형모형이 합리적 행동을 설명하기 위해 이용되었다. 이러한 선형 조직관리 모형은 관리자로 하여금 다음과 같은 여러 가지 조직현상을 당연한 것으로 받아들이도록 했다.

조직 내의 각 부서간의 상호작용은 직선의 교차처럼 단순하다. 그러나 실제로는 순환고리적 상호작용으로 복잡한 양상을 띤다.

조직내의 한 부서만을 이해하면, 이에 대한 지식을 바탕으로 여러 다른 부서의 지식을 더하기만 하면 조직 전체를 이해할 수 있다고 본다($y = a_1x_1 + a_2x_2 + b$). 그러나 이러한 생각은 부가성 원리(additive principle)를 가정하는 경우에만 성립한다.

직선으로서의 조직에서는 가까운 미래건 먼 미래에 초점을 맞추건 상관이 없다. 그러나 초기조건에의 민감성 때문에 조직이 불안정한 상태에 있을 경우 시간의 일시성이 중요할수도 있다.

4. 순환고리(Feedback Loop)

한 변수에 있어서의 변화가 그 반대방향의 변화를 유발시키는 부정적 순환고리(negative feedback), 혹은 편차상쇄순환고리의 과정은 체계의 안정성을 설명하는 데 극히 중요하다. 반면에 긍정적순환고리(positive feedback), 혹은 편차증폭순환고리(deviation-amplifying feedback)는 큰 변화가 더 큰 변화를 유발시키고 작은 변화는 더 작은 변화를 촉발시킴을 보여줌으로써 체계의 변동을 설명하는 데 유효한 것이다. 이 두 가지 순환고리 메커니즘은 왜 체계가 주어진 한 형태를 획득, 보존하려 하며 이 형태는 시간의 흐름에 따라 어떤 식으로 정교화되고 또 변환되어질 수 있는지를 설명해 줄 수가 있다.

사회체제는 확립된 규범으로부터의 이탈을 방지하고 기존 질서나 구조를 유지하는 다양한 순환고리 체제(feedback loop mechanism)를 가지고 있다. 체제가 안정적일 경우 일련의 규칙 즉, 법에 의해 체제가 지배된다. 체제가 안정상태에 있을 경우 결정론적인 예측이 어느 정도는 가능하다. 그러나 체제가 불안정한 상태에 있을 경우 사소한 정치적, 경제적, 사회적 혹은 문화적 변화가 편차증폭순환고리에 의해 증폭되어 체제의 급작스런 변혁이 이루어지기도 한다. 사회체제는 군사적 정복 혹은 경제적 종속과 같은 외부 힘에 의한 영향 혹은 쿠데타 또는 사회적 운동과 같은 체제내적 힘의 영향을 받는다. 이러한 영향이 체제가 안정적상태에 있을 때에는 체제의 편차상쇄순환고리 혹은 항상성 유지 기능에 의해 흡수될 수 있으나 만일 체제가 불안정한 상태에 있을 경우에는 즉, 분기점에 다다를 경우에는 초기조건의 민감성 즉, 나비효과에 의해 증폭되어 사회체제에 큰 폭풍을 몰고 올 수도 있다. 만일 이러한 편차증폭 과정이 상당히 지속적일 경우에는 개혁이라고 할 수 있고, 만일 이러한 과정이 급작스러운 것이라면 혁명이라고 할 수 있을 것이다.

5. 초기조건의 민감성(Sensitive Dependency to Initial Conditions)

비평형체제에서는 앞서 언급한 비선형성과 편차증폭순환고리 과정이 융합될 경우 초기조건의 미세한 차이가 체제에 더욱 더 큰 혼돈적 행태를 보이게 될 것이다. 이 현상은 '초기조건에의 민감한 의존성(sensitive dependence on initial conditions)'이라고 불리게 되었다. 예를 들어 기상학에서는 이것을 Lorenz의 나비효과(Butterfly Effect)라고 부른다. 나비 한 마리가 북경에서 공기를 살랑거리면 다음 달 뉴욕에서 폭풍이 일어날 수도 있다는 것이다.

6. 발전배경

자연과학에 있어서는 이미 중요한 혁명이 진행되고 있다. 세계가 어떻게 움직이고 있는가에 대한 과학자의 이해와 설명방식이 변하고 있다. 이전에는 과학자들은 질서와 규칙성이라는 관점에서 주로 설명해 왔다. 세계를 예측가능하고 이미 정해진 방식으로 설명하려했다. 결정론적인 자연법칙에 따라 세계가 예측가능한 방향으로 이동한다고 보았다. 이러한 예측가능한 결정론적인 자연법칙에 있어서 질서정연한 원인은 질서정연한 결과를 초래한다. 이제 과학자들은 무질서와 불규칙성의 창조적인 역할을 강조한다. 이제 그들은 세계가 창발적이고도 예측불가능한 결과를 갖는 자기조직화적인 방식으로 움직이고 있다고 본다. 아직도 결정론적인 자연법칙이 존재하지만 무질서가 질서로 다시 질서가 무질서로 변화하는 순환적인 방식으로 이해되고 있다. 세계가 움직이는 방식에 관한 단순한 관점이 복잡하고도 역설적인 관점에 의해 대치되고 있는 것이다.

이러한 새로운 과학은 비선형 역학(non-linear dynamics) 혹은 복잡성 이론(complexity theory)이라고 불리우며 가장 보편적인 관심을 끈 이러한 새로운 과학의 측면은 혼돈이론(chaos theory)이라고 불리운다.

혼돈이론은 원래 노벨 화학상을 수상한 프리고진(Prigogine)에 의해 본격적으로 발전되었는데, 혼돈이론의 특징중의 하나인 초기조건에의 민감성, 즉 나비 효과(Betterfly effect)를 발견한 것은 MIT대의 기상학자 로렌츠(Lorenz)였다. 나비 효과란 남미 브라질 아마존 밀림의 나비떼가 날개를 조금만 팔랑거려도(즉, 초기조건의 사소한 변화가) 텍사스에 태풍이 불 수도 있다는 Lorenz의 논문 제목에서 유래된 효과이다. 원래 Chaos이론은 화학, 물리학, 수학, 기상학, 생태학 등의 자연과학에서 본격적으로 연구되고, 최근에 전자공학, 컴퓨터과학, 통신공학, 컴퓨터 그래픽스 등에 본격 응용되고 있다. 특히 생태학의 개체군 이론은 초기조건의 민감성이 좌우하는 분야이다. 생태계에서 살아가는 수 많은 개체군들은 초기조건의 미세한 변화에도 개체군수의 민감한 증감현상을 보이기도 한다.

자연체제의 생태계와 마찬가지로 사회체제도 여러 사회구성원들의 군집인 조직군(조직의 집합)으로 구성되어 있다. 자연과학에서 시작된 체제이론이 이제까지 사회과학의 근본적인 패러다임으로 기능해 왔다는 점을 상기한다면 사회체제에도 혼돈이론을 적용하려는 시도는 의미 있는 일일 것이다.

7. 제도화: 카오스이론의 함축적 의미

조직과 경제의 행태에 대한 이러한 발견이 함축하고 있는 의미는 엄청난 것이다. 혼돈역학의 관리와 경제 연구에 대한 중요한 인식은 처음에는 어색하게 느껴질 수도 있다. 종래의 사고방식은 타파되어야 하며 새로운 사고방식이 채택되어야 한다. 기업과 경제가 실제 운용되는 방식을 이해하려면 이러한 변형을 회피할 수 없다.

이러한 분석은 구체적으로 다음과 같은 정책적 대안을 제시해주고 있다.

- 혼돈적 세계에 있어 장기적인 경제 예측은 본질적으로 예측불가능하다. 따라서 미리 계획될 수 없다. 기업과 거시경제적 수준에 있어서의 정책은 경제적 대리인들이 적응하고 창조적이 되도록 조건을 제공하는데 초점을 맞춰야 한다. 이러한 과정에 있어서 경쟁적 시장은 중요한 역할을 한다. 계획경제와는 달리 경쟁적 시장은 자발적 적응을 제공해준다.
- 물리학 등의 자연과학에서의 연구결과에 의하면 체제가 혁신적인 체제가 되기 위해서는 혼돈의 영역에서 운영되어야만 한다는 것이다. 혼돈의 영역에서는 행동과 장기적인 결과간의 연계성이 상호작용에 의해 상실되어 버린다. 사회적 및 경제체제의 경우에도 마찬가지이다. 경제체제내의 경제대리인은 자신의 다음 경제 행동을 선택하지만 장기적인 결과를 선택할 수는 없다.
- 장기적인 미래를 설계하거나 계획하려는 체제는 모두 쇠퇴할 수밖에 없다.

기업과 경제는 자기 변형을 조장하는 구조 및 제도를 필요로 한다. 정책학의 관점에서 보면 목적보다는 수단에 초점을 맞춰야 한다. 즉, 자기조직화적 진화능력을 갖는 체제를 설계함으로써 변화의 조건을 만들어줘야 한다.

• 전통적(합리적) 관리에 관한 문헌과 신고전 경제학은 장기적인 결과가 본질적으로 예측불가능하고 상상할 수 없는 경우의 변화를 관리하는데 있어 문제가 있다. 신고전 경제학자는 과학적인 능력을 만들어냈지만 평형상태에 집착하는 신고전학파의 접근법을 정당화하기는 어렵다.

• 신고전 경제학은 세계를 본질적으로 예측할 수 있는 것으로 여김으로써 경제체제의 역동성을 제거해버렸다. 혼돈이론의 결론이 자발적 자기조직화 기업과 창조적 파괴 등과 같은 주제라는 점에서 오스트리아 경제학파의 방법론및 정책대안과 양립 가능하다. 오스트리아 경제학에 있어 사회적 및 경제적 진화는 비평형세계에서 발생하며 이 세계에 있어 경제적 대리인은 계획을 정확하게 수립, 달성할 수 없으며 따라서 기존 상태나 구조보다는 경제적 과정에 초점을 맞춘다.

8. 평가와 전망

혼돈이론은 세계가 우리 능력으로는 충분히 이해할 수 없는 복잡한 시간의 궤적을 따라 진화하는 것이라고 생각한다. 기업과 경제는 성공하려면 변화에 개방적인 동시에 사회경제적 긴장을 수용해야한다. 이러한 무질서내의 질서 혹은 창조적 긴장은 적응능력을 조장해주는 제도 및 행태적 규범을 필요로 한다. 특히 정부의 경제 및 사회정책은 경제변화와 상충적인 것이 되어서는 안 된다. 경제인의 혁신의지를 위축시키는 규제나 독점 그리고 높은 세금정책 등은 제고되어야 한다. 복지정책이나 정부지출의 경우에도 마찬가지이다. 예를 들어 높은 세금은 경제의 신축성을 저해한다.

• 경제적 관계는 법뿐만 아니라 문화적 사회적 행태에 의해 제한된다. 이러한 사회적 규범이 와해되거나 급격하게 변화하기 시작하면 경제적 변화와 예측불가능한 연관관계를 갖게 된다. 이러한 연관관계를 좀 더 이해할 필

요가 있으며 특히 편차증폭적 안정파괴적 순환고리 효과에 대한 이해가 필요하다. 이러한 과정에 대한 정부정책의 영향에 대해서 더 많이 알 필요가 있다. 전쟁이 끝난 몇 십년동안 유럽과 북미지역에서는 사회적 및 경제적 격변이 거의 없었다. 그러나 1960년대부터 격변이 증가한 듯하다. 이러한 일은 평형체제의 관점에서 설명하기 어렵지만 혼돈이론은 해결책을 제시해줄지도 모른다.

참고문헌

구현모·이해심·이호연 옮김(1988). 이성의 꿈 : 범양사출판부.

김광태·조혁 역(1990). 혼돈의 과학, 범양사출판부.

김두철(1993). 물리학적 질서의 새로운 차원, 과학사상, 제6호, 범양사.

김상일(1993). 화이트헤드와 동양철학, 서광사.

김용정(1993). 혼돈과 무의 극, 과학사상, 제6호, 범양사.

박배식·성하운 역(1993). 카오스 : 현대과학의 대혁명, 동문사.

박배식·조혁 옮김(1989). 하느님은 주사위놀이를 하는?, 범양사.

변상근(1994). 글로벌 게임 : 카오스의 세계, 그 혼돈의 프론티어, 민음사.

신국조 역(1993). 혼돈으로부터의 질서, 고려원미디어.

이인식(1995). 미래는 어떻게 존재하는가, 민음사.

이창신(1984). 조직이론에 열역학의 개념과 원리의 적용, 한국행정학보, 제18권 제2호, pp. 557~573.

이호연 옮김(1988). 우주의 청사진, 범양사출판부.

정운찬(1993). 혼돈이론과 경제학, 과학사상, 제6호, 범양사.

Andersen, D. F., and Sturis, J.(1988). Chaotic Structures in Generic Management Models, System Dynamics Review, 4, pp. 218~245.

Gleick, J.(1987). Chaos : Making a New Science, New York : Viking.

Gregersen, Hal, and Sailer, Lee(1993). Chaos Theory and Its Implications for Social Science Research, Human Relations, vol. 46, no. 7, pp. 777~802.

Prigogine, I.(1980). From Being to Becoming : Time and Complexity in the Physical Sciences, San Fransisco : W. H.Freeman & Sons.

Prigogine, I., and Stengers, I.(1984). Order out of Chaos : Man's New Dialogue with Nature, Bantam Books.

키워드
비선형 순환고리, 초기조건에의 민감성, 자기조직화

순환고리(Feedback Loops)

1. 개념

사회이론의 가설검증은 거의 모두 독립변수와 종속변수간의 단선적 인과성 (oneway causality)의 검증에 초점을 맞추고 있다. 물론 선형구조관계(LISREL)를 이용하면 부분적으로 상호인과관계(reciprocal causality)를 검증해 볼 수 있으나, 순환고리모형(feedback loops model)을 검증할 수는 없다. 그러나 혼돈이론에서는 순환고리과정을 중요시한다.

대부분의 연구자들은 순환적인 사고를 하지 못하기 때문에 곤란에 처한다. 사회적인 문제가 계속 나타나는 이유는 일방향적 인과관계, 독립변수와 종속변수, 시발지와 종착점과 같은 것이 있다고 연구자들은 믿고 있기 때문이다. 이러한 예는 얼마든지 찾아 볼 수 있는데 지도력유형이 생산성에 영향을 미치고, 목적이 수단에 영향을 미친다는 예 등이다.

이러한 주장은 각각의 예가 그 반대방향 즉 생산성이 지도력유형에 영향을 미치고, 수단이 목적에 영향을 미칠 수도 있다는 점에서 틀릴 수도 있는 것이다. 이 모든 예에 있어서 인과관계는 선형적인 것이 아니라 순환적인 것이다. 그리고 이는 대부분의 사회현상에 대해서도 타당하다(최창현 역, 1992: 440). 변화를 단선적으로보다는 연결고리(feedback loops)적으로 생각해야 하며, A가 B의 원인이라는 기계적인 인과성(mechaninal causality)의 사고를 A가 B의 원인이 되고 다시 B가 A의 원인이 될 수도 있다는 상호인과성의 논리로 대체해야 한다는 것이다.

2. 순환고리의 종류

한 변수에 있어서의 변화가 그 반대방향의 변화를 유발시키는 부정적 순환고리(negative feedback), 혹은 편차상쇄순환고리의 과정은 체계의 안정성을 설명하는 데 극히 중요하다. 반면에 긍정적 순환고리(positive feedback), 혹은 편차증폭순환고리(deviation-amplifying feedback)는 큰 변화가 더 큰 변화를 유발시키고 작은 변화는 더 작은 변화를 촉발시킴을 보여줌으로써 체계의 변동을 설명하는 데 유효한 것이다. 이 두 가지 순환고리 메커니즘은 왜 체계가 주어진 한 형태를 획득, 보존하려 하며 이 형태는 시간의 흐름에 따라 어떤 식으로 정교화되고 또 변환되어질 수 있는지를 설명해 줄 수가 있다.

복잡한 체계 내에서는 항상 원인들을 초래하기 위한 원인들의 원인이 되는 원인들(causes that cause causes to cause causes)이 존재하는 것이다. 이처럼 체계의 관계들을 도식화해 보고 그 주요한 경향들을 구체화해 봄으로써 인위적인 "원인"과 "결과"를 조작하기 위해 시도하기보다는 체제를 규정하는 관계들의 양상에 영향을 미치기 위하여 적절한 간섭행위를 틀지우는 것이 가능하게 된다.

전통적인 접근법은 조직 구성원들간의 상호작용에 의해 형성되는 행동의 유형을 규칙적이고 안정적인 것으로 본다. 이러한 생각은 원칙적으로 조직 행동이 예측 가능하다는 가정하에서만 타당하다. 그렇지 않을 경우 조직을 의도한대로 이끌어나갈 수 없으며 조직을 규칙적이고 안정적인 것으로 만들 수는 없다. 예측 가능성과 의도성은 원인과 결과간에 직접적이고 명백한 연관성이 있을 경우에만 가능하다. 즉, 특정 상황하의 특정 행동이 특정 결과를 야기할 경우에만 가능하다.

3. 정책적 함의

체제동학분석가들이 수년간 주장해온 바에 의하면 조직내의 인과관계는 너무나 복잡하여 탐지하기 매우 어렵다는 것이다. 체제분석가는 복잡한 조직이 종종 초래하는 의도하지 않은 반직관적인 결과에 주목해 왔다. 그러나 이러한 사실에 귀를 기울이는 관리자는 거의 없는 듯하다. 대부분의 관리자는 단순한 인과관계를 신봉한다. 아마도 그 이유는 그렇게 하는 것이 비젼을 갖을 수 있고 조직을 통제할 수 있다는 위안이 되기 때문일 것이다. 최근 수학자와 자연과학자들은 비선형 순환고리 체제라고 불리우는 특정 체제는 소위 평형으로부터 멀리 떨어진 상태에서 작용된다는 것을 보여주고 있다. 평형으로부터 멀리 떨어진 상태하의 체제는 불안정한 행태를 발생시키나 이 행태는 특정한도 내에서 불안정하기 때문에 이러한 행태는 제한된 불안정성이라 할 수 있다.

참고문헌

최창현(2000). 복잡사회체제의 모형화및 시뮬레이션, 한국행정학보, 제34권 제3호.
최창현(1997). Chaos이론과 조직혁신.「성곡학술논총」, 28(2).
최창현 옮김(1996).「카오스 경영」한언.
최창현(1999). 복잡성이론의 조직관리적 적용가능성 탐색, 한국행정학보, 제33권 제4호.

키워드

순환고리, 편차증폭순환고리, 편차상쇄순환고리, 부정적 순환고리, 긍정적 순환고리

창발성

1. 개념

자기 조직화 관점에서 보면 질서는 외생적 혹은 내생적인 요인에 의해서가 아니라 자생적으로 생긴다. 중앙집권적 지시보다는 상호조정과 자기규제로부터 질서가 창출되며, 위에서 아래로가 아니라 아래에서 위로의 방식으로 형성된다. 이것은 단지 개별 요소의 집합이 아니라 개체가 소유하지 않는 특성을 갖게 됨을 의미한다.

창발성 개념이 시사하는 바는 자기조직화가 체제 외부로부터 강요될 수 없으며, 체제 그 자체 내에서 기능하는 내재적인 것이라는 것이다. 조직은 체제의 구성요소로 짜 맞추어지는 것이 아니라, 그 대신에 구성요소간의 상호작용에 의해 만들어지는 것이다. 국지적인 규칙에 따라 활동하는 국지적 단위 혹은 행위자들은 상호작용에 의해 체제의 조직을 만들어낸다. 이러한 현상을 표현하기 위한 다른 용어는 '카오스로부터의 질서(Polley, 1993)', '창발적 특질(emergent property)',

'자생적 질서' 그리고 '전체적 일관성' 등이 있다.

2. 특징

복잡체제의 창발적 특징은 거시적인 체제 수준에서만 구분할 수 있다. 이는 미시적인 구성요소 수준에서는 구분할 수 없다. 일반적으로 이는 집단의 특질이기 때문에 낮은 수준에서의 개인적인 요소들에 대한 지식만 가지고는 높은 수준에서 창발적으로 발생되는 전반적인 유형 혹은 구조를 추론해 낼 수 없다.

복잡성과학의 관점에서는 경제나 조직현상을 단지 기계론적 모델로서가 아니라 역사에 의존하고(경로의존적이고), 유기적이고, 지속적으로 진화하는 복잡체제로 본다. 사회현상은 유기체적이고 계속 진화하고 있다. 실제로 조직현상은 각각의 구성요소들간의 아주 복잡한 상호관계를 통해 새로운 현상을 만들어 내기도 한다. 이런 일들을 모두 계산적 합리성만으로는 설명할 수가 없다. 그리고 이런 복잡성은 지속적으로 재생산되어 가고 있다. 이런 과정에는 우연성이 개입하게 되고 이것은 다시 새로운 진화의 시발점이 되기도 한다.

이런 관점에서 보면 조직의 인간관도 바뀌어야 할 것이다. 전통적인 관점에 의하면 인간은 완벽하게 합리적이다. 그러나 새로운 관점에서는 적응을 잘하고 지능을 지닌 인간으로, 그리고 항상 진화하고 학습하는 인간으로 본다. 때문에 전통적으로 가정하고 있던 합리성과 인간관은 재고되어야 한다. 물론 제한적 합리성(bounded rationality)이라는 개념은 이미 그 한계성을 깨닫고 있으나 그보다 더욱 근본적인 생각의 전환이 요청된다.

Weick의 조직화에 대한 진화론적 근거는 다음의 4가지 기본적인 단계를 포함하는데, 이는 생태학적 변이(variation), 조작(enactment), 선택(도태), 그리고 유지이다. 이 견해는 다윈주의(Dawinism)를 조직의 생존전략에 적용시키고 있으나 그것만으로는 조직의 자기 혁신성을 설명할 수 없다. 생물의 경우만 보더라도 경쟁전략만으로 생존하지는 않는다. 대체 어떠한 구조가 생존을 유지해 나가는가 하는 의문에 대한 한 해답으로 '자기조직화'라는 이론이 주목을 받게 되었다.

3. 정책적 함의

기존 조직이론은 자기조직화 개념보다는 조직관리에 치중해 왔다. 창발성 개념은 조직에 자기조직화의 가능성을 열어 줄 수 있다. 자기조직화란 조직이 조직 그 자체를 만들어 간다는 진화과정에 초점을 맞춘 이론이다. 외부로부터 강한 무엇인가를 조직에 적용시켜서 조직이 강화되는 것이 아니라, 조직이 자기의 특질을 파악하고, 그 특질을 활용하여 조직을 성장시킨다. 그렇기 때문에 단편적인 정보에서 더욱 고차원적인 정보를 창출해 내는 자발적인 작용이 있다. 자기조직화 과정을 보면, 생명조직이란 '동요'와 같은 불안정성과 불확실성을 유효하게 활용하여 질서를 수립한다는 것을 알 수 있다. 질서를 수립하는데 평범한 무질서를 활용한다. 상당히 모순적인 면이 있지만, 그야말로 자율적인 정보생성의 방법을 이용하고 있다. 전통적 조직이론에서 강조하는 계획적 조직설계 및 조직변화관점에서 탈피, 자기조직화를 촉진하고, 미래를 예측하는 대신 창조하라는 것이다.

참고문헌

최창현(2000). 복잡사회체제의 모형화및 시뮬레이션, 한국행정학보, 제34권 제3호.
최창현(1997). Chaos이론과 조직혁신. 「성곡학술논총」, 28(2).
최창현 옮김(1996). 「카오스 경영」. 한언.

키워드

창발성, 자생적 질서, 자기조직화

고병국 역(1993), 제5세대 경영, 한국경제신문사

권기헌(2009), 「행정학」. 서울: 박영사

김도훈(1985), 교육행정체계에 관한 동태분석, 한국행정학보, 12월호

김병섭(1991), Michael T. Hannan과 John H. Freeman의 조직군생태학, p. 371, 오석홍 편, 조직학의 주요이론, 경세원

김영평(1991), 불확실성과 정책의 정당성, 고대출판부

김용철 외(2006), 「지방정부와 혁신정책」. 대영문화사

노시평 외(1999), 「정책학」. 서울: 학현사

노화준(1995), 「정책학원론」. 서울: 박영사

박배식 · 성하운 역(1993), 카오스: 현대과학의 대혁명, 동문사

방석현(1990), 정보화와 행정기능의 변화, 한국행정학보, 제24권 제2호, p. 686

백승기(2010), 「정책학원론」(제3판). 대영문화사

신국조 역(1993), 혼돈으로부터의 질서, 고려원미디어

신유근 외(1988), 조직환경론, 다산출판사, p. 265

유평준(1990), 행정전산화의 조직내적 동기와 영향간의 관계, 한국행정학보, 제24권 제2호, pp. 719~734

이창신(1989), 한국행정부조직 인력구조의 개체군생태론적 변동에 관한 연구: 시행정부 조직을 중심으로, 한국행정학보, 제23권 제1호, pp. 191~221

이희구 역(1985), M—형사회: 고도성장을 위한 산업사회개혁의 길(Ouchi, William, (1984), The M—Form Society: How American Teamwork Can Recapture the Competitive Edge, Addison—Wesley)

조선일(1989), 탈관료제논리의 비판적 고찰: 관료제논리와의 결합가능성을 중심으로, 한국행정학보, 제23권 제2호

최동규(1991), 성장시대의 정부: 한강의 기적 이끈 관료조직의 역할, 한국경제신문사

최병선(1991), Oliver E. Williamson의 조직의 경제이론, p. 381, 오석홍 편, 조직학의 주

요이론, 경세원

최창현 역(1992), 행정조직이론, 대영문화사(Harmon, Michael M. and Meyer, Richard T.(1986), Organization Theory for Public Administration, Little Brown and Company)

최창현(1991), 조직구조, 권위주의에 대한 태도, 직무만족도와 조직몰입도의 관계에 대한 경로 분석적 연구: 선형구조관계(LISREL)모형의 적용, 한국행정학보, 제25권 제2호

_____(1992a), 환경에 대한 조직적응양식: 구조적 상황이론, 자원종속이론, 개체군생태학이론, 제도적 이론의 비교, 분석, 한국행정학보, 제26권 제2호, pp. 431~449

_____(1993a), 조직이론관점의 변천: 체제이론 대 혼돈이론을 중심으로, 한국행정학회 동계학술대회 발표논문

_____(1993b), 정보기술과 조직구조의 관계: 구조적 상황이론관점에서의 재조명, 관대논문집, 제21집

_____(1994a), 혼돈이론과 행정학, Working Paper

_____(1994b), 지방정부의 행정효율성 제고를 위한 혁신방안, 속초지역개발연구소, 제9차 세미나 주제발표논문

한성호·하헌식 역(1993), 경제이동, 지식공작소

홍동선 역(1989), 자기조직하는 우주, 범양사출판부

Aiken, Michael, & Hage, Jerald(1968), Organizational Interdependence and Intraorganizational Structure, American Sociological Review, vol. 33, pp. 912~930

Aldrich, Howard E.(1979), Organizations and Environments, Englewood Cliffs, N. J.: Prentice-Hall, Inc.

Alfeld, Louis, and Graham, Alan K.(1976), Introduction to Urban Dynamics, The MIT Press

Allison, G. T.(1969). Conceptual Models and Cuban Missile Crisis, American Political Science Review, 63(3): 689-718

Amburgey, Terry L., Lehtisalo, M., and Kelly, Dawn(1988), Suppression and Failure in the Political Press: Government Control, Party Affiliation, and Organizational Life Chances in Glenn R. Carroll(Ed.), Ecological Models of Organizations, Cambridge, Mass.: Ballinger Publishing Co.

Andersen, David(1981), A System Dynamic View of the Competing Values Approach to

Organizational Life Cycles, Public Productivity Review, vol. V., no. 2, pp. 160~187

Anshen, M.(1960), the Manager and the Black Box, Harvard Business Review, Nov—Dec, vol 38

Armour, H. O., and Teece, D. J.(1978), Organization Structure and Economic Performance : A Test of the Multidivisional Hypothesis, Bell Journal of Economics, 9, pp. 106~122

Astley, W. Graham and Van de Ven, Andrew H.(1982), Central Perspectives and debates in Organizations Theory, Administrative Science Quarterly 28(Jun), pp. 245~273

Barnard, Chester I.(1938), The functions of the Executive, Cambridge, Ma.: Harvard University Press

Barney, J. B. and Ouchi, W. G.(1986), Organizational Economics, San Francisco: Jossey—Bass

Barney, J. B.(1990), The Debate between Traditional Management Theory and Organizational Economics: Substantive Differences or Intergroup Conflict?, Academy of Management Review, 15, pp. 382~393

Bell, Daniel(1973), The Coming of Industrial Society, New York: Basic Books

Bendor, Jonathan B.(1985), Parallel Systems: Redundancy in Government, University of California Press

Benson, Kenneth J.(1975), The Interorganizational Network as a Political Economy, ASQ, 20 (June), pp. 229~249

_____(1977), Organizations: A Dialectical View, Administrative Science Quarterly, 22(Mar.), pp. 1~21

Betton, John and Dess, Gregory G.(1985), The Application of Population Ecology Models to the Study of Organizations, Academy of Management Review, vol. 10, no. 4, pp. 750~757

Blau, P. M., Falbe, C., Mckinley, W., & Tracy, p. K.(1976), Technology and Organization Structure in Manufacturing, Administrative science Quarterly

Blau, P. M.(1970), A Formal Theory of Differentiation in Organizations, American Sociological Review, vol. 35, pp. 201~218

Blau, P. M., & Schoenherr, R. A.(1971), The Structure of Organizations, Basic Books: New York

Brittain, Jack W., and Wholey, Douglas R.(1988), Competition and Coexistence in Organizational Communities: Population Dynamics in Electronic Components Manufacturing in Glenn R. Carroll(Ed.), Ecological Models of Organizations, Cambridge, Mass.: Ballinger Publishing Co.

Burns, Tom, & Stalker, G. M.(1961), The Management of Innovation, London: Tavistoc

Publications

Burton, Richard M., and Obel, Borge(1980), A Computer Simulation Test of the M-form Hypothesis, Administrative Quarterly, pp. 457~466

Byrd., Jr., Jack(1975), Operations Research Models for Public Administration, Lexington, Mass.: D. C. Heath and Co.

Carroll, Glenn R.(1988), Organizational Ecology in Theoretical Perspective in Glenn R. Carroll (Ed.) Ecological Models of Organizations, Cambridge, Mass.: Ballinger Publishing Co.

Chandler, A. D.(1962), Strategy and Structure, Cambridge, Mass.: MIT Press

_____(1977), The Visible Hand: The Managerial Revolution in American Business, Cambridge, Mass.: Harvard University Press

Choi, Chang-Hyeon(1992), The Relationship of the Antecedents of Organizational Commitment to Organizational Commitment, paper presented at the 3rd International Conference on Social Sciences Development, Taipei, Taiwan

Churchman, C. W., Ackoff, R. L., and Arnoff, E. L.(1967), Introduction to Operations Research, New York: John Wiley and Sons Inc.: 18

Clark, Cochran E. et. al.(2009), American Public Policy, Wadsworth Pub. Co.

Cohen, M., March, J., & Olsen, J.(1972), A Garbage Can Model of Organizational Choice, Administrative Science Quarterly, 17(1): 1-25

Danzig, G., and Wolfe, P.(1960), Decomposition Principles for Linear Programs, Operations Research, 9, pp. 101~111

_____(1961), The Decomposition Algorithm for Linear Programming, Econometrica, 29, pp. 767~778

Dobuzinskis, Laurent(1987), The Self-Organizing Polity: An Epistemologic-al Analysis of Political Life, Colorado: Westview Press, Inc.

Donaldson, Lex(1990), A Rational Basis for Criticisms of Organizational Economics: A Reply to Barney, Academy of Management Review, 15, pp. 394~401

_____(1990), The Ethereal Hand: Organizational Economics and Management Theory, Academy of Management Review, 15, pp. 369~381

Drazin, R., & Sandelands, L. R.(1992), Autogenesis and the process of Organization, Organization Science, pp. 144~155

Duncan, Robert, and Weiss, Andrew(1979), Organizational Learning: Implications for

Organizational Design, Research in Organizational Behavior, vol. 1

Eisenhardt, Kathleen M.(1989), Agency Theory: An Assessment and Review, AMR, 14, pp. 57~74

Eppen, G. D., Gould, F. J. and Schmitt, C. P.(1987), Introductory Management Science, 2nd ed., Englewoodcliffs, N.J: Prentice—Hall, Inc.

Feiring, Bruce R.(1988), Linear Programming: An Introduction, 2nd. printing, SAGE series: Quantitative Applications in the Social Sciences, Beverly Hills: SAGE Publications

Fischer, Frank, et. al., ed.(2007), Handbook of Public Policy Analysis, CRC Press March, James G. & Simon, Herbert(1958), Organizations. John Wiley and Sons

Forrester, Nathan B.(1973), The Life Cycle of Economic Development, the MIT Press

Golembiewski, Robert T.(1992), Perspectives on Rebuilding the Public Service: Critique of an Inadquate Managerial Orientation, 한국행정연구, 제1권 제1호, p. 101

Greenhalgh, Leonard(1983), Organizational Decline, Research in the Sociology of Organizations, vol. 2

Gregersen, Hal, and Sailer, Lee(1993), Chaos Theory and Its Implications for Social Science Research, Human Relations, vol. 46, no. 7, pp. 777~802

Greiner, Larry(1972), The Growth, Evolution and Revolution of Organization, Harvard Business Review, vol. 7—8

Gulick, Luther(1965), The 25th Anniversary of the ASPA, Public Administration Review, 25, pp. 1~4

Gulick, Luther, and Urwick, L.(1937), Papers on the Science of Public Administration, New York: Institute of Public Administration

Hannan, M. T. and Freeman, J.(1977), The Population Ecology of Organizations, American Journal of Sociology, 82, pp. 929~964

_____(1984), Structural Inertia and Organizational Change, American Sociological Review, 49(Apr.), pp. 149~164

_____(1988), Density Dependence in the Growth of Organizational Populations in Glenn R. Carroll(Ed.), Ecological Models of Organizations, Cambridge, Mass.: Ballinger Publishing Co.

Herzberg(1993), Frederick The Motivation to Work, Routledge

Hesterly, William S., Liebeskind, Julia, and Zenger, Todd R.(1990), Organizational Economics: An Impending Revolution in Organization Theory?, Academy of

Management Review, 15, pp. 402~420

Hill, Charles W. L.(1990), Cooperation, Opportunism, and the Invisible Hand: Implications for Transaction Cost Theory, AMR, 15, pp. 500~513

Hiller, F. S. and Lieberman, G. J.(1974), Operations Research, San Francisco: Holden—Day Inc.: 2

Hrebeniak, Lawrence G. and Joyce, william F.(1985), Organizational Adaptation: Strategic Choice and Environmental Determinism, ASQ, 30 (Sept.), pp. 336~349

Inkson, J. H., Pugh, Derek, & Hickson, David(1970), Organization, Context, and Structure: An Abbreviated Replication, Administrative Science Quarterly, vol. 15, pp. 318~332

Jantsch, E.(1980), The Self—organizing Universe: Scientific and Human Implications of the Emerging Paradigm of Evolution, Pergamon Press

Kuhn, Thomas(1970), The Structure of Scientific Revolutions, 2nd ed., Chicago: University of Chicago Press

Lawrence, Paul R., and Lorsch, Jay W.(1967), Organization and Environment, Boston, Graduate School of Business Administration, Harvard University

Lee, Sang M, Luthans, Fred, and Olson, David L.(1982), A Management Science Approach to Contingency Models of Organizational Structure, AMJ, 25, pp. 553~566

Leifer, R.(1989), Understanding Organizational Transformation Using a Dissipative Structure Model, Human Relations, vol. 42, no. 10

Levin, Richard I, Rubin, David S., and Stinson, Joel P.(1989), Quantitative Approaches to Management, 7th ed., New York: McGraw—Hill

Levinthal, Daniel A.(1991), Organizational Adaptation and Environmental Selection: Interrelated Processes of Change, Organization Science, vol. 2, no. 1, pp. 140~145

Levy, Amir(1986), Second—Order Planned Change: Definition and Conceptualization, Organizational Dynamics, Summer

Martin, Shan(1983), Managing without Managers: Alternative Work Arrangement in Public Organizations, SAGE Library of Social Research, SAGE Publications

Maslow, Abraham(1954), Motivation and Personality, New York: Harper & Low

Masuch, Michael(1985), Vicious Circles in Organizations, ASQ, 30

McGregor, Douglas(1960), The Human Side of Enterprise, New York: Mcgraw—Hill

Meyer, John W. and Rowan, Brian(1977), Institutionalized Organizations: Formal Structure as Myth and Ceremony, American Journal of Sociology, 83(Sept.), pp. 340~363

Miles, Raymond E, Snow, Charles C., and Pfeffer, Jeffrey(1974), Organization Environment: Concepts and Issues, Industrial Relations, 13 (Oct.), pp. 244~264

Mintzberg, H.(1983), Structure in Fives: Designing Effective Organizations, Englewood Cliffs, N. J.: Prentice Hall, Inc.

Morgan, Gareth(1986), Images of Organization, SAGE Publications Inc.: Calif

Nagel, Stuart S. and Neef, Marian(1988), Operations Research : As Applied to Political Science and Legal Process, 10th printing, SAGE series: Quantitative Applications in the Social Sciences, Beverly Hills: SAGE Publications

Obel, Borge(1978), On Organizational Design: From a Linear Programming Point of View, Journal of Management Studies, 15, pp. 123~137

Ostrom, Vincent(1974), The Intellectual Crisis of American Public Administration, rev. ed., University, Ala.: Univ. of Alabama Press

Ouchi, William(1984), The M—Form Society: How American Teamwork Can Recapture the Competitive Edge, Addison—Wesley

Pennings, Johannes M.(1992), Structural Contingency Theory: A Reapprai—sal, Research in Organizational Behavior, vol. 14

_____(1972), Complex Organizations: A Critical Essay, Glenview, Ⅲ.: Scott Foresman & Co.

Perrow, Charles(1986), Complex Organizations: A Critical Essay, 3rd ed., New York: Random House

Pettigrew, Andrew(1990), Longitudinal Field Research on Change: Theory and Practice, Organization Science, vol. 1, no. 3, pp. 267~292

Pfeffer, Jeffrey and Salancik, Gerald R.(1978), The External Control of Organizations: A Resource Dependenc Perspective, New York: Harper & Row

Pfeffer, Jeffrey(1982), Organizations and Organization Theory, Boston: Pitman

Prigogine, I., and Stengers, I.(1984), Order out of Chaos: Man's New Dialogue with Nature, Bantam Books

Probst, G.(1984), Cybernetic Principles for the Design, Control, and Development of Social Systems and Some Afterthoughts in H. Ulrich and G. J. B. Probst(Ed.) Self—Organization and Management of Social Systems, Berlin Heidelberg: Springer—Verlag Co.

Progogine, I.(1980), From Being to Becoming: Time and Complexity in the Physical

Sciences, San Fransisco: W. H. Freeman & Sons

Quinn, Robert E., and Rohrbaugh, John(1983), A Spatial Model of Competing Values Framework

Rachlin, H.(1970), Modern Behaviorism, W. H. Freeman and Co., New York

Richardson, George P., and Pugh III., Alexander L.(1986), Introduction to System Dynamics Modeling with Dynamo, The MIT Press

Roberts, Edward B.(1978), Managerial Applications of the System Dynamics, The MIT Press

Robins, A.(1987), Organizational Economics: Notes on the Use of Transaction−cost Theory in the Study of Organizations, ASQ, 32, pp. 68~86

Roos, Jr., Leslie L., and Hall, Roger I.(1980), Influence Diagrams and Organizational Power, ASQ, 25

Sandelands, Lloyd, and Drazin, Robert(1989), On the Language of Organization Theory, Organization Studies, 10/4, pp. 457~478

Schrage, Linus(1986), Linear, Integer, and Discrete Optimizer with LINDO, 3rd ed., Redwood city, Ca.: The Scientific Press

_____(1987), User's Manual for Linear, Integer, and Quadratic Programming with LINDO, 3rd ed., Redwood city, Ca.: The Scientific Press

Simon, Herbert(1957), "A Behavioral Model of Rational Choice", in Models of Man, Social and Rational: Mathematical Essays on Rational Human Behavior in a Social Setting. New York: Wiley

Simon, Herbert A.(1946), The Proverbs of Public Administration, PAR, 6, pp. 53~67

_____(1976), Administrative Behavior A Study of Decision−Making Processes in Administrative Organization, 3rd ed., N. Y.: The Free Press

Singh, Jitendra V., House, Robert J, and Tucker, David J.(1986), Organizational Change and Organizational Mortality, ASQ, 31, pp. 587~611

Sohn, Tae−won, and Surkis, Julius(1985), A Systems Approach for Constructing Dynamic Motivation Models, submitted to Systems and Cybernetics

_____(1985), System Dynamics: A Methodology for Testing Dynamic Behavioral Hypotheses, IEEE Transactions on Systems, Man, and Cybernetics, vol. SMC−15, no. 3

Stokey, Edith and Zeckhauser, Richard(1978), A Primer for Policy Analysis, New York: W. W. Norton

Taylor, Frederick W.(1967), The Principles of Scientific Management, New York: W.W. Norton & Company

Thompson, James D.(1967), Organizations in Action, New York: McGraw—Hill

Toffler, A.(1980), The Third Wave, London: Bantam Books

Tucker, David J., Singh, J., Meinhard A., and House, R.(1988), Ecological and Institutional Sources of Change in Organizational Populations in Glenn R. Carroll (Ed.) Ecological Models of Organizations, Cambridge, Mass.: Ballinger Publishing Co.

Ulrich, Dave(1987), The Population Perspective: Review, Critique, and Revelance, Human Relations, vol. 40, no. 3, pp. 137~152

Weber, Max(1947), The Theory of Social and Economic Organization, trans. A. M. Parsons and T. Parsons, New York: Free Press

Weick, Karl(1979), Cognitive Processes in Organizations, Research in Organizational Behavior, vol. 1

_____(1979), The Social Psychology of Organizing, 2nd ed., Reading, Mass.: Addison— Wesley Publishing Co.

Whisler, T.(1970), Information Technology and Organizational Change, Calif.: Wadsworth Publishing Co. Inc.; 51

White, Michael J.(1975), Management Science in Federal Agencies: The Adoption and Diffusion of a Socio—Technical Innovation, Lexington, Mass.: D.C. Heath and Company

Williamson, Oliver E. and Ouchi, William(1981), A Rejoinder, In Perspectives on Organization Design and Behavior, ed. by Andrew Van de Ven and William Joyce, New York: Wiley Interscience, p. 390

Williamson, Oliver E.(1975), Markets and Hierarchies: Analysis and Antitrust Implications, New York: Free Press

_____(1981), The Economics of Organizations: The Transaction Cost Approach, American Journal of Sociology, 87 (Nov.): 548~577

Wilson, Woodrow(1887), The Study of Administration, Political Science Quarterly, 2, pp. 197~220

Zeitz, Gerald(1980), Interorganizational Dialectics, ASQ, 25, Mar., pp. 72~88

찾아보기

■ 저자 소개

최창현

- 뉴욕주립대 록펠러 행정대학원 행정학 및 정책학 박사
- 현 금강대 글로벌 융합학부 행정학전공 초빙교수, 한국행정학회 부회장
- 전 한국조직학회 회장, 한국행정학회 학술정보위원장, 한국행정학회 편집이사, 한국공공관리학회 편집위원장, 한국반부패정책학회 부회장, 대통령 자문 정부혁신위원회 전문위원, 관동대 교수, 뉴욕주립대 객원교수, RPI 경영대학원 초빙교수, 9급·7급·행시 출제위원 및 채점위원, 정책분석평가사 1급 자격증, 파고다외국어학원 토익강의
- 주요 저서로는 Introducing Public Administration, 복잡계로 바라본 조직관리, 조사방법론, 행정학: 핵심정리 및 문제연습, 새조직론, 정책분석평가와 성과감사, 문화력으로서 한류 이야기, 국력이란 무엇인가, 좋은 정부란 무엇인가 등 저서/공저 및 역서 40여권과 콘텐츠산업 환경변화에 따른 관련기관의 효율적 개편방안, 정부 관료제의 문제점 분석과 대책, 군 지휘체계 개편안에 관한 연구, 징병제 폐지와 모병제 도입 논의에 대한 분석, 한국의 국력신장을 위한 국가 능률성 분석, 지방정부의 연결망 구조 분석 등 40여편의 논문이 있다. 주요 연구 관심 분야는 조직이론, 정책, 복잡계이론 등이 있다.

그림과 표로 풀어본 조직론

초판발행	2019년 2월 11일
중판발행	2023년 8월 25일
지은이	최창현
펴낸이	안종만·안상준
편 집	김효선
기획/마케팅	정연환
표지디자인	김연서
제 작	고철민·조영환
펴낸곳	(주)박영사
	서울특별시 금천구 가산디지털2로 53, 210호(가산동, 한라시그마밸리)
	등록 1959. 3. 11. 제300-1959-1호(倫)
전 화	02)733-6771
f a x	02)736-4818
e-mail	pys@pybook.co.kr
homepage	www.pybook.co.kr
ISBN	979-11-303-0672-8 93350

copyright©최창현, 2019, Printed in Korea

정 가   27,000원